성경의 세계로 들어오신

____________________님께 드립니다.

구약의 세계로 오십쇼

구약의 세계로 오십쇼

지은이 | 조혜련
초판 발행 | 2025. 6. 25
등록번호 | 제1988-000080호
등록된 곳 | 서울특별시 용산구 서빙고로 65길 38
발행처 | 사단법인 두란노서원
영업부 | 2078-3333 FAX | 080-749-3705
출판부 | 2078-3331

책값은 뒤표지에 있습니다.
ISBN 978-89-531-5119-2 04230
SET 978-89-531-5121-5 04230

독자의 의견을 기다립니다.
tpress@duranno.com www.duranno.com

* 본 도서의 〈오십쇼〉 로고와 방송 영상이 담긴 QR코드는 CGN과의 협의하에
이루어졌음을 밝힙니다. 해당 영상은 퐁당 OTT로도 시청할 수 있습니다.

두란노서원은 바울 사도가 3차 전도여행 때 에베소에서 성령 받은 제자들을 따로 세워 하나님의 말씀으로 양육하던 장소입니다. 사도행전 19장 8-20절의 정신에 따라 첫째 목회자를 돕는 사역과 평신도를 훈련시키는 사역, 둘째 세계선교(TIM)와 문서선교(단행본·잡지)사역, 셋째 예수문화 및 경배와 찬양 사역, 그리고 가정·상담 사역 등을 감당하고 있습니다. 1980년 12월 22일에 창립된 두란노서원은 주님 오실 때까지 이 사역들을 계속할 것입니다.

◆ 모든 사람이 성경을 알게 되는 그날까지 ◆

구약의 세계로

오십쇼

조혜련 지음 · 류호성 감수

두란노

차례

감수의 글 • 6

서문 • 8

창세기 • 10

출애굽기 • 33

레위기 • 50

민수기 • 59

신명기 • 68

여호수아 • 73

사사기 • 82

룻기 • 93

사무엘상 • 100

사무엘하 • 122

시편 • 131

열왕기상 1 • 146

아가 • 157

잠언 • 172

전도서 • 174

열왕기상 2 • 179

열왕기하 1 • 192

요나 • 203

아모스 • 207

호세아 • 216

요엘 • 222
열왕기하 2 • 227
미가 • 236
나훔 • 242
오바댜 • 244
열왕기하 3 • 247
이사야 • 250
열왕기하 4 • 317
하박국 • 319
스바냐 • 323
예레미야 • 326
예레미야애가 • 354
다니엘 • 356
에스겔 • 369
에스라 1 • 430
학개 • 439
스가랴 • 443
에스라 2 • 448
에스더 • 455
느헤미야 • 460
말라기 • 466
역대상 • 469
역대하 • 480
욥기 • 489

감수의 글

새해가 되거나 어떤 계기가 생기면 다짐을 하곤 한다. 올해는 꼭 성경을 일독하겠다고 말이다. 그래서 서점에 들러 읽기에 편한 성경책을 한 권 사 온다. 왠지 마음이 뿌듯하다. 그런데 얼마 지나지 않아 성경 읽기를 포기하고, 그 책은 고스란히 서재에 꽂아 둔다. 그리고 그렇게 먼지만 쌓여 간다. 그러는 사이 그 성경책을 힐끗힐끗 바라보다가, 약속을 지키지 못한 것에 대한 미안함 내지는 하나님을 향한 송구한 마음이 들어, 책에 묻은 먼지를 털어 내고 다시금 일독의 결의를 다진다. 그리고 지난번에 이어 읽기를 시작한다. 하지만 또다시 멈춘다. 그렇게 몇 년이 훌쩍 지나간다. 그리고 다시 결의를 다진다. '이번에는 꼭 일독을 하고 말 거야!' 이것이 성경과 우리 사이에서 흔히(?) 일어나는 에피소드다.

성경 일독은 참으로 어렵다. 그 이유는 첫째, 성경책이 매우 두껍기 때문이다. 구약 1,330쪽과 신약 422쪽을 합치면 1,752쪽으로, 216쪽짜리 한강의 소설 《소년이 온다》보다 무려 여덟 배나 두껍다. 하지만 책의 구성을 놓고 비교해 본다면, 전체적으로 족히 열다섯 배 이상은 두꺼울 것이다. 둘째, 내용적으로도 재미가 없다. 소설이나 무협지처럼 일관된 주제로 구성되어 있지 않기 때문이다. 책으로는 한 권이지만, 낱권 66권이 합쳐진 책이다. 각 권의 내용이 다르고, 저주나 심판에 관한 이야기가 많아 읽는 이들로 섬뜩한 느낌이 들게 한다. 셋째, 역사적인 이해가 없으면 읽어도 그 의미를 파악하기가 어렵다. 그래서 성경과 관련된 유대의 역사적 지식이 필요하다. 그러기에 성경 일독은 고되고 힘든 일이다.

그런데 조혜련 집사의 《구약의 세계로 오십쇼》와 《신약의 세계로 오십쇼》는 우리로 하여금 성경 일독을 수월하게 만들어 준다. 이 책은 다음과 같은 특징이 있다. 첫째, 재미있다. 저자는 사람들에게 웃음을 주는 소질을 갖고 있기에, 이 책에서도 그 특성을 여실히 드러냈다. 이 책을 읽는 사람마다 미소를 지으면서, 성경이 이렇게 재미있는 책이라는 것을 깨닫게 될 것이다. 둘째, 성경 전체의 흐름을 쉽게 파악할 수 있도록 도움을 준다. 구약의 경우 역사서, 성문서, 예언서를 시대의 흐름에 맞게 재구성해 놓았으며, 신약의 경우는 사도행전을 바탕으로 바울 서신을 배열해 놓았다. 그래서 독자들은 신구약에 대한 역사적 지식이 없어도 성경의 내용을 연대기적으로 이해할 수 있다. 셋째, 책마다 필요한 내용을 잘 요약해 놓았다. 그래서 독자들이 각 권의 핵심적인 내용을 쉽게 파악할 수 있도록 도움을 준다. 넷째, 무엇보다도 이 책은 '자녀 양육서'라는 점이다. 군대에 간 아들이 성경을 가까이하기를 바라는 마음으로, 엄마가 열심히 성경을 공부해서 엮은 책이다. 그러기에 책 전체에는 하나님이 우리를 사랑하시듯이, 엄마가 아들 우주를 사랑하는 그 마음이 스며 있다.

성경 일독은 결코 쉬운 일이 아니다. 그러나 《구약의 세계로 오십쇼》와 《신약의 세계로 오십쇼》는 독자들을 재미있고 유쾌하며, 또한 일목요연하게 성경의 세계로 안내한다. 이 책이 널리 읽혀 많은 사람이 "주 예수 그리스도의 은혜와 하나님의 사랑과 성령의 교통하심"(고후 13:13)의 진리를 깨닫고 체험하기를 소망한다.

류호성 교수(서울장신대학교 신약학)

서문

《구약의 세계로 오십쇼》, 《신약의 세계로 오십쇼》는 하나님을 믿지만 말씀이 어려워 읽지 못하는 사람들이 하나님이 어떤 분이시고 우리를 얼마나 사랑하시는지를 알게 하도록 돕는 성경 가이드 책입니다.

CGN 〈오십쇼〉의 시작은 아들 우주 덕분이었습니다. '입대를 앞둔 우주가 군대에 가서 성경을 가까이하면 얼마나 좋을까' 하는 마음이 들었습니다. 그래서 결심했습니다. 우주를 〈오십쇼〉에 출연시켜, 엄마인 제가 아들에게 성경이 어떤 책인지 직접 가르치기로요.

카메라 앞에서였지만, 그 순간은 세상에서 가장 진심 어린 마음으로 아들과 함께 드리는 예배 같았습니다. 그 이후 5년 동안 엄마에게, 딸에게, 믿음의 친구들에게 창세기부터 시작해 요한계시록까지 성경을 강의해 왔습니다.

결국 한 가정에서 시작된 말씀의 나눔은 더 많은 사람들을 성경 앞으로 초대하고 싶다는 열망으로 바뀌었습니다. 하나님이 하셨습니다. 그리고 그 방송 내용을 바탕으로 이렇게 책을 만들게 되었습니다.

이 책은 성경을 어렵게 느꼈던 분들이 역사적 흐름을 따라 쉽고, 재미있게 말씀을 읽을 수 있도록 만든 안내서입니다. 바쁜 일상 속에 자기중심적으로 살다가 단절되었던 하나님의 말씀들이 하나의 이야기로 이어지고, 복잡했던 율법과 사건들이 오직 한 분, 예수 그리스도에게로 향하게 되는 감격을 경험하게 될 것입니다.

하지만 분명히 말씀드립니다. 이 책은 단지 성경으로 돌아가기 위한 가이드일 뿐입니다. 그래서 이 책만 읽어서는 절대로 안 됩니다. 진짜 생명은 오직 성경 안에 있습니다. 이 책을 읽으면서 성경을 펴기를 바랍니다. 그 안에서 하나님께서 우리에게 직접 말씀하시는 음성을 듣게 될 것입니다.

처음에는 아들을 위한 시작이었지만, 이제는 말씀을 사랑하고 싶은 모두를 위한 길이 되기를 소망합니다.

지금, 그 말씀의 세계로 어서 오십쇼!

2025년 6월

조혜련

CGN 〈오십쇼〉 구약 정주행하기

지면상 각 성경에는 대표 QR코드만 수록했습니다.
추가 내용은 '구약 정주행하기'에서 확인하세요.
해당 영상은 퐁당 OTT로도 시청할 수 있습니다.

창세기

창조 시대(1-11장)

천지 창조(1장)

하나님은 사람을 위하여 이 세상을 창조하셨다. 모든 것을 다 세팅해 놓고 맨 마지막에 아담을 지으셨다. 마치 신혼부부가 아기를 갖기 전에 아기방을 예쁘게 꾸며 놓듯이 말이다. 천장에는 해와 달 모양의 모빌을 달고, 아기 침대를 사다 놓고, 작은 신발도 올려 두며 아기가 태어나기를 기다리듯이 말이다. 하나님은 5일 동안 사람을 위해 모든 것을 만들어 놓으셨다. 그렇게 세상과 사람을 다 만들었을 때 얼마나 기쁘셨을까?

하나님이 지으신 그 모든 것을 보시니 보시기에 심히 좋았더라(창 1:31).

하나님은 아담 혼자 사는 것이 외로워 보여 그의 갈비뼈로 하와를 만들어 주셨다. 두 사람은 하나님과 교제하고 사랑하며 에덴동산에서 행복하게 살았다. 이때, 하나님은 에덴동산에서 살아가는 아담에게 한 가지를 금하셨다. 동산의 모든 열매는 먹어도 되지만, 선악을 알게 하는 나무의 열매는 먹지 말라고 하셨다. 만약 그 열매를 먹으면 반드시 죽게 될 거라고 말씀하셨다. 아담은 자기가 하나님께 들은 내용을 하와에게도 전했다.

그러던 어느 날, 혼자 있는 하와에게 사탄이 뱀의 모습으로 접근했다.

"하와야, 하나님이 정말 너희에게 동산에 있는 모든 나무의 열매를 먹지 말라고 하셨어?"

"아니야. 동산에 있는 나무의 열매는 먹을 수 있는데, 동산 중앙에 있는 나무의 열매는 먹지도 말고 만지지도 말라고, 그것을 먹으면 우리가 죽을까 한다고 말씀하셨어."

하나님은 아담에게 '반드시 죽는다'고 말씀하셨는데, 하와는 '죽을까 한다'고 말씀하셨다고 한다. 그러자 뱀은 단호하게 말했다.

"절대 죽지 않아. 그 열매를 먹으면 오히려 눈이 밝아져서 하나님과 같이 될 거야."

그 말을 듣고 보니 그 나무의 열매가 먹음직스러워 보이면서 갑자기 너무 먹고 싶은 마음이 생겼다. 에덴동산에 그렇게 많은 열매가 있는데도 말이다. 하와는 결국 선악과를 한 입 베어 문 뒤 그것을 남편인 아담에게 가져갔다.

"자기야, 이거 먹어 봐."

"그거 하나님이 절대 먹으면 안 된다고 하셨잖아? 먹으면 죽는다고 하셨는데…."

"그런데 안 죽었잖아. 한 입 먹어 봐. 나 못 믿어?"

"아니야, 자기 믿지. 알았어. 먹을게."

이렇게 그들은 하나님이 절대로 하지 말라고 하신 일을 하고 말았다. 그런데 선악과를 먹고 나니 이상하게도 벗은 몸이 부끄러워졌다. 도저히 벗은 채로는 다닐 수 없어 그들은 무화과나무 잎을 엮어 치마를 만들어 입었다.

이 일을 아신 하나님은 아담과 하와와 뱀을 차례로 불러 세우고는 먼저 아담에게 물으셨다.

"아담아, 너는 왜 그 열매를 먹었느냐?"

그러자 아담은 손가락으로 하와를 가리키며 변명했다.

"하나님께서 저와 함께 있게 하신 하와가 그 열매를 줘서 먹었습니다."

하나님은 하와에게도 물으셨다.

"너는 왜 그 열매를 먹었느냐?"

하와도 손가락으로 뱀을 가리키며 말했다.

"뱀이 저를 꾀어서 어쩔 수 없이 먹었습니다."

하나님은 뱀에게는 묻지도, 따지지도 않고 바로 저주를 내려 "너는 이제 평생 배로 기어 다니며, 흙을 먹고 살게 될 것이다"라고 하셨다. 그러면서 그들에게 원복음을 주셨다. 여기서 '원복음'이란 처음부터 있었던 복음(good news), 곧 하나님이 우리를 구원하실 거라는 소식이다. 그 복음의 소식은 다음과 같다.

> 내가 너로 여자와 원수가 되게 하고 네 후손도 여자의 후손과 원수가 되게 하리니 여자의 후손은 네 머리를 상하게 할 것이요 너는 그의 발꿈치를 상하게 할 것이니라(창 3:15).

이 말은, 사탄이 예수님의 발꿈치를 상하게 하겠지만, 예수님이 결국 그의 머리를 다치게 하신다는 것이다. 발꿈치를 다치는 것은 시간이 지나면 나을 수 있지만, 머리를 다치는 것은 그야말로 치명타다. 사탄이 아무리 세상에서 설친다 해도 결국에는 예수님과 우리가 승리한다는 메시지다. 하나님은 이 승리의 내용을 이미 창세기 3장 15절에 기록해 놓으셨다.

아담과 하와는 결국 에덴동산에서 쫓겨나게 되었다. 죄를 가진 상태로 영원히 사는 생명나무의 열매를 먹게 해서는 안 되었기 때문이다.

가인과 아벨(4장)

세월이 지나 아담과 하와는 두 아들, 곧 가인과 아벨을 낳았다. 가인은 농사를 짓는 사람이 되었고, 아벨은 양을 치는 사람이 되었다. 어느 날, 두 사람이 각자 하나님께 제사를 드렸는데, 하나님은 아벨의 제사와 제물은 받으셨지만, 가인의 것은 받지 않으셨다. 가인의 안색이 좋지 않자 하나님이 가인에게 말씀하셨다.

"가인아, 표정이 왜 그러느냐? 죄가 너를 원하지만, 너는 그 죄를 다스려야 한다."

우리의 삶도 마찬가지다. 죄는 늘 우리 곁에 도사리고 있고, 유혹을 받아 넘어질 수도 있다. 하지만 우리는 그 죄를 다스려 하나님의 자녀로서 구별된 삶을 살아야 한다. 하나님이 가인에게 말씀하신 것처럼 말이다.

그러나 가인은 그 죄를 다스리지 못하고 들로 나가 동생 아벨을 죽이고 말았다. 하나님이 그에게 물으셨다.

"네 동생 아벨이 어디 있느냐?"

"제가 어떻게 압니까! 제가 동생을 지키는 자입니까?"

결국 가인은 여호와 앞을 떠나 에덴 동쪽의 놋 땅에 거주하게 되었다

(창 4:16 참조). 그는 그곳에 성을 쌓은 후 하나님과는 멀어진 채 살게 되었다.

한편, 하나님은 가인에게 죽임을 당한 아벨 대신에 아담과 하와에게 셋이라는 아들을 주셨다. 아담은 930세까지 살았으며, 성경에서 가장 오래 산 사람은 므두셀라로, 무려 969세까지 살았다. 므두셀라를 낳은 에녹은 하나님과 동행하던 중에 육체의 죽음을 겪지 않고 하나님으로부터 데려감을 당한다.

> 에녹이 하나님과 동행하더니 하나님이 그를 데려가시므로 세상에 있지 아니하였더라(창 5:24).

에녹은 늘 하나님을 바라보며 순종하고 사랑했다. 하나님과 동행하는 그의 신실한 모습이 그려진다.

사람의 죄악(6장)

이후 세상에는 사람의 딸들이 생겨났고, 하나님의 아들들이 그들과 결혼을 하게 되었다. 이것은 하나님을 믿는 사람과 믿지 않는 사람이 서로 섞여 살면서 이 세상이 죄악으로 가득 차게 되었음을 의미한다.

> 여호와께서 사람의 죄악이 세상에 가득함과 그의 마음으로 생각하는 모든 계획이 항상 악할 뿐임을 보시고(창 6:5).

하나님은 이 모습을 보고 사람을 만든 것을 한탄하며 속상해하셨다. 그리고 세상을 홍수로 다 쓸어버리기로 결심하셨다. 하지만 이것이 진짜 하나님의 마음일까? 정말 그러셨다면, 우리에게는 요한계시록까지 이어지는 성경은 없었을 것이다.

그때 한 사람이 등장한다. 성경은 노아가 여호와께 은혜를 입은 의인이며, 하나님과 동행한 사람이라고 말한다. 하나님은 그에게 홍수를 대비해서 방주를 만들라고 명하신다.

지금까지 그렇게 큰 비가 내린 적이 없었는데 그 말이 믿기겠는가? 그럼에도 불구하고 노아는 하나님의 말씀에 순종했다. 하나님이 주신 설계도대로, 그는 오랜 세월 동안 축구장만 한 크기의 배를 묵묵히 만들어 갔다. 그런 노아와 그의 가족들을 보며 사람들은 비웃었다.

"아니, 지금 뭐 하는 거야? 무슨 비가 온다고 그래? 왜 저렇게 쓸데없는 짓을 하는 거야?"

하지만 드디어 방주가 완성되었고, 노아의 가족 여덟 명과 모든 동물이 암수 한 쌍씩 들어가자 하나님이 직접 방주의 문을 닫으셨다.

이윽고 비가 쏟아지기 시작했다. 하늘에 마치 구멍이 난 것 같았다. 세상의 모든 것이 물에 잠겨 버렸다. 세상의 높은 산도 마찬가지였다. 40일 동안 비가 쏟아지고 나서 방주가 물 위를 떠다니기 시작했다. 그렇게 150일 동안 땅에 물이 가득했고, 또 150일 동안 물이 서서히 줄어들었다.

노아는 물이 어느 정도 내려갔는지 알아보기 위해 까마귀를 내보냈다. 까마귀는 물이 땅에 마르기까지 왔다 갔다 했다. 그다음으로 비둘기를 내보내었는데, 처음에는 돌아오더니 나중에는 돌아오지 않았다. 마침내 땅이 마른 것이다.

모든 것을 다 이끌어내라 이것들이 땅에서 생육하고 땅에서 번성하리라(창 8:17).

하나님의 말씀에 따라 가족과 함께 방주에서 나온 노아는 제일 먼저 여호와께 제단을 쌓고 정결한 짐승과 새를 제물로 삼아 번제를 드렸다.

> 땅이 있을 동안에는 심음과 거둠과 추위와 더위와 여름과 겨울과 낮과 밤이 쉬지 아니하리라(창 8:22).

홍수로 인해 자연 질서가 파괴되면서 세상은 모든 것이 변화되었으나, 하나님은 이 세상을 계속해서 이끌어 가실 것이다. 하나님은 노아와 그 아들들에게 복을 주며 "생육하고 번성하여 땅에 충만하라!"라고 말씀하셨다. 그리고 이어서 말씀하셨다.

> 모든 산 동물은 너희의 먹을 것이 될지라 채소같이 내가 이것을 다 너희에게 주노라 그러나 고기를 그 생명 되는 피째 먹지 말 것이니라(창 9:3-4).

홍수 이후, 하나님은 사람에게 처음으로 육식을 허락하셨다. 성경 어디에도 홍수 이전에 육식이 허락되었다는 기록은 없으므로, 홍수 이후에 육식이 시작되었다고 볼 수 있다. 그런 후에 다시는 물로 세상을 멸하지 않겠다고 하면서, 그 약속으로 무지개를 보여 주셨다.

이제 노아의 세 아들, 셈과 함과 야벳으로부터 사람들이 온 땅에 퍼지게 된다. 그러던 어느 날, 농사를 시작한 노아가 포도나무를 심고 포도주를 마시다가 취해 버렸다. 노아가 왜 그렇게 술을 마셨는지 생각해 보면 조금은 이해가 된다. 방주를 만들 때 그는 사람들에게 조롱을 당했다. 그런데 방주 문이 닫히고 비가 내리기 시작하자 사람들이 그 문을 두드리며 살려 달라고 외쳤다.

"노아, 문 좀 열어 줘! 나야 나, 네 사촌 형! 제발 우리도 살려 줘!"

하지만 그 문은 하나님이 닫으신 것이었기에 노아는 열 수 없었다. 그 이후 노아는 악몽에 시달렸을 것이고, 어쩌면 그것을 잊기 위해 술을 마신 것인지도 모른다. 그렇게 술을 마시다 너무 더웠는지, 그는 옷을 다 벗어 던져 버렸다. 그 모습을 본 함이 형제인 셈과 야벳에게 "세상에, 아버지가 술에 취하셨는지 벌거벗고 계셔. 한번 가 봐" 하고 말했다. 하지만 셈과 야벳은 아버지의 벌거벗은 모습을 보지 않기 위해 뒷걸음질치며 들어가 아버지의 벗은 몸을 옷으로 덮어 드렸다.

이후에 술에서 깬 노아는 함이 한 일을 알고 그를 저주한다. 이를 통해 우리도 누군가에게 허물이 있을 때 그것을 들춰내기보다는 셈과 야벳처럼 조용히 덮어 주어야 한다는 것을 배우게 된다.

노아의 세 아들, 셈과 함과 야벳을 통해 세상에 많은 자손이 생겨나고 온 땅으로 퍼져 나가게 되었다.

바벨탑(11장)

한편, 그 당시 온 땅의 언어는 하나였으며, 그들은 시날 평지에 모여 함께 살고 있었다. 그런데 사람들의 교만이 또다시 시작되었다. 가장 무서운 교만은 하나님 없이 살려는 것이고, 자기 스스로 하나님이 되려는 것이다. 이는 바로 사탄이 주는 마음이다.

> 자, 성읍과 탑을 건설하여 그 탑 꼭대기를 하늘에 닿게 하여 우리 이름을 내고 온 지면에 흩어짐을 면하자(창 11:4).

사람들은 하나님보다 더 높아지고 싶은 마음에 바벨탑을 쌓기 시작했다.

그러자 하나님은 그들의 언어를 혼잡하게 하여 서로 말이 통하지 않게 하셨다.

"저기 벽돌 좀 올려 줘."

"뭐? 물을 달라고?"

"벽돌!"

"뭐? 집에 가자고?"

이렇게 말이 통하지 않게 되자 그들은 도시 건설을 멈추고 사방으로 흩어지게 되었다. 그래서 그곳 이름을 '바벨'이라고 불렀다. 바벨은 '혼돈'이라는 뜻이다.

이렇게 아담에서 셋으로, 노아에서 셈으로 이어진 족보는 마침내 아브람(당시에는 아브라함이 아닌 아브람이라 불렸다)에게로 이어진다.

족장 시대(아브라함-이삭-야곱-요셉, 창 12-50장)

하나님은 세상을 창조하고 사람을 만드셨다. 그러나 그들이 선악과를 따 먹음으로 인간 안에 죄가 들어오게 되었다. 가인의 살인을 시작으로 사람들의 죄가 걷잡을 수 없게 되자, 하나님은 홍수로 세상을 심판하셨다. 하지만 그 가운데서도 노아를 남겨 당신의 구원 계획을 다시 이어 가셨다.

이제 노아의 계보에 아브람이 등장한다. 하나님은 그를 통해 당신의 백성인 이스라엘을 만들어 가신다.

하나님의 벗, 아브라함(12-25장)

너는 너의 고향과 친척과 아버지의 집을 떠나 내가 네게 보여 줄 땅으로 가라 내가 너로 큰 민족을 이루고 네게 복을 주어 네 이름을 창대하게 하리니 너는 복이 될지라 너를 축복하는 자에게는 내가 복을 내리고 너를 저주하는 자에게는 내가 저주하리니 땅의 모든 족속이 너로 말미암아 복을 얻을 것이라 하신지라(창 12:1-3).

아브람이 살던 곳은 갈대아 우르로, 그곳은 온갖 우상이 가득한 곳이었다. 기록에 따르면, 아브람의 아버지인 데라는 우상을 조각해서 파는 사람이었다. 하나님은 그런 아브람을 찾아가 말씀하셨다.

"너는 고향을 떠나 내가 지시할 땅으로 가라."

자신이 살던 고향을 떠나 다른 곳에 자리를 잡는 것이 결코 쉬운 일은 아니었지만, 아브람은 하나님의 말씀에 그대로 순종한다.

하란에 도착하여 머무는 사이, 아버지 데라가 그곳에서 죽는다. 하지만

▲ 아브라함의 이동 경로

하나님이 말씀하신 최종 목적지는 하란이 아니었기에, 아브람은 다시 모든 것을 이끌고 가나안 땅으로 들어간다.

아브람은 하나님이 지시하신 가나안 땅에 도착하자마자 제단을 쌓고 하나님께 예배를 드렸다. 그의 중심에는 항상 하나님이 계셨다. 그러나 하나님의 말씀에 순종하여 가나안에 왔음에도 고난이 이어졌다. 이는 하나님께서 아브람에게 허락하신 세 가지 시험이었다.

물질의 시험

가나안 땅의 기근으로 먹을 것이 없어 도저히 살 수가 없었다. 아브람은 어쩔 수 없이 모든 가족을 데리고 먹을 것이 풍족한 애굽(이집트)으로 내려갔다. 그런데 그곳에서는 남의 부인을 빼앗는 것으로 자신의 힘을 과시했기에, 아브람은 애굽에 가면 아내를 다른 사람에게 빼앗길까 봐 두려워졌다. 그래서 그는 사래(당시에는 사라가 아닌 사래로 불렸다)에게 이렇게 말했다.

"애굽에 가면 사람들이 아내인 당신을 빼앗고 나를 죽일 거요. 그러니 누이라고 합시다. 그러면 살 수 있을 거요."

아브람이 이렇게 말한 데는 이유가 있었다. 그들은 아내는 빼앗아도 가족인 누이는 빼앗지 않았기 때문이다. 사래가 누이라는 것도 완전히 거짓은 아니었다. 그 당시는 대부분이 씨족 사회였기에, 사래는 아브람의 이복동생이기도 했다. 사래가 예쁘다는 소문이 애굽 왕 바로의 귀에까지 들어갔다. 바로는 사래를 자신의 여자로 만들기 위해 아브람에게 양과 소, 노비와 나귀와 낙타 등 많은 재물을 주었다.

이때 마음이 가장 급한 분은 하나님이었을 것이다. 아브람과 사래의 후손을 통해 당신의 백성인 이스라엘 민족을 세워야 하는데, 바로와 사래가 연결되면 엉망진창이 되기 때문이다. 그래서 하나님은 바로의 집에 폭탄을 떨어뜨리듯이 큰 재앙을 내리셨다. 깜짝 놀란 바로는 아브람에게 "너는 어째서 사래를 네 아내라 하지 않고 누이라 했느냐! 어서 데리고 애굽에서 당장 나가거라!" 하고 말했다. 하나님의 큰 재앙 때문에 너무 당황했던지, 아브람에게 준 재물도 돌려받지 않고 애굽에서 내보냈다.

인간관계의 시험

사래의 일로 엄청난 재물을 받아 부자가 된 아브람은 여전히 조카 롯을 돌보고 있었다. 그러나 재산이 많아지면서 아브람과 롯의 목자들 사이에서 다툼이 일어나기 시작했다. 이에 아브람은 롯에게 이렇게 말했다.

"우리는 한 친족이니 싸우지 말고 땅을 나누어 살자. 네가 왼쪽을 선택하면 나는 오른쪽을, 네가 오른쪽을 선택하면 나는 왼쪽을 선택하겠다."

롯은 일찍 부모를 여의었기에 아브람이 그를 자식처럼 돌보았다. 그러나 그는 "아니에요, 삼촌! 삼촌의 돌봄에 늘 감사드리고 있어요. 삼촌이 먼저 좋은 땅을 선택하시면 제가 남은 땅을 고를게요"라고 하지 않았다. 롯은 눈을 들어서 자기가 가질 땅을 먼저 둘러보았다. 그랬더니 요단 동쪽의 소돔과 고모라가 눈에 들어오는 것이 아닌가?

"저는 물이 넉넉하고 좋은 소돔 지역으로 가겠습니다!"

이때 아브람의 마음이 얼마나 씁쓸했을까. 속상해하는 아브람을 위로하기 위해 하나님이 동서남북으로 보이는 모든 땅을 아브람과 그의 자손에게 영원히 주겠다고 약속하신다. 그리고 그의 자손도 땅의 티끌같이 많게 하겠다고 약속하신다.

그러나 시간이 흘러도 하나님의 약속과는 달리 아브람에게는 여전히 자식이 없었다. 아브람이 "저에게는 자식이 없으니 제 종 엘리에셀을 상속자로 삼으려 합니다!"라고 하자 하나님은 "네 상속자는 네 몸에서 날 자다"라고 말씀하시며 그를 이끌고 밖으로 나가 별을 보여 주신다. 그러고는 "저 별을 다 셀 수 있겠느냐? 네 자손도 이와 같으리라"라고 말씀하신다.

> 아브람이 여호와를 믿으니 여호와께서 이를 그의 의로 여기시고(창 15:6).

하지만 하나님의 약속이 있었음에도 불구하고 사래는 자신에게 아이가 없음을 한탄하여 자신의 여종 하갈을 통해 자식을 낳게 하는데, 그 아이가 바로 이스마엘이다. 그러나 이스마엘은 하나님의 약속의 자녀가 아니었다.

아브람이 99세가 되었을 때, 하나님께서 아브람에게 "보라 … 너는 여러 민족의 아버지가 될지라 이제 후로는 네 이름을 아브람이라 하지 아니하고 아브라함이라 하리니 이는 내가 너를 여러 민족의 아버지가 되게 함이니라 내가 너로 심히 번성하게 하리니 내가 네게서 민족들이 나게 하며 왕들이 네게로부터 나오리라"(창 17:4-6)라고 말씀하신다. 이때부터 그는 '모든 민족의 아버지'라는 뜻의 '아브라함'으로 불리고, 사래도 '사라'라고 불리게 된다. 그리고 마침내 아브라함이 100세, 사라가 90세가 되었을 때, 곧 인간으로서는 아이를 낳을 수 없는 나이가 되었을 때, 하나님은 그들에게 아들 이삭을 주신다. 하나님이 하신 것이다.

하나님과의 관계의 시험

아브라함의 나이 100세, 사라의 나이 90세에 드디어 아들 이삭을 낳는다. 얼마나 예뻤을까? 물고 빨고, 눈에 넣어도 아프지 않았을 것이다. 그런데 갑자기 하나님이 너무도 당황스러운 명령을 하신다.

> 아브라함아 … 네 아들 네 사랑하는 독자 이삭을 데리고 모리아 땅으로 가서

내가 네게 일러 준 한 산 거기서 그를 번제로 드리라(창 22:1-2).

100세에 얻은 아들 이삭을 번제물로 바치라는 것이다. 만약 우리라면 “아니 하나님! 이 아들을 어떻게 낳았는데 제물로 바쳐요? 하나님도 아시잖아요? 못 드립니다. 절대로” 하며 소리치고 반항했을 것이다. 그러나 아브라함은 아무 말도 하지 않고 아침 일찍 일어나 아들 이삭과 두 종을 데리고 3일 길을 걸어 모리아산으로 간다. 그런 다음 두 종과 나귀는 기다리게 하고, 아들 이삭만 데리고 산으로 올라간다. 아마도 같이 올라갔다가 이삭을 번제물로 바칠 때 종들이 말리고 붙잡으면 하나님의 명령을 지켜 내지 못할까 봐 그런 것 같다.

산을 오르던 중에 이삭이 묻는다.

“아버지, 불과 나무는 있는데 하나님께 드릴 어린양은 어디 있어요?”

아브라함은 차마 “그게 바로 너란다!”라고 아들에게 이야기하지 못한다. 너무도 가슴이 아프다.

“음, 어린양은 하나님이 준비하실 거야.”

그렇게 도착한 곳에서 아브라함은 제단을 쌓고, 나무를 벌여 놓은 뒤 아들을 묶어 그 위에 올린다. 이때 이삭은 그 어떤 반항도 하지 않고 아버지에게 순종한다. 마치 예수님처럼!

아브라함이 칼을 들어 아들을 찌르려는 순간, 여호와의 사자가 “아브라함아! 아브라함아!” 하고 급하게 부른다. 조금이라도 늦었다면, 이삭은 바로 그 날카로운 칼에 찔렸을 것이다.

“이삭에게 손대지 마라. 네가 네 독자도 아끼지 않았으니, 내가 이제야 네가 하나님을 참으로 경외하는 줄 알았다.”

아브라함이 눈을 들어 보니 수풀에 뿔이 걸린 숫양이 있는 것이 아닌가!

그는 그 숫양을 가져다가 이삭 대신에 번제물로 드린다. 이 숫양은 장차 우리의 죄를 대신하여 십자가에 달리실 예수님의 예표다.

앞서 이삭이 아브라함에게 번제로 드릴 어린양이 어디 있느냐고 물었을 때, 하나님이 준비하실 거라는 그의 대답이 '여호와 이레'라는 뜻이다. 이렇게 아브라함은 물질의 시험, 인간관계의 시험, 하나님과의 관계의 시험의 관문을 통과했다.

이삭, 야곱, 요셉 (26-50장)

아내 사라가 죽고 아브라함이 140세가 되었을 때, 아들 이삭이 리브가와 결혼하게 된다. 리브가는 매우 아름답고 정숙한 여인으로, 물을 길으러 나왔다가 만난 아브라함의 종과 낙타에게까지 물을 먹일 정도로 성실하고 친절한 성품을 지녔다.

시간이 흘러 이삭의 때에도 흉년이 들었다. 그때 하나님은 이삭에게 애굽으로 내려가지 말고 당신이 지시한 땅에 거주하라고 하신다. 이에 이삭은 하나님께 순종하여 그랄 땅에 머문다.

> 나는 네 아버지 아브라함의 하나님이니 두려워하지 말라 내 종 아브라함을 위하여 내가 너와 함께 있어 네게 복을 주어 네 자손이 번성하게 하리라(창 26:24).

이삭은 브엘세바에 제단을 쌓고 여호와의 이름을 부르며 그곳에 장막을 친다. 이삭의 종들이 파는 우물마다 물이 펑펑 터져 나오자, 아비멜렉과 그의 사람들이 이삭을 찾아온다. 이삭이 "나를 미워하더니 어찌하여 왔소?"라고 묻자 그들은 이렇게 말한다.

"하나님이 너를 돌보시는 것을 보았다. 그러니 우리 서로 계약을 맺자. 이삭 너는 우리를 해치지 마라. 우리도 너를 더 이상 범하지 않겠다!"

이렇게 그들은 늘 이삭을 돌보시는 여호와 하나님을 알게 되었고, 더 이상 이삭을 괴롭히지 않았다. 하나님이 하신 일이었다.

한편, 이삭에게는 쌍둥이 아들이 있었는데, 형은 에서고, 동생은 야곱이다. 에서는 장자임에도 불구하고 장자권을 소중하게 여기지 않았다. 어느 날 배가 고팠던 그는 팥죽 한 그릇에 자신의 장자권을 야곱에게 넘겨 버린다.

어느덧 이삭이 나이가 들어 장자인 에서에게 자신의 모든 권리를 넘겨주려고, 사냥해서 별미로 만들어 오면 그것을 먹고 축복하겠다고 한다. 그런데 에서가 사냥을 나간 사이에 리브가는 야곱을 에서처럼 변장시켜 대신 축복을 받게 한다. 세계 최초의 분장 쇼다. 야곱이 두려워하자 리브가는 자기가 다 책임을 지겠다며 염소 가죽을 야곱의 손과 목에 붙이고 에서의 옷을 입혀 보낸다. 눈이 잘 안 보이는 이삭은 야곱을 에서로 착각해 별미를 먹고 마음껏 축복해 버린다.

야곱이 축복을 받고 나간 뒤에 에서가 사냥을 마치고 돌아온다. 아버지 이삭이 벌써 음식도 먹었고 축복도 해 줬다고 하자, 에서는 자기에게도 축복을 해 달라며 애원한다. 이삭이 그 부탁을 들어주지 않자 에서는 자기를 속인 야곱을 죽이겠다고 다짐한다. 그 말을 들은 리브가는 야곱에게 형의 마음이 가라앉을 때까지 하란에 있는 삼촌 라반에게 가 있으라고 하며 그를 급히 도망가게 한다. 야곱은 이렇게 도망자가 되어 버린다.

하란으로 향하던 길에 해가 져서 자려고 돌을 베개 삼아 누웠는데, 꿈에 하늘까지 닿는 사닥다리 위로 하나님의 사자들이 오르락내리락하는 모습을 보게 된다. 그때 하나님이 야곱에게 말씀하신다.

네가 누워 있는 땅을 내가 너와 네 자손에게 주리니 … 땅의 모든 족속이 너와 네 자손으로 말미암아 복을 받으리라 내가 너와 함께 있어 네가 어디로 가든지 너를 지키며 너를 이끌어 이 땅으로 돌아오게 할지라(창 28:13-15).

너무도 힘들었던 야곱은 자신의 신세를 한탄하며 하나님이 어디에 계시는지, 왜 자신을 지켜 주지 않으시는지 원망했을지도 모른다. 그런데 하나님은 그런 그를 광야에서 만나 주셨다. 야곱은 잠에서 깬 후에 "여호와께서 과연 여기 계시거늘 내가 알지 못하였도다"(창 28:16) 하며 자신이 베개로 삼았던 돌로 기둥을 세워 하나님께 예배를 드린다.

야곱은 훗날 삼촌 라반의 집에서 20년을 머문다. 그곳에 그렇게 오래 있을 마음은 아니었는데, 잔머리가 뛰어난 삼촌 라반이 레아와 라헬과 결혼하는 조건으로 14년을 일하게 하면서 총 20년을 살게 된다. 그동안 야곱은 네 명의 부인을 통해 이스라엘 지파를 이루는 열두 명의 아들과 딸 디나를 얻는다. 혼자였던 야곱은 많은 가족과 함께 많은 가축을 가진 부자가 되었다.

그때 하나님은 야곱에게 고향인 가나안 땅으로 돌아가라고 하신다. 그러나 문제가 있었는데, 바로 자신을 죽이려고 하는 형 에서였다. 하지만 하나님은 이 문제를 아름답게 해결해 주신다. 이 과정에서 야곱이 하나님께 기도할 때 천사와 씨름하고 이겨 '이스라엘'이라는 이름을 받게 되는데, 하나님이 그를 당신의 백성으로 삼으신 것이다.

야곱은 여러 아들 중에서 요셉을 특히 사랑했다. 사랑하는 아내 라헬이 낳은 아들이기에 그에게만 채색옷을 입혀 주는 등 특별 대우를 하자 다른 형제들은 요셉을 질투하며 미워했다. 그런데 이런 상황에서 순진하고 눈치 없는 요셉은 분위기 파악을 못 하고 자기가 꾼 꿈을 자랑스럽게 이야기했다.

우리가 밭에서 곡식 단을 묶더니 내 단은 일어서고 당신들의 단은 내 단을 둘러서서 절하더이다 … 해와 달과 열한 별이 내게 절하더이다(창 37:7, 9).

한마디로, 가족들이 자기에게 절을 한다는 것이었다. 형들은 그런 요셉이 미워서 죽을 지경이었다. 결국 어느 날, 형들은 양을 치고 있는 자기들을 찾아온 요셉을 죽이려고 한다. 그러나 유다의 만류로 요셉은 결국 애굽에 종으로 팔려가게 된다. 집으로 돌아간 형들은 아버지에게 염소의 피를 묻힌 요셉의 채색옷을 보여 주며 자신들이 그것을 발견했다고 거짓말을 한다. 야곱은 요셉의 옷을 알아보고 망연자실한다.

"내 아들의 옷이다. 악한 짐승이 그를 잡아먹었구나!"

사랑하는 아들을 잃은 야곱은 억장이 무너져 버린다.

한편, 애굽에 종으로 팔려 간 요셉은 보디발 장군의 집에서 일하면서 성실함을 인정받아 집안의 모든 일을 맡게 된다. 그러던 어느 날, 보디발의 아내가 요셉에게 다가와 동침하자고 꾄다. 요셉은 강하게 거부하며 옷까지 버려두고 도망친다. 보디발의 아내는 자신을 거부한 요셉이 미워서 "히브리 사람이 나를 덮치려고 해서 소리를 질렀더니, 봐요! 옷을 버려두고 도망했어요"라고 거짓말을 한다. 결국 요셉은 아무 잘못도 없이 억울하게 감옥에 갇히게 된다. 그러나 감옥에서도 성실한 요셉이었기에 간수장의 신뢰를 얻어 모든 일을 맡게 된다. 하나님은 언제, 어디서나 요셉과 함께하며 돌보셨다.

이는 여호와께서 요셉과 함께하심이라 여호와께서 그를 범사에 형통하게 하셨더라(창 39:23).

그 후에 애굽 왕의 술 맡은 자와 떡 굽는 자가 감옥에 갇히게 되었다. 어느 날 그들이 꿈을 꾸고는 두려워할 때, 요셉이 그 꿈을 해석해 주었다. 과연 요셉이 말한 대로 한 사람은 궁으로 돌아가고, 한 사람은 죽게 되었다. 요셉은 술 맡은 관원장의 꿈을 해석하면서 간곡히 부탁했다.

"당신이 잘되거든 저를 생각하고 은혜를 베풀어 이곳에서 나가게 해 주십시오. 저는 옥에 갇힐 일을 하지 않았습니다."

술 맡은 관원장은 알겠다고 했을 것이다. 그리고 요셉은 그가 나간 후 매일같이 감옥 문 쪽을 바라봤을 것이다. 혹시라도 그가 자기를 빼 주지 않을까 하는 마음에서 말이다. 그러나 2년이 지나도록 감감무소식이다. 아마 사람의 도움을 바라던 요셉도 지쳐서 다시 하나님을 바라보았을 것이다.

그러던 어느 날, 애굽 왕 바로가 꿈을 꾸었는데 아무도 그 꿈을 해석하지 못했다. 그제야 술 맡은 관원장이 감옥에서 자기의 꿈을 해석했던 요셉을 떠올리며 바로에게 소개한다. 이에 요셉은 수염을 깎고 옷을 갈아입은 후 바로 앞에 선다. 바로의 꿈을 듣고 해석해 보니 7년의 풍년 이후에 7년의 흉년을 예고하는 내용이었다. 하나님이 요셉에게 꿈을 해석할 수 있는 능력과 지혜를 주신 것이다. 요셉은 이 일에 대한 대비책을 제안하고, 바로는 종이었던 요셉을 애굽의 총리 자리에 앉게 한다. 이처럼 하나님은 요셉과 늘 함께하셨다.

과연 7년의 풍년 뒤에 흉년이 시작되었다. 애굽에서는 요셉의 제안에 따라 지역마다 창고에 곡식을 가득가득 쌓아 두었다. 한편, 애굽뿐 아니라 그 주위 모든 나라에도 기근이 들었는데, 야곱의 가족이 살고 있는 가나안 땅에도 흉년이 와서 먹을 것이 없었다. 이에 야곱은 아들들을 애굽으로 보내어 먹을 것을 사 오게 했다. 단, 요셉의 친동생인 베냐민은 데려가지 않게 했다.

그리하여 열 명의 형제는 애굽에 종으로 팔았던 동생 요셉 앞에 무릎을 꿇게 되었다. 요셉이 형들에게 이야기했던 꿈, 곡식 단들이 자기 단에 절하던 그 꿈이 현실이 된 것이다. 그러나 형들은 요셉을 전혀 알아보지 못했다.

"너희, 정탐꾼이지?"

"아닙니다. 저희는 그저 곡식을 사러 온 것입니다!"

그러면서 묻지도 않은 자기들 집안 사정을 털어놓는다. 자기들은 열두 형제인데 막내는 아버지와 함께 있고, 또 하나는 없어졌다면서 말이다. 그 없어진 형제가 지금 자기들 눈앞에 있는 애굽의 총리, 요셉인데 말이다. 요셉은 믿을 수 없다는 듯, 자신의 친동생인 베냐민을 데리고 와야 믿겠다고 말한다. 그러면서 시므온을 볼모로 잡아 둔다. 어쩔 수 없이 가나안으로 돌아온 형제들이 야곱에게 이 사실을 알리자, 야곱은 이렇게 말한다.

"너희가 내 자식을 다 잃게 하는구나! 요셉도 없어졌는데 시므온도 애굽에 놓고 오더니, 이제는 막내인 베냐민까지 데려간다고? 말도 안 되는 소리다!"

그러자 장자인 르우벤이 말한다.

"제가 베냐민을 데리고 오지 않으면 저의 두 아들을 죽이셔도 좋습니다."

그러나 르우벤의 이 말은 오히려 상황을 악화시킨다. 자기 목숨도 아닌 두 아들의 목숨을 내놓는다는 말에 야곱은 더욱 화를 낸다. 그도 그럴 것이, 르우벤은 아버지의 첩과 불미스러운 일을 저질러 미운털이 박혀 있었기에 더 들리지 않았을 것이다.

시간이 흘러 다시 가나안에 먹을 것이 떨어지자, 야곱은 또다시 아들들에게 애굽에 가서 먹을 것을 사 오라고 한다. 이때 유다가 나선다.

"아버지, 베냐민을 데려가지 않고는 애굽에 갈 수 없습니다. 만일 베냐민에게 일이 생긴다면 제 목숨을 담보로 드리겠습니다. 우리가 지체하지 않았더라면 벌써 두 번은 다녀왔을 것입니다."

유다의 진정성 있는 말에 감동했는지, 야곱은 자신이 움켜쥐고 있던 베냐민에 대한 마음을 내려놓는다.

전능하신 하나님께서 그 사람 앞에서 너희에게 은혜를 베푸사 그 사람으로 너희 다른 형제와 베냐민을 돌려보내게 하시기를 원하노라 내가 자식을 잃게 되면 잃으리로다(창 43:14).

야곱이 달라졌다. 아무리 자신이 움켜쥐려 해도 마음대로 되지 않는다는 것, 모든 일은 하나님이 허락하셔야 이루어진다는 것을 깨닫게 된 것이다. 야곱의 열 명의 아들은 다시 애굽으로 내려간다.

애굽에 도착한 형제들은 또다시 요셉 앞에 엎드린다. 자신의 친동생, 베냐민을 보는 요셉의 마음이 어땠을까? 요셉은 아우를 사랑하는 마음이 복받쳐 급히 울 곳을 찾아 안방에 들어가 운 다음, 얼굴을 씻고 나와서 함께 밥을 먹는다. 베냐민에게는 다른 사람보다 다섯 배나 더 주고, 르우벤부터 베냐민까지 나이 순서대로 앉게 해 형제들을 놀라게 한다.

'어떻게 우리를 나이 순서대로 앉혔지? 신기하네.'

이제 형제들이 가나안으로 돌아가려 할 때, 요셉은 하인에게 은잔을 베냐민의 자루에 몰래 숨기게 시킨다. 그렇게 함으로써 은잔을 가져간 베냐민만 남게 해 함께 애굽에서 살고 싶은 마음이었을 것이다. 하지만 베냐민의 자루에서 은잔이 발견되자, 넷째 형 유다가 요셉에게 말한다.

"총리님, 만일 이 아이가 가지 않으면 아버지는 큰 충격으로 돌아가실 것입니다. 아버지의 생명은 이 아이와 하나로 묶여 있기 때문입니다. 차라리 저를 종으로 삼으시고, 막내아우는 아버지의 품으로 돌려보내 주십시오."

유다의 말에 베냐민을 향한 진심 어린 마음을 느낀 요셉은 울면서 형들에게 고백한다.

"형님들, 나는 요셉입니다. 아버지는 아직 살아 계십니까? 이리 가까이 오세요. 형님들이 나를 이 애굽에 팔았지만, 근심하지 마세요. 하나님이 생명을 구원하려고 나를 형님들보다 먼저 이 땅에 보내신 것입니다. 아직 5년은 더 흉년이 계속될 테니, 다 이리로 와서 고센 땅에 머물며 함께 살아요."

형제들은 아버지 야곱에게, 요셉이 지금까지 살아 있어 애굽의 총리가 되었다는 소식을 전한다. 하지만 야곱은 그 말을 믿지 못해 어리둥절해하다가 요셉이 보낸 수레를 보고서야 믿는다. 그렇게 야곱을 포함한 70명의 가족, 열두 지파를 이루게 되는 아들들이 애굽으로 들어와 고센 땅에서 목축을 하며 살게 된다.

이것은 이스라엘 민족을 만들기 위한 하나님의 멋진 계획이었다. 이스라엘 민족이 고센 땅에서 따로 모여 살게 하신 것은, 애굽 사람들과 피가 섞이지 않도록 하여 순수한 혈통을 지키고, 오직 하나님만 따르는 멋진 자녀로 만들기 위함이었다. 가나안 땅에서 살지 않고 애굽에 들어가 살게 하신 것도 같은 이유에서였다.

세월이 흘러 아버지 야곱이 세상을 떠나자 형들은 두려워졌다. 혹시 요셉이 자기들에게 원수를 갚지는 않을까 하는 생각이 든 것이다. 그래서 그들은 아버지가 생전에 남긴 말이라며 이렇게 전한다.

"아버지가 전하라고 하시기를, '형들이 너에게 악을 행했어도 그들을 용서해라'라고 하셨어."

이 말을 들은 요셉은 또 울었다. 울보다, 울보! 그러고 나서 형들에게 말한다.

> 두려워하지 마소서 내가 하나님을 대신하리이까 당신들은 나를 해하려 하였으나 하나님은 그것을 선으로 바꾸사 오늘과 같이 많은 백성의 생명을 구원하게 하시려 하셨나니 당신들은 두려워하지 마소서 내가 당신들과 당신들의 자녀를 기르리이다(창 50:19-21).

너무도 따뜻한 요셉! 자신을 괴롭혔던 형들을 용서하고, 오히려 그들을 돌보려고 한다. 그러면서 요셉은 형제들을 진심으로 위로한다. 그리고 하나님이 이스라엘 민족을 어떻게 이끄실 것인지를 이야기한 후에 그곳에서 아버지의 가족과 함께 살다가 110세에 생을 마친다.

> 나는 죽을 것이나 하나님이 당신들을 돌보시고 당신들을 이 땅에서 인도하여 내사 아브라함과 이삭과 야곱에게 맹세하신 땅에 이르게 하시리라(창 50:24).

출애굽기

출애굽, 이스라엘 민족의 시작(1-18장)

모세를 예비하시는 하나님(1-4장)

이스라엘 민족이 애굽에 들어온 지 430년이 흘렀다. 요셉이 애굽의 총리였을 때는 참으로 평안했지만, 이제는 상황이 완전히 달라졌다. 요셉을 알지 못하는 새로운 왕조가 들어서면서 이스라엘 백성은 애굽에서 종살이를 하게 된 것이다. 그동안 이스라엘 민족은 그 수가 점점 불어나 250만 명을 넘어섰다. 인구가 계속해서 늘어나자 두려움을 느낀 바로는 명령을 내린다. 이스라엘에서 태어나는 남자아이들을 나일강에 던져서 죽이라는 것이다.

이 시기에 레위 지파에서 한 아이가 태어난다. 바로 모세다. 석 달을 숨겨서 키우다가 더 이상 방법이 없자, 어머니 요게벳은 갈대 상자를 만들어 그 안에 아이를 넣고 나일강에 띄운다. 그러고는 누나 미리암에게 잘 지켜보라고 당부한다.

강물 위로 떠내려가던 모세의 갈대 상자가 애굽의 공주에게 발견된다. 상자를 열자 아이가 "응애" 하고 우는데, 누가 봐도 히브리 아이였다. 그 당시의 법대로라면, 히브리 사내아이는 발견되는 즉시 죽여야 했다. 그런데 하나님은 공주의 마음에 모성애를 가득 부어 주셨다. 공주의 눈에는 그 아이가 너무도 예뻐 보였다.

"어쩜, 이 눈망울 좀 봐! 정말 예쁘네."

이때 모세를 보면서 강을 따라 내려온 미리암이 조심스레 말을 건넨다.

"제가 아기에게 젖을 물릴 히브리 유모를 구해 올까요?"

기가 막힌 타이밍이다. 공주는 직접 젖을 먹일 수가 없었기 때문이다.

"그래, 부탁할게."

그렇게 모세의 어머니 요게벳은 아들에게 젖을 먹이며 돈까지 받는다. 아마 세상 최초로 자기 아이에게 젖을 먹이고 돈을 번 엄마였을 것이다.

이렇게 해서 모세는 애굽에서 왕자의 신분으로 자라난다. 하지만 그는 자신이 히브리인이라는 사실을 알았을 것이다. 그가 40세쯤 되었을 때, 모세는 한 애굽 사람이 히브리 사람을 때리는 것을 보고 거룩한 분노가 치밀어 그 애굽 사람을 쳐 죽이고 만다. 그리고 이 일이 발각되어 애굽을 떠나 미디안광야로 도망친다. 그곳에서 그는 결혼도 하고 양도 돌보면서 40년을 지내게 된다.

어느덧 그의 나이 80세다. 에너지 넘치던 모세는 이제 힘도 다 빠지고 말

수도 적어졌다. 어쩌면 어느 날, 양을 치다가 문득 외로워서 양에게 이렇게 말을 걸었을지도 모른다.

"양아, 인생이 뭘까?"

답은 뻔하다.

"메에~ 메에~."

말할 사람이 없는 광야에서, 모세는 하루 종일 입에서 단내가 날 정도로 아무 말도 하지 않았을 것이다. 그러던 어느 날, 모세는 기이한 장면을 보게 된다. 떨기나무에 붙은 불이 꺼지지를 않는 것이다. 보통은 광야의 뜨거운 햇살로 인해 나무에 불이 붙어도 활활 타다가 까맣게 되면서 불이 꺼지기 마련인데, 이게 웬일인가? 계속해서 활활 타고 있다. 신기해서 다가가니 "모세야, 모세야" 하고 하나님이 부르신다. 그러면서 애굽에 살고 있는 이스라엘 민족이 너무나도 고통스러워하니 가서 그들을 이끌고 나오라고 하신다.

"그들이 저에게 하나님의 이름을 물으면 무엇이라고 대답해야 합니까?"

"나는 스스로 있는 자다!"

하나님은 모세에게 이스라엘 백성을 이끌어 당신이 약속하신 땅으로 데려가라고 하신다. 하지만 애굽의 왕 바로가 쉽게 허락해 주지 않을 것이므로, 그때 여러 가지 이적으로 도와주겠다고 하신다. 그런데도 모세는 계속해서 핑계를 댄다.

"저는 말을 잘 못합니다. 보낼 만한 사람을 보내십시오."

그러자 하나님이 모세에게 화를 내신다. 생각해 보라. 얼마나 기다려 온 일인가? 아담이 죄를 지은 후부터 노아의 시대와 아브라함으로 시작되는 족장 시대를 거쳐 이스라엘 민족 70명이 애굽에 들어가 430년 동안 살면서 250만 명으로 인구가 늘어나기까지 그리고 모세가 광야 인생으로 훈련받기까지 하나님은 수천 년을 기다리신 것이다. 그런데 모세가 자기는 말을 잘

못한다며 안 가겠다고 하니 화가 나실 만도 하지 않은가! 하지만 그런 상황에서도 하나님은 모세에게 "네가 말을 잘 못할까 봐 말 잘하는 네 형 아론을 준비시켜 놓았다"라고 말씀하신다.

열 가지 재앙과 출애굽(5-18장)

모세와 아론이 애굽 왕 바로에게 가서 "이스라엘의 하나님 여호와께서 '내 백성을 애굽에서 내보내라. 그러면 그들이 광야에서 나를 위해 절기를 지킬 것이다'라고 하셨습니다"라고 말하자 아니나 다를까, 바로가 이렇게 대답한다.

"여호와가 누구냐? 난 모르겠고, 너희가 뭔데 이스라엘 백성의 일을 쉬게 하려고 하느냐? 오히려 더 힘든 일을 시켜야겠다!"

그러고는 많은 노동으로 힘들어하는 그들에게 오히려 그전보다 더한 일감을 준다. 그러자 이스라엘 백성은 모세에게 불만을 쏟아 낸다.

"당신들 때문에 우리가 바로와 애굽 사람들에게 미운털이 박혀서 그들이 우리를 더 괴롭힙니다. 제발 여호와께서 우리를 돌봐주시기를 원합니다!"

결국 하나님의 말씀을 끝까지 듣지 않는 바로로 인해, 하나님께서는 애굽에 열 가지 재앙을 내리신다. 하나님은 애굽의 모든 신을 심판하시려는 것이었다. 그들이 유일신 여호와를 믿지 않고 섬긴 우상들에 대한 심판이었다.

먼저 모세와 아론이 그들 앞에서 지팡이를 들어 나일강을 치니, 강물이 모두 피로 변하여 나일강의 고기가 죽고 물에서는 악취가 났다. 그런데 이 일은 애굽의 요술사들도 흉내 낼 수 있었기에, 바로는 고집을 부리며 하나님의 말씀을 따르지 않았다. 나일강이 더럽혀지자 사람들은 다른 곳에서 마실 물을 찾아야 했다.

그다음에는 개구리가 나일강에서 올라와 집안 곳곳, 심지어 떡 반죽 그릇에까지 들어가게 되었다. 개구리는 애굽에서 출산의 신으로 섬겨졌는데, 애굽 사람들이 아이를 낳고 싶으면 개구리를 찾았다. 그러나 개구리가 온 나라에 가득해지자 그것이 오히려 재앙이 되었다.

그다음에는 이와 파리가 온 세상을 뒤덮었다. 하지만 바로는 여전히 고집을 부렸다. 이어서 애굽의 가축들에게 극심한 돌림병이 돌아 모두 죽게 되었지만, 고센 땅에 있는 이스라엘 자손의 가축은 하나도 죽지 않았다. 이렇게 하나님의 능력을 보여 주어도 바로는 꿈쩍도 하지 않았다. 말을 듣지 않으니 재앙은 점점 더 심해졌다.

모세가 하늘을 향해 지팡이를 들자 우렛소리가 나고, 콰콰쾅! 엄청난 우박과 함께 불이 내렸다. 애굽이 생긴 이래로 이런 일은 없었다. 온 밭과 사람, 짐승이 우박에 맞아 죽거나 다쳤다. 그러나 고센 땅에 있는 이스라엘 백성에게는 우박이 내리지 않았다. 이제 바로왕이 급해져 모세와 아론을 불러 말했다.

"내가 범죄했다. 여호와는 의로우시고, 나와 내 백성은 악하다! 제발 우렛소리와 우박을 그치게 해라. 너희를 보내 주겠다!"

모세가 여호와께 기도하자 우렛소리와 우박이 멈췄지만, 바로의 마음은 다시 변해 이스라엘 백성을 내보내지 않았다.

이제 메뚜기가 대거 나타날 차례다. 메뚜기는 애굽 사람들이 보호의 신으로 믿던 존재였다. 그러나 우박에 맞아 겨우 남은 채소들마저 어마어마한 메뚜기 떼가 나타나 전부 먹어 치웠다. 그래도 바로가 고집을 부리자 아홉 번째인 흑암의 재앙이 등장한다.

3일 동안 애굽 사람들은 서로를 알아볼 수 없을 정도로 캄캄한 어둠 속에서 지냈다. 애굽 최고의 신인 태양을 하나님께서 없애 버리신 것이다. 그러나 이스라엘 자손이 사는 고센 지역에는 빛이 있었다. 하지만 그 어둠 속에서도 바로는 고집을 꺾지 않았다.

하나님이 뽑으신 마지막 히든카드는 장자를 죽이는 재앙이었다. 애굽 사람들은 애굽의 왕 바로를 신으로 여겼기에, 이 재앙은 그들의 신앙을 무너뜨리는 것이었다.

여호와께서 모세에게 말씀하셨다.

"한 가지 재앙을 더 내리면 바로가 너희를 내보낼 것이다. 그 재앙은 애굽의 모든 장자가 죽는 것이다."

"으악! 내 아들! 아들이 죽었어요!"

"얘, 큰애야! 눈 좀 떠 봐!"

애굽 사람들이 소리를 지르기 시작했다. 심지어 바로왕의 장자도, 가축의 처음 난 것도 애굽의 것이라면 다 죽었다. 그러나 이스라엘 자손의 장자들은 구별하기 위해 어린양을 잡아 그 피를 집 문에 바르도록 하셨다. 죽음의 사자가 다니다가 문에 피가 있으면 그 표시를 보고 죽이지 않고 건너갈 수 있도록 말이다. 이 말이 '유월', 영어로는 passover, 곧 '넘어가다'라는 뜻이고, 우리를 예수님의 피로 살리신 십자가를 떠올리게 한다. 바로 '유월절의 어린양'이다. 이는 하나님을 우습게 여기고 콧방귀를 끼던 바로와 애굽 사람들이 겪어야 하는 재앙이었다.

"도대체 여호와가 뭔데 우리의 신인 태양, 개구리, 메뚜기, 신의 아들이 다 죽는가!"

그러면서 그들은 자신들이 그렇게 오랫동안 믿고 경배해 왔던 신들의 실체가 사실은 아무것도 아니라는 것을 알게 되었다. 바로는 "이스라엘 것들은 애굽에서 당장 다 나가" 하고 소리쳤다. 이렇게 해서 모세는 250만 명이 넘는 이스라엘 민족을 이끌고 애굽에서 나오게 되었다.

이 모든 일은 하나님이 하신 것이다. 하나님은 모세를 광야에서 40년 동안 훈련시키셨고, 하나님을 두려워하지 않고 고집을 부리던 바로와 애굽 사람들에게 열 가지 재앙을 내려 마침내 이스라엘 민족을 출애굽시키는 기적을 일으키신 것이다.

이스라엘 자손이 라암셋을 떠나 숙곳에 이르렀을 때, 유아 외에 보행하는 장정만 약 60만 명에 달했다. 수많은 잡족과 양과 소와 심히 많은 가축도 그들과 함께 나왔다. 잡족들도 함께 나온 이유는, 열 가지 재앙을 통해 여호와 하나님이 참된 신이시며 그 능력이 어떠한지를 직접 보았기 때문이다. 그래서 그들도 이스라엘을 따라 나온 것이다.

이제 이스라엘 백성은 홍해 앞에 장막을 치고 자리를 잡았다. 그들은 이 홍해 너머에 있는 가나안 땅으로 가야 한다. 그런데 바로가 또다시 마음을 바꾸어 쫓아오는 것이 아닌가! 이스라엘 사람들은 바로가 쫓아오는 것을 보고 두려워하며 모세에게 소리쳤다.

"애굽에 매장지가 없어서 우리를 이끌어 내어 이 광야에서 죽게 하느냐! 차라리 애굽 사람을 섬기는 것이 광야에서 죽는 것보다 낫겠다!"

그러자 모세가 말했다.

> 너희는 두려워하지 말고 가만히 서서 여호와께서 오늘 너희를 위하여 행하시는 구원을 보라 너희가 오늘 본 애굽 사람을 영원히 다시 보지 아니하리라 여호와께서 너희를 위하여 싸우시리니 너희는 가만히 있을지니라(출 14:13-14).

그런 다음 모세가 하나님의 명령에 따라 지팡이로 홍해를 가리키자, 하나님이 밤새도록 큰 바람을 일으켜 바닷물을 물러가게 하시니 물이 쫙 갈라져 마른 땅이 되었고, 물은 벽이 되어 좌우에 서게 되었다. 이스라엘 백성은 그 마른 땅으로 홍해를 건넜다.

바로와 그의 군대가 마차를 타고 빠른 속도로 따라와 바다 가운데로 들어왔지만, 이스라엘 백성이 모두 건넌 후 모세가 다시 손을 바다 위로 내밀자 물이 제자리로 돌아와 애굽의 군대가 모두 물에 잠겨 버렸다. 모세의 말대로, 이스라엘 민족은 가만히 서서 여호와께서 행하시는 구원을 보았다.

이때 모세와 미리암 그리고 이스라엘 자손은 여호와를 찬양하며 노래했다.

> 내가 여호와를 찬송하리니 그는 높고 영화로우심이요 말과 그 탄 자를 바다에 던지셨음이로다 여호와는 나의 힘이요 노래시며 나의 구원이시로다 그는 나의 하나님이시니 내가 그를 찬송할 것이요 내 아버지의 하나님이시니 내가 그를 높이리로다(출 15:1-2).

이스라엘 백성은 홍해를 건넌 후 수르광야로 가서 사흘을 걸었다. 그러나 마실 물이 없어 백성은 불평했고, 모세가 하나님께 부르짖자 하나님께서는 그들에게 마실 물을 주셨다. 이제 광야에서는 온전히 하나님만 바라보아야 한다. 그곳에는 정말 아무것도 없기 때문이다.

하나님께서는 매일 만나를 내려 주시고, 메추라기로 단백질도 공급해 주셨다. 아말렉 족속이 공격해 왔을 때는 모세가 팔을 들고 있으면 이스라엘 민족이 이기게 하셨다. 모세가 팔을 계속 들고 있기 힘들어하자, 아론과 훌이 양쪽에서 팔을 받쳐 주었다.

하나님의 언약과 임재(19-40장)

십계명을 주시다 (19-20장)

출애굽하고 3개월이 되던 날, 이스라엘 백성은 드디어 시내광야에 도착해 장막을 친다. 모세가 하나님 앞에 가니 여호와께서 말씀하셨다.

> 내가 애굽 사람에게 어떻게 행하였음과 내가 어떻게 독수리 날개로 너희를 업어 내게로 인도하였음을 너희가 보았느니라 세계가 다 내게 속하였나니 너희가 내 말을 잘 듣고 내 언약을 지키면 너희는 모든 민족 중에서 내 소유가 되겠고 너희가 내게 대하여 제사장 나라가 되며 거룩한 백성이 되리라(출 19:4-6).

이것은 정말 어마어마한 선포다. 법도, 나라도 없이 430년 동안 종살이하던 이스라엘 민족을 하나님께서 친히 당신의 자녀로 삼으시겠다는 약속이었다. 모세가 산에서 내려와 하나님께 받은 말씀을 전하자, 모든 백성이 말씀하신 대로 행하겠다고 한다. 모세는 다시 그 마음을 하나님께 전한다. 이처럼 모세는 하나님과 백성 사이에서 메신저 역할을 감당했다.

이에 하나님께서 말씀하셨다.

"모두 몸을 성결하게 하고 옷을 빨며, 내가 강림할 셋째 날을 기다려라. 아무도 산에 오르거나 가까이하지 마라. 반드시 죽임을 당할 것이다."

이제 하나님이 그들을 만나려 하신다. 그런데 죄 있는 사람이 함부로 하나님 앞에 나아가면 죽을 수밖에 없기에, 그런 일이 없도록 특별히 당부하신다. 모세는 산에서 내려와 백성을 성결하게 하고 옷을 빨게 하며, 여인을 가까이하지 않도록 했다.

드디어 셋째 날 아침, 우레와 번개와 빽빽한 구름이 산 위에 가득했다. 나팔 소리가 크게 울려 퍼지자 백성은 두려움에 덜덜 떨었다. 모세가 하나님을 맞으러 나오니 시내산에 연기가 자욱했고, 여호와께서 불 가운데 강림하셨다. 연기가 옹기 가마 연기처럼 피어오르고, 산이 크게 진동했다. 나팔 소리가 점점 커질 때 하나님께서 모세를 부르셨다. 모세 외에는 아무도 허락되지 않았다.

하나님은 모세에게 십계명을 주셨다. 이전까지 이스라엘은 애굽에서 종으로 살며 온갖 잡신을 섬기고 여호와를 온전히 믿지 못했다. 이제는 그들이 하나님의 자녀가 되어, 여호와 하나님께 속하게 되는 것이다. 이것을 하나님이 직접 두 돌판에 새겨 주신 것이 십계명이다. 1-4계명은 하나님과의 관계, 5-10계명은 이웃과의 관계에 관한 것이다.

1. 너는 나 외에는 다른 신들을 네게 두지 말라

   (하나님과 우리 사이에는 다른 어떤 것도 두지 말라는 의미다. 우리는 항상 하나님만 바라보아야 한다.)

2. 너를 위해 새긴 우상이나 어떤 형상도 만들지 말고, 절하거나 섬기지 말라

   (사람들은 보이는 것을 원해 신의 형상을 만들고, 자신을 위한 신을 만들고 싶어 한다. 하지만 여호와는 질투하는 하나님이시다. 하나님을 미워하면 죄를 삼사 대까지 갚으시지만, 하나님을 사랑하고 계명을 지키면 천 대까지 은혜를 베푸신다. 하나님의 사랑이 느껴지지 않는가? 죄는 삼사 대인데 은혜는 천 대다. 천 대가 이어지려면 몇만 년이다. 이는 영원히 은혜를 베푸시겠다는 말씀이다.)

3. 여호와의 이름을 망령되게 부르지 말라
4. 안식일을 기억하여 거룩하게 지키라

(6일 동안은 일하지만, 일곱째 날은 모두 쉬어야 한다.)

5. 부모를 공경하라
6. 살인하지 말라

(목숨을 빼앗는 것뿐 아니라, 말이나 행동으로도 다른 사람을 짓밟아서는 안 된다는 의미다.)

7. 간음하지 말라

(하나님은 혼인 관계 외의 성관계를 모두 간음으로 여기신다.)

8. 도둑질하지 말라

(다른 사람의 것을 불법적으로 빼앗는 모든 행위가 도둑질이다.)

9. 네 이웃에 대해 거짓 증거하지 말라

(진실이 아닌데도 불공평하게 증언하는 것, 잘못한 사람의 편을 들어 주는 것도 포함된다.)

10. 네 이웃의 집을 탐내지 말라

예수님은 이 십계명을 새 계명, 곧 '하나님 사랑'과 '이웃 사랑'이라는 두 개의 계명으로 요약하셨다.

> 네 마음을 다하고 목숨을 다하고 뜻을 다하여 주 너의 하나님을 사랑하라 하셨으니 이것이 크고 첫째 되는 계명이요 둘째도 그와 같으니 네 이웃을 네 자신같이 사랑하라 하셨으니 이 두 계명이 온 율법과 선지자의 강령이니라(마 22:37-40).

시내산의 언약 (24장)

여호와께서 모세에게 아론, 나답, 아비후 그리고 이스라엘 장로 70명과 함께 산에 올라와 멀리서 경배하게 하셨다. 모세는 받은 말씀과 모든 율례를 백성에게 전했고, 백성은 "우리가 다 지키겠습니다!"라고 외쳤다. 아침이 되자 백성은 산 아래에 제단을 쌓고 소로 번제와 화목제를 드리며 언약의 피를 뿌렸다.

이후 모세와 아론, 나답, 아비후 그리고 70명의 장로가 대표로 시내산에 올라갔다. 하나님이 보고 얼마나 기뻐하셨을까! 이제 모세는 40일 동안 하나님과 함께 머물며 두 돌판에 십계명을 새겨 받고, 하나님께서 그들과 함께 거하시기 위해 필요한 성막과 기구들에 대해 설명을 듣게 된다.

성막의 청사진을 주시다(25-28장)

출애굽기 25-32장은 성막과 성소와 지성소를 설명한다. 그런데 우리는 너무 어려워 성경을 덮어 버린다.

> 금과 은과 놋과 청색 자색 홍색 실과 가는 베 실과 … 순금으로 속죄소를 만들되 길이는 두 규빗 반, 너비는 한 규빗 반이 되게 하고(출 25:3-4, 17).

여기서부터 40장까지가 고비다. 시작과 함께 우리의 마음도 가늘게 꼬이고, 규빗이라는 말이 반복되면 책을 확 덮어 버린 채 그야말로 성경으로도 출애굽을 못 하게 된다. 나도 처음 읽을 때는 무슨 말인지 몰라서 너무 답답했다. 그러다 보니 오기가 생겨 더 읽게 되면서 출애굽을 할 수 있었다.

사실 이 부분은 너무도 감동적인 내용이다. 아담과 하와의 죄로 하나님과 사이가 멀어져 에덴동산을 떠났는데, 이제 하나님이 이스라엘을 당신의 백성으로 삼아 성막을 짓고 그 안에 계시겠다고 정하시는 것이다. 그래서 모세에게 재료부터 설계도까지 하나하나 다 설명하면서 알려 주시는 이야

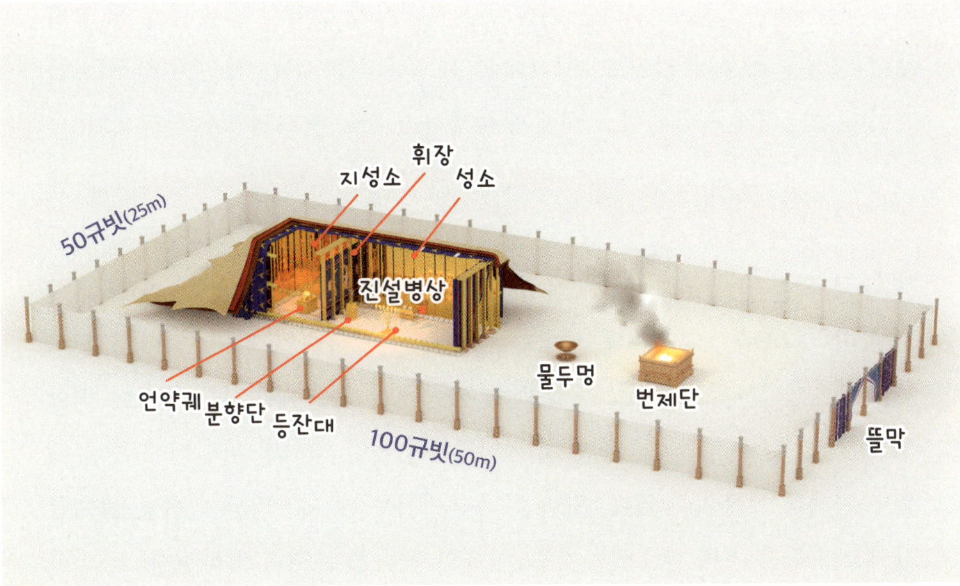

▲ 이스라엘 성막

| 성막 구성 요소 |

물두멍 제사장들이 직무를 수행하기 전에 손발을 씻었던 큰 놋대야

번제단 성막의 바깥 뜰에 위치한 희생 제물을 불태우는 놋단

등잔대 일곱 개의 가지 끝에 등불이 타고 있는 촛대

진설병상 이스라엘 열두 지파를 상징하는 열두 개의 떡이 진설되어 있는 상

분향단 지성소의 휘장 바로 앞에 위치한 향을 불태우는 제단

언약궤 지성소 안에 위치한 금으로 된 직사각형의 상자

속죄소 언약궤를 덮고 있는 뚜껑

휘장 성막 내의 성소와 지성소를 구분하는 커튼

관유 제사장과 성막의 기구들에 발라 거룩하게 구별하는 기름

성소 하나님을 예배하고 섬기는 곳. 제사장들만 출입할 수 있으며, 등잔대, 진설병상, 분향단이 놓여 있음

지성소 하나님의 임재가 머무는 가장 거룩한 공간. 유대력 7월 10일, 대속죄일에 단 한 번, 오직 대제사장만이 들어갈 수 있으며 그 안에는 언약궤가 놓여 있음

에봇 대제사장이 입는 옷. 열두 지파의 이름이 어깨와 가슴에 새겨져 있고 대제사장의 흉패에는 우림과 둠밈이 있어, 하나님의 응답을 받는 도구로 사용됨

기다. 당시에는 그림을 그리는 기술이나 카메라가 없어서 전부 글로 써 놓다 보니 성경을 아무리 읽어도 이 시대를 사는 우리는 무슨 말인지 잘 모르는 것이다. 자, 이제 하나님이 모세에게 설명하신 것들을 그림으로 살펴보자.

제사장 직분을 위임하다(29장)

성막에서 하나님을 섬길 제사장은 앞으로 이스라엘 민족을 대표하여 제사를 드리며, 하나님과 이스라엘 백성 사이에서 죄를 다스리는 중요한 역할을 맡게 된다. 이를 위한 제사장 위임식에 관한 내용도 자세히 기록되어 있다. 또한 하나님께서는 왜 이스라엘 민족을 출애굽시키고 그들을 자녀 삼으셨는지 그 이유와 목적을 분명히 밝히신다.

> 내가 이스라엘 자손 중에 거하여 그들의 하나님이 되리니 그들은 내가 그들의 하나님 여호와로서 그들 중에 거하려고 그들을 애굽 땅에서 인도하여 낸 줄을 알리라 나는 그들의 하나님 여호와니라(출 29:45-46).

즉, 신이신 하나님께서 친히 당신의 백성 가운데 임하기로 결정하신 것이다. 그래서 당신이 거할 성막을 만들라고 명령하신 것이다.

금송아지 사건(32-34장)

시내산 정상에 강림한 하나님은 모세에게 십계명을 준 다음 그에 따르는 각종 법령과 규제를 일러 주셨다. 그리고 당신이 거할 처소인 성막에 대해 알려 주셨다. 그와 함께 하나님과 이스라엘 사이에 중보자가 되어 성막에서 제사를 드리며 봉사할 제사장들이 입을 거룩한 예복에 대해서도 알려 주셨다. 하나님은 시내산에서 이 모든 것을 모세에게 꼼꼼히 알려 주고 계셨다. 그런데 산 아래에서는 백성이 들고일어났다.

"우리를 위해 눈에 보이는 신을 만드시오. 산에 올라간 모세는 오지도 않고, 어떻게 됐는지 모를 일 아니오!"

그러자 모세의 형 아론이 사람들에게 흔들려서 "그럼 금고리를 가져와 봐라" 하고는 그 금으로 송아지를 만들어 "이것이 너희를 애굽 땅에서 인도하여 낸 너희의 신이다" 하고 말했다. 다음 날 그들은 일찍 일어나 번제와 화목제를 금송아지에게 바치고 먹고 마시며 뛰놀았다.

벌써 이 일을 눈치 채신 하나님이 모세에게 말씀하셨다.

"모세야, 산 아래로 내려가거라. 네가 애굽 땅에서 인도하여 낸 네 백성이 부패했다! 금송아지를 만들어 자기들의 신이라며 섬기고 있다. 그들을 싹 다 없애고 너를 큰 나라가 되게 하겠다."

하나님은 너무도 실망해서 이스라엘 백성을 '모세의 백성'이라 말씀하신다. 다 없애실 판이다. 이때 모세가 납작 엎드린다.

"하나님, 어째서 애굽에서 이끌어 낸 백성에게 진노하십니까? 만일 그리하시면 애굽 사람들이 '여호와가 자기 백성을 산에서 죽이고 없애려고 출애굽시킨 것이다'라고 할 것입니다. 제발 맹렬한 노를 그치고 화를 내리지 말아 주십시오. 하나님은 아브라함과 이삭과 이스라엘에게 그들의 자손을 하늘의 별처럼 많게 하고 허락한 땅에서 영원한 기업이 되게 할 거라고 약속하셨습니다."

하나님은 이러한 모세의 말에 마음을 돌이키신다. 이후 모세가 십계명이 쓰인 두 돌판을 들고 시내산에서 내려오다가 금송아지 앞에서 춤추고 뛰어노는 이스라엘 사람들을 보고 화가 나서 하나님이 써 주신 돌판을 던져서 깨뜨려 버린다. 아론은 모세에게 백성이 악해서 어쩔 수 없었다며, 금을 가져오게 해서 불에 던지니 금송아지가 나왔다고 변명을 한다. 그날 모세의 명령에 따라 레위 자손에 의해서 3천 명 정도가 죽임을 당한다. 그리고 다음 날, 모세는 다시 하나님께 기도한다.

"하나님, 그들의 죄를 사하여 주십시오. 그리하지 않으실 거면 기록하신 책에서 제 이름을 지워 버려 주십시오."

역시 멋진 리더다. 하나님은 다시 용서해 주신다. 그러나 그들의 죗값은 치러야 한다. 하나님은 공의의 하나님이시기 때문이다!

모세는 다시 새 돌판 두 개를 가지고 하나님께 올라간다. 그 후 40일 동안 하나님과 함께한 후에 두 돌판을 들고 내려온다. 그때 모세의 얼굴은 광채가 나서 쳐다볼 수가 없을 정도였다. 그래서 이스라엘 백성에게 말할 때는 수건으로 얼굴을 가려야 했다.

성막의 완성 (35-40장)

이제 모세의 명에 따라 사람들이 모든 것을 가져와 성막을 만들기 시작한다. 하나님은 특별히 브살렐과 오홀리압에게 지혜의 영을 부어 주어 여러 가지 정교한 일을 하게 하셨다. 이렇게 해서 하나님의 청사진대로 성막이 완성된다. 이제 40장의 내용을 토대로 성막이 어떻게 세팅되는지 살펴보자.

> 너는 첫째 달 초하루에 성막 곧 회막을 세우고(출 40:2).

장막과 소품들은 이미 준비되었다. 이제 정확한 순서와 지시대로 조립되어야 한다. 모세는 먼저 회막을 세운다. 휘장을 달고, 증거궤를 들여놓고,

속죄소를 그 위에 얹는다. 그리고 그것을 가리는 휘장을 내린다. 그곳은 지극히 거룩한 곳, 아무도 함부로 들어갈 수 없는 하나님의 자리다.

"내가 그들 중에 거하리라."

하나님께서 모세에게 주셨던 약속이 이제 성막 위에서 구체적으로 실현된다.

모세는 하나님께서 명령하신 대로 등잔에 불을 밝히고, 분향단에 향을 피우고, 번제단에 불을 붙인다. 그 모든 것은 하나님과의 교제를 의미했다. 그는 하나님이 거하실 준비를 완벽히 마친다. 그리고 마침내 하나님이 임하신다.

> 구름이 회막에 덮이고 여호와의 영광이 성막에 충만하매(출 40:34).

그것은 단순한 구름이 아니었다. 하나님께서 시내산에 임하셨을 때처럼, 그분의 존재와 영광과 무게가 구름 가운데 임하셨다. 구름이 장막을 가득 메웠으며, 하나님의 임재는 모세조차 그 안에 들어갈 수 없을 만큼 무거웠다(출 40:35 참조).

하나님은 이제 멀리 계시는 분이 아니라, 백성 가운데 거하는 임마누엘 하나님이기를 원하신다. 그래서 회막이 필요했고, 그 모든 절차와 세부 규례가 필요했다. 죄 있는 사람이 거룩하신 하나님과 함께 살기 위해서는 하나님의 방식이 필요하기 때문이다.

그날 이후, 이스라엘의 행진은 구름이 움직일 때 움직이고, 구름이 머무를 때 머무는 삶이 되었다(출 40:36-38 참조).

레위기

여호와께서 회막에서 모세를 부르시고 그에게 말씀하여 이르시되(레 1:1).

레위기 1장은 히브리어 원문으로 보면 '그리고'라는 단어로 시작한다. 이는 하나님께서 회막에 임하신 이후, 사람과 다시 말씀하시기 시작한 사건을 연결하는 거룩한 징검다리다. 이 한 글자 안에 "나는 이제 너희와 함께하며, 너희에게 말하고, 인도할 준비가 되었다"는 하나님의 깊은 의도가 담겨 있다. 앞선 출애굽기 19장에서 하나님은 이스라엘 백성을 자녀로 삼아 율법을 주셨고, 25장에서는 그들과 함께 거하기 위해 성막의 설계도를 주어 모든 필요한 것을 다 만들도록 명하셨다. 그리고 마침내 39-40장에 이르러 그 모든 것을 만들고 세팅까지 끝냈다. 하나님이 이제 이스라엘 민족과 함께 사시는 것이다.

그런데 죄가 있는 상태로는 거룩하신 하나님을 만날 수 없다. 만일 죄를 가진 채 하나님을 뵈면 죄 때문에 그 자리에서 바로 죽게 된다. 늘 죄 가운데 살고 있는 인간이 하나님 앞에 나아가려면 정결해져야 했고, 그러기 위해서는 반드시 제사를 드려야 했다. 그 제사에 대한 설명이 레위기 1장부터 8장까지의 내용이다.

우리는 또 여기서 성경책을 덮어 버리고 싶어지는 고비를 맞게 된다. 오죽하면 내가 전도한 둘째 언니가 나와 함께 처음으로 성경을 녹음할 때, 레위기가 너무 어렵다면서 문자로 "한국 제사가 더 쉽다 홍동백서!"라고 했겠는가. 낯설고 어려울 것이다. 그러나 레위기는 단지 제사를 잘 드리는 법을 기록한 책이 아니다. 우리를 너무도 사랑하시는 거룩한 하나님이 우리를 어떻게 거룩한 자녀로 삼으며 사랑으로 덮어 주시는지를 보여 주는 책이다. 이제 레위기에 애정이 생겼다면 쭉쭉 나아가 보자.

구약 시대의 제사 (1-7장)

모세 당시에는 사람이 죄를 지으면 그 죄를 없애기 위해 시장에서 돈을 주고 산 짐승이 아니라, 집에서 기르던 가축을 끌고 성막까지 가야 했다. 그러면 제사장이 그 가축의 몸에 흠이 있는지를 체크했다. 만일 상처가 있거나 다른 문제가 발견되면 집으로 돌아가 다시 다른 동물을 끌고 와야 했다.

흠이 없는 것이 확인되면 죄를 지은 사람은 동물의 머리에 안수하여 자신이 지은 죄를 넘겨주고, 그 희생 제물은 제사장이 아닌, 죄를 지은 본인이 직접 잡아야 했다. 키우면서 이름도 지어 주고 정도 들었을 그 가축을 자신의 죄 때문에 무조건 잡아서 죽여야 했다. 목을 날카로운 칼로 찌르면 염소는 생난리를 친다.

"메에~~메에~~!"

그런데 양은 다르다. 아무 소리도 내지 않고 그 아픔을 호흡으로 참으며 자신을 잡는 주인의 얼굴을 애처로운 눈으로 바라보다 죽어 간다. 이렇게 죄 하나에 짐승 한 마리다.

이렇게 죽인 후에는 죄를 지은 사람이 그 짐승의 가죽을 벗기고 내장을 다 빼낸 후에 토막을 내어 번제단 위에 올려놓고 불로 태운다. 그러면 하나님이 그 향기를 맡고 기뻐하신다.

"흠~ 향 좋다!"

아니, 하나님도 참 이상한 분이시다. 소도, 양도, 염소도 다 하나님이 만드신 생명인데, 그것들을 죽여 불태운 것을 기뻐하며 향이 좋다고 하시니 말이다. 그런데 하나님은 짐승이 불태워지는 것을 기뻐하시는 것이 아니다. 죄를 지은 사람이 짐승에게로 옮긴 죄가 타서 없어지는 것을 기뻐하시는 것이다.

그렇다면 제사에는 어떤 종류가 있으며, 각각의 제사에 담긴 의미는 무엇일까? 우선 첫 번째로, 번제는 제물을 다 태워서 드리는 제사다. 그래서인지 번제는 죄를 지었을 때만 드리는 것으로 생각하는 경우가 있는데, 창세기 22장을 보면 하나님이 아브라함에게 이삭을 번제로 바치라고 하신다. 이때는 아브라함이 죄를 지어서가 아니라, 그의 하나님을 향한 마음이 어떤지를 시험하려고 번제를 명하신 것이다. 솔로몬이 왕이 되었을 때 일천 번제를 드린 것도 하나님을 향한 그의 마음을 올려 드린 것이다.

두 번째는, 곡식을 드리는 제사인 소제다. 다른 네 가지 제사는 동물을 희생해서 드리는 '피 있는 제사'이나, 소제는 '피 없는 곡물 제사'다. 한 움큼의 고운 가루를 제물로 드리고, 남은 것은 제사장들에게 주었다. 그러나 제사장 위임식 때 제사장들이 바친 소제물은 모두 제단 위에서 불살랐다. 하나님은 모든 소제물에 누룩이나 꿀을 넣지 말라고 하셨다. 누룩은 바로 발효가 되게 하는 것으로, 성경에서는 주로 죄의 빠른 전염성과 부패를 상징한다. 따라서 여호와께 드리는 거룩한 소제물에는 누룩을 넣을 수 없었다.

세 번째는 화목제인데, 이는 감사와 서원의 마음을 담아서 드리는 제사로서, 제사를 드리고 난 후에는 제물을 함께 나누어 먹는다. 그래서 번제와는 다르게 비둘기는 허용되지 않았다. 광야 생활 당시에는 화목제를 드린 후 남은 고기를 사람들과 함께 나누어 먹었다.

네 번째는, 그야말로 죄를 지었을 때 드리는 제사인 속죄제다. 죄 사함을 받기 위해 소와 양과 염소와 비둘기 중에서 자신의 형편에 맞게 올려 드리면 된다. 그런데 너무나도 형편이 어려워 비둘기마저도 드릴 수 없을 때, 하나님은 속죄의 제물로 곡식까지 받아 주신다.

> 만일 그의 손이 산비둘기 두 마리나 집비둘기 두 마리에도 미치지 못하면 그의 범죄로 말미암아 고운 가루 십분의 일 에바를 예물로 가져다가 속죄 제물로 드리되 이는 속죄제인즉 그 위에 기름을 붓지 말며 유향을 놓지 말고(레 5:11).

히브리서에 보면 '피 흘림이 없이는 죄 사함이 없다'고 했는데, 하나님은 우리를 위해 당신의 규칙까지도 깨시는 분이다. 하나님은 우리를 용서하기 위해 무엇이든지 해 주려고 하신다. 우리가 무엇을 드리는가보다 우리 마음이 어떠한가를 더 중요하게 생각하시는 것이다.

마지막으로 속건제는 여호와의 성물을 건드렸거나 하나님의 규례를 어겼거나 사람에게 해를 끼친 죄를 속하기 위해 드리는 제사로서, 바친 제물이나 성물에 20퍼센트를 더해서 드린다.

이처럼 레위기 1-6장에는 이 다섯 가지 제사에 대한 내용이 기록되어 있다. 그런데 왜 6장 8절부터 7장까지 똑같은 내용이 반복해서 나오는 것일까? 1-6장이 이스라엘 백성에게 이야기한 내용이라면, 6장 8절부터 7장까지는 하나님의 일을 담당해야 하는 레위 지파에 속한 대제사장과 그의 아들들에게 이야기한 내용이다. 이렇게 서두에 제사에 대해 이야기한 후, 8장부터는 제사를 이끌어 갈 대제사장 위임식이 이루어진다.

대제사장의 임명 (8-10장)

모세가 직접 아론과 그의 아들들을 씻기고, 아론에게는 대제사장의 옷을 입힌다. 브살렐과 오홀리압이 직접 만든 옷이다. 속옷과 겉옷을 입히고, 에봇을 걸친 뒤, 장식 띠를 띄워 에봇을 몸에 매고, 흉패를 붙인 후에 관을 씌운다. 그리고 기름을 가져다가 성막과 모든 기구에 발라 거룩하게 한다. 이렇게 최초의 대제사장 위임식이 이루어진다.

이어서 이스라엘 민족이 하나님께 처음으로 제사를 올려 드린다. 이때는 번제와 소제와 화목제와 속죄제를 모두 드렸다.

> 아론이 백성을 향하여 손을 들어 축복함으로 속죄제와 번제와 화목제를 마치고 내려오니라(레 9:22).

하나님이 얼마나 기쁘셨는지, 여호와의 영광이 나타나며 불이 여호와 앞에서 나와 제단 위에 있는 번제물과 기름을 다 살랐다. 이 모습을 보고 백성은 소리를 지르며 엎드렸다.

그런데 얼마 지나지 않아 문제가 생겼다. 대제사장인 아론의 아들, 나답과 아비후가 하나님이 주신 불이 아닌 다른 불로 분향을 한 것이다. 그들은 아마 이렇게 생각했을 것이다.

'불은 다 똑같은 거 아닌가?'

하지만 아니었다. 그들은 이 일로 하나님 앞에서 죽고 만다. 이 사건 이후에 하나님은 처음으로 대제사장 아론에게 직접 말씀하신다. 그전에는 하나님이 모세에게 말씀하시면 모세가 듣고 그 내용을 아론에게 전해 주었는데, 아론의 아들들이 죽자 하나님이 중요한 사항을 아론에게 직접 말씀하신 것이다.

> 여호와께서 아론에게 말씀하여 이르시되 너와 네 자손들이 회막에 들어갈 때에는 포도주나 독주를 마시지 말라 그리하여 너희 죽음을 면하라 … 그리하여야 너희가 거룩하고 속된 것을 분별하며 부정하고 정한 것을 분별하고(레 10:8-10).

대속죄일
(16장)

아론의 두 아들이 죽은 후, 하나님은 모세를 불러 이스라엘 자손의 모든 죄를 위한 속죄의 제사를 드리라고 말씀하신다. 이날은 유대력 7월 10일, 바로 대속죄일이다. 1년에 한 번, 대제사장이 이스라엘 백성의 모든 죄를 짊어지고 하나님의 언약궤가 있는 지성소에 들어가 제사를 드리는 날이다. 지성소는 대제사장 외에는 누구도 들어갈 수 없다. 만일 죄가 다 사해지지 않은 상태로 들어가면 대제사장이라도 죽을 수 있다. 그래서 그는 먼저 자신의 죄를 사함 받기 위해 소를 잡아 속죄제를 드린다. 그리고 두 마리의 염소를 준비해서 한 마리는 속죄제로 바치고, 한 마리는 살아 있는 채로 광야로 보낸다.

대제사장이 지성소에 들어갈 때는 그의 몸에 끈을 묶어 둔다. 혹시 죄가 남아 있어 용서받지 못하고 살아서 나오지 못할 경우에는 끌어내야 하기 때문이다. 만일 대제사장이 나오지 않는다고 누군가가 지성소에 함부로 들어갔다가는 그도 죽게 되기 때문이다.

이 장면에서 이런 상상을 해 보았다. 이제 대제사장이 분향단에 있는 향로를 가지고 지성소에 들어가 향을 피운다. 그리고 백성의 모든 죄를 사하여 달라고 기도한다. 밖에서는 사람들이 그가 무사히 나오기를 기다리고 있다. 그런데 시간이 지나도 나오지 않는다.

"어떻게 된 거야? 죄를 다 용서받지 못한 거 아냐? 혹시 숨겨진 죄가 있었던 거 아냐?"

너무도 불안하다. 그런데 그때, 성소와 지성소를 나눈 휘장이 펄럭인다.

"아! 나오나 보다."

사람들의 시선이 일제히 휘장 쪽을 향한다. 그러나 아니다. 바람이었다. 순간 바람이 불어 펄럭인 것이다. 얼마의 시간이 더 지난다. 그런데 그때, 휘장 아래로 뭔가 '스윽' 하고 보인다. 발이다. 대제사장의 발이다. 아론이 살아서 나온 것이다.

"나왔다! 대제사장이 살아서 나왔다! 우리가 죄 용서함을 받았다!"

사람들이 모두 기뻐한다.

이렇듯 대제사장과 이스라엘 백성은 1년에 한 번씩 대속죄제를 드려야 했다. 그런데 지금으로부터 2천 년 전, 예수님이 우리의 영원한 대제사장과 어린양이 되어서 매년 드리는 제사가 아니라 단번에 드려진 제사로 영원한 죄 사함을 받게 해 주셨다. 예수님이 십자가에서 돌아가실 때, 성전의 성소와 지성소 사이에 있는 휘장이 위에서 아래로 쫘악 찢어졌다. 예수님께서 하나님과 우리 사이를 가로막고 있던 장벽을 당신의 몸으로 허무신 것이다.

아멘!

레위기에 담긴 하나님의 사랑(19장)

너희는 거룩하라 이는 나 여호와 너희 하나님이 거룩함이니라(레 19:2).

세상에 거룩한 존재는 하나님 한 분뿐이다. 우리는 너무도 쉽게 무너지며, 죄를 짓거나 부정해지기가 쉽다. 정결해지려고 애를 쓰지만 그것도 쉽지 않다. 그래서 죄를 지을 때마다 가축에게 죄를 넘겨주고 그것을 제물로 바쳐야 하는 존재다. 그런 우리에게 하나님은 거룩하라고 말씀하신다. 우리는 그럴 수 없으나, 하나님이 당신의 자녀인 우리를 거룩하게 여겨 주시겠다는 것이다.

하나님이 말씀하시는 거룩한 삶은 결코 어렵지 않다. 부모를 잘 모시고, 주일을 잘 지키며, 하나님 외에 헛된 것들을 섬기지 않으면 된다. 특히 레위기 19장 9-10절을 보면, 곡식을 수확할 때 밭 모퉁이 것마저 싹싹 다 가져오지 말고 떨어진 이삭을 조금 남겨 놓으라고 하신다. 포도원의 열매도 좀 남겨 놓아 가난한 사람, 과부, 고아 등이 먹고살 수 있게 하라고 하신다. 이게 무슨 말인가? 이익을 위해서는 하나도 남기지 않고 싹싹 다 챙겨야 하는 것이 아닌가? 그런데 하나님은 그렇게 살지 말라고 하시면서 어려운 이웃과 함께 살아가는 것에 대해 말씀하신다.

얼마 전, '월드비전' 홍보 대사로 아프리카 케냐에 모금 방송을 촬영하기 위해 다녀왔다. 세상에는 마실 물과 먹을 것이 없어서 하루를 살아가기가 힘든 사람이 너무도 많다. 우리가 그들을 품고 조금이라도 도움의 손길을 내민다면, 그것이 바로 하나님의 성품인 거룩을 닮아 가는 삶을 사는 것이다.

레위기는 그런 하나님의 사랑을 기록해 놓은 책이다. 법도 없고 근본도 없이 종살이하던 이스라엘 민족이 올바로 살 수 있도록, 잘못된 길로 가지 않도록 세심하게 배려해서 쓰신 하나님의 마음이 담긴 책이다. 만일 레위기가 제사를 잘 드리기 위한 방법론에 관한 것이라면, 이렇게 쓰여서는 안 된다. 실제로 레위기에는 양을 어떻게 잡아야 하는지에 대해서는 제대로 기록되어 있지 않다. 레위기는 율법을 강조하는 책이 아니다. 어떻게 해서든 죄를 용서하고 바른 길을 알려 주시려는 하나님의 사랑이 담긴 책이다.

민수기

민수기는 최민수, 김민수 같은 한국 사람이 쓴 것이 아니라 '민수'(民數), 곧 민족의 숫자를 센다는 뜻으로 영어로는 '넘버스'(Numbers)다. 민수기의 처음은 아직 시내산에서 이동이 없다. 이스라엘 민족은 모세를 통해 율법을 전달받은 후에 하나님의 명령에 따라 성막도 짓고, 대제사장과 함께 제사도 드렸다. 이 모든 일을 마친 후에 하나님은 모세에게 인구 조사를 명하셨다.

전쟁에 나갈 수 있는 20세 이상 남자만 세었더니 60만 명이다. 여자와 아이들을 다 포함하면 200만에서 250만 명 정도 되는 수다. 이 인구 조사에서 레위 지파는 빠졌다. 그들은 하나님이 계신 성막에 관한 일을 해야 하기 때문에 따로 떼어 놓은 것이다.

열두 지파가 성막을 중심으로 둘러서 진을 치고 있다.

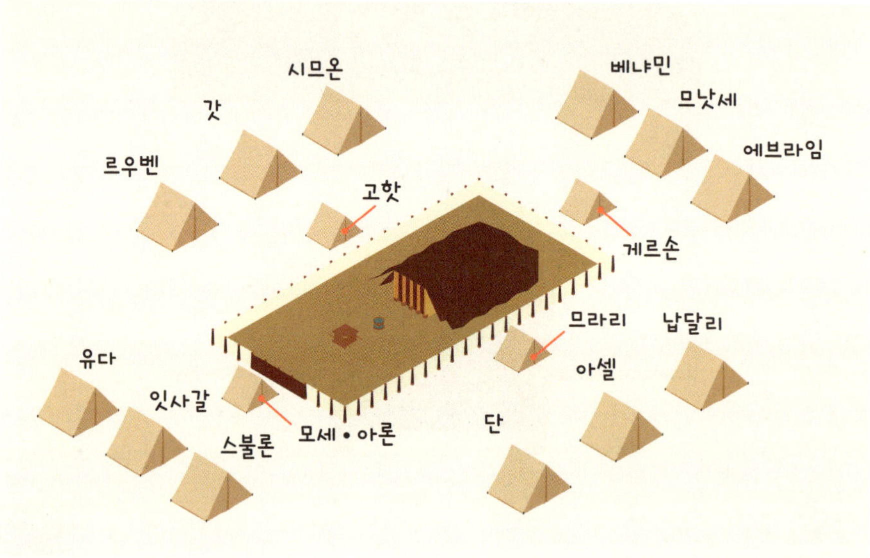

▲ 이스라엘 진영

이 그림을 보더라도 항상 중심에는 하나님이 계신다. 우리의 삶에도 무슨 일이 있든, 어떤 순간이든 이 진처럼 하나님이 항상 중심에 계셔야 한다.

이스라엘 민족은 시내광야에서 첫 번째 유월절을 지킨다. 유월절은 애굽에서 나올 때, 하나님이 양의 피를 문에 바른 이스라엘 민족의 장자는 살려 주셔서 죽음을 넘어갈 수 있었던 일을 기념하기 위한 절기다. 그때 시체로 인해 부정하게 되어 유월절을 지킬 수 없는 사람들이 생기자, 하나님은 그들이 한 달 뒤에 따로 유월절을 지킬 수 있도록 배려해 주신다.

이제 드디어 가나안 땅을 향한 이동이 시작된다. 나팔이 울리고, 하나님의 구름이 떠오르자 모든 이스라엘 백성이 가나안을 향해 이동하기 시작한다. 그야말로 민족의 대이동이다. 3일 길을 걸어가는데, 레위 지파가 멘 여호와의 언약궤가 앞서가며 쉴 곳을 찾았다. 이스라엘이 떠날 때는 낮에 여호와의 구름이 그 위를 나무 그늘처럼 덮었다. 모세는 언약궤가 떠날 때는 "여호와여 일어나사 주의 대적들을 흩으시고 주를 미워하는 자가 주 앞에서 도망하게 하소서"(민 10:35)라고 기도했고, 언약궤가 쉴 때는 "여호와여 이스라엘 종족들에게로 돌아오소서"(민 10:36)라고 기도했다.

메추라기 사건 (11장)

그런데 문제가 생겼다. 사람들 안에 불평불만이 생기기 시작한 것이다. 하나님이 낮에는 구름 기둥, 밤에는 불기둥으로 이끌고 보호하며 광야에서 250만 명이 먹을 만나를 매일같이 내려 주셨는데도 백성은 투덜대고 원망했다.

> 그들 중에 섞여 사는 다른 인종들이 탐욕을 품으매(민 11:4).

출애굽 당시, 이스라엘 민족 외에도 다른 민족들이 따라 나왔는데, 그들이 이렇게 문제를 일으킨 것이다. 이스라엘 백성도 이에 동조하여 먹을 것에 대한 불만을 구체적으로 말했다.

"고기를 주시오! 우리가 애굽에 있을 때는 생선, 오이, 참외, 부추, 파, 마늘들을 먹었는데, 지금은 만나밖에 없소! 만나? 흥! 이제는 맛나지도 않소."

만나는 하나님이 40년 동안 광야 생활을 하는 이스라엘 백성에게 주신 양식이다. 그들은 광야에서 농사를 지을 수도, 음식을 만들어 낼 수도 없었기에 하나님이 매일같이 무상으로 하늘에서 쏟아 부어 주셨던 것이다. 그런데 매일 먹다 보니 질렸는지, 고기와 생선과 오이와 참외 등을 달라고 난리다. 급기야 온 백성이 각기 자기 장막 문에서 고기가 먹고 싶다며 울고 있다! 너무도 기가 막히신 하나님과 어떻게 할 도리가 없는 모세의 대화가 시작된다.

"하나님, 너무 괴롭습니다. 왜 이 모든 백성의 짐을 저에게 지우십니까? 제가 이들을 낳았습니까? 이들에게 줄 고기를 어디서 얻어야 합니까? 이들이 울면서 고기를 달라고 하는데 저는 이 백성을 감당하지 못하겠으니, 저를 죽여서 이 고통을 당하지 않게 해 주십시오."

참고, 참고, 참았던 것이 터져서, 모세는 하나님 앞에서 그야말로 방언이 터지듯이 다 이야기해 버렸다. 그러자 하나님은 이 일을 해결하기 위해 모세에게 말씀하셨다.

"노인 중에서 백성의 장로와 지도자가 될 만한 70명을 세워라. 너 혼자 담당하지 않게 해 주겠다. 그리고 고기도 먹게 해 주겠다. 하루 이틀도 아니고, 한달 내내 질리도록 먹게 해 주겠다! 이는 그들이 나 여호와를 멸시하고, 내 앞에서 울면서 애굽에서 나온 것을 후회했기 때문이다."

모세는 납득이 되지 않아 다시 여쭙는다.

"아니, 장정만 60만 명인데 한 달 동안 무슨 수로 고기를 먹일 수 있겠습니까? 우리가 가진 가축과 바다의 고기를 다 잡아도 부족할 것입니다."

그러자 하나님은 이렇게 말씀하신다.

"내 손이 짧으냐? 어떻게 되는지 한번 보거라!"

> 바람이 여호와에게서 나와 바다에서부터 메추라기를 몰아 진영 곁 이쪽저쪽 곧 진영 사방으로 각기 하룻길 되는 지면 위 두 규빗쯤에 내리게 한지라(민 11:31).

하나님이 날아가는 메추라기 떼를 향해 "떨어져!"라고 하셨는지, 갑자기 하늘에서 메추라기 떼가 '후두둑' 하고 떨어졌다. 하룻길 되는 정도라면 대략 32킬로미터 거리고, 두 규빗으로 쌓였다면 한 규빗이 45센티미터 정도니 거의 1미터 높이로 쌓였다는 것이다. 어마어마하게 쌓인 것이다. 그런데 사람들이 아직 그 고기를 씹고 있을 때, 고기가 아직 이 사이에 끼어 있을 때, 하나님이 큰 재앙으로 이스라엘을 치신다. 그들의 탐욕으로 인해 벌을 내리신 것이다. 하나님은 그 고기를 백성이 생떼를 부리니 어쩔 수 없이 주신 것이다.

계속되는 백성의 불평 (13-21장)

민수기에는 하나님께서 모세에게 가나안 땅으로 열두 명의 정탐꾼을 보내게 하셨다고 기록되어 있다. 그러나 신명기를 보면 이스라엘 백성이 먼저 열두 명의 정탐꾼을 보내자고 제안한다. 어쨌든 그들은 40일 동안 가나안 땅을 둘러본 후 많은 과일을 들고 돌아와 이렇게 말한다.

"가나안은 정말 젖과 꿀이 흐르는 땅입니다. 너무 좋습니다. 그런데 그곳 사람들은 너무 크고 강합니다. 그들에 비하면 우리는 메뚜기 같아서, 그곳에 갔다가는 다 죽을 것입니다. 그러니 모세는 치우고 다른 리더를 세워서 다시 애굽으로 돌아갑시다."

이게 도대체 무슨 말인가? 아니, 여기까지 얼마나 힘들게 왔는데, 가나안 사람들은 서장훈만큼 크고 자기네는 이수근만 하다며 애굽으로 돌아가자고 한다. 정말 기가 막히고 코가 막힐 일이다! 이때 여호수아와 갈렙은 옷을 찢으며 외친다.

"그곳은 정말 좋은 땅이고, 그들은 우리의 먹이입니다. 하나님이 우리와 함께하시기 때문입니다. 그들을 두려워하지 마십시오."

하지만 흥분한 이스라엘 백성은 여호수아와 갈렙을 돌로 쳐 죽이려 한다. 그때 여호와의 영광이 회막에서 이스라엘 모든 자손에게 나타나신다. 진노하신 하나님께서 모세에게 "내가 전염병으로 그들을 다 멸하겠다"라고 말씀하신다. 그러자 모세는 이렇게 간청한다.

"애굽 사람들이 말하기를, 여호와가 능력이 없어서 자신의 백성을 광야에서 다 죽였다고 할 것입니다. 구하옵나니 주의 큰 권능을 나타내 주십시오! 여호와께서는 노하기를 더디 하시니, 애굽에서부터 지금까지 이 백성을 사하신 것같이 사하여 주십시오."

하나님은 이번에도 모세의 간청을 들어주신다. 그러나 하나님의 뜻을 거역한 벌로 열흘이면 충분히 들어갈 수 있었던 가나안 땅을 무려 38년이나 걸려 들어가게 되고, 그것도 정탐하고 투덜거린 1세대는 다 죽고, 끝까지 믿음을 지킨 여호수아와 갈렙 그리고 2세대만 들어가게 된다.

이렇게 기나긴 광야 생활이 시작되었는데, 신광야에 이르렀을 때 마실 물이 없자 이스라엘 백성은 또다시 불평하기 시작한다. 이때 하나님은 모세에게 반석을 향해 물을 내도록 명령하라고 하셨는데, 모세는 무슨 이유에서인지 말로 명령하지 않고 지팡이로 바위를 두 번 쳐서 물이 나오도록 했다. 물은 콸콸 쏟아졌지만, 이 일로 모세와 아론은 가나안 땅에 들어가지 못하게 되었다.

처음 성경을 읽을 때는 이 부분에서 '물을 내라고 말하는 것과 지팡이로 치는 것의 결과가 똑같은 거 아닌가? 이런 일로 모세가 그렇게 가고 싶어 했던 가나안 땅에 못 들어가게 하시다니, 너무 가혹한 거 아닌가?' 하고 생각했다. 그런데 아니다. 지팡이로 바위를 칠 경우, 백성은 하나님이 아니라 모세가 한 일로 착각할 수 있다. 우리도 삶에서 모세처럼 하나님을 가리고 자기를 드러내는 모습은 없는지 살펴야 한다.

이제 가나안으로 가기 위해서는 에돔 땅을 지나야 한다. 그렇지 않으면 엄청 돌아가야 한다. 모세가 에돔 왕에게 에돔을 지나가게 해 달라고, 아무것도 건드리지 않고 그냥 지나가기만 하겠다고 했으나 에돔 왕은 콧방귀를 꿔며 거절한다. 뻥 돌아서 가게 되자 이스라엘 백성은 또다시 투덜대기 시작한다. 이에 진노한 하나님은 그들에게 불뱀을 보내어 물게 하신다.

사람들이 뱀에 물려 죽게 되자, 모세는 또다시 백성을 위해 기도한다. 그러자 하나님은 모세에게 놋뱀을 만들어 장대 위에 달게 한 후에, 그것을 보는 자마다 살게 된다고 하신다. 이 놋뱀은 예수님의 예표다.

> 모세가 광야에서 뱀을 든 것같이 인자도 들려야 하리니 이는 그를 믿는 자마다 영생을 얻게 하려 하심이니라 하나님이 세상을 이처럼 사랑하사 독생자를 주셨으니 이는 그를 믿는 자마다 멸망하지 않고 영생을 얻게 하려 하심이라(요 3:14-16).

지금도 마찬가지다. 예수 그리스도께서 우리의 죄를 사하기 위해 십자가에 매달려 죽은 후 부활하신 구원의 은혜를 믿기만 하면 되는데, 아직도 여전히 광야에서 고개를 들지 않는 사람이 많다. 우리에게는 그들이 십자가를 바라볼 수 있도록 이끌어 주어야 할 사명이 있다.

발람의 저주와 축복 (22-25장)

이후 하나님은 이스라엘 민족에게 요단 동쪽의 아모리 왕 시혼과 바산 왕 옥을 무찌르게 하신다. 그들에게 드디어 첫 땅이 생긴 것이다. 그들은 모압 평지에 진을 친다. 바로 요단강만 건너면 가나안 땅, 여리고가 있는 곳이다.

이스라엘이 두 왕을 무찌르고 모압 평지에 자리를 잡았다는 소식을 들은 모압 왕 발락은 그들이 너무 두려웠다. 그래서 장로들을 보내 선지자 발람을 데려오게 한다. 발람으로 하여금 이스라엘을 저주하게 하려는 것이다.

여기서 발락과 발람은 이름만 비슷할 뿐, 형제가 아니다. 발락은 왕이고, 발람은 선지자다. 발람은 자기를 데리러 온 사람들에게 자신은 하나님이 말씀하신 것을 전할 수밖에 없다고 말하며 슬쩍 한마디를 건넨다.

"밤이 늦었으니 자고 가든가요?"

뭔가 뒤끝이 좋지 않다. 하나님의 말씀대로 하겠다고 했지만, 그들이 내민 수고비에 욕심이 생긴 것 같다. 그 후 발락은 더 많은 사람을 보내어 선지자 발람을 데려오게 하고, 발람은 결국 그들과 함께 간다.

다음 날, 발람이 모압의 고관들과 함께 발락에게 가려고 나귀를 탔는데, 그 나귀가 자꾸 길에서 벗어나는 것이 아닌가! 화가 난 발람이 나귀를 때리자 나귀가 입을 열어 사람처럼 말하기 시작한다.

"제가 무슨 잘못을 했다고 이렇게 세 번이나 때리십니까? 제가 언제 당신 말을 안 들은 적이 있습니까?"

'없었지!'

생각해 보니 이런 일은 처음이었다. 성경에서 나귀가 말하는 것도 이때가 처음이고 마지막이다. 얼마나 답답했으면 하나님이 말 못 하는 나귀의 입을 여셨을까? 이렇게 나귀를 통해 발람의 눈이 열리자, 자신의 길을 막아선 하나님의 천사들이 보였다. 하나님은 발람이 발락에게로 가는 것을 기뻐하지 않고 계속 막으셨던 것이다. 그럼에도 발람은 발락에게로 간다.

발락은 발람에게 요단 동쪽에 있는 이스라엘 백성을 보여 주며 그들을 저주하라고 한다. 하지만 하나님은 오히려 발람의 입을 통해 이스라엘을 계속 축복하게 하신다. 발람이 예언한다.

> 야곱이여 네 장막들이, 이스라엘이여 네 거처들이 어찌 그리 아름다운고 그 벌어짐이 골짜기 같고 강가의 동산 같으며 … 그의 나라가 흥왕하리로다 … 너를

축복하는 자마다 복을 받을 것이요 너를 저주하는 자마다 저주를 받을지로다 … 한 별이 야곱에게서 나오며 한 규가 이스라엘에게서 일어나서 모압을 이쪽에서 저쪽까지 쳐서 무찌르고 또 셋의 자식들을 다 멸하리로다(민 24:5-7, 9, 17).

발람은 이스라엘의 먼 미래의 일까지 예언한다. 발락은 화가 머리끝까지 났지만 방법이 없었다.

그러나 여기까지만 보면 선지자 발람이 마치 의인처럼 보일 수도 있다. 훗날 드러나지만, 선지자 발람의 아이디어로 이스라엘 민족은 하나님의 율법을 어겨 벌을 받게 된다.

이스라엘 민족이 모압 땅 싯딤에 머물러 있을 때, 발람이 모압 여인의 미인계로 이스라엘 남자들을 유혹하라고 제안한다. 그러면 그들이 여자들 때문에 모압의 우상을 섬기고 음행하며 자연스럽게 하나님께 범죄하게 된다는 것이다. 광야 생활 40년 동안 맨날 만나만 먹고 씻지도 못하는 생활을 하다가 화려한 모압 여인들을 보니 이스라엘 남자들의 눈이 뒤집어질 만하지 않은가! 그 약한 부분을 건드린 것이다.

결국 이 일로 이스라엘 백성이 다 회막 문 앞에서 울고 있는데, 눈치 없는 한 남자가 미디안의 여인을 데리고 막사로 들어가 음행을 저지른다. 세상에! 거룩한 분노를 느낀 아론의 손자 비느하스가 두 사람을 죽인다. 하나님은 벌로 이스라엘 백성에게 전염병을 내리시고, 그로 인해 2만 4천 명이 죽는다.

범죄의 아이디어를 제공한 발람은 미디안 전투에서 죽임을 당한다. 그리고 하나님은 이스라엘 백성에게 두 번째 인구 조사를 명하신다. 출애굽하고 40년이 지나 다시 인구 조사를 해 보니 거의 차이가 없었다.

신명기

신약에서는 신명기가 80번 이상 인용된다. 한 예로, 예수님이 사탄에게 시험받으실 때 '기록되었으되'로 시작하는 구절이 바로 신명기에서 인용된 말씀이다.

당시 이스라엘 백성은 요단강 앞, 모압 평지에 진을 치고 가나안 땅 입구에서 들어가기만을 기다리고 있었다. 그때 하나님은 모세가 죽기 전 마지막 한 달 동안 긴 설교를 하게 하셨는데, 그 내용을 기록한 책이 신명기다.

광야의 기억과 율법의 재선포(1-7장)

신명기 1-4장은 출애굽 이후에 하나님과 이스라엘 백성 사이에서 일어났던 일들을 정리해서 들려준다.

간추린 내용은 다음과 같다.

“우리가 시내산을 떠나 가데스바네아에 도착했을 때, 너희 말대로 정탐꾼을 보냈더니 돌아와서 하는 말이, 땅은 좋은데 너무 위험하다며 하나님의 명령을 거역하고 애굽으로 돌아가자고 했다. 하나님은 화가 나셔서 갈렙과 여호수아 외에는 들어가지 못할 것이며, 너희 자녀들만 들어간다고 하셨다. 그렇게 40년 동안 광야의 시간을 보냈다. 그러나 하나님은 아모리 왕 시혼과 바산 왕 옥을 물리치게 해 그 땅을 주셨다. 사실 우리에게는 제대로 된 무기도 없고, 훈련도 받지 못해 이길 수 없었다. 이 싸움은 하나님이 하신 것이다.”

이제 모세는 두 돌판에 새겨진 하나님의 십계명을 다시 말해 준다.

“나 외에는 다른 신들을 네게 두지 말라.”

가나안에는 온갖 잡신이 다 모여 있어 이스라엘 백성이 흔들릴 수 있기에, 하나님은 그들에게 다시 한번 말씀하신다.

> 이스라엘아 들으라 우리 하나님 여호와는 오직 유일한 여호와이시니 너는 마음을 다하고 뜻을 다하고 힘을 다하여 네 하나님 여호와를 사랑하라 오늘 내가 네게 명하는 이 말씀을 너는 마음에 새기고 네 자녀에게 부지런히 가르치며 집에 앉았을 때에든지 길을 갈 때에든지 누워 있을 때에든지 일어날 때에든지 이 말씀을 강론할 것이며 너는 또 그것을 네 손목에 매어 기호를 삼으며 네 미간에 붙여 표로 삼고 또 네 집 문설주와 바깥문에 기록할지니라(신 6:4-9).

이 신명기의 ‘쉐마’를 유대인들은 지금도 집 현관에 붙이고, 손목에 매어 늘 되뇐다고 한다.

광야에서 훈련하신 이유 (8-13장)

8장에는 하나님이 이스라엘 백성을 40년 동안 광야에서 훈련시키신 이유가 나온다.

> 네 하나님 여호와께서 이 사십 년 동안에 네게 광야 길을 걷게 하신 것을 기억하라 이는 너를 낮추시며 너를 시험하사 네 마음이 어떠한지 그 명령을 지키는지 지키지 않는지 알려 하심이라 너를 낮추시며 너를 주리게 하시며 또 너도 알지 못하며 네 조상들도 알지 못하던 만나를 네게 먹이신 것은 사람이 떡으로만 사는 것이 아니요 여호와의 입에서 나오는 모든 말씀으로 사는 줄을 네가 알게 하려 하심이니라(신 8:2-3).

이 내용은 찬양 〈광야를 지나며〉(장진숙 작사, 작곡)를 떠오르게 한다.

왜 나를 깊은 어둠 속에 홀로 두시는지 어두운 밤은 왜 그리 길었는지
나를 고독하게 나를 낮아지게 세상 어디에도 기댈 곳이 없게 하셨네
광야 광야에 서 있네
주님만 내 도움이 되시고 주님만 내 빛이 되시는 주님만 내 친구 되시는 광야
주님 손 놓고는 단 하루도 살 수 없는 곳 광야 광야에 서 있네
주께서 나를 사용하시려 나를 더 정결케 하시려 나를 택하여 보내신 그곳 광야
성령이 내 영을 다시 태어나게 하는 곳 광야 광야에 서 있네
내 자아가 산산이 깨지고 높아지려 했던 내 꿈도 주님 앞에 내려놓고
오직 주님 뜻만 이루어지기를 나를 통해 주님만 드러나시기를
광야를 지나며

회복에 대한 약속(30-32장)

이스라엘 민족이 가나안 땅에 들어가 잘살게 되었을 때, 여호와의 은혜를 잊고 자신들의 능력으로 이룬 것이라 여기며 교만해질 것을 하나님은 벌써부터 알고 그들에게 미리 경고하신다. 훗날 그들이 이방 민족에게 포로로 끌려가게 될 텐데, 삶이 너무 힘들어 지난날을 돌아보던 중 회개하며 기도하다가 하나님이 주신 이 신명기의 말씀이 마음에서 기억나거든, 깨닫고 돌아와 다시 마음과 뜻을 다하여 여호와의 말씀을 들으라고 하신다. 그러면 하나님이 그 일들을 돌이키겠다고 하신다. 다시 이끄시고, 복을 주겠다고 하신다.

> 내가 오늘 네게 명령한 이 명령은 네게 어려운 것도 아니요 먼 것도 아니라 하늘에 있는 것이 아니니 … 오직 그 말씀이 네게 매우 가까워서 네 입에 있으며 네 마음에 있은즉 네가 이를 행할 수 있느니라(신 30:11-14).

하나님은 모세에게 '신명가'라는 노래를 만들어 백성에게 부르게 하신다. 앞에서 말한 대로, 훗날 이스라엘 민족이 하나님을 배신하고 우상을 섬기는 죄를 짓다가 결국 바벨론에 포로로 끌려가 생활하던 중, 그들은 그 노래를 기억하고 깨닫는다.

'우리가 왜 망했지? 하나님의 말씀을 듣지 않아서야! 그럼 이제 어떻게 살아야 하지? 하나님의 말씀을 읽고, 그 말씀대로 살아야지.'

그들은 이 '신명가'를 부를 때 알 수 있었다.

> 그들은 하나님께 제사하지 아니하고 귀신들에게 하였으니 곧 그들이 알지 못하던 신들, 근래에 들어온 새로운 신들 너희의 조상들이 두려워하지 아니하던

것들이로다 너를 낳은 반석을 네가 상관하지 아니하고 너를 내신 하나님을 네가 잊었도다 그러므로 여호와께서 보시고 미워하셨으니 그 자녀가 그를 격노하게 한 까닭이로다(신 32:17-19).

모세의 죽음(34장)

하나님은 모세를 느보산에 올라가게 하신다. 그리고 그곳에서 요단 서쪽에 위치한 가나안 땅을 보게 하신다. 그러나 모세는 들어갈 수 없다고 말씀하시며, 대신 여호수아를 리더로 세우겠다고 하신다. 모세는 120세를 살면서 하나님과 대면하여 말씀을 들은 유일한 사람이었다.

애굽의 왕은 이스라엘에서 태어난 남자아이를 모두 나일강에 던지라고 했지만, 모세는 하나님의 섭리로 건짐을 받아 40년 동안 애굽의 왕자로 살면서 모든 교육을 받았다. 이후 40년은 미디안광야에서 말없이 지내며 훈련을 받았고, 이후 40년은 이스라엘 민족을 이끄는 리더로 살면서 투정 부리고 불만을 쏟아 내는 이들을 올바른 방향으로 이끌며 살아왔다. 그는 이제 하나님이 지시하신 가나안 땅을 눈앞에 두고 자신의 사명을 다한 후 눈을 감는다. 120세에도 눈이 흐려지지 않았던 모세는 이렇게 하나님의 신실한 종으로서의 삶을 마감한다.

여호수아

새로운 리더, 여호수아(1장)

이스라엘 민족을 이끌 새로운 리더로 여호수아가 세워졌다.

> 강하고 담대하라 너는 내가 그들의 조상에게 맹세하여 그들에게 주리라 한 땅을 이 백성에게 차지하게 하리라 … 강하고 담대하라 두려워하지 말며 놀라지 말라 네가 어디로 가든지 네 하나님 여호와가 너와 함께하느니라 하시니라(수 1:6, 9).

왜 하나님은 여호수아에게 강하고 담대하라고, 두려워하지 말라고 반복해서 말씀하셨을까? 그가 정말 두려워했기 때문일 것이다. 사실 여호수아는 엄청난 부담감을 느꼈을 것이다. 모세를 대신해 이스라엘 백성을 이끌어야 하니 그 책임감이 얼마나 무거웠을까? 그래서 하나님은 모세와 함께하셨던 것처럼 여호수아와도 함께하겠다고 약속해 주신다.

여호수아서의 전체적인 흐름은 여호수아가 이스라엘 백성을 이끌고 가나안에 들어가 그 땅에 있는 사람들과 전쟁을 치르고, 땅을 분배하는 이야기다.

정탐꾼과 기생 라합(2장)

하나님은 여호수아에게 요단강을 건너 가나안 땅을 차지하라고 하신다. 여호수아는 백성의 관리들에게 3일 안에 요단을 건널 준비를 하라고 하고, 먼저 여리고성에 두 명의 정탐꾼을 보낸다. 그런데 정탐꾼이 성에 들어갔다는 소식이 벌써 여리고 왕의 귀에 들어간다. 진짜 빠르다. 핸드폰이 있던 시대도 아닌데 말이다. 모두 이스라엘 민족을 두려워하며 바짝 긴장하고 있었던 것 같다.

정탐꾼들은 라합이라는 기생의 집에 들어가 유숙하고 있었는데, 라합은 군사들이 오기 전에 그들을 지붕 위에 꼭꼭 숨겨 주었다. 얼마 후 군사들이 와서 정탐꾼들의 행방을 묻자, 라합은 왔다가 벌써 나갔다고 둘러댄다. 그러고 보면 라합이 머리가 좋다. 그들이 안 왔다고 했다면 집 안을 샅샅이 뒤졌을 텐데, 나갔다고 하니 군사들은 그들을 쫓아갈 수밖에 없는 것이다.

사실 라합은 기적처럼 출애굽을 한 이스라엘 민족의 이야기를 벌써 소문으로 듣고 그들을 이끄신 하나님을 크게 두려워하고 있었다.

"나는 하나님이 당신들에게 이 땅을 주신 것을 알아요. 사실 우리는 당신들 때문에 다 떨고 있으며, 이 땅의 모든 사람도 절망에 빠져 있어요. 출애굽 때 하나님이 어떻게 홍해를 마르게 하셨는지, 또 아모리의 두 왕을 어떻게 무찌르셨는지 들었어요. 정말 가슴이 철렁 내려앉았어요. 이제 약속해 주세요. 당신들이 이 땅을 차지할 때 저와 저의 가족을 살려 주겠다고요."

정탐꾼들은 그녀에게 약속한다. 그러면서 자신들이 여리고성을 점령할 때 그 가족을 모두 한 집에 모으고, 창문에 붉은 줄을 매어 두라고 한다. 그렇게 무사히 돌아온 정탐꾼들은 여리고성에서 있었던 일들을 여호수아에게 전한다.

"하나님께서 가나안 온 땅을 우리에게 주셨습니다. 그곳 사람들이 모두 우리를 두려워하고 있습니다. 게임은 끝났습니다!"

이 보고를 들은 여호수아와 이스라엘 백성은 하나님께서 그 땅을 정복하게 하실 거라는 확신을 갖게 된다.

요단강을 건너다(3-5장)

이제 여호수아는 여리고성을 정복하기 위해 요단강을 건너려고 한다. 때마침 그때는 추수 기간으로 강물이 가장 많이 불어나는 시기여서 몇 미터나 되는 물이 출렁이고 있었다. 그러나 하나님은 오히려 이 시기에 이스라엘 백성으로 하여금 요단강을 건너게 함으로써 당신의 존재를 더욱 드러내신다.

먼저 언약궤를 멘 제사장들이 요단강에 발을 내딛자, 물이 마치 혀가 말려 올라가듯이 후루룩하고 한곳에 쌓인다. 250만 명에 달하는 이스라엘 백성이 모두 건너기까지 고핫 자손 제사장들은 언약궤를 메고 요단강 한가운데 서 있다. 언약궤를 계속 메고 있으니 어깨도 아팠을 것이다. 그러나 하나님의 말씀에 순종하여 끝까지 참아 낸다. 역사적인 일인 것이다. 마치 출애굽을 할 때 홍해가 갈라졌던 것처럼, 하나님은 요단강도 가르셨다.

모든 백성이 건넌 후, 언약궤를 멘 제사장들이 요단강을 나오자마자 멈춰서 쌓여 있던 강물이 다시 빠르게 흘러넘친다. 그 광경을 이스라엘 백성 모두가 똑똑히 보았다. 여호수아는 훗날 후손들에게 하나님이 하신 이 놀라운 일을 전하기 위해 열두 지파를 상징하는 열두 개의 돌을 길갈과 요단강에 세운다.

한편, 이스라엘 백성이 요단강을 건넜다는 소식을 들은 가나안의 왕들은 두려움에 사로잡혔다. 그때 하나님께서 여호수아에게 광야 세대, 곧 출애굽 2세대에게 할례를 행하라고 명하신다. 출애굽 후에 할례를 받았던 1세대는 가데스바네아에서의 반역 사건으로 38년 동안 광야에서 다 죽었고, 그들의 2세들은 아직 아무도 할례를 받지 못했기 때문이다. 이에 그들은 요단강을 건넌 후 돌칼을 만들어 할례를 행한다.

그러나 이 시점에 할례를 행한다는 것은 너무도 위험한 일이었다. 할례를 받은 후에는 아파서 움직이기도 어려운데, 만약 그때 적군이 치고 들어오면 다 죽을 수도 있었다. 하지만 하나님의 명령이었기에 이스라엘은 순종했고, 하나님은 그들을 보호해 주셨다. 그곳을 길갈이라 부른다.

마침내 유대력 1월 14일 저녁, 그들은 가나안 땅에서 처음으로 유월절을 지킨다. 신기한 것은, 유월절 다음 날부터 가나안의 음식을 먹자 40년 동안 내리던 만나가 멈추었다는 것이다.

그 후 여호수아가 여리고 근처에 이르렀을 때, 눈을 들어 보니 바로 앞에 어떤 사람이 칼을 뽑아 들고 서 있다. 여호수아가 그에게 묻는다.

"너는 어느 편이냐?"

그러자 그는 여호와의 군대 대장이라는 자신의 정체를 밝힌 후 "네 발에서 신을 벗어라. 네가 서 있는 곳은 거룩한 곳이다"라며 하나님이 광야에서 모세를 부르셨을 때와 똑같이 여호수아에게 말한다. 여호수아는 그대로 행한다.

여리고성과 아이성 점령 (6-8장)

이제 이스라엘은 여리고성을 정복해야 한다. 그러나 이스라엘 백성 때문에 철통같이 닫혀 있어 개미 새끼 한 마리도 볼 수 없을 정도다. 하나님은 여호수아에게 여리고성을 정복할 수 있는 방법을 알려 주신다. 여리고성 주위를 6일 동안은 매일 한 번씩 돌고, 7일째에는 일곱 번을 돌라는 것이다. 그러니까 총 열세 바퀴를 도는 것이다. 이스라엘 백성은 하나님이 말씀하신 대로 행하고, 7일째 되는 날 마지막 일곱 번째 바퀴를 돈 다음 나팔을 불며 크게 소리를 지르자 여리고성이 와르르 무너진다.

이렇게 이스라엘은 여리고성을 점령하고, 정탐꾼들을 도와주었던 기생 라합과 그녀의 가족은 목숨을 건지게 된다.

하지만 문제가 생긴다. 여리고성 점령 이후 그곳에서 빼앗은 물건은 모두 하나님께 바쳐야 하는데, 유다 지파의 아간이라는 사람이 그것을 몰래 숨긴 것이다. 그뿐 아니라 여리고성 전투의 승리에 취한 이스라엘은 아이성 전투를 쉽게 생각하며 하나님께 여쭙지도 않는다. 모든 것을 하나님께 맡기고 싸움에서 이긴 여리고성 전투 때와는 너무도 다른 에너지가 느껴진다. 벌써 교만해진 것일까?

결국 아이성과의 첫 전투에서는 처참하게 패배하고 말았지만, 여호수아가 다시 중심을 잡고 백성과 함께 회개하자 하나님은 아이성 전투에서 이기게 하신다. 여호수아는 언제나 아침 일찍 일어나 백성을 깨우고, 솔선수범하여 자신이 먼저 움직이는 리더였다. 결국 그는 하나님의 도우심으로 아이성까지 점령하게 된다.

기브온 전투(9-10장)

이렇게 이스라엘 민족이 가나안 땅을 차지하게 되

자, 그 주변에 있던 기브온 주민들은 걱정이 되었다. 이에 그들은 마치 멀리서 온 것처럼 낡은 옷을 입고 곰팡이가 난 떡을 가지고 와서 조약을 맺자며 속이고 항복한다. 여호수아는 그들을 믿고 받아 주었으나, 3일 뒤에 그들이 바로 이웃에 거주하는 자들임을 알게 된다. 그러나 이미 조약을 맺었기에 여호수아는 약속대로 기브온 주민을 죽이지 않고 보호한다.

이후에 여리고성과 아이성을 차지한 이스라엘 민족과 기브온이 조약을 맺고 이웃처럼 살고 있다는 소식을 들은 예루살렘의 왕과 백성은 놀란다. 기브온은 큰 성이며, 모두가 노련한 전사였기 때문이다. 이에 예루살렘 왕 아도니세덱이 주변 네 나라 왕에게 기브온을 치러 가자고 제안한다. 이 소식을 들은 기브온 사람들은 길갈에 있는 여호수아에게 자기들을 구해 달라며 도움을 청한다. 이에 여호수아는 모든 군사를 이끌고 간다. 이때 하나님께서 여호수아에게 용기를 주신다.

> 그들을 두려워하지 말라 내가 그들을 네 손에 넘겨주었으니 그들 중에서 한 사람도 너를 당할 자 없으리라(수 10:8).

하나님은 이 일을 아주 오래전부터 계획하셨다. 그러니 가나안 땅을 차지하는 싸움은 여호수아와 이스라엘 백성의 능력으로 하는 것이 아니라, 모든 것을 계획한 하나님께서 하실 것이다. 여호수아는 길갈에서 40킬로미터의 산악 길을 밤이 새도록 올라가 하루 만에 다섯 왕 앞에 선다. 이들의 갑작스러운 습격에 다섯 왕은 꼼짝 못 하고 당한다. 그들이 도망칠 때 하나님은 벧호론 비탈에서 큰 우박을 내려 다 죽게 하신다.

전투 중에 낮이 더 길어지기를 바란 여호수아가 하나님께 아뢰어 외친다.

태양아 너는 기브온 위에 머무르라 달아 너도 아얄론 골짜기에서 그리할지어다(수 10:12).

하나님은 여호수아의 기도를 듣고 기적을 베푸신다. 태양이 멈춘 일은 전무후무한 사건이다. 이후에도 하나님은 이스라엘의 가나안 정복 전쟁에 함께하셨으며, 여호수아가 가데스바네아에서 가사까지, 또 온 고센 땅을 기브온에 이르기까지 치매 이스라엘 민족이 가나안 대부분의 땅을 정복하게 된다.

땅을 분배하다(14-22장)

정복이 끝난 후, 이스라엘은 가나안 땅을 제비뽑기로 열두 지파에게 분배한다. 가장 먼저 선택권이 주어진 사람은 갈렙이었다. 그는 85세가 되었지만 여전히 건강하다며 가장 험한 땅인 헤브론을 달라고 한다. "이 산지를 지금 내게 주소서"(수 14:12)라는 유명한 고백이 이때 갈렙의 입을 통해 나온 것이다. 갈렙이 이어서 말한다.

"여호수아, 당신도 그때 들었죠? 그곳에는 아낙 사람이 있고 성읍도 크지만, 여호와께서 함께하신다면 다 쫓아낼 수 있습니다!"

여호수아에게 얼마나 든든한 힘이 되었을까? 정말 멋진 갈렙 장군이다.

이렇게 열두 지파가 땅을 나눠 가지는데, 에브라임과 므낫세 지파는 여호수아에게 따로 찾아와 자신들은 큰 민족이라며 더 좋은 땅을 달라고 요구한다. 여호수아는 에브라임 소속이었다. 여호수아가 말한다.

"너는 큰 민족이니, 브리스 족속과 르바임 족속이 있는 삼림을 스스로 개척하라."

이 말에 요셉 자손, 곧 에브라임과 므낫세 지파는 한 걸음 물러나며 거절의 뜻을 표한다.

"그 산지는 싫습니다! 그들에게는 철 병거가 있어서 힘듭니다! 좀 더 편한 곳, 좋은 곳으로 주십시오!"

하지만 여호수아는 능히 쫓아낼 수 있다며 그들의 요구를 받아들이지 않는다. 여호수아는 이처럼 정확하고 공정했다.

여호수아는 모든 지파가 땅을 분배받고 난 후에 비로소 가장 마지막으로 자신의 땅을 분배받는다. 그곳은 에브라임 산지의 딤낫 세라였다. 여호수아는 그곳에 성읍을 건설하고 거기에 거주한다.

여호수아는 요단 동쪽의 땅을 정복할 때 함께 싸운 르우벤, 갓, 므낫세 반 지파를 강 건너편으로 돌려보낸다. 그들은 요단강을 건너서 큰 제단을 쌓는데, 그 소식을 요단 서쪽의 이스라엘 백성이 듣는다. 그들의 행동을 오해한 사람들이 비느하스를 보내어 따진다.

"당신들은 왜 죄를 짓는 것이오! 당신들이 여기에 제단을 따로 쌓는 것은 하나님을 거역하는 짓이오. 여호와께서 반드시 진노하실 거요."

그러자 르우벤, 갓, 므낫세 반 지파가 왜 제단을 쌓았는지 이야기한다.

"우리는 제단에 번제물을 드리려는 것이 아니라, 증거물로 삼기 위해 쌓은 거요. 나중에 당신들의 후손이 우리와 아무 상관없다고 할까 봐 하나님의 제단을 본떠서 이곳에 증거로 삼으려고 만든 거요."

이 말에 비느하스와 그와 함께한 지도자들이 안심하고 돌아가 그 일들을 보고하자 모두 기뻐하며 하나님을 찬양한다. 르우벤 자손과 갓 자손은 그 제단을 '엣'이라 불렀으며, 이것은 요단 동쪽과 서쪽이 모두 여호와께서 하나님이 되시는 증거라 했다.

여호수아의 마지막 설교 (23-24장)

여호수아는 마지막 설교로 끝을 맺는다.

> 너희는 크게 힘써 모세의 율법 책에 기록된 것을 다 지켜 행하라 그것을 떠나 우로나 좌로나 치우치지 말라 너희 중에 남아 있는 이 민족들 중에 들어가지 말라 그들의 신들의 이름을 부르지 말라 그것들을 가리켜 맹세하지 말라(수 23:6-7).

그러면서 "만일 여호와를 섬기는 것이 너희에게 좋지 않게 보이거든 너희 조상들이 강 저쪽에서 섬기던 신들이든지 또는 너희가 거주하는 땅에 있는 아모리 족속의 신들이든지 너희가 섬길 자를 오늘 택하라 오직 나와 내 집은 여호와를 섬기겠노라"(수 24:15)라고 담대히 말한다. 이 말에 이스라엘 백성도 "우리가 결단코 여호와를 버리고 다른 신들을 섬기기를 하지 아니하오리니"(수 24:16)라고 대답한다. 모세의 뒤를 이어 이스라엘의 리더가 되었던 여호수아는 110세의 나이로 생을 마감한다.

사사기

여호수아가 죽은 후, 가나안 땅에 남아 있는 족속들과 이스라엘 민족은 계속 싸우며 땅을 차지해 나간다. 그런데 사사기 1장을 보면 '그들을 쫓아내지 못했다'는 말이 아홉 번이나 나온다. 이것이 사사기의 비극의 씨앗이 된다.

하나님은 분명히 "가나안에 들어가면 일곱 족속을 쫓아내어 진멸하고, 그들과 혼인하지 말며, 그들의 우상도 다 찍어 버리라"고 말씀하셨다. 하지만 이스라엘 백성은 이 명령을 대수롭지 않게 여겼던 것 같다. '조금 남겨도 되겠지, 일손도 부족한데 그들을 종으로 삼아도 되겠지'라고 생각했을 것이다. 그러나 그 남겨 놓은 이들이 발목을 잡는다.

● 사사를 보내어 구원하시는 하나님(1-16장)

여호수아가 죽고 난 후, 여호와를 알지 못하는 다음 세대가 나타났다. 그들은 하나님의 말씀을 무시하고, 가나안 땅에 다른 족속들을 남겨 두었으며, 그들이 섬기는 바알과 아세라를 함께 섬기기 시작했다. 그러자 하나님은 그들에게 대적들을 보내어 괴롭게 하셨다. 이에 삶이 힘들어지자 이스라엘은 하나님께 회개하며 기도하기 시작했다. 그러면 마음이 약한 하나님은 사사를 보내어 대적을 물리쳐 주셨다. 이 패턴을 사사 시대 전체 기간인 340년 동안 반복한다.

하나님도 진짜 화가 나실 만하다. 지난날을 돌아보라. 시내산에서 언약을 맺은 후 땅도 주고 적들도 다 물리쳐 주었는데, 하나님이 없는 것처럼 살아가는 백성을 보면 너무도 배신감이 드셨을 것이다. 그런데도 끝까지 포기하지 않으시는 여호와 하나님! 자신들의 죄를 깨닫고 회개하는 이스라엘을 위해 하나님은 열두 명의 사사(옷니엘, 에훗, 삼갈, 드보라, 기드온, 돌라, 야일, 입다, 입산, 엘론, 압돈, 삼손)를 보내신다. 사사는 '재판관'이라는 뜻으로, 그들은 백성을 왕이신 하나님께로 인도하는 자들이었다.

기드온과 300 용사(6-8장)

이스라엘 자손이 또다시 악을 행하자, 이번에는 미디안이 그들을 7년 동안 괴롭힌다. 식량을 다 빼앗아 가는 등 도저히 살 수가 없게 되자, 이스라엘 백성은 너무나도 고통스러워 하나님께 부르짖는다. 하나님은 이들을 구원하기 위해 기드온을 사사로 부르신다.

기드온은 미디안에게 빼앗길까 봐 포도주 틀에서 몰래 밀을 타작하고 있었다. 그때 하나님의 사자가 나타나 이스라엘을 미디안의 손에서 구원할 것을 명한다. 이에 기드온은 하나님께 표징을 구하며 고기와 무교병을 가져다가 예물로 드리고, 여호와의 사자가 지팡이 끝을 대는 순간 바위에서 불이 나와 예물을 살라 버린다. 기드온은 그제야 그가 여호와의 사자인 줄 알게 된다.

그날 밤, 하나님이 기드온에게 아버지 요아스가 섬기는 바알의 제단을 헐고 아세라 상을 찍어 버리라고 명하신다. 기드온은 하나님의 명령에 따르되, 낮에는 사람들을 두려워하여 밤에 종들을 데리고 가서 시행에 옮긴다.

그다음 날 동네가 발칵 뒤집힌다. 동네 사람들이 몰려와 기드온을 끌어내라고 하자 기드온의 아버지 요아스가 나서서 말한다.

"바알이 진짜 신이라면, 자기 제단을 파괴한 자를 자기가 알아서 처리할 것이오."

바알을 섬기던 기드온의 아버지는 아들에 의해 힘없이 파괴되어 버린 바알의 제단을 보고 이게 진짜 신인가 싶어 정신이 번쩍 들었을 것이다. 기드온 때문에 아버지가 달라졌다.

그때 미디안과 아말렉과 동방 사람들이 연합하여 요단강을 건너와 이스르엘 골짜기에 진을 친다. 일촉즉발의 상황이다. 여호와의 영이 기드온에게 임하고, 기드온은 전쟁에 나서기 전에 또 한 번의 표징을 구한다.

"여호와여, 내 손으로 이스라엘을 구원하시려거든 양털 뭉치에만 이슬이 맺히고 주변 땅은 마르게 해 주십시오."

하나님은 기드온의 요구를 들어주신다. 그러자 기드온은 또 다른 표징을 구한다.

"이번에는 양털 뭉치만 마르고, 주변 땅에만 이슬이 맺히게 해 주십시오."

하나님은 이번에도 그대로 들어주신다.

하나님의 명령에 따라 기드온이 미디안과 전쟁을 하러 나갈 때 3만 2천 명의 군사가 모인다. 그중에 전쟁이 두려운 사람은 돌아가라 했더니 1만 명이 남는다. 하나님은 이 중에서도 진짜 기드온의 용사를 뽑기 위해 시냇가에서 물을 마시는 모습으로 테스트를 하신다. 긴장감을 가지고 개가 핥듯이 물을 마신 300명만 뽑힌다.

기드온은 300명을 세 부대로 나누고, 항아리와 나팔을 나누어 준다. 김장철도 아닌데 항아리를 들었다. 300명이 동시에 나팔을 불며 항아리를 깨뜨리니 어마어마한 군사들이 공격해 오는 것 같았다. 하나님은 그렇게 미디안과의 전쟁에서 기드온의 군사를 항아리와 횃불만 들고 이기게 하셨다.

나실인으로 선택된 삼손(13-16장)

이스라엘 자손이 여호와의 목전에서 또다시 악을 행하여 40년 동안 블레셋 사람들의 손에 넘겨졌다. 그때 소라 땅 단 지파의 가문 중에 아기를 갖지 못하는 마노아 부부에게 하나님의 사자가 나타나서 말한다.

"이제 네가 아들을 낳을 것인데, 포도주와 독주를 마시지 말고 부정한 것도 먹지 마라."

삼손의 탄생과 그가 이스라엘 최초의 나실인이 될 것을 말씀해 주신 것이다. '나실인'은 하나님의 사람으로 구별된 자로서 포도나무에서 나는 것, 곧 포도주나 독주를 마실 수 없고, 머리털을 자를 수 없으며, 시체와 접촉할 수도 없었다. 태어날 때부터 하나님의 사람으로 정결하게 자라야 했다. 그렇게 삼손은 나실인으로 태어났다.

삼손은 머리도 좋고, 힘도 어마어마하게 셌다. 그는 블레셋을 견제하기 위해 일부러 블레셋 여인과 결혼하고 피로연을 연 뒤에 블레셋 사람들에게 수수께끼를 냈다.

"먹는 자에게서 먹는 것이 나오고 강한 자에게서 단 것이 나왔는데, 이것이 뭘까?"

이 수수께끼를 누가 맞힐 수 있을까? 사실 이것은 얼마 전에 삼손이 길에서 찢어 죽인 사자의 시체에 벌들이 꿀을 만들어 놓은 것을 보고 만든 문제였다. 그런데 이 문제의 답을 7일 안에 알아내야 했다. 답을 알 리가 없는 블레셋 사람들은 삼손의 아내를 닦달했고, 그녀는 삼손을 괴롭혀 답을 알아냈다. 그리고 일주일 뒤 블레셋 사람들이 삼손에게 답을 말했다.

"꿀보다 단 것이 무엇이며, 사자보다 강한 것이 무엇이겠소?"

누가 봐도 답이 새어 나갔다. 삼손은 그들에게 말했다.

"당신들이 내 여자에게 캐묻지 않았다면 수수께끼를 맞히지 못했을 것이오."

그런 후에 화가 난 삼손은 아스글론에 내려가 서른 명의 블레셋 사람을 죽이고, 그 옷을 빼앗아 수수께끼를 푼 자들에게 주었다. 그런데 삼손이 없는 사이, 그의 장인은 자기 딸을 다른 블레셋 사람에게 시집보냈다. 이 사실을 안 삼손이 그 지역을 불바다로 만들자, 피해를 입은 블레셋 사람들은 삼손의 아내와 장인을 불에 태워 죽였다. 이 소식을 들은 삼손은 나귀 턱뼈로 블레셋 군사 1천 명을 죽인다.

이처럼 삼손의 힘은 정말 대단했다. 힘으로는 도저히 잡을 수 없자, 블레셋은 삼손의 약점을 파고들기 시작했다. 당시 삼손은 이스라엘 여인이 아닌 이방 여인을 좋아했다. 블레셋은 미인계를 앞세워 미스 블레셋 들릴라와 삼손이 사랑에 빠지게 만든 후, 상금을 내걸면서 삼손의 힘의 비밀을 알아내게 했다.

"삼손~ 자기는 진짜 힘이 너어무 세! 어디서 그런 힘이 나와여? 그리고 어떻게 하면 힘이 약해져여? 나한테만 살짝 알려 줘여~."

들릴라가 애교 있는 목소리로 들릴락 말락 하게 비밀을 물어본다.

"마르지 않은 새 활줄 일곱 개로 묶으면 약해질 거야!"

"사용하지 않은 새 밧줄로 묶으면 약해져!"

"베틀의 날실하고 내 머리털 일곱 가닥을 섞어서 한번 짜 봐! 그럼 약해질 거야."

삼손은 몇 번이나 거짓말을 하면서 힘이 어디에서 나오는지를 알려 주지 않았다. 하지만 들릴라가 계속 들들 볶아 대니 그 소리가 이웃에까지 들릴라! 정말 창피하다.

"자기는 나를 사랑하지 않는 거지? 어떻게 세 번이나 놀리고 거짓말을 해?"

삼손의 마음은 괴로워 죽을 지경이었다. 결국 그는 비밀을 말해 준다.

"에이, 모르겠다. 나는 엄마 배 속에서부터 하나님의 나실인이 되었어. 머리카락이 밀리면 내 힘이 없어져."

들릴라는 삼손이 잠든 사이에 그의 머리카락을 밀었다. 삼손은 자신에게서 성령이 떠난 줄도, 힘이 사라진 줄도 몰랐다. 그는 결국 블레셋에 잡혀가 두 눈이 뽑힌 상태에서 소처럼 연자 맷돌을 돌리는 신세가 되었다.

하나님의 사람으로 선택된 나실인이 이렇게 망가졌다. 하지만 그의 잘린 머리카락이 조금씩 자라기 시작했다. 블레셋 사람들은 자신들의 신 다곤에게 제사를 드리며 원수인 삼손을 잡은 기념으로 축제를 열었다. 모인 사람이 3천 명이나 되었다.

"삼손을 데려와서 재주 좀 부리게 해 봐!"

그들은 감옥에 있던 삼손을 불러내어 두 기둥 사이에 세웠다. 이때 삼손은 하나님께 처절하게 기도한다.

주 여호와여 구하옵나니 … 이번만 나를 강하게 하사 나의 두 눈을 뺀 블레셋 사람에게 원수를 단번에 갚게 하옵소서(삿 16:28).

하나님은 기도를 듣고 삼손에게 마지막 힘을 주셨다. 삼손은 기둥을 무너뜨리고 블레셋 사람 3천 명과 함께 죽음을 맞이한다.

타락한 레위인(17-21장)

사사기는 이어서 엄청난 이야기를 폭로한다. 17장부터 21장까지 이어지는 내용은 레위 지파에 관한 이야기다. 하나님의 일을 하는 레위 지파가 어떻게 무너졌는지를 보여 준다.

미가와 레위 청년(17장)

에브라임 산지에 미가라는 사람이 살고 있었다. 그는 어머니 몰래 은을 훔쳤다가 마음이 찔려 이렇게 고백한다.

"어머니, 제가 은을 훔쳤었는데 돌려드리려고요."

그러자 어머니가 말한다.

"그래? 그 은으로 너를 위해 신상을 만들어야겠다."

그러고는 은을 은장색에게 주어 신상을 만들고, 집 안에 신당을 짓는다.

그리고 에봇과 드라빔 우상까지 만든다. 이것은 율법으로 금지되어 있는 일이다.

> 너를 위하여 새긴 우상을 만들지 말고 … 어떤 형상도 만들지 말며(출 20:4).

그러던 중 한 레위인이 돌아다니면서 살 곳을 찾다가 미가를 만나게 된다.

"어디에서 오는 길이오?"

"저는 유다 베들레헴 출신 레위인인데, 살 곳을 찾고 있습니다."

"그럼 우리 집에서 제사장으로 있지 않겠소? 월급을 드리리다."

"아, 그럴까요?"

레위인은 개인이 함부로 고용할 수 없었다. 오늘날로 치면, 우리가 목사에게 월급을 주고 개인적으로 고용할 수 없는 것과 같다. 레위인들은 땅을 받지 않고 이스라엘 지파 48개 성읍에 나누어 살며 하나님의 말씀을 가르치는 일을 해야 했다. 그런데 미가가 하는 말을 들어 보라.

> 레위인이 내 제사장이 되었으니 이제 여호와께서 내게 복 주실 줄을 아노라(삿 17:13).

엉망진창이다. 하나님은 이런 식으로 복을 주시는 분이 아니다.

> 그때에는 이스라엘에 왕이 없었으므로 사람마다 자기 소견에 옳은 대로 행하였더라(삿 17:6).

여호수아 시대 이후, 사람들은 율법도, 믿음도 희미해져서 그야말로 자기 마음대로 살아가기 시작했다. 우리도 마찬가지다. 하나님의 말씀을 읽지 않고 덮어놓고 믿으면 아무 기준도 없는 자기 마음대로 신앙이 될 수 있기에 조심해야 한다.

단 지파의 타락 (18장)

이어서 열두 지파 중 하나인 단 지파가 등장한다. 그들은 여호수아 때 이미 땅을 분배받았으나 블레셋이 하도 괴롭혀 새로운 땅을 찾고 있었다. 그러다 우연히 미가의 집에 들러 레위 청년을 만나게 되었다.

"누가 너를 이리로 인도했고, 여기서 무슨 일을 하느냐?"

"미가가 저를 자신의 제사장으로 삼아서 그에게 월급을 받고 있습니다."

율법을 아는 자들이라면 이렇게 이야기하는 레위인에게 따끔하게 혼을 내며 잘못된 것을 바로잡았어야 했다. 그러나 단 지파 사람들은 오히려 자신들이 가는 길이 형통한지를 하나님께 물어봐 달라고 요구한다. 이에 레위 청년은 "평안히 가십시오! 여러분이 가는 길은 여호와 앞에 있습니다"라고 말한다.

이후 단 지파 사람들은 자신들이 머물 곳을 알아본 후에 고향으로 돌아가서 사람들을 이끌고 그곳을 차지하러 갈 때, 다시 미가의 집에 들러서 신상과 에봇과 드라빔 등을 들고 나온다. 그때 레위 청년이 묻는다.

"뭐 하는 겁니까?"

"조용히 하고, 너, 우리와 함께 가서 우리의 제사장이 되는 게 어때? 생각해 봐. 미가 전용 제사장이 좋겠어, 이스라엘 한 지파의 제사장이 좋겠어?"

"한 지파의 제사장이요!"

"짐 챙겨서 따라 나와!"

나중에 이 사실을 알고 화가 난 미가가 이웃 사람들을 모아서 그들을 쫓아간다.

"아니, 내가 만든 신상과 제사장을 다 데려가면 어떡합니까?"

"조용히 말할 때 꺼져! 아니면 그러다 다 죽어!"

단 지파와 싸워서 이길 자신이 없던 미가는 그대로 돌아간다. 단 지파는 라이스를 점령한 뒤 그곳에 정착한다.

레위인의 첩 사건(19-21장)

레위인의 충격적인 이야기는 다음 장에서도 이어진다.

> 이스라엘에 왕이 없을 그때에(삿 19:1).

사사기 곳곳에 '이스라엘에 왕이 없다'고 기록되어 있다. 하나님이 왕이시지만, 아무도 하나님을 왕으로 모시지 않고 있다는 뜻이다.

한 레위인에게 첩이 있었다. 지금으로 치면 담임목사에게 두 번째 부인이 있는 것과 같다. 그런데 그 첩이 바람이 나서 친정으로 돌아가 버리자 레위인이 그녀를 찾으러 간다. 첩을 데리고 돌아오는 길에 날이 어두워지자 그들은 베냐민 지파에 속한 기브아에서 한 노인을 만나 그 집에 유숙하게 된다.

그런데 일은 여기서부터 벌어졌다. 마치 아브라함의 조카 롯이 살던 당시 소돔성에서 일어났던 사건과 똑같은 일이 발생한다. 그 성읍의 불량배들이 그 집을 에워싸고 레위인 손님을 내놓으라고 윽박지르고 있는데, 그 이유가 '그와 관계하겠다'는 것이다. 이 말은, 그와 성적인 관계를 갖겠다는 것이다. 이에 당황한 그들은 레위인의 첩을 대신 내어주고, 그 불량배들은 밤새도록 그 여인을 겁탈한 뒤 죽게 내버려둔다.

다음 날 아침, 문 앞에 죽어 있는 자신의 첩을 본 레위인은 너무도 화가 났다. 집으로 돌아간 그는 첩의 시신을 열두 토막 내어 이스라엘 열두 지파에게 보낸다. 이 일로 미스바 총회가 열리고, 충격에 빠진 이스라엘은 그런 일을 저지른 베냐민 지파를 없애기로 한다. 이에 다른 지파 연합군 40만 대군이 모여 베냐민 지파를 찾아가 불량배들을 내놓으라고 하나 거부한다. 이들은 결국 총 세 번의 전쟁을 치르게 된다.

베냐민 지파는 결국 다 죽고, 남자 600명만 살아남게 된다. 왜 이런 사태가 발생했을까? 베냐민 지파가 이스라엘 지파 중에서 사라질 위기에 처하자, 두려움과 공포를 느낀 이들은 큰일이라 생각하고 휴전에 들어간다.

지파를 살리기 위해서는 남은 남자들에게 여자를 붙여 주어 대를 잇게 해야 한다. 그런데 문제는, 여자가 다 죽고 없다는 것이다. 더구나 그들은 베냐민 지파에는 절대 여자를 주지 않겠다고 맹세까지 해 버렸다. 그들은 고민 끝에 이런 결정을 내린다. 회의에 참석하지 않은 길르앗 야베스의 여자 400명을 남겨서 연결해 주고, 또 실로로 오는 여자들 중에서 200명가량을 납치해 결혼시켜 600명을 채운다. 이렇게 해서 사라질 뻔한 베냐민 지파는 어렵게 그 명맥을 이어 가게 된다.

사사기는 마지막까지 "그때에 이스라엘에 왕이 없으므로 사람이 각기 자기의 소견에 옳은 대로 행하였더라"(삿 21:25)라고 기록한다.

룻기

사사 시대에 이스라엘에 흉년이 찾아왔다. 시대적 배경을 보면, 흉년은 하나님을 제대로 믿지 않는 백성에게 내리시는 하나님의 징계였다. 그렇다면 잘 참아 내고 다시 하나님을 바라보아야 하는데, 엘리멜렉은 그 고난을 견디지 못하고 흉년을 벗어나기 위해 아내 나오미와 두 아들, 말론과 기룐을 데리고 유다 베들레헴을 떠나 모압 땅으로 이주한다.

하지만 그곳에서 엘리멜렉이 먼저 세상을 떠나고, 두 아들은 모압 여인들을 아내로 맞는다. 그러다가 10년 후에 두 아들도 세상을 떠나고, 이제 자식 하나 없이 과부 셋만 덩그러니 남았다. 그 집에서는 세 과부의 한숨 소리만 들린다. 그 시대에 과부가 살 수 있는 방법이라고는 남의 집에 종으로 들어가 사는 것 외에는 없었다.

나오미와 룻의 귀향 (1:6-22)

그때 나오미의 귀에 유다 땅에 다시 풍년이 찾아왔다는 소문이 들린다. 이에 나오미는 고향 베들레헴으로 돌아가기로 결심하고, 두 며느리에게는 각자 친정으로 돌아가라고 권한다. 처음에는 둘 다 나오미를 따라가겠다고 하지만, 나오미가 계속 권하자 눈치 빠른 둘째 며느리 오르바는 바로 모압 친정으로 돌아간다. 그러나 첫째 며느리 룻은 끝까지 시어머니를 따르겠다고 하며 이렇게 말한다.

> 내게 어머니를 떠나며 어머니를 따르지 말고 돌아가라 강권하지 마옵소서 어머니께서 가시는 곳에 나도 가고 어머니께서 머무시는 곳에서 나도 머물겠나이다 어머니의 백성이 나의 백성이 되고 어머니의 하나님이 나의 하나님이 되시리니(룻 1:16).

모압 여인 룻은 나오미 집안에 시집오면서 하나님을 믿게 되었다. 룻은 그 하나님이 너무 좋았던 것이다. 이제는 모압의 우상이 아닌 여호와 하나님을 자신의 신으로 섬기며, 시어머니에게 효도하려 한다.

결국 나오미는 룻과 함께 베들레헴으로 돌아온다. 베들레헴 사람들은 돌아온 나오미를 보고 말한다.

"이 사람이 나오미가 아니냐?"

그러자 나오미가 이렇게 대답한다.

"나를 나오미(기쁨)라 부르지 말고 마라(쓴맛)라 부르세요! 하나님이 나를 심히 괴롭게 하셨습니다. 내가 풍족해서 나갔으나 하나님이 나를 비어 돌아오게 하셨습니다!"

먹고살기 위해 베들레헴을 떠나 모압으로 갔지만, 결국 모든 것을 잃고 빈 몸으로 돌아온 것이다.

룻과 보아스의 만남 (2장)

나오미와 룻이 베들레헴에 도착했을 때는 한창 보리를 추수할 시기였다. 이제 재산도, 집도 다 잃은 나오미와 룻은 먹고살기 위해 남의 밭에서 이삭이라도 주워야 했다. 이는 가난한 자, 과부, 고아들을 위한 이스라엘의 관습이었다.

> 너희가 너희의 땅에서 곡식을 거둘 때에 너는 밭 모퉁이까지 다 거두지 말고 네 떨어진 이삭도 줍지 말며 네 포도원의 열매를 다 따지 말며 네 포도원에 떨어진 열매도 줍지 말고 가난한 사람과 거류민을 위하여 버려두라(레 19:9-10).

룻이 말한다.

"어머니, 밭에 가서 이삭 좀 주워 올게요."

그러고는 우연히 찾아간 곳이 바로 보아스의 밭이었다. 열심히 이삭을 줍던 중, 밭의 주인 보아스가 나타나 베는 자들에게 인사를 한다.

"여호와께서 너희와 함께하시기를 원하노라."

그러자 사람들이 대답한다.

"여호와께서 당신에게 복 주시기를 원하나이다."

그때 보아스의 눈에 쉬지 않고 부지런히 이삭을 줍는 여인의 모습이 들어온다.

"저 소녀는 누구냐?"

"나오미와 함께 모압에서 돌아온 여자인데, 아침부터 지금까지 계속 일하고 있습니다."

이에 보아스는 룻에게 다가가 친절하게 말한다.

"다른 밭에 가지 말고 여기서 이삭을 주워라. 내가 소년들에게 이야기해 놓았으니 너를 건드리지 않을 것이다. 목이 마르면 그들이 길어 온 물을 마시거라."

마치 드라마에 나오는 현빈이나 장동건처럼 친절하다. 그 친절함에 감동한 룻이 엎드려 절하며 말한다.

"저는 이방 여인인데 어찌하여 저에게 은혜를 베풀고 돌봐 주십니까?"

그러자 보아스가 대답한다.

"네 남편이 죽은 후, 네가 시어머니에게 행한 모든 일과 고국을 떠나 이곳으로 온 일을 내가 다 들었느니라. 하나님께서 네가 한 일에 보답하시기를 원하며, 하나님께서 그분의 날개 아래에 보호받으러 온 너에게 상 주시기를 원한다."

이에 룻이 감동하여 말한다.

"저는 하녀와 같은 존재인데 이렇게 위로하며 마음을 기쁘게 해 주시니 감사합니다."

잠시 후 식사 시간에 보아스가 말한다.

"자, 이리 와서 떡을 먹고, 초에도 찍어 먹어라."

그 당시 식초는 귀한 것이었다. 그런데 보아스가 그것도 먹으라며 배려해 준 것이다. 식사를 마친 후에도 부지런히 일하는 룻을 보고 보아스는 옆에 있는 소년들에게 명령한다.

"저 소녀가 더 많이 주울 수 있도록, 일부러 곡식 다발을 뽑아서 바닥에 버려 줍게 해라."

룻이 저녁까지 주운 보리는 한 에바쯤 되었다. 여기서 1에바는 12되, 두 사람이 2주 동안 먹을 수 있는 양이다. 룻은 기쁜 마음으로 그것을 머리에 이고 집으로 달려왔다.

"어머니, 제가 가져온 보리 좀 보세요."

"세상에, 오늘 어디서 일을 한 거냐? 진짜 많이 가져왔구나. 너를 돌본 사람들에게 복이 있기를 원한다."

"어머니, 오늘 일한 곳은 보아스라는 분의 농장이에요."

이 말을 들은 나오미가 깜짝 놀라며 말한다.

"보아스는 우리와 가까워서 우리의 기업을 무를 자 중의 한 사람이란다. 룻아, 이제 다른 밭에 가지 말고 거기만 가거라!"

기업 무를 자 (3-4장)

어느 날, 시어머니 나오미가 룻에게 말한다.

"내 딸아, 오늘 밤에 타작마당에서 보아스가 보리를 까불고 있을 것이다. 너는 그가 눕는 곳을 알았다가 들어가서 그의 이불 안에 같이 누워라."

룻은 어머니의 말을 따라 목욕하고 기름을 바른 후 의복을 입고 타작마당에 가서 보아스 옆에 눕는다. 보아스가 깜짝 놀라 묻는다.

"너는 누구냐?"

"저는 당신의 여종 룻이니, 당신의 옷자락을 펴 저를 덮어 주십시오! 당신은 우리의 기업을 무를 자입니다."

보아스는 그 말을 듣고 룻에게 친절하게 대답한다.

"여호와께서 너에게 복 주시기를 원한다. 네가 현숙한 여자인 것을 나의 성읍 백성이 다 안다. 내가 기업을 무를 자이나 나보다 더 가까운 사람이 있으니, 그에게 물어서 그가 거절하면 그다음에 내가 네 기업을 무르겠다."

룻은 새벽까지 그곳에 누워 있다가 일어난다. 그러자 보아스가 말한다.

"여인이 타작마당에 들어온 것을 사람들이 몰라야 하니, 지금 가거라."

그러면서 빈손으로 가는 것이 안돼 보였는지, 보리를 챙겨서 가져가게 한다. 나오미가 눈이 빠지게 기다리다가 룻이 오니 반갑게 맞으며 물어본다.

"내 딸아, 어떻게 되었느냐?"

룻이 타작마당에서 있었던 일을 이야기하자 나오미는 이렇게 말한다.

"세상에, 딸아, 이 사건이 어떻게 될지 알기까지 기다리자! 그 사람이 오늘 이 일을 꼭 마무리할 것이다."

다음 날, 보아스가 성문에 가서 앉아 있는데 마침 보아스가 말한 나오미 가정의 기업 무를 자가 지나가고 있다. 보아스는 "저기 아무개여!" 하고 부른 후에 장로 열 명을 초대하고 브리핑을 시작한다. 여기서 '기업 무를 자'란 히브리어로 '고엘'이라 하는데, 친족 중에 가난한 사람이 있으면 기업을 보호하기 위해 그 땅을 도로 사 주어 도우며, 그 친족의 미망인과 결혼하여 대를 이어 주어야 했다.

"나오미가 모압 지방에서 돌아왔는데, 그녀의 남편이 우리의 형제 엘리멜렉입니다. 그런데 그녀가 그의 소유지를 팔려고 하니 우리가 사야 하는데, 1순위가 당신이고 그다음이 저입니다. 어떻게 할지 알려 주십시오!"

그러자 그가 "오케이! 내가 무르겠소!" 하고 쉽게 대답한다. 이에 보아스가 이어서 말한다.

"그런데 그 밭을 사면 죽은 자의 아내인 모압 여인 룻도 데려와 그 죽은 자의 기업을 그의 이름으로 세워야 합니다."

1순위 친족이 생각해 보더니 "잠시만! 안 하겠소. 나에게 손해가 있을 것 같군요" 하고 말한다. 당시에는 이것을 확정하기 위해 사람이 자신의 신을 벗어 상대방에게 주는 관습이 있었는데, 그가 보아스에게 신을 벗어 주면서 "당신이 자신을 위하여 사시오" 하고 말한다. 이 모든 일에 대해 열 명의 장로가 증인을 섰고, 보아스와 룻은 결혼을 하게 된다.

이들은 훗날 아들 오벳을 낳고, 오벳은 이새를, 이새는 다윗을 낳는다.

이렇게 모압 여인 룻에게서 다윗의 할아버지가 나온 것이다. 희망이 없는 사사 시대에 하나님은 이방 여인을 통해 아름다운 사랑을 이어 나가신다.

사무엘상

사무엘상은 엘리 제사장과 사무엘, 사울왕 그리고 다윗의 이야기로 이루어져 있다. 앞서 사사기에 등장한 삼손은 하나님이 정하신 나실인이었다. 그러나 결국은 실패로 끝난다. 이제 하나님께서 다시 나실인을 세우시려고 한다. 하나님이 나실인을 세우실 때는 태를 닫아서 자식을 간절히 원하게 한 후에 “아이를 주시면 하나님께 바치겠습니다”라는 고백을 하게 하신다.

마지막 사사, 사무엘(1-6장)

사무엘의 출생(1:1-2:11)

1장은 에브라임 지파 땅에 살고 있는 레위인 엘가나의 이야기로 시작된다. 그에게는 두 아내, 한나와 브닌나가 있었다. 그런데 한나에게는 자식이 없고, 브닌나에게는 자식이 있었다. 브닌나가 이 문제를 가지고 놀려서 한나는 늘 괴로웠다. 그 당시에는 아이를 갖지 못하면 하나님이 저주를 내리셔서 그렇다고 생각했기 때문이다.

엘가나와 한나는 매년 실로에 가서 하나님께 제사를 드렸는데, 여호수아 때 길갈에 두었던 언약궤가 300년 이상 그곳에 머물러 있었기 때문이다. 제사를 드릴 때, 한나는 아이가 없는 것이 괴로워 성전에서 통곡하며 기도한다.

> 만군의 여호와여 만일 주의 여종의 고통을 돌보시고 나를 기억하사 주의 여종을 잊지 아니하시고 주의 여종에게 아들을 주시면 내가 그의 평생에 그를 여호와께 드리고 삭도를 그의 머리에 대지 아니하겠나이다(삼상 1:11).

한나는 아이를 주시면 나실인으로서 하나님의 일을 할 수 있도록 드리겠다고 고백한다. 한나가 성전에서 오랫동안 울부짖고 흐느끼는 것을 본 엘리 대제사장은 "네가 언제까지 술에 취해 있겠느냐? 포도주를 끊어라"라고 말한다. 이에 한나는 "취한 것이 아닙니다. 기도하면서 제 마음에 있는 것을 하나님께 다 쏟아 낸 것입니다. 제 마음에 원통하고 슬픈 것이 많아서 그랬습니다"라고 말한다. 미안했는지 엘리는 진심으로 한나를 위해 기도해 준다.

"평안히 가라. 하나님이 네가 기도하여 구한 것을 허락하시기를 원하노라."

그날 이후 한나는 이 문제로 다시는 근심하지 않고 평안을 누리게 된다. 그리고 얼마 후, 하나님은 한나에게 아이를 주시고, 한나는 서원한 대로 아이를 나실인으로 바친다. 이 아이가 바로 사무엘이다.

> 한나가 기도하여 이르되 내 마음이 여호와로 말미암아 즐거워하며 내 뿔이 여호와로 말미암아 높아졌으며 내 입이 내 원수들을 향하여 크게 열렸으니 이는 내가 주의 구원으로 말미암아 기뻐함이니이다 여호와와 같이 거룩하신 이가 없으시니 이는 주밖에 다른 이가 없고 우리 하나님 같은 반석도 없으심이니이다 심히 교만한 말을 다시 하지 말 것이며 오만한 말을 너희의 입에서 내지 말지어다 여호와는 지식의 하나님이시라 행동을 달아 보시느니라 용사의 활은 꺾이고 넘어진 자는 힘으로 띠를 띠도다 풍족하던 자들은 양식을 위하여 품을 팔고 주리던 자들은 다시 주리지 아니하도다 전에 임신하지 못하던 자는 일곱을 낳았고 많은 자녀를 둔 자는 쇠약하도다 여호와는 죽이기도 하시고 살리기도 하시며 스올에 내리게도 하시고 거기에서 올리기도 하시는도다 여호와는 가난하게도 하시고 부하게도 하시며 낮추기도 하시고 높이기도 하시는도다(삼상 2:1-7).

한나의 기도에는 하나님에 대한 감사가 가득하다. '뿔이 높아졌다'는 것은 비참했던 처지에서 이제 다시 높아지게 되었다는 것이다. '지식의 하나님'은 자연의 법칙, 인간 사회의 이성적 질서 그리고 그 안에서 일어나는 원인과 과정과 결과까지도 모두 알고 계시는 분이다. 또한 우리의 마음과 행동을 모두 아시기에 당신의 공평하고도 의로운 기준에 따라 한나를, 곧 우리 모두를 판단하신다.

어린 사무엘은 대제사장 엘리의 손에 맡겨졌고, 그의 어머니 한나는 1년에 한 번씩 제사를 드리러 갈 때마다 아들이 입을 작은 겉옷을 지어서 가져다주었다. 보고 싶은 아들을 1년 동안 그리워하며 눈물로 옷을 짓는 한나의 마음이 느껴진다.

엘리의 두 아들
(2-4장)

한편, 엘리에게는 홉니와 비느하스라는 두 아들이 있었다. 그러나 이들은 하나님께 제물을 올리기도 전에 먼저 생고기를 빼내어 먹고, 심지어 회막 문에서 일하는 여인들과 동침하기까지 했다. 그런 아들들을 엘리는 이렇게 꾸짖는다.

"왜 그랬느냐, 내 아들들아. 그러지 마라. 너희에 대한 소문이 좋지 않다. 사람이 여호와께 범죄하면 누가 그를 위하여 간구하겠느냐!"

아니, 이게 혼을 내는 것인가, 달래는 것인가? 엘리의 뒤를 이어 대제사장이 될 이들인데, 이런 훈육은 말이 안 된다. 엘리의 이러한 태도에 하나님이 직접 심판하기로 하신다. 그리고 세월이 흘러, 성막에서 자라던 어린 사무엘에게 하나님은 엘리의 집안이 완전히 망할 것을 알려 주신다. 이에 엘리가 사무엘을 불러 묻는다.

"하나님이 무엇을 말씀하셨는지 나에게 모든 것을 말해라. 하나도 숨겨서는 안 된다."

사무엘이 그 모든 말씀을 다 이야기하자, 엘리는 잠시 당황하더니 "그분은 여호와시니 선하신 대로 하실 것이니라"라고 말한다.

그 무렵 이스라엘은 계속해서 블레셋의 공격을 받는다. 이스라엘 사람이 4천 명이나 죽자, 불안해진 백성은 실로에 있는 언약궤를 전쟁터로 가져온다. 마치 하나님을 믿는 것이 아니라, 그 궤를 부적처럼 의지한 것이다. 이때 홉니와 비느하스도 함께 온다. 언약궤를 본 블레셋 사람들은 두려움에 빠진다.

"아! 이스라엘의 신이 왔다. 우리는 끝장이다. 이 신이 온갖 재앙으로 애굽 사람들을 쳤던 바로 그 신이다. 블레셋아, 정신 차려라! 용기를 내어 목숨 걸고 싸워라!"

그러면서 그들은 죽을 각오로 싸웠다. 결과는 블레셋의 대승리였다. 그들은 이스라엘을 무참히 쳐부수었고, 이스라엘 군사 3만 명이 죽었으며, 홉니와 비느하스도 전사했다. 하나님의 언약궤마저 블레셋에게 빼앗기고 만다.

언약궤의 복과 저주(5-6장)

블레셋 사람들은 언약궤를 아스돗에 있는 다곤 신전에 두었다. 그런데 다음 날 보니 다곤 신이 거꾸러져 있었다. 그들이 세워 놓았으나 그다음 날 또 다시 거꾸러져 머리와 두 손목은 똑 부러진 상태로 문지방에 있고 몸통만 남았다. 게다가 주민들도 독한 종기로 괴로움을 겪게 되었다. 놀란 블레셋 사람들은 마치 폭탄을 치우듯이 언약궤를 가드로 옮긴다. 하지만 그곳에도 종기 재앙이 내리자 다시 에그론으로 보낸다. 이에 소문을 들은 에그론 사람들이 외친다.

"우리를 다 죽일 셈이오? 그 궤가 있던 곳으로 돌려보내시오!"

언약궤가 블레셋 땅에 머무른 7개월 동안 재앙이 계속되자, 그들은 마침내 언약궤를 이스라엘로 돌려보내기로 마음먹는다. 그런데 그냥 보내면 또 무슨 일이 일어날 것 같아서, 그들은 블레셋 제사장들의 조언대로 속건제를 드리기로 한다.

"블레셋 지도자들의 수에 맞추어 금 종양 다섯 개와 금 쥐 다섯 마리로 합시다."

그러면서 그것을 새끼를 갓 낳은 어미 소 두 마리에 실어서 보낼 때 그 어미 소가 송아지 우는 소리를 듣고 안 가면 이 재앙은 우연히 일어난 것이고, 송아지 소리를 들어도 곧장 가면 이것은 하나님으로부터 내린 재앙이라고 하자며 어미 소 두 마리에게 수레를 메운다. 잠시 후 "음메~" 하고 송아지 울음소리가 들렸지만, 어미 소 두 마리는 곧장 앞으로 가 버린다. 소마저도 하나님께 순종하여 언약궤는 이스라엘 땅, 곧 벧세메스로 가게 된다. 이곳은 이스라엘과 블레셋 영토에 걸쳐 있는 지역이었다.

벧세메스 사람들은 하나님의 언약궤가 돌아오는 것을 보고 기뻐하며 수레를 뜯어 장작을 만들고 암소를 잡아서 번제를 드린다. 여호수아 21장을 보면 레위 사람의 족장들이 하나님께서 모세에게 명하신 대로 자신들이 거주할 성읍과 목초지를 요구하는 장면이 나오는데, 벧세메스는 그중 유다와 시므온 지파가 준 땅이었다.

> 유다 자손의 지파와 시므온 자손의 지파 중에서는 이 아래에 기명한 성읍들을 주었는데 레위 자손 중 그핫 가족들에 속한 아론 자손이 첫째로 제비 뽑혔으므로 아낙의 아버지 아르바의 성읍 유다 산지 기럇 아르바 곧 헤브론과 그 주위의 목초지를 그들에게 주었고 그 성읍의 밭과 그 촌락들은 여분네의 아들 갈렙에게 주어 소유가 되게 하였더라 제사장 아론의 자손에게 준 것은 살인자의 도피성 헤브론과 그 목초지이요 또 립나와 그 목초지와 얏딜과 그 목초지와 에스드모아와 그 목초지와 홀론과 그 목초지와 드빌과 그 목초지와 아인과 그 목초지와 윳다와 그 목초지와 벧 세메스와 그 목초지이니 이 두 지파에서 아홉 성읍을 냈고(수 21:9-16).

그래서 이곳에는 레위 사람이 많이 살고 있었다. 그런데 벧세메스 사람

중 일부가 호기심에 여호와의 궤를 들여다보았다가 하나님이 엄하게 치셔서 70명이 죽는다. 이에 벧세메스 사람들도 두려워서 외친다.

"누가 능히 이 거룩하신 하나님 앞에 설 수 있겠는가? 누가 이 궤를 다른 곳으로 옮길 수 있겠는가?"

그 후 언약궤는 기럇여아림에 있는 아비나답의 집에 20년 동안 머물게 된다. 그리고 레위인 엘리아살에게 언약궤를 지키게 한다.

왕정 시대의 도래(7-31장)

이스라엘이 왕을 요구하다 (7-8장)

어린 사무엘이 자라 이스라엘의 사사, 곧 리더가 되었다. 그는 이스라엘 온 족속에게 바알과 아스다롯을 비롯한 이방 신상을 없애고 주님만을 섬기자고 선포한다. 미스바에서 백성은 금식하며 죄를 고백하고, 간절한 마음으로 여호와께 기도한다.

한편, 블레셋은 이스라엘이 미스바에 모였다는 소식을 듣고 또다시 공격하러 온다. 강력한 블레셋이 다가오자 사람들은 두려워한다. 이때 사무엘은 제단을 쌓고 어린양을 잡아 하나님께 기도한다. 그가 제사를 드리고 있을 때 블레셋이 가까이 오자 하나님께서 천둥을 내려치신다. 그 천둥소리에 블레셋은 겁에 질려 허둥지둥 도망친다. 사무엘은 돌 하나를 가져다가 '여호와께서 여기까지 우리를 도우셨다'는 의미의 '에벤에셀'이라는 기념비를 세운다. 이후 이스라엘은 블레셋에게 빼앗겼던 땅을 에그론부터 가드까지 되찾고 평화를 유지한다. 사무엘은 해마다 벧엘과 길갈과 미스바를 돌며 전국 순회 집회를 연다.

세월이 흐르고 사무엘이 나이가 들어 그의 아들들을 사사로 세웠으나, 그들은 뇌물을 받고 판결을 굽게 하는 등 사사의 직무를 제대로 수행하지 못한다. 이에 이스라엘 장로들이 사무엘을 찾아와 다른 나라들처럼 자신들에게도 사람인 왕을 세워 달라고 요구한다. 너무도 충격적이다. 왕은 하나님이신데, 그들은 왕이 없다고 한다. 사무엘이 하나님께 기도하자 하나님은 이렇게 말씀하신다.

"왕을 세워 주어라. 그들은 너를 버린 것이 아니라, 그들의 왕인 나를 버린 것이다. 그들은 내가 애굽에서 이끌어 낸 날부터 지금까지, 늘 이런 식으로 나를 버리고 다른 신을 찾았다. 다만, 그들에게 왕의 제도가 무엇인지 엄히 가르쳐 주어라."

그래서 사무엘은 이스라엘 백성에게 하나님이 말씀하신 왕의 제도를 전한다.

"너희를 다스릴 왕의 제도는 이렇다. 그는 너희의 아들들을 강제로 군사로 삼고, 어떤 이들은 왕의 농장에서 강제 노역을 할 것이며, 딸들은 미용사, 종업원, 요리사로 부려지게 될 것이다. 너희의 밭과 포도원, 과수원은 빼앗아 왕의 가까운 친구들에게 넘겨줄 것이며, 세금도 거둬 갈 것이다. 너희는 왕에게 종처럼 부려질 것이며, 그토록 원하던 왕 때문에 절박하게 부르짖을 날도 올 것이다. 그러나 그때는 하나님의 응답을 기대하지 마라."

그럼에도 그들은 사무엘의 말을 듣기를 거절하고 이렇게 말한다.

"아뇨! 우리도 우리의 왕이 있어야 합니다. 그러면 우리도 다른 나라처럼 될 것입니다. 왕이 우리를 다스리고 지도하며 우리를 위해 싸워 줄 것입니다."

이 말을 들은 하나님은 얼마나 속상하셨을까? 하나님이 이스라엘 백성을 선택하고 돌봐 주셔서 여기까지 왔는데, 그들은 왕이 없다며 바락바락 대든다. 하나님은 결국 그들에게 왕을 세워 주라고 하신다.

첫 번째 왕, 사울(9-15장)

이스라엘의 초대 왕은 베냐민 지파에 속한 기스의 아들 사울이다. 그는 겸손하고 순진한 청년이었다. 하나님의 영이 임하자 예언을 하기도 했다. 사무엘이 왕을 세우기 위해 백성을 미스바에 모이게 한 후 제비를 뽑았는데, 사울이 뽑혔다. 그러나 그는 부끄럽고 자신이 없어서 짐 보따리들 사이에 숨어 있었다. 사울이 왕이 되었을 때 그를 우습게 여기며 비웃은 사람들도 있었다.

이후 암몬이 길르앗 야베스에 쳐들어오자, 밭에서 소를 몰던 사울이 하나님의 영에 감동되어 한 겨리의 소(소 두 마리)를 열두 토막을 내어 열두 지파에 보낸다. 이에 33만 명이 모여서 대승을 거둔다. 이때 백성은 사울이 왕으로 뽑혔을 때 비웃은 사람들을 죽이자고 하지만, 사울은 그렇게 하지 않는다.

사울의 첫 번째 실수

사울이 40세에 왕이 되고 2년이 지났을 때 블레셋이 쳐들어온다. 이때 사울은 큰 실수를 저지른다. 다급한 마음에 사무엘을 기다리지 못하고 자신이 직접 번제를 드린 것이다. 나중에 도착한 사무엘이 사울에게 왜 그랬느냐고 묻자 사울은 핑계를 댄다.

"백성은 흩어지는데 제사장은 오지 않고, 블레셋 사람들은 공격해 오고, 이러다가는 하나님께 도움을 구하기도 전에 블레셋 사람들이 길갈로 내려와 칠 것 같아서 불안한 마음에 직접 번제를 드렸습니다."

그러자 사무엘은 단호하게 말한다.

"왕은 어리석은 짓을 하셨소! 하나님과의 약속을 어겼으니, 하나님이 왕을 대신할 사람을 찾으실 것이오."

사울의 두 번째 실수

사울의 두 번째 큰 실수는, 하나님이 아말렉 족속을 다 죽이고 모든 소유를 남기지 말고 없애라고 하셨는데 그 명령을 어긴 것이다. 하나님이 아말렉을 다 없애라고 하신 이유는, 출애굽 당시 광야에서 이스라엘 민족에게 너무도 악한 짓을 했기 때문이다. 광야에서 구름 기둥이 떠오르면 이스라엘 민족은 바로 출발해야 했는데, 그때 아프거나 몸이 약한 사람들은 조금 뒤처져서 따라왔다. 그런데 아말렉은 하이에나처럼 보고 있다가 그렇게 약한 사람들만을 공격했다. 하나님은 그 아말렉을 빨리 처벌하고 싶었으나, 이스라엘이 가나안에 자리를 잡고 안정될 때를 기다렸다가 사울이 왕이 되자 명하신 것이다. 그런데 사울은 하나님의 명령을 무시하여 아말렉의 아각왕을 살려 두고 양과 소 중에서 좋은 것들을 남긴다. 전쟁이 끝난 후에는 하나님께 영광 돌리기보다 자기를 위하여 기념비까지 세운다. 사무엘이 책망하자 사울은 또다시 핑계를 댄다.

"좋은 것을 남긴 것은 하나님께 제사를 드리려고 그런 것입니다."

핑계 대장이다. 이런 사울에 대해 사무엘은 "순종이 제사보다 낫다"는 유명한 말을 남긴다. 또 사울이 여호와의 말씀을 버렸으므로 여호와께서도 그를 버려 왕이 되지 못하게 하신다고 전한다.

한편, 아말렉 왕 아각은 자기가 살았다고 기뻐하며 노래를 부른다.

"아~ 나는 그래도 살아 있다!"

그러자 사무엘이 직접 아각을 죽인다. 이후 라마로 돌아간 사무엘은 끝까지 사울을 보지 않았고, 하나님도 사울을 왕으로 삼은 것을 후회하셨다.

하나님께 선택받은 다윗
(16-31장)

하나님께서는 사무엘에게 베들레헴 사람 이새의 집으로 가라고 명하신다. 새로운 왕을 세우려는 것이라 사울이 알면 난리 날 일이었다. 사무엘이 "사울이 들으면 저를 죽일 것입니다"라고 하자, 하나님은 그에게 암송아지를 끌고 가서 하나님께 제사를 드리러 왔다고 하라며 핑곗거리를 만들어 주신다.

사무엘은 왕을 세우기 위해 뿔에 기름을 채워 이새의 집을 찾아간다. 이스라엘에서는 왕이나 선지자, 대제사장을 임명할 때 기름을 붓는다. 이새의 아들들은 모두 훌륭했다. 그러나 하나님께서는 외모가 준수한 엘리압, 아비나답, 삼마 등 일곱 명의 아들을 다 보셨으나 그들을 선택하지 않으신다. 사무엘이 다른 아들이 더 있는지를 묻자 이새는 난감해하며 "아직 막내가 남아 있는데, 그는 양을 지키나이다"라고 말한다. 사무엘은 양을 치고 있던 막내 다윗을 불러오게 해 그에게 기름을 붓는다.

이날 이후로 다윗은 여호와의 영에 감동되어, 살아 있는 내내 여호와의 영이 함께하며 그에게 능력을 주신다. 반대로 사울은 여호와의 영이 떠나고, 악령으로 인해 괴로워한다. 신하들은 다윗에게 수금을 타게 하여 사울을 위로한다.

다윗과 골리앗의 싸움

이스라엘과 블레셋이 엘라 골짜기에서 전쟁을 치르게 된다. 블레셋의 인간 병기인 골리앗으로 인해 40일 동안 대치하는 중이다. 그때 소년 다윗은 전쟁에 나간 형들에게 도시락을 주러 왔다가, 골리앗이 여호와 하나님을 욕하는 말을 듣고 거룩한 분노가 일어난다. 너무 어려서 전쟁에 나갈 수 없다는 사울의 말에 다윗은 이렇게 말한다.

"제가 양을 돌볼 때 사자나 곰이 접근해서 양을 물어 가려고 하면 쫓아가서 그 짐승을 때려눕히고 양을 구했습니다. 하나님이 그 짐승에게서 저를 구해 내셨듯이, 하나님의 군대를 모욕하는 저 블레셋 사람에게서도 저를 구해 내실 것입니다."

다윗이 이렇게 자신 있게 이야기하는데 기가 막힌다. 자신의 군사들은 골리앗이 두려워 아무도 나가려고 하지 않는데 이렇게 어린 소년이 거인을 쓰러뜨리겠다고 하니 헛웃음이 나오지만, 이렇게 확신에 찬 다윗을 보니 반대할 수가 없다. 사울은 다윗에게 자신이 쓰던 갑옷을 입히고 투구를 씌운 다음 칼을 채워 준다. 그러나 아직 어린 다윗이 어른의 갑옷을 입으니 잘 걸을 수조차 없었다.

"익숙하지 않아서 이것을 입고는 가지 못할 것 같습니다."

다윗은 갑옷을 벗어 버리고 막대기와 돌 다섯 개를 챙겨서 전쟁터로 향한다. 골리앗은 거의 맨몸으로 나온 어린 다윗을 보고 어이가 없는 듯 비웃는다.

"막대기를 들고 나한테 오다니, 내가 개냐?"

그러고는 블레셋 신들의 이름을 들먹이며 다윗을 저주한다. 이에 다윗이 외친다.

"너는 칼과 단창으로 내게 나아오지만, 나는 만군의 여호와의 이름, 곧 네가 모욕하는 이스라엘 군대의 하나님의 이름으로 네게 나아간다. 오늘 하나님이 너를 내 손에 넘겨주실 것이다. 내가 너를 죽이고 네 머리를 베어서 너와 네 동료들의 시체를 까마귀와 늑대들의 먹이로 던져 줄 것이다. 이 일을 계기로 이스라엘에 하나님이 계심을 온 땅이 알게 될 것이다. 전쟁은 하나님께 속한 것이니, 그분께서 너희를 우리 손에 넘겨주실 것이다."

다윗은 어릴 때부터 물매를 던져 왔다. 양을 물어 가는 사나운 짐승을 잡을 때도 그 물매를 사용해서 이겼다. 다윗은 평상시에 하던 대로 물매를 멋지게 던진다. 그 돌은 시속 150킬로미터가 넘는 속도로 골리앗의 이마에 정확히 박힌다. 전장에서 골리앗이 쓰러지는 소리가 들린다.

"퍽! 윽! 쾅!"

다윗은 쓰러진 골리앗에게 다가가 그의 칼을 뽑아 목을 벤다. 이 광경을 본 블레셋 사람들은 일제히 도망가고, 이스라엘은 대승을 거둔다.

사울의 질투와 다윗의 도피 생활

전쟁이 끝나고 군사들이 돌아오는데, 그 모습을 본 이스라엘 여인들이 외친다.

"사울이 죽인 자는 천천이요, 다윗은 만만이다."

소문은 주로 여자들이 내나 보다. 그 말이 사울왕의 귀에도 들린다. 그는 백성이 자신보다 다윗을 더 인정하면 자신의 나라도 빼앗길 것이라는 두려움에 휩싸인다.

그날 이후로 다윗을 향한 사울의 불꽃 같은 질투와 미움이 시작된다. 다윗이 자신을 위해 수금을 탈 때도 갑자기 창을 던져 죽이려 하고, 머리를 써서 자신의 딸 미갈과 결혼시키려 한다. 결혼 조건으로 블레셋 사람의 포피 100개를 가져오게 했는데, 속내는 다윗이 블레셋 사람들의 손에 죽게 하려는 것이었다. 하지만 다윗은 블레셋 사람의 포피 200개를 가져다주고 미갈과 결혼한다.

한편, 사울에게는 요나단이라는 아들이 있었는데, 그는 다윗을 깊이 사랑하고 존경했다. 그는 아버지 사울이 다윗을 미워하는 것을 알면서도 다윗을 늘 보호하며 응원해 주었다.

어느 날 다윗이 수금을 탈 때 사울이 또다시 단창으로 그를 찌르려 했으나, 다윗은 가까스로 그것을 피한다. 그 후에 신하들을 시켜 또다시 다윗을 죽이려 했으나, 부인 미갈이 다윗을 피신시킨다. 이렇게 다윗의 도피 생활이 시작된다.

다윗은 먼저 사무엘이 있는 라마로 간다. 사울의 이상한 행동에 대해 들은 사무엘은 그렇게 놀라지 않았을 것이다. 그는 이미 사울이 하나님께 버림받았음을 알고 있었기 때문이다. 다윗과 사무엘은 나욧으로 가서 함께 지낸다.

도피 생활을 하던 중 다윗은 요나단을 만나 하소연한다.

"내가 도대체 무엇을 잘못했기에 사울왕이 나를 죽이려고 합니까?"

요나단은 아버지 사울의 진심을 확인하고, 화살을 쏘아 답을 주겠다고 약속한다. 다윗이 도망간 사실을 몰랐던 사울은 식사 자리에 다윗이 없는 것을 보고 요나단에게 그의 행방을 묻는다. 요나단이, 다윗이 고향 베들레헴에 간다고 했다 하자 사울이 화를 내며 요나단에게도 단창을 던진다. 사울의 진심을 확인한 요나단은 아침에 하인을 데리고 가서 약속한 대로 화살을 쏘고, 다윗과 만나 울면서 헤어진다.

다윗은 놉으로 가 제사장 아히멜렉에게서 거룩한 떡을 받아 먹는다. 그 모습을 사울의 신하 도엑이 목격한다. 다윗은 그곳에 창이나 칼이 있는지를 묻고, 제사장은 골리앗의 칼이 보자기에 싸여 있다며 그 칼을 건네준다. 다윗은 그날 사울이 두려워 가드 왕 아기스에게로 도망친다. 가드는 블레셋의 중요한 도시 중 하나로, 놉에서 37킬로미터 정도 떨어진 곳에 위치해 있다. 그런데 사울을 피해 블레셋으로 도망친 다윗을 아기스의 신하들이 알아본다.

"아니, 이 사람은 '사울이 죽인 자는 천천이요, 다윗은 만만이다'라고 했던 그 다윗이 아닌가?"

이 말을 들은 다윗은 상황을 파악하고 급하게 아기스왕 앞에서 미친 사람처럼 행동하며 위기를 모면한다.

다윗이 아둘람 굴로 피신하자 그곳으로 환난당한 자, 빚진 자, 마음이 원통한 자 400명가량이 모여들기 시작한다. 이후 다윗은 모압으로 가서 함께 살다가 선지자 갓의 말에 따라 유다로 돌아온다.

사울은 다윗이 나타났다는 소식을 듣고 흥분한다. 그때 도엑으로부터 제사장 아히멜렉이 다윗을 도왔다는 것을 들은 사울은 아히멜렉과 제사장 85명과 놉의 사람들 그리고 가축들까지도 모두 죽인다. 그때 아히멜렉의 아들 아비아달은 피해서 다윗과 함께 지내게 된다.

다윗은 광야의 요새, 십광야 산골에 머물렀는데, 사울이 매일같이 다윗을 찾아도 하나님은 그를 절대로 넘기지 않으신다. 그리고 요나단은 다윗을 만나 위로하고 격려한다.

사울을 살려 주는 다윗

다윗이 엔게디광야에 있다는 정보를 들은 사울은 군사 3천 명을 이끌고 간다. 다윗 한 사람을 잡기 위해 3천 명을 동원하는 사울은 눈에 뵈는 것이 없다.

다윗과 무리는 어두운 굴 속에 숨어 있었는데, 마침 사울이 볼일을 보려고 그 굴 안으로 들어온다. 다윗의 부하들은 사울을 죽이자고 하지만, 다윗은 사울의 겉옷 자락만 몰래 벤다.

> 내가 손을 들어 여호와의 기름 부음을 받은 내 주를 치는 것은 여호와께서 금하시는 것이니 그는 여호와의 기름 부음을 받은 자가 됨이니라(삼상 24:6).

다윗은 자기를 죽이려고 쫓아다니는 사울일지라도 하나님이 기름 부으신 왕이기에 절대로 해치지 않는다. 밖으로 나간 사울에게 다윗이 외친다.

"보십시오. 다윗이 왕을 해하려 한다는 사람들의 말을 왜 들으십니까? 굴에서 왕을 죽일 수 있었으나, 여호와의 기름 부음 받은 자이기에 해하지 않고 왕의 옷자락만 살짝 베었습니다. 왕은 저를 해하려 하시지만, 저는 왕에게 범죄한 일이 없습니다."

사울은 다윗의 진심을 알고 미안해하며 돌아간다. 그렇다고 다윗을 쫓는 일을 그만두지는 않는다.

이 무렵, 사사 사무엘이 생을 마감한다. 언약 백성 이스라엘의 마지막 사사였던 그는 자신의 사명을 다하고 세상을 떠나게 된다.

지혜로운 여인, 아비가일

다윗은 장소를 이동하여 마온으로 간다. 마온에는 나발이라는 한 부자가 살고 있었는데, 그의 아내는 아비가일이다. 다윗은 나발이 양털을 깎는다는 이야기를 듣고 사람을 보내어 도움을 요청한다. 고대 근동 사회에서는 양털을 깎을 때 음식을 장만하고 잔치를 벌이며 손님을 대접하는 관습이 있었기 때문이다. 게다가 다윗의 무리는 나발의 양치기들이 다른 족속들에게 노략질당하지 않고 가축을 칠 수 있도록 돌보아 주기도 했었다. 다윗은 비록 사울에게 쫓기는 몸이었지만, 이스라엘 백성을 외적의 손에서 보호해야 하는 사명을 잊지 않았다. 그런데 나발은 그들을 조롱하며 말한다.

"다윗이 누구지? 요즘 주인에게서 떠나는 종이 많은데, 내가 왜 떡과 고기를 어디서 왔는지도 모르는 자들에게 주어야 하지?"

이 말은 다윗을 주인 사울을 배반한 종으로 표현하며 그에게 먹을 것 주기를 거절한 것이다. 이에 다윗이 화가 머리끝까지 나서 나발을 당장 치러 가려고 할 때, 나발의 하인이 이 상황을 파악하고 급히 아비가일에게 보고

한다. 지혜로운 아비가일은 즉시 떡과 포도주, 양고기, 볶은 곡식, 건포도, 무화과를 챙겨 다윗이 가는 길목에 달려나가 무릎을 꿇고 엎드린다.

"내 주여, 죄악은 모두 제 잘못으로 돌리시고 제 말을 들어 주십시오! 나발의 말은 신경 쓰지 마십시오. 그는 이름처럼 미련한 자입니다. 제발 이것을 받고 용서해 주십시오. 당신의 생명은 여호와와 함께 생명 싸개 속에 싸여 있습니다. 하나님께서 내 주인을 위해 일이 잘되게 하시거든 저를 기억해 주십시오."

어쩜 이렇게 말을 예쁘고 아름답게 할까? 다윗은 아비가일의 처세에 감탄하고 그렇게 이끌어 주신 하나님께 감사하며 나발에게 원수를 갚지 않고 부하들과 돌아간다. 아비가일이 집에 돌아왔을 때 나발은 이런 상황도 모르고 부어라, 마셔라, 병나발을 불고 있다.

다음 날 아침, 그가 포도주에서 깨었을 때 아비가일이 전날 있었던 일을 다 말하자 나발의 몸이 돌같이 되더니 열흘 후에 죽고 만다. 그 후 아비가일은 다윗의 아내가 된다.

계속되는 다윗의 도피 생활

사울의 마음에 다시 다윗을 향한 분노와 질투가 불타올라, 다윗을 잡기 위해 군사 3천 명을 이끌고 십광야로 내려간다. 이를 알게 된 다윗은 아비새와 함께 몰래 사울의 진영으로 내려간다. 곤히 자고 있는 사울을 보고 아비새가 찔러 죽이자고 하지만, 다윗은 여호와의 기름 부은 자를 칠 수 없다며 또다시 거절한다. 대신 사울의 창과 물병을 몰래 가지고 나온다. 그러고는 큰 소리를 외쳐 사울과 군사들을 깨운다. 그리고 사울의 신하인 아브넬에게 왜 왕을 보호하지 않고 자고 있느냐며 책망한다. 사울은 자신을 살려 준 다윗에게 또다시 감동하며 돌아간다. 그렇다고 이번에도 다윗을 쫓을 마음을 버린 것은 아니다. 다윗은 사울을 피해 결국 블레셋 땅으로 도망간다.

다윗은 과거에 블레셋의 가드 왕 아기스 앞에서 침을 흘리며 미친 척하고 도망친 적이 있었다. 그러나 살기 위해 다시 그곳으로 향한다. 다윗이 블레셋 땅 가드로 갔다는 소식을 듣고 사울은 더 이상 그를 쫓지 않는다.

다윗이 아기스에게 자신과 그의 사람들이 머물 수 있는 한 성읍을 달라고 하자, 아기스는 시글락을 내어 준다. 따로 살고자 한 이유는, 다윗의 사람이 많았기에 부딪히지 않기 위함이었다.

다윗은 때때로 그술, 기르스, 아말렉 사람들을 습격해 한 사람도 살려 두지 않은 채 전리품을 가지고 돌아왔다. 아기스에게는 자신이 습격한 곳이 '유다 네겝' 등이라고 거짓말했다. 이는 다윗이 유다와 관련된 곳을 공격한 것처럼 보이게 해서 아기스의 신임을 얻고자 함이었다. 그술, 기르스, 아말렉 사람을 다 죽인 것은 그들이 주로 이스라엘을 괴롭혀 왔기 때문이다. 다윗은 망명 생활을 하면서도 이스라엘을 위해 일하고 있었다.

사실 다윗이 그들을 공격했다는 것이 밝혀져서는 안 되었다. 그술, 기르스, 아말렉은 블레셋에게 피해를 주지 않았기 때문이다. 아기스는 유다 네겝 쪽을 치고 왔다고 이야기하고 자신에게 전리품을 바치는 다윗을 완전히 믿었다.

"다윗이 자기 백성 이스라엘에게 미움 받게 되었으니, 이제 그는 영원히 내 부하가 될 것이다."

갈등 상황에 놓이다

그즈음 블레셋이 이스라엘과 싸우기 위해 군대를 모집할 때 아기스왕이 다윗에게도 함께 가자고 한다. 다윗으로서는 이러지도 저러지도 못하는 상황이다. 사울을 피해 블레셋 땅에 와서 살고 있었건만, 이제는 자신의 민족과 전쟁을 해야 할 처지가 된 것이다. 그렇다고 전쟁에 나갈 수 없다고 했다가는 정체가 들통이 나서 꼼짝없이 죽을 수도 있었다.

그러면 당신의 종이 행할 바를 아시리이다(삼상 28:2).

다윗이 아기스에게 한 말이다. 자신의 의사를 분명히 밝히지 못하는 애매한 대답이다.

한편, 사울은 지금 두려움에 떨고 있다. 블레셋은 쳐들어올 것이고, 자신은 하나님의 영이 떠난 뒤로 악령에게 시달리고 있었다. 미래를 알 수가 없고 불안하자, 사울은 자신이 율법에 따라 쫓아내었던 신접한 여인을 직접 찾아가 묻는다. 그녀에게 사무엘의 영을 불러 달라고 하여 결국 대답을 듣는다.

"하나님이 나라를 다윗에게 주셨소. 당신이 여호와께 순종하지 않고 아말렉을 전멸시키지 않았기 때문이오. 내일 당신과 당신의 아들들은 블레셋 사람들에게 죽임을 당할 것이오."

사울은 이 말을 듣고 갑자기 쓰러진다. 먹지 못해 기운이 없었던 것도 있지만, 자신의 미래에 대한 이야기를 듣고 낙담했기 때문이다.

다시 아기스왕 쪽으로 이야기는 흘러간다. 블레셋 방백들은 다윗이 자신들과 함께 전쟁하러 가는 것을 반대한다.

"이 히브리 사람들이 무엇을 하려는 것입니까?"

그러자 아기스가 말한다.

"사울의 신하 다윗이 아니오. 나와 오래 있었지만 지금까지 허물을 보지 못했소."

그러자 블레셋 방백들은 화를 내며 말한다.

"다윗을 돌려보내십시오. 그가 갑자기 우리의 대적이 될까 걱정입니다.

사울이 죽인 자는 천천이요, 다윗은 만만이로다 하는 그 다윗이잖습니까!"

그렇다. 다윗은 골리앗을 죽였고, 그 후에 블레셋 군인의 포피 200개를 벗겨서 사울에게 사위로 인정받은 사람이었다. 블레셋 방백들은 다윗이 전쟁터에서 마음을 바꾸어 자기들을 공격할 수 있다고 강력하게 주장한다. 결국 아기스는 어쩔 수 없이 다윗에게 말한다.

"너는 나에게 오고 나서 한 번도 나쁜 짓을 한 적이 없다. 나는 너와 함께 전쟁에 나가고 싶으나 방백들이 저렇게 반대를 하니 돌아가서 눈에 띄지 않게 해라."

그러자 다윗이 말한다.

"제가 무엇을 했습니까? 지금까지 보셨잖습니까? 그런데 어찌하여 당신의 원수와 싸우지 못하게 하십니까?"

이렇게 말은 했지만, 속마음은 달랐다. 그는 앞으로 이스라엘의 왕이 되어야 하는 입장이었기에 이스라엘과 전투를 할 수도 없고, 하고 싶은 마음도 결코 없었다. 다윗이 자신의 민족과 싸우지 않도록 하나님께서 블레셋 방백들의 마음을 움직여 전쟁에 나가지 않는 상황을 만들어 주신 것이다.

다윗이 아말렉을 치다

다윗이 전쟁에 참여하지 못한 채 시글락으로 돌아왔을 때는 이미 아말렉 족속이 침략해서 다윗과 그의 부하들의 가족을 모두 끌고 간 상태였다. 다윗과 그의 부하들은 소리 높여 울었다. 화가 난 백성은 모든 책임을 다윗에게 돌리며 돌로 치려고까지 했다. 다윗은 마음이 답답하고 급했으나, 여호와를 믿는 그 마음으로 용기를 얻고 하나님께 여쭈었다. 하나님께서는 아말렉을 반드시 따라잡아 모두 되찾게 될 것이라 말씀하셨다.

아말렉을 추격할 때 다윗의 군사 600명이 함께 갔으나, 그중에 200명은 너무 피곤해서 중도에 포기하고 브솔 시내 근처에서 머물게 되었다. 이들이 이렇게 지친 것은 '아벡'에서 '시글락'까지 3일을 행군한 뒤에 쉬지도 못하고 또다시 아말렉 족속을 추격해 왔기 때문이다. 다윗은 남은 400명의 군사와 함께 아말렉과 싸워 이기고 빼앗긴 것을 모두 되찾는다. 그리고 브솔 시내에서 기다리고 있던 200명을 만난다.

"몸은 괜찮냐? 우리가 이기고 돌아왔다!"

전쟁에 따라가지 못한 자들도 기뻐하며 나왔다. 그러나 그때 함께 갔던 400명 중에서 악한 자와 불량배들이 말했다.

"저들은 전쟁에 참여하지 않았으니 전리품은 빼고 아내와 자녀들만 데리고 가게 하시죠?"

그러자 다윗이 말했다.

"형제들아, 여호와께서 우리를 보호하시고 적군들을 우리 손에 넘겨주셨다. 몸이 안 좋아서 싸움에 나가지 못한 자들도 똑같이 나누어야 한다."

그러면서 전리품을 공평하게 분배했다. 다윗은 이 일을 이스라엘의 율례와 규례로 삼았으며, 그것이 오늘에까지 이르고 있다. 다윗의 중심, 참으로 놀랍지 않은가! 다윗이 한 행동은 그뿐만이 아니다. 시글락으로 돌아온 다윗은 유다 장로들에게 전리품을 나누어 보낸다. 그 지역들은 다윗이 사울을 피하여 도피 생활을 하던 곳이다. 그 지역 주민들은 억울한 도피자 다윗에게 먹을 것과 숨을 곳을 제공해 주는 등 다윗에게 호의적이었을 것이다. 그래서 다윗은 그들을 친구라고 불렀다.

사울과 요나단의 죽음

한편, 이스라엘과 블레셋은 길보아에서 전투를 벌인다. 그러나 이 전쟁은 이스라엘에 너무도 불리하다. 그 전쟁에서 사울의 아들들인 요나단과 아비나답과 말기수아가 죽고, 사울 역시 블레셋 군사의 활에 맞아 중상을 입는다. 그는 무기를 든 자에게 자신을 찌르라 하지만, 그가 감히 그렇게 하지 못하자 사울은 결국 스스로 칼 위에 엎드러져 목숨을 끊는다. 사울의 처참한 최후다.

사무엘하

아직 블레셋 땅 시글락에 머물고 있는 다윗에게 한 청년이 급히 달려왔다. 그는 자기가 아말렉 사람이라며, 블레셋과의 전투에서 사울을 죽였다고 했다. 그가 생각하기에 다윗과 사울은 사이가 좋지 않으니, 사울을 죽였다고 하면 상을 받을 것이라 계산한 것 같다. 하지만 그는 다윗을 몰라도 너무 몰랐다. 다윗은 사울이 죽었다는 말을 듣고 옷을 찢었다. 다윗이 찢으니 다른 부하들도 따라 찢었다. 그리고 금식을 선포했다.

"네가 어찌하여 여호와의 기름 부음 받은 자를 죽이기를 두려워하지 않았느냐?"

다윗은 이렇게 말하고는 그 청년을 죽였다. 청년은 사실 사울을 죽이지도 않았지만, 거짓말을 해서 죽게 된 것이다. 다윗은 요나단과 사울을 위하여 애가를 지어 불렀다.

> 이스라엘아 네 영광이 산 위에서 죽임을 당하였도다 오호라 두 용사가 엎드러졌도다(삼하 1:19).

비록 사울 때문에 도망 다니는 삶을 살았지만, 다윗은 진심으로 슬퍼하며 그들을 장사해 주었다.

이스라엘의 두 번째 왕, 다윗(2-10장)

사울이 죽고 난 뒤, 다윗은 마침내 기름 부음을 받아 이스라엘의 왕이 된다. 이후 부하들과 함께 예루살렘으로 가서 그 땅 주민을 치려 한다. 당시 그곳에는 여호수아 때도 몰아내지 못한 여부스 족속이 살고 있었는데, 그들은 다윗을 무시하며 "한번 쳐 봐라. 못 칠 걸? 다리 저는 자라도 이길 거다" 하며 조롱했다. 예루살렘이 그만큼 높은 곳에 있었기에 한 번도 침략당한 적이 없었기 때문이다. 그러나 다윗은 수로를 통해 예루살렘을 점령하고, 이후 그 이름을 다윗성이라 부르게 된다.

언약궤를 찾아오다(6장)

다윗의 중심에는 오직 여호와 하나님이 계셨다. 그의 마음은 언제나 언약궤를 향해 있었다. 언약궤는 블레셋에 빼앗겼다가 기럇여아림에 머무르고 있었다. 다윗은 왕이 되고 나서도 계속 언약궤에 대한 생각뿐이었다. 시편 132편을 보면, 그는 언약궤가 어디 있는지를 생각하다가 꿈을 꾸기까지 했다.

> 그가 여호와께 맹세하며 야곱의 전능자에게 서원하기를 내가 내 장막 집에 들어가지 아니하며 내 침상에 오르지 아니하고 내 눈으로 잠들게 하지 아니하며 내 눈꺼풀로 졸게 하지 아니하기를 여호와의 처소 곧 야곱의 전능자의 성막을 발견하기까지 하리라 하였나이다 우리가 그것이 에브라다에 있다 함을 들었더니 나무 밭에서 찾았도다(시 132:2-6).

결국 다윗은 바알레유다, 곧 기럇여아림으로 가서 언약궤를 옮기려 한다. 레위 지파 고핫 자손이 어깨에 메고 옮겨 와야 하는데, 다 잊어버렸는지 그들은 궤를 수레에 싣고 나온다. 이동하는 중 소들이 뛰어서 웃사가 손으로 언약궤를 잡았다가 그 자리에서 죽고 만다.

이때 가장 놀란 것은 다윗이다. 그는 언약궤를 근처 오벧에돔의 집에 맡겨 두고 어떻게 하면 언약궤를 안전하게 가지고 올 수 있을지 3개월 동안 열심히 율법을 공부하며 준비한다. 그리고 드디어 하나님의 율법대로 언약궤를 레위 지파 고핫 자손이 어깨에 메고 걷는다. 한 걸음, 두 걸음! 여섯 걸음을 걸어도 아무 일이 일어나지 않는다. 율법에 맞게 한 것이다.

그들은 그렇게 예루살렘까지 들어온다. 다윗은 너무 기뻐 여호와의 언약궤 앞에서 덩실덩실 춤을 춘다. 속옷이 보일 정도로 말이다! 드디어 예루살렘 장막에 언약궤를 놓고 번제와 화목제를 드린다.

다윗은 너무도 기쁜 마음으로 집에 돌아와 "미갈!" 하고 부인의 이름을 부른다. 하나님의 언약궤가 돌아온 기쁨을 자랑하고 싶었던 것이다. 그런데 미갈은 오랜만에 만난 다윗을 째려보며 비아냥거린다.

"왕이 채신머리없게 계집종들 앞에서 속옷이 다 보일 정도로 춤을 춰요? 교양 없게!"

칭찬은커녕 잔소리를 해 대는 미갈의 말에 기분이 상한 다윗은 이렇게 말한다.

"나는 하나님 앞에서 한 것이다. 하나님이 네 아버지를 버리고 나를 왕으로 삼으셨으니, 나는 이보다 더 낮아질지라도 춤을 출 것이다. 그래도 네가 말하는 계집종들은 나를 존경할 것이다."

결국 미갈은 죽는 날까지 자식을 갖지 못했다.

다윗과 그의 나라에 대한 하나님의 약속(7장)

어느 날, 다윗은 자신이 백향목 궁에 화려하게 사는 반면, 하나님의 궤는 성막에 덩그러니 놓여 있다는 사실에 너무도 마음이 아팠다.

"어떻게 하나님의 언약궤가 저렇게 초라하게 있을 수 있단 말인가!"

다윗은 이 마음을 나단 선지자에게 이야기한다. 그러자 하나님께서는 다윗의 마음에 감동하셨다.

"네가 나를 위해 집을 짓겠느냐? 너희를 애굽에서 이끌어 낸 날부터 지금까지 나는 집에 거하지 않고 장막에 머물며 옮겨 다녔다. 네가 어디로 가든지 내가 너와 함께했고, 네 앞의 모든 적도 내가 물리쳤다."

맞다. 하나님은 다윗을 선택하고 지금까지 지켜 주셨다. 그러면서 하나님은 미래의 일들까지 말씀해 주신다.

> 네 집과 네 나라가 내 앞에서 영원히 보전되고 네 왕위가 영원히 견고하리라(삼하 7:16).

이 약속은 나중에 남유다를 통해 한 왕조로 이어지면서 예수님에게로 연결된다. 다윗은 나단 선자자를 통해 전해 주신 하나님의 마음에 감동하여 기도한다.

> 주 여호와여 나는 누구이오며 내 집은 무엇이기에 나를 여기까지 이르게 하셨나이까 … 이제 청하건대 종의 집에 복을 주사 주 앞에 영원히 있게 하옵소서(삼하 7:18, 29).

이후 하나님께서는 다윗이 어디로 가든지 이기게 하신다. 다윗은 에돔, 모압, 암몬, 블레셋, 아말렉과의 전쟁에서 모두 승리한다.

● 다윗의 뼈아픈 실수(11-24장)

우리아의 아내를 취하다 (11-12장)

그러나 이렇게 모든 일이 잘될 때 항상 조심해야 한다. 사탄은 그 틈을 타 하나님과 우리 사이를 멀어지게 한다. 다윗도 예외는 아니었다.

> 저녁 때에 다윗이 그의 침상에서 일어나(삼하 11:2).

암몬과의 전쟁이 벌어지고 있던 시기에 저녁 때 일어난 것부터가 이상하다. 아침 일찍 일어나야 하는 왕이 늦잠을 늘어지게 잔 것이다. 그렇게 늦게 일어난 후에 왕궁 옥상을 거닐다가 다윗은 목욕하는 여인 밧세바를 보고 한눈에 반하게 된다. 그는 즉시 사람을 보내어 그녀가 누구인지 알아보게 한다. 그녀는 다윗의 부하인 우리아의 아내였다.

항상 하나님께 기도하며 길을 묻던 다윗이 이때는 그렇게 하지 않는다. 부하의 아내라는 말을 듣고도 데리고 오게 해 관계를 갖는다. 그리고 그녀는 임신을 하게 된다.

이를 알게 된 다윗은 우리아를 전쟁터에서 불러들여 집으로 보내려 한다. 마치 우리아와 밧세바 사이에 아기가 태어난 것처럼 하려고 말이다. 그러나 충신 중의 충신인 우리아는 전쟁 중에는 절대로 집에 가지 않고 부하들과 함께 하겠다며 밖에서 잠을 청한다. 방법이 없자 다윗은 우리아를 부른다.

"부르셨습니까?"

"이 편지를 요압 장군에게 전달해라."

우리아가 요압에게 전달한 편지에는 "우리아를 맹렬한 싸움 맨 앞에 두어 죽게 하라"라고 쓰여 있었다. 이런 비극이 있나! 자기를 죽이라는 메모를 직접 전달하게 하다니!

결국 우리아는 전쟁터 맨 앞에서 죽임을 당한다. 그리고 다윗은 밧세바를 자신의 아내로 맞아들인다. 이에 하나님은 나단 선지자를 다윗에게 보내신다. 나단은 다윗에게 한 이야기를 들려준다.

"왕이시여, 한 성읍에 두 사람이 있는데 한 사람은 돈이 많고 한 사람은 가난합니다. 그런데 그 돈 많은 사람이 자기 손님을 대접하려고 자기의 양과 소는 아끼고 가난한 사람의 한 마리밖에 없는 양을 잡았나이다."

이야기를 들은 다윗은 화가 나서 소리친다.

"그자는 죽어 마땅하다!"

그러자 나단이 말한다.

"당신이 바로 그 사람입니다."

그러면서 그는 다윗의 죄를 지적한다.

"하나님께서 이렇게 말씀하셨습니다. '내가 너를 이스라엘의 왕으로 세우고 모든 것을 주었다. 네가 원했다면 더 주었을 것이다. 그런데 어찌 나의 말을 업신여기고 악을 행하였느냐! 네가 우리아를 죽이고 그의 아내를 빼앗았으니, 이제 네 집에서 칼이 영원토록 떠나지 않을 것이다. 내가 네 눈앞에서 네 아내를 빼앗아 이웃들에게 줄 것이다. 너는 은밀히 했으나, 나는 대낮에 온 이스라엘 앞에서 그리할 것이다.'

모든 것을 알고 계셨던 하나님은 다윗에게 실망하여 크게 진노하셨다. 이 말을 들은 다윗은 바로 무릎을 꿇는다.

"제가 여호와께 죄를 범했습니다."

이때 드린 회개의 기도가 바로 시편 51편의 내용이다.

> 우슬초로 나를 정결하게 하소서 내가 정하리이다 나의 죄를 씻어 주소서 내가 눈보다 희리이다(시 51:7).

다윗과 밧세바 사이에서 아이가 태어났지만, 아이는 병에 걸려 심하게 앓는다. 그 아이를 살리기 위해 다윗은 여러 날 금식하지만, 아이는 결국 7일 만에 죽게 된다. 신하들은 이 사실을 왕에게 알리기를 두려워했는데, 오히려 다윗은 아이가 죽었다는 소식을 듣고 밥을 달라고 해서 먹는다.

아이가 살았을 때에 내가 금식하고 운 것은 혹시 여호와께서 나를 불쌍히 여기사 아이를 살려 주실는지 누가 알까 생각함이거니와 지금은 죽었으니 내가 어찌 금식하랴 내가 다시 돌아오게 할 수 있느냐 나는 그에게로 가려니와 그는 내게로 돌아오지 아니하리라(삼하 12:22-23).

그 후, 다윗과 밧세바 사이에서 솔로몬이 태어난다.

압살롬의 반역(13-19장)

다윗의 장남 암논은 이복 여동생 다말을 좋아했다. 하지만 다말을 어찌할 수 없자 울화로 말미암아 좋아하는 마음이 병이 되고 말았다. 이를 알게 된 암논의 친구 요나답이 조언을 한다. 몸이 안 좋은 체하며 다말을 불러 요리를 해서 먹여 달라고 하라는 것이었다. 암논은 그의 말대로 한 후에 다말과 억지로 동침한다. 그러고는 사랑하는 마음이 미움으로 바뀌어 다말을 내쫓아 버린다. 다말은 이 일을 친오빠인 압살롬에게 알리고, 압살롬은 2년 후 양털을 깎을 때 암논을 오게 해서 죽이고 만다. 그리고 다윗의 보복이 두려워 도망친다. 집안에 이런 일이 일어난 것은 다윗이 밧세바를 범했을 때 나단 선지자가 "칼이 네 집에서 영원토록 떠나지 아니하리라"라고 말했던 예언의 성취였다.

다윗은 도망친 압살롬에게 돌아오라고 하지만, 압살롬은 뛰어난 전술가인 아히도벨의 힘을 얻어 결국 반역하고 오히려 다윗이 쫓기는 신세가 된다. 다윗이 도망갈 때 므비보셋의 신하 시바는 므비보셋과 다윗 사이를 이간질하고, 사울의 친족인 시므이는 다윗을 저주한다. 하지만 길르앗 사람인 바르실래는 다윗을 도와준다.

한편, 압살롬이 아히도벨의 의견을 듣지 않고 다윗의 친구인 후새의 조언을 귀담아듣자 아히도벨은 목을 매어 자살하고, 압살롬은 결국 전쟁에서 나무에 머리가 걸려 요압의 창에 찔려 죽는다. 요압은 압살롬이 죽었다는 소식을 듣고 슬퍼하는 다윗에게 백성을 외면하지 말라고 충고한다.

다윗이 다시 예루살렘으로 돌아오는데, 그때 세 사람이 마중을 나온다. 시므이와 므비보셋 그리고 바르실래다. 다윗을 저주했던 사울의 친족 시므이는 용서를 구하고, 므비보셋은 다윗과의 사이를 이간질한 시바에 대해 이야기한다. 다윗은 현명하게 시바와 밭을 나누어 가지라고 말한다. 다윗은 자신을 도와준 바르실래에게 함께 왕궁으로 가자고 권하지만, 바르실래는 자신은 늙었으니 고향에 남겠다고 하고 아들 김함을 데려가 달라고 부탁한다.

인구 조사를 실시하다(24장)

다윗은 노년이 되어 인구 조사를 실시한다. 요압이 간곡히 말렸으나, 끝까지 하라는 다윗의 명령에 9개월 20일 동안 인구를 조사한다. 그 결과 이스라엘에 80만, 유다에 50만의 용사가 있다는 보고를 받는다.

다윗은 곧 자신의 교만함을 깨닫고 회개하지만, 하나님은 선지자 갓을 통해 세 가지 벌 중에 하나를 선택하라고 하신다.

7년 기근, 아니면 석 달 동안의 도망자 신세, 아니면 3일 동안 전염병이 돌게 되는 벌이었다. 다윗은 3일 동안의 전염병을 택하고, 이로 인해 7만 명이 죽게 된다. 다윗이 아라우나의 타작마당에 제단을 쌓고 번제와 화목제를 드리자, 여호와께서 그 기도를 들으시고 재앙이 그친다.

시편

시편은 찬양이며 기도다. 총 150편 가운데 다윗이 73편, 아삽이 12편, 고라의 자손이 11편, 솔로몬이 2편, 헤만이 1편, 에단이 1편, 모세가 1편을 썼고, 나머지 49편은 이름이 알려지지 않은 사람들이 썼다고 추정한다. 쓰인 시기는 모세 시대인 B.C. 1400년경부터 늦게는 바벨론 포로 이후, 곧 에스라 시대인 B.C. 500년경까지 오랜 세월에 걸쳐 있다.

시편의 구성

시편은 총 다섯 권으로 나누어진다. 그중 개론이 1-2편이고, 1권은 3-41편으로 대부분 다윗이 썼으며 하나님을 의지하는 고백이 담겨 있다. 시인은 개인, 민족, 열방 그리고 그리스도를 생각하며 노래한다.

2권은 42-72편으로, 고라 자손이 11편을 썼다. 민수기 16장과 26장을 보면 다단과 아비람, 고라의 자손이 아론의 자손에게만 세습되는 제사장직에 불만을 품고 질투하여 모세와 아론에게 반역하자 하나님이 진노하여 땅을 벌려 고라를 삼키셨다. 그 사건 이후, 정신을 바짝 차린 고라의 자손들은 절대로 하나님을 배신하면 안 된다고 결심하고, 성소에서 봉사하며 하나님을 찬양하는 자들이 되었다(대상 6:31-38 참조).

3권은 73-89편으로, 아삽이 12편을 썼다. 아삽은 다윗과 솔로몬 시대에 찬양 봉사자로 언약궤 앞에서 제금을 켰던 사람이다.

4권은 90-106편이며, 90편은 모세의 시다. 시편 기자 중 가장 오래된 사람인 모세는 이 시에서 중보 기도를 드린다.

5권은 107-150편으로, 회복과 찬양의 시가 가득하다. '할렐루야'는 '하나님을 찬양하라'는 뜻이다.

개론(1-2편)

시편 1편과 2편은 시편 전체의 주제를 담고 있다. 먼저 살펴보자.

복 있는 사람 (1편)

복 있는 사람은 악인들의 꾀를 따르지 아니하며 죄인들의 길에 서지 아니하며 오만한 자들의 자리에 앉지 아니하고 오직 여호와의 율법을 즐거워하여 그의 율법을 주야로 묵상하는도다 그는 시냇가에 심은 나무가 철을 따라 열매를 맺으며 그 잎사귀가 마르지 아니함 같으니 그가 하는 모든 일이 다 형통하리로다 악인들은 그렇지 아니함이여 오직 바람에 나는 겨와 같도다 그러므로 악인들은 심판을 견디지 못하며 죄인들이 의인들의 모임에 들지 못하리로다 무릇 의인들의 길은 여호와께서 인정하시나 악인들의 길은 망하리로다(시 1:1-6).

의인은 하나님을 의지하고 믿으며 살아가는 사람들이고, 악인과 죄인은 하나님이 없다 하며 자기 자신이나 다른 것을 의지하는 사람들이다. 하나님을 믿는 사람은 늘 하나님의 말씀을 되새기며, 악인들이 가는 길을 잘 분별하여 따르지 않는다. 의인이 걷는 길은 하나님이 다 이끌어 주시기에 탄탄대로다. 그러나 하나님을 의지하지 않는 사람의 길은 그렇지 못하며, 의인의 모임에도 들지 못한다. 결국은 멸망이다.

하나님의 언약 (2편)

어찌하여 이방 나라들이 분노하며 민족들이 헛된 일을 꾸미는가(시 2:1).

하나님은 다윗과 언약을 맺으며 그의 왕조를 영원히 지켜 주겠다고 약속하셨다. 그 약속을 굳게 믿은 시인은 지금 이방 나라들이 예루살렘을 향해 꾸미는 음모를 보며 기가 막혀 한다. 그들은 서로 모여서 메시아를 대적하며, 그의 결박을 끊어 버리자고 한다. 그러나 시인은 이에 대해 하나님이 웃으실 거라고 말한다. 그들의 음모는 결코 이루어지지 않는다는 것이다. 그러면서 하나님의 선포를 말한다.

내가 나의 왕을 내 거룩한 산 시온에 세웠다 … 너는 내 아들이라 오늘 내가 너를 낳았도다(시 2:6-7).

이 말씀은 사무엘하 7장 14절에 나오는 다윗 언약과 일치한다. 다윗 언약에서 다윗과 그의 후손은 여호와의 양자로 선택되었다. 즉 다윗 계열의 왕은 하나님 나라와 땅을 기업으로 받으며 권세를 위임받았다.

이 '시온의 왕'은 곧 예수 그리스도이시다. 성부 하나님이 성자 하나님인 예수를 낳았다는 표현은 나라들 위에 예수의 통치가 시작되었다는 것이지, 그분의 존재의 시작을 나타내는 것이 아니다. 그분은 본래 하나님이시기 때문이다.

시작한 날도 없고 생명의 끝도 없어(히 7:3).

예수님은 처음부터 존재하셨으며, 영원하시다. 그러므로 독생자라는 표현은 신으로서의 본성을 말하는 것이 아니라, 구원의 계획에 있어서 그분의 역할에 대해 말하는 것이다. 성육신을 통해 그리스도께서는 모든 약속을 이루어 내셨다.

그의 아들에게 입 맞추라 그렇지 아니하면 진노하심으로 너희가 길에서 망하리니 그의 진노가 급하심이라 여호와께 피하는 모든 사람은 다 복이 있도다(시 2:12).

입을 맞춘다는 것은 하나님이 세우신 예수님을 왕으로 계속 모시겠다는 것이다.

1권: 다윗의 노래(3-41편)

구원의 방패 되시는 여호와(3편)

이 시는 다윗이 아들 압살롬을 피해 도망 다니던 중, 너무 외롭고 괴로울 때 울면서 하나님께 기도한 내용을 적은 것이다.

> 여호와여 나의 대적이 어찌 그리 많은지요 일어나 나를 치는 자가 많으니이다 많은 사람이 나를 대적하여 말하기를 그는 하나님께 구원을 받지 못한다 하나이다 (셀라) 여호와여 주는 나의 방패시요 나의 영광이시요 나의 머리를 드시는 자이시니이다 내가 나의 목소리로 여호와께 부르짖으니 그의 성산에서 응답하시는도다 (셀라) … 구원은 여호와께 있사오니 주의 복을 주의 백성에게 내리소서 (셀라)(시 3:1-4, 8).

쉽게 말하면 이런 내용이다.

"하나님, 저의 대적이 너무 많고, 그들은 제가 하나님께 구원받지 못한다고 조롱합니다. 그러나 하나님은 저의 방패요, 영광이요, 제 머리를 들게 해 주시는 분입니다. 제가 하나님께 기도로 부르짖으면 듣고 응답하시리라 믿습니다. 구원은 하나님께 있으니, 주의 백성에게 복을 내려 주십시오."

예수 그리스도의 예표(22편)

이 시는 마치 예수님이 십자가에 달리셨을 때의 심정을 묘사한 것 같다. 다윗은 그리스도의 사건을 예언하듯 이 시를 써 내려갔다.

내 하나님이여 내 하나님이여 어찌 나를 버리셨나이까 … 악한 무리가 나를 둘러 내 수족을 찔렀나이다 … 내 겉옷을 나누며 속옷을 제비 뽑나이다 … 나를 도우소서 … 그가 울부짖을 때에 들으셨도다(시 22: 1, 16, 18-19, 24).

십자가에서 마지막 순간까지도 하나님을 바라보신 그리스도의 마음이 느껴진다. 예수님이 오시기 오래전에 다윗을 통해서 노래되었다.

목자 되시는 하나님(23편)

여호와는 나의 목자시니 내게 부족함이 없으리로다 그가 나를 푸른 풀밭에 누이시며 쉴 만한 물가로 인도하시는도다 내 영혼을 소생시키시고 자기 이름을 위하여 의의 길로 인도하시는도다 내가 사망의 음침한 골짜기로 다닐지라도 해를 두려워하지 않을 것은 주께서 나와 함께하심이라 주의 지팡이와 막대기가 나를 안위하시나이다 주께서 내 원수의 목전에서 내게 상을 차려 주시고 기름을 내 머리에 부으셨으니 내 잔이 넘치나이다 내 평생에 선하심과 인자하심이 반드시 나를 따르리니 내가 여호와의 집에 영원히 살리로다(시 23:1-6).

다윗은 아무리 힘들어도 원수 앞에서 상을 차려 주시는 하나님을 찬양한다. 어려움 속에서도 끝까지 하나님을 붙잡는 다윗의 마음이 느껴진다. 사울과 압살롬을 피해 도망 다니는 중에도 하나님을 의지하며 찬양하는 다윗이다.

2권: 고라 자손의 노래(42-72편)

하나님께 소망을 두라(42편)

이 시에서는 바벨론에 포로로 끌려가 있는 이스라엘 백성의 모습을 보게 된다.

> 하나님이여 사슴이 시냇물을 찾기에 갈급함같이 내 영혼이 주를 찾기에 갈급하니이다 … 내가 어느 때에 나아가서 하나님의 얼굴을 뵈올까 사람들이 종일 내게 하는 말이 네 하나님이 어디 있느뇨 하오니 내 눈물이 주야로 내 음식이 되었도다 내가 전에 성일을 지키는 무리와 동행하여 기쁨과 감사의 소리를 내며 그들을 하나님의 집으로 인도하였더니 이제 이 일을 기억하고 내 마음이 상하는도다(시 42:1-4).

쉽게 말하면 이런 내용이다.

"하나님, 사슴이 시냇물을 찾기에 갈급한 것처럼 제 영혼이 주를 갈망합니다. 제가 하나님을 언제쯤 뵐 수 있을까요? 사람들이 네 하나님이 어디 있느냐고 조롱하니 눈물이 음식이 될 정도로 서럽습니다. 전에는 기쁨과 감사로 찬양하며 성일을 지켰는데, 지금은 그 일들을 기억하는 것만으로도 너무 마음이 아픕니다."

시인은 이렇게 하나님께 기도하다가 갑자기 자신을 향해 소망을 선포한다.

> 내 영혼아 네가 어찌하여 낙심하며 어찌하여 내 속에서 불안해하는가 너는 하나님께 소망을 두라 그가 나타나 도우심으로 말미암아 내가 여전히 찬송하리로다(시 42:5).

"아니야! 왜 낙심을 해? 다시 하나님에게 소망을 두자. 하나님의 도우심으로 인해 나는 내 하나님을 여전히 찬송할 것이다."

의로우신 하나님(50편)

이 시는 아삽이 지은 노래다. 하나님께서 이렇게 말씀하신다.

> 나는 네 제물 때문에 너를 책망하지는 아니하리니 네 번제가 항상 내 앞에 있음이로다 내가 네 집에서 수소나 네 우리에서 숫염소를 가져가지 아니하리니 이는 삼림의 짐승들과 뭇 산의 가축이 다 내 것이며 산의 모든 새들도 내가 아는 것이며 들의 짐승도 내 것임이로다 … 감사로 제사를 드리는 자가 나를 영화롭게 하나니 그의 행위를 옳게 하는 자에게 내가 하나님의 구원을 보이리라(시 50:8-11, 23).

하나님은 제사의 형식보다, 감사와 옳은 행위를 기뻐하신다.

다윗의 뉘우침(51편)

이 시는 다윗이 밧세바와 동침하고 그녀의 남편을 죽게 한 후 나단 선지자의 책망을 듣고 하나님께 철저히 회개하며 드린 기도다.

> 내가 주께만 범죄하여 주의 목전에 악을 행하였사오니 … 우슬초로 나를 정결하게 하소서 내가 정하리이다 나의 죄를 씻어 주소서 내가 눈보다 희리이다 … 하나님께서 구하시는 제사는 상한 심령이라 하나님이여 상하고 통회하는 마음

을 주께서 멸시하지 아니하시리이다(시 51:4, 7, 17).

3권: 아삽의 노래(73-89편)

3권은 총 17편 중 12편을 아삽이 썼다. 사무엘하 6장을 보면, 다윗이 언약궤를 예루살렘으로 옮기려 한다. 기럇여아림에 있던 언약궤를 수레에 실어 끌고 가다가 소가 요동하자 웃사가 언약궤를 잡았는데, 그 자리에서 죽고 말았다. 이에 언약궤 이동을 잠시 중단했다가, 다시 옮길 때 찬송을 맡았던 사람이 바로 아삽이다.

악인의 형통을 부러워 말라(73편)

시인은 악인이 너무 잘되는 현실에 시험이 든다. 하나님을 믿지 않는데도 그들은 너무 잘되는 것 같다며, 죽을 때 고통도 없고 재물도 불어난다며 괴로워한다. 하지만 자신은 마음을 깨끗하게 지키며 살아도 재난을 당한다며, 자신이 악인의 형통함을 보고 오만한 자를 질투했다고 말한다. 그런 그가 하나님 앞에 섰을 때 깨달음을 얻는다.

> 하나님의 성소에 들어갈 때에야 그들의 종말을 내가 깨달았나이다 주께서 참으로 그들을 미끄러운 곳에 두시며 파멸에 던지시니 그들이 어찌하여 그리 갑자기 황폐되었는가 놀랄 정도로 그들은 전멸하였나이다(시 73:17-19).

잘 먹고 부자로 사는 것보다, 하나님과 동행하는 것이 진정한 복이다. 하나님과 가까이 있는 것, 여호와의 율법을 주야로 묵상하며 즐거워하는 것이 가장 큰 복이다.

하나님과 동행하는 기쁨(84편)

이 시는 고라 자손의 고백이다. 이들은 찬양뿐 아니라 성문을 지키는 자들이기도 했다.

> 주의 궁정에서의 한 날이 다른 곳에서의 천 날보다 나은즉 악인의 장막에 사는 것보다 내 하나님의 성전 문지기로 있는 것이 좋사오니(시 84:10).

문지기는 월급도 많지 않고 계속 서 있는 직업이다. 세상 사람들 눈에는 보잘것없어 보이는 직업일 수 있다. 하지만 하나님을 의지하지 않고 허송세월하는 삶보다 훨씬 행복하다는 고백이다.

4권: 모세의 노래(90-106편)

영원하신 하나님(90편)

이 시는 모세의 기도다. 출애굽을 이끈 이스라엘의 리더가 쓴 이 시는 오늘을 사는 우리에게도 깊은 공감을 준다.

주여 주는 대대에 우리의 거처가 되셨나이다 산이 생기기 전, 땅과 세계도 주께서 조성하시기 전 곧 영원부터 영원까지 주는 하나님이시니이다 주께서 사람을 티끌로 돌아가게 하시고 말씀하시기를 너희 인생들은 돌아가라 하셨사오니 주의 목전에는 천 년이 지나간 어제 같으며 밤의 한순간 같을 뿐임이니이다 … 우리의 연수가 칠십이요 강건하면 팔십이라도 … 신속히 가니 우리가 날아가나이다 … 지혜로운 마음을 얻게 하소서(시 90:1-4, 10, 12).

시간이 금방 지나가 버리는 우리의 삶을 하나님은 영원한 삶으로 이끄신다. 광야에서 생활하며 백성을 이끌었던 모세는, 비록 자신은 가나안 땅에 들어갈 수 없었지만 여호수아를 비롯한 이스라엘 민족의 앞으로의 삶을 하나님께 맡기며 중보 기도를 드렸다.

나를 지키시는 하나님(91편)

이 시를 읽으면 마음이 너무 든든해진다. 우리의 보디가드가 되어 주시는 하나님이 느껴진다.

지존자의 은밀한 곳에 거주하며 전능자의 그늘 아래에 사는 자여, 나는 여호와를 향하여 말하기를 그는 나의 피난처요 나의 요새요 내가 의뢰하는 하나님이라 … 그가 너를 그의 깃으로 덮으시리니 네가 그의 날개 아래에 피하리로다 … 너는 밤에 찾아오는 공포와 낮에 날아드는 화살과 어두울 때 퍼지는 전염병과 밝을 때 닥쳐오는 재앙을 두려워하지 아니하리로다 천 명이 네 왼쪽에서, 만 명이 네 오른쪽에서 엎드러지나 이 재앙이 네게 가까이하지 못하리로다 … 그가 너를 위하여 그의 천사들을 명령하사 네 모든 길에서 너를 지키게 하심이라 … 네가 사자와 독사를 밟으며 젊은 사자와 뱀을 발로 누르리로다(시 91:1-2, 4-7, 11, 13).

하나님을 은밀하게 1대1로 믿는 시인은 기도한다.

“하나님은 저의 피난처요, 요새이십니다. 저는 하나님의 깃으로 덮이고 날개 아래로 피할 것입니다. 밤에 찾아오는 공포와 낮에 날아드는 화살, 전염병이나 재앙도 두렵지 않습니다. 천 명이 저의 왼쪽에서, 만 명이 저의 오른쪽에서 엎드러져도 그 재앙은 저에게 가까이 오지 못합니다. 하나님이 천사들에게 명령하여 저를 모든 길에서 지키게 하시기 때문입니다. 그뿐 아니라 지켜서 젊은 사자와 뱀을 발로 밟아 누르게 하십니다.”

하나님은 왜 그렇게까지 지키시는가?

하나님이 이르시되 그가 나를 사랑한즉 내가 그를 건지리라 그가 내 이름을 안즉 내가 그를 높이리라 그가 내게 간구하리니 내가 그에게 응답하리라 그들이 환난 당할 때에 내가 그와 함께하여 그를 건지고 영화롭게 하리라 내가 그를 장수하게 함으로 그를 만족하게 하며 나의 구원을 그에게 보이리라 하시도다(시 91:14-16).

“그 아이가 나를 사랑해서 기도하고 의지하잖아? 내가 건져 줘야지! 그 아이가 나를 알잖아? 그러니 내가 그를 높여야지! 그가 내게 간구하고 기도하잖아? 그러니 내가 응답해야지! 어려움을 당해도 내가 함께해서 그를 건지고 영화롭게 할 거야. 내가 그를 장수하게 하고 만족하게 해서 나의 구원을 보게 할 거야!”

너무도 든든해서 눈물이 난다.

5권: 회복과 찬양의 노래(107-150편)

5권은 펼쳐질 구원의 역사를 노래한다. 바로 새 하늘과 새 땅, 곧 천년왕국에 대한 말씀이다.

제사장으로 부르셨다(110편)

이 시는 메시아에 대한 예언이다. 하나님은 성경 곳곳에 메시아에 대한 말씀을 숨겨 놓으셨다.

> 여호와께서 내 주에게 말씀하시기를 내가 네 원수들로 네 발판이 되게 하기까지 너는 내 오른쪽에 앉아 있으라 하셨도다 여호와께서 시온에서부터 주의 권능의 규를 내보내시리니 주는 원수들 중에서 다스리소서 주의 권능의 날에 주의 백성이 거룩한 옷을 입고 즐거이 헌신하니 새벽 이슬 같은 주의 청년들이 주께 나오는도다 여호와는 맹세하고 변하지 아니하시리라 이르시기를 너는 멜기세덱의 서열을 따라 영원한 제사장이라 하셨도다(시 110:1-4).

여기서 '주'는 그리스도 예수이시며, 멜기세덱은 창세기 14장에 나오는 살렘의 왕이자 제사장으로, 예수 그리스도의 예표다.

> 네가 영원히 멜기세덱의 반차[신분]를 따르는 제사장이라 하셨으니(히 5:6).

그리고 제사장은 오늘의 우리를 가리킨다.

그러나 너희는 택하신 족속이요 왕 같은 제사장들이요(벧전 2:9).

회복시키시는 하나님(126편)

이 시는 성전에 올라가는 노래다. 바벨론에서 70년 포로 생활을 마친 이스라엘 백성이 바사의 고레스 왕을 통해 이스라엘 땅으로 돌아와 무너진 성전을 다시 세우고 기도하며 지은 시다.

여호와께서 시온의 포로를 돌려보내실 때에 우리는 꿈꾸는 것 같았도다 그때에 우리 입에는 웃음이 가득하고 우리 혀에는 찬양이 찼었도다 그때에 뭇 나라 가운데에서 말하기를 여호와께서 그들을 위하여 큰일을 행하셨다 하였도다 여호와께서 우리를 위하여 큰일을 행하셨으니 우리는 기쁘도다 여호와여 우리의 포로를 남방 시내들같이 돌려보내소서 눈물을 흘리며 씨를 뿌리는 자는 기쁨으로 거두리로다 울며 씨를 뿌리러 나가는 자는 반드시 기쁨으로 그 곡식 단을 가지고 돌아오리로다(시 126:1-6).

중보 기도가 얼마나 대단한지, 하나님이 이 기도를 듣고 응답하신다. 우리의 기도를 통해 하나님이 역사하신다.

고난의 자리에서 주를 기억하라 (137편)

우리가 바벨론의 여러 강변 거기에 앉아서 시온을 기억하며 울었도다 그중의 버드나무에 우리가 우리의 수금을 걸었나니 이는 우리를 사로잡은 자가 거기서 우리에게 노래를 청하며 우리를 황폐하게 한 자가 기쁨을 청하고 자기들을 위하여 시온의 노래 중 하나를 노래하라 함이로다(시 137:1-3).

아직 포로로 잡혀 있는 중에 바벨론 병사들이 노래 한번 해 보라며 조롱하자, 그것이 너무 괴로워 수금을 나무에 걸어 놓고 시키지 못하게 했다는 내용이다. 바벨론 강변에서 시온을 그리워하며 부른 노래다.

왕이신 하나님(145편)

이것은 다윗의 시다.

> 왕이신 나의 하나님이여 내가 주를 높이고 영원히 주의 이름을 송축하리이다(시 145:1).

하나님을 찬양하라(150편)

호흡이 있는 자마다 여호와를 찬양할지어다 할렐루야(시 150:6).

모든 사람이 예수님을 믿을 수 있도록 이끌어 주어야 한다. 모든 사람이 "할렐루야" 하며 하나님을 찬양할 수 있도록 말이다.

열왕기상 1

열왕기의 배경

B.C. 972년, 다윗이 죽고 솔로몬이 왕이 된다. 그리고 B.C. 931년, 솔로몬이 죽으면서 이스라엘은 북이스라엘과 남유다로 나뉘게 된다. 북이스라엘은 아홉 개의 왕조에서 열아홉 명의 왕이 바뀌었고, B.C. 722년 앗수르에 의해 멸망한다. 반면 남유다는 르호보암을 시작으로 모두 스무 명의 왕이 다스렸으며, 한 왕조가 이어진다. 북이스라엘은 한 번에 멸망했지만, 남유다는 바벨론에 의해 네 차례(B.C. 605, 597, 586, 582년)에 걸쳐 멸망한다.

열왕기는 왕들의 이야기인데, 성전을 건축하는 것으로 시작해서 성전이 무너지는 것으로 끝난다. 열왕기상·하는 총 47장이며, 기록 기간은 B.C. 972년부터 B.C. 561년까지 약 411년 동안의 역사다. 이 긴 역사 속에서 나라가 힘들 때마다 선지자들이 등장한다. 그래서 우리는 선지서와 함께 열왕기상·하를 역사의 순서대로 살펴볼 것이다.

하나님은 왕들을 평가할 때 경제적, 군사적으로 뛰어난 왕을 좋은 왕이라 하지 않으셨다. 예를 들어, 북이스라엘의 오므리왕은 성경 외의 다른 역사책에도 기록될 만큼 능력 있는 왕이었으나 하나님은 그를 좋은 왕으로 평가하지 않으셨다. 심지어 북이스라엘의 열아홉 명의 왕 중 여로보암부터 마지막 호세아까지 단 한 명도 좋은 왕으로 평가받지 못했다. 남유다의 스무 명의 왕 중에서도 단 여덟 명만 좋은 왕으로 평가받았다. 그 기준은 무엇일까? 바로 구약의 레위기와 신명기, 즉 하나님의 말씀대로 살아 낸 왕이 선하고 좋은 왕이었다. 반대로 하나님의 말씀을 무시하고 우상 숭배를 일삼은 왕들은 악한 왕이라고 하셨다.

열왕기의 기록 목적

이 책의 기자는 예레미야 선지자라는 의견이 많다. 그렇다면 이 책은 누구를 위해 기록된 것일까? 바벨론에 포로로 끌려갔다가 70년 뒤에 돌아온 이스라엘 백성을 위한 책이다. 이들은 바벨론에서 살면서 '어떻게 하나님의 성전이 있는 예루살렘이 무너질 수 있는가?'라는 의문을 품었을 것이다. 열왕기는 바로 이들의 의문을 풀어 주기 위해 기록된 책이다.

솔로몬의 시대가 열리다(1-11장)

솔로몬의 즉위 (1-2장)

다윗왕이 나이가 많아 늙으니 이불을 덮어도 따뜻하지 아니한지라(왕상 1:1).

다윗이 나이가 들어 더 이상 나라를 다스리기 어려워지자, 그의 넷째 아들 아도니야가 스스로 왕이 되겠다고 나선다. 이는 압살롬이 죽은 후 남은 아들 중에 자신이 가장 연장자였기 때문이다. 그러나 이스라엘의 왕이 되는 데 있어 장자권보다 더 중요한 것은 하나님의 선택이었다(신 17:15 참조). 아도니야는 다윗이 죽으면 당연히 자신이 왕이 될 것이라 생각했다. 첫째 아들 암논은 압살롬에게 죽임당했고, 둘째 길르압은 일찍 세상을 떠났으며, 셋째 압살롬 역시 요압에 의해 죽임을 당했기 때문이다.

아도니야는 요압 장군과 제사장 아비아달과 팀을 결성해서 많은 짐승을 잡아 파티를 연다. 그러나 그 자리에 솔로몬은 초대하지 않았다. 하나님은 이미 솔로몬을 왕으로 세우기로 정하셨지만, 아도니야는 하나님의 뜻을 무시하고 자신이 왕이 될 무대를 스스로 준비한 것이다.

이 소식을 들은 나단 선지자는 밧세바에게 알리고, 밧세바는 다윗왕을 찾아가 상황을 전한다.

"왕께서 제 아들 솔로몬이 왕이 된다고 하셨는데, 지금 아도니야가 왕이 되겠다며 소동을 벌이고 있습니다."

나단 선지자에게 들어 보니 사실이었다. 이에 다윗은 제사장 사독과 브나야 장군을 불러 솔로몬을 나귀에 태워 기혼 샘에서 공식적으로 이스라엘의 왕으로 선포하게 한다. 결국 아도니야의 파티는 비공식적인 것이 되었고, 그 후 아도니야 팀은 뿔뿔이 흩어져 버린다.

왕위에 오른 솔로몬에게 다윗은 두 가지를 당부한다.

> 너는 힘써 대장부가 되고 네 하나님 여호와의 명령을 지켜 그 길로 행하여 그 법률과 계명과 율례와 증거를 모세의 율법에 기록된 대로 지키라 그리하면 네가 무엇을 하든지 어디로 가든지 형통할지라(왕상 2:2-3).

다윗은 자신이 하나님과 동행했을 때 언제나 그분이 힘이 되어 주셨음을 전하며, 하나님의 계명과 율례를 지키면 솔로몬 또한 영원히 지켜 주실 것이라고 말한다. 그러면서 요압과 시므이를 조심하라고 당부한다. 또 은혜를 갚아야 할 사람이 있는데, 그는 바르실래라는 노인으로 자신이 압살롬 때문에 도망 다닐 때 끝까지 챙겼던 사람이므로 그의 아들 김함을 잘 챙겨 주라고 부탁한다.

다윗은 정말 인간적인 사람이었다. 하나님은 이런 인간다운 인간을 사랑하고 인정하신다.

일천 번제를 드리다(3:1-15)

솔로몬은 모세의 장막이 있는 기브온에 가서 일천 번제를 드린다. 1천 마리를 한꺼번에 드린 것이다. 사실 놀랄 일도 아니다. 성경에 보면 한 번에 12만 마리를 드린 적도 있다. 기브온에서 밤에 하나님이 솔로몬의 꿈에 나타나신다.

> 내가 네게 무엇을 줄꼬 너는 구하라(왕상 3:5).

이에 솔로몬은 이렇게 대답한다.

> 종은 작은 아이라 출입할 줄을 알지 못하고 … 그들은 큰 백성이라 … 듣는 마음을 종에게 주사 주의 백성을 재판하여 선악을 분별하게 하옵소서(왕상 3:7-9).

솔로몬은 자기가 작고 부족한 존재라고 말하며 듣는 마음을 달라고 한다. 이는 지혜, 곧 여호와를 경외하고 인정하는 것이다. 하나님은 솔로몬을 지혜롭다 하며 그의 기도를 마음에 들어 하신다. 왕이 되어서도 자신의 부나 장수, 또 원수에게 복수하는 것을 구하지 않았기 때문이다. 하나님은 그에게 이렇게 응답하신다.

> 내가 네 말대로 하여 네게 지혜롭고 총명한 마음을 주노니 네 앞에도 너와 같은 자가 없었거니와 네 뒤에도 너와 같은 자가 일어남이 없으리라 내가 또 네가 구하지 아니한 부귀와 영광도 네게 주노니(왕상 3:12-13).

솔로몬의 재판 (3:16-28)

어느 날 두 창녀가 솔로몬을 찾아와 재판을 요청한다. 두 여자 모두에게 아이가 있었는데, 한 여자가 자다가 자기 아이를 깔고 죽인 것이다. 그 여자는 살아 있는 아이를 자신의 아이로 바꾸고 그 아이를 자신의 아이라고 우겼다. 다른 한 여자도 자신의 아이라고 주장하니, DNA 검사를 할 수 있는 것도 아니고, 판결이 쉽지 않다. 신하들은 왕이 어떻게 판결을 내릴지 지켜보고 있다. 이에 솔로몬이 명한다.

"칼을 가져와서 아이를 반으로 갈라라."

그러자 한 여인이 울부짖으며 말한다.

내 주여 산 아이를 그에게 주시고 아무쪼록 죽이지 마옵소서(왕상 3:26).

진짜 엄마는 아이를 상대방 여자에게 주라고 하고, 가짜 엄마는 아이를 반반 나누자고 한다. 이렇게 해서 진짜 엄마가 누구인지를 가려낸 솔로몬의 지혜를 모든 사람이 보고 감탄한다.

성전 건축(6장)

이스라엘 백성이 애굽에서 나온 지 480년 그리고 솔로몬이 왕이 된 지 4년째 되는 둘째 달에 성전 건축이 시작된다. 솔로몬이 왕이 된 지 4년째 되었을 때 성전 건축을 시작했는데, 여기에는 출애굽의 기록도 함께 언급되어 있다. 즉 B.C. 1446년이다. 이때 다윗이 미리 준비한 것들이 역대상에 기록되어 있다.

내가 환난 중에 여호와의 성전을 위하여 금 십만 달란트와 은 백만 달란트와 놋과 철을 그 무게를 달 수 없을 만큼 심히 많이 준비하였고 또 재목과 돌을 준비하였으나 너는 더할 것이며(대상 22:14).

다윗이 성전의 복도와 그 집들과 그 곳간과 다락과 골방과 속죄소의 설계도를 그의 아들 솔로몬에게 주고 또 그가 영감으로 받은 모든 것 곧 여호와의 성전의 뜰과 사면의 모든 방과 하나님의 성전 곳간과 성물 곳간의 설계도를 주고(대상 28:11-12).

사실 다윗은 자신이 성전을 짓고 싶었으나 하나님이 그것을 허락하지 않으셨다. 다윗은 그 거절을 받아들이고, 아들 솔로몬이 성전을 지을 수 있도록 대부분의 준비를 마친다. 마치 하나님이 모세에게 성막의 설계도를 주셨던 것처럼, 다윗에게도 성전의 설계도를 주신 것이다.

언약궤를 성전으로 옮기다 (8장)

솔로몬은 7년에 걸쳐 성전 건축을 완성한다. 그리고 마침내 여호와의 언약궤를 다윗성에서 성전 안으로 옮겨 온다. 성전이 건설되기 전까지 언약궤는 다윗성에 마련된 장막에 놓여 있었다(삼하 6:1-19 참조). 광야를 떠돌며 모세의 장막에서 하나님을 섬기던 이스라엘 백성이 이제 솔로몬 성전을 세우고 그 안에 하나님의 법궤를 놓는 역사적인 순간을 맞이한 것이다.

이스라엘의 모든 지파가 초막절이 있는 7월에 솔로몬 성전에 모였다. 드디어 레위 지파 중 고핫 자손이 하나님의 궤를 어깨에 메고 옮긴다. 그리고 하나님 앞에서 양과 소로 제사를 드렸는데, 그 수가 너무 많아 기록할 수 없을 정도였다.

제사장이 성소에서 나올 때에 구름이 여호와의 성전에 가득하매(왕상 8:10).

'구름'은 하나님의 임재를 상징한다. 하나님이 성전에 임재하셔서, 제사장들이 능히 서서 섬기지 못할 정도로 여호와의 영광이 성전에 가득했다.

이때 솔로몬은 이스라엘 회중 앞에서 긴 대표 기도를 드린다. 그의 기도는 언약에서 시작되어 기도로 이어지고 다시 언약으로 마무리된다.

긴 내용을 요약하면 이렇다. 솔로몬은 먼저 이 성전이 공의로운 장소가 되기를 기도했고, 전쟁에서 패하거나 기근이 닥쳤을 때 백성이 성전을 향해 기도하면 하나님께서 들어주시기를 구했다. 또한 이방인이라도 성전을 향해 기도하면 하나님께서 그 기도를 들어주시고, 만민이 주의 이름을 알고 주의 백성 이스라엘처럼 하나님을 경외하게 해 달라고 기도했다. 만일 이스라엘 백성이 포로로 끌려가더라도 그들이 회개하며 성전을 향해 기도하면 회복시켜 주시기를 간구했다.

솔로몬이 기도할 당시, 이 내용의 의미를 아는 사람은 아무도 없었을 것이다. 그러나 훗날 바벨론에 포로로 끌려간 이스라엘 백성이 이 솔로몬의 기도를 읽었을 때는 어땠을까? 마치 자신들의 미래를 미리 알고 솔로몬이 예언을 한 것처럼 느꼈을 것이다.

열왕기상에는 기록되어 있지 않지만, 역대상을 보면 하나님이 솔로몬의 기도를 듣고 그대로 이루겠다고 약속해 주신다. 그러나 실제로 기근과 전염병, 전쟁이 닥쳤을 때, 이스라엘 백성은 하나님과 성전을 향해 눈을 돌리지 않고 오히려 애굽과 앗수르 등 다른 나라들을 의지하려 했다.

> 다윗에게 말씀하시기를 네 자손이 자기 길을 삼가서 네가 내 앞에서 행한 것같이 내 앞에서 행하기만 하면 네게서 나서 이스라엘의 왕위에 앉을 사람이 내 앞에서 끊어지지 아니하리라 하셨사오니 이제 다윗을 위하여 그 하신 말씀을 지키시옵소서(왕상 8:25).

> 주 여호와여 주께서 우리 조상을 애굽에서 인도하여 내실 때에 주의 종 모세를 통하여 말씀하심같이 주께서 세상 만민 가운데에서 그들을 구별하여 주의 기업으로 삼으셨나이다(왕상 8:53).

솔로몬은 기도를 마친 후 무릎을 꿇고 손을 펴서 하늘을 향해 간구를 올린다. 이어 이스라엘의 온 회중을 축복하며 다음과 같이 말한다(왕상 8:56-61 참조).

"여호와를 찬송하라. 그가 말씀하신 대로 그의 백성 이스라엘에게 태평을 주셨으니, 그의 종 모세를 통해 약속하신 모든 말씀 가운데 이뤄지지 않은 것이 하나도 없다. 여호와께서 우리 조상들과 함께하신 것처럼 우리와도 함께하시어, 우리를 떠나지 않으시고 우리의 마음이 주께로 향하게 하시며, 그의 모든 길로 행하게 하시기를 원한다. 또 우리가 우리 조상들에게 명령하신 계명과 법도와 율례를 지키기를 원하며, 세상 모든 민족이 여호와만이 참 하나님이심을 알게 하시기를 원한다. 그러니 너희도 오늘과 같이 그의 법도를 행하고 계명을 지켜라!"

이후 솔로몬은 어마어마한 양의 희생 제물을 드린다. 총 8일 동안 화목제의 제물로 소 2만 2천 마리, 양 12만 마리를 드리며 성전 봉헌식을 멋지게 치른다. 8일째 되는 날, 솔로몬은 백성을 돌려보내고, 백성은 왕을 위해 축복하며 돌아간다. 여호와께서 다윗과 이스라엘에게 베푸신 은혜로 인해 모두 기뻐하며 마음에 즐거움이 가득했다(왕상 8:66 참조).

하나님의 응답과 경고(9장)

하나님은 신실하시기에 이스라엘에게 하신 약속은 반드시 이루신다. 솔로몬이 성전과 왕궁을 완공한 후, 하나님은 다시 그에게 나타나 말씀하신다.

"네 기도와 간구를 들었다. 네가 건축한 이 성전을 거룩하게 구별하여 내 이름을 영원히 둘 것이며, 내 눈과 마음을 항상 그곳에 두겠다. 만일 네가 다윗처럼 마음을 온전히 하여 내가 명령한 법도와 율례를 지키면 이스라엘의 왕위에 오를 사람이 끊어지지 않고 영원히 견고할 것이다. 그러나 만일 다른 신을 섬기고 내 계명과 법도를 어기면, 이 땅과 성전도 모두 버릴 것이며, 이스라엘은 속담 거리와 이야깃거리가 될 것이다. 사람들이 이스라엘이 왜 이렇게 되었는지 묻거든, 그들이 조상들을 애굽에서 인도하신 하나님을 버리고 다른 신을 섬겼기 때문에 재앙이 내렸다고 할 것이다."

하나님이 특별히 부어 주신 지혜로 인해 솔로몬은 모르는 것이 없을 정도였고, 1천 개의 잠언을 지었으며, 초목, 짐승, 물고기에 대해서도 모르는 것이 없었다. 솔로몬의 뛰어남을 보고 듣기 위해 전 세계에서 사람들이 몰려왔고, 하나님은 솔로몬 시대에 경제적인 풍요를 허락해 주셔서 많은 것을 누리며 살았다. 그럼에도 그는 하나님과의 약속을 가볍게 여겼다.

솔로몬의 마음이 여호와를 떠나다 (11장)

솔로몬은 바로의 딸 외에도 모압, 암몬, 에돔, 시돈, 헷 등 이방의 많은 여인을 사랑했다. 하나님은 이방 여인들과 통혼하지 말라고 하셨고, 그들이 마음을 돌려 자기들의 신들을 따르게 할 거라고 경고하셨지만 솔로몬은 그 경고를 무시하고 그 여자들을 사랑했다. 솔로몬은 후궁이 700명, 첩이 300명이나 되었는데 다 이방 여인이었으며, 그 여인들이 각자의 신들을 들여와 예루살렘은 우상으로 가득 차게 되었다.

이제 솔로몬의 마음은 더 이상 예전처럼 여호와 앞에서 온전하지 않게 되었다. 하나님이 간절히 부탁하셨던 말씀을 솔로몬은 가볍게 여긴 것이다. 결국 하나님은 두 번이나 직접 솔로몬에게 나타나 말씀하신다.

"솔로몬아, 다른 신을 따르지 말아라!"

그러나 그는 듣지 않았고, 하나님은 결국 이렇게 말씀하신다.

“내 언약을 지키지 않았으니, 나라를 너에게서 빼앗아 다른 신하에게 줄 것이다.”

솔로몬이 지키지 않은 언약은 신명기 17장에 나오는 율법이었다. 이스라엘 왕은 병마를 많이 두지 않아야 하고, 애굽으로 돌아가게 하지 말아야 하며, 아내를 많이 두어 마음이 미혹되지 않게 해야 하고, 자신을 위하여 은금을 많이 쌓지 않아야 했다. 그러나 솔로몬은 이 모든 것을 어겼다.

아가

아가서는 아름다운 노래, 노래 중의 노래다. 학자들은 이 책이 솔로몬이 영적으로 타락하기 전에 기록되었을 것이라 본다. 실제로 아가 6장 8절을 보면 솔로몬에게 왕비가 60명, 후궁이 80명이 있었다고 기록되어 있다. 그런데 타락한 이후를 기록한 열왕기상 11장 3절을 보면 그에게 700명의 후궁과 300명의 첩이 있어서 그들이 솔로몬의 마음을 돌려놓았다고 기록되어 있다.

솔로몬이 쓴 잠언, 전도서, 아가서를 하나님의 성전에 비유하면, 잠언은 성전의 바깥뜰, 전도서는 성전의 안뜰, 아가서는 지성소에 해당한다고 할 수 있다. 유대인들은 오래전부터 아가서를 하나님과 이스라엘의 사랑, 곧 신랑과 신부의 관계로 이해해 왔다.

아가, 룻기, 예레미야애가, 전도서, 에스더는 유대교 절기 때 낭독하는 다섯 두루마리(메길롯)에 속하는데, 이 중 아가서는 유월절에 읊는다. 아가서에는 네 인물이 등장한다.

1. 솔로몬왕 - 신랑, 곧 예수 그리스도를 예표
2. 술람미 여인 - 신부, 곧 그리스도의 교회와 성도를 상징
3. 예루살렘의 딸 - 교회 안의 미성숙한 성도들
4. 파수꾼 - 교회의 지도자들

아가서는 크게 두 부분으로 나눌 수 있는데, 1-4장은 신부를 향한 예수님의 사랑과 신부인 우리에게 주신 유업에 관한 것이고, 5-8장은 예수님을 향한 신부의 사랑, 신부와 교회에 관한 이야기다.

책에 기록된 술람미 여인을 스토리로 엮어 보면, 그녀의 가족은 어머니와 두 아들과 두 딸인 것 같다. 두 아들은 이복 오빠다. 술람미 여인은 미움을 받아서 여자임에도 불구하고 여우를 잡기 위해 덫을 놓았고, 염소에게 풀을 먹이는 일도 해야 했으며, 포도밭을 돌보느라 햇볕에 많이 그을려 피부가 거무스름해졌다.

그러던 어느 날, 너무도 멋진 사람이 포도밭을 찾아와 관심을 보였으나 술람미 여인은 그가 솔로몬이라는 것을 몰랐다. 그는 여인에게 사랑을 표현하고 다시 오겠다고 약속한 후 떠난다.

그가 떠난 후에 여인은 꿈을 꾼다. 그와 결혼한 사이인데 일어나 보니 그가 떠나고 없어서 정신없이 그를 찾는다. 또 그 남자가 자신을 찾아와 문을 열어 달라고 했으나 "내가 옷을 벗었는데 어떻게 다시 입고, 발을 씻었는데 어떻게 더럽히겠어요?" 하며 거절한다. 하지만 다시 뛰어나가 보았으나 그는 사라지고 없었다.

그녀는 거절한 것을 후회하고 그 사람을 찾아 헤매다가 예루살렘을 순찰하는 자들에게 상처를 입고 겉옷을 빼앗기는 수모와 학대를 당한다. 그런 상황에서도 그를 사랑하는 마음을 전해 달라고 간청한다. 그리고 마침내 두 번째 꿈에서 남자가 있는 곳을 찾아낸다.

이렇게 꿈을 꾸고 몇 년 뒤, 솔로몬이 그녀를 찾아온다. 그러면서 많은 여자가 있지만 자기가 사랑하는 사람은 술람미 여인이라며 사랑하는 신부가 되어 달라고 말한다. 솔로몬은 그녀를 수레에 태워 예루살렘 궁으로 출발한다. 이처럼 아가서는 아름다운 사랑 이야기를 담은 노래다.

신랑을 기다리는 신부의 마음(1:1-8)

솔로몬의 아가라(아 1:1).

'아가'라는 말은 '노래 중의 노래'라는 뜻이다.

내게 입 맞추기를 원하니 네 사랑이 포도주보다 나음이로구나(아 1:2).

신부는 신랑을 사모하며, 입맞춤하기를 간절히 원한다고 말한다.

왕이 나를 그의 방으로 이끌어 들이시니 너는 나를 인도하라(아 1:4).

여호와 하나님은 이스라엘의 왕이시다. '그의 방'은 예루살렘 성전, 특히 지성소를 가리키며, 오늘날 교회를 의미한다고 볼 수도 있다.

5-7절에서는 여인이 신랑에게 천박하게 보이거나 예쁘게 보이지 않으면 어떡하나 염려하는 모습이 보인다.

내가 비록 검으나 아름다우니 게달의 장막 같을지라도 솔로몬의 휘장과도 같구나(아 1:5).

'게달'은 '거무스름한'이라는 뜻을 가진 히브리어다. 술람미 여인은 자신의 겉모습을 그렇게 볼품없고 죄로 가득한 모습이라 고백하지만, 왕의 입맞춤과 침실인 지성소를 경험했기에 자신의 모습이 이제는 솔로몬의 휘장처럼 아름답다고 고백한 것이다. 우리도 마찬가지다. 하나님은 부족한 우리를 솔로몬의 휘장처럼 아름답고 귀하게 보신다.

내가 햇볕에 쬐어서 거무스름할지라도 흘겨보지 말 것은 내 어머니의 아들들이 나에게 노하여 포도원지기로 삼았음이라 나의 포도원을 내가 지키지 못하였구나(아 1:6).

오빠들에게 미움을 받아서 그들의 포도원에서 일하다 보니 정작 자신은 돌보지 못했다는 것이다. 7절 이하의 내용은 대화체로 살펴보자.

여자: "사랑하는 그대여, 오늘은 양 떼를 어디서 먹이고, 정오에는 어디서 쉬는지 알려 주세요. 내가 당신을 찾으려고 친구들의 양 떼 사이에서 이렇게 헤매야 합니까?"

신부는 신랑을 만나고 싶은 간절한 마음을 표현하면서도 혹시 자신의 마음이 드러나 품위 없어 보일까 봐 염려한다.

남자: "여인 중에 어여쁜 자야, 네가 알지 못하겠거든 내 양 떼의 발자취

를 따라가고, 목자들의 장막 곁에서 너의 염소 새끼를 먹여라."

신랑은 어떻게 하면 자신을 만날 수 있는지 알려 준다. 다른 조건은 없다. 주님을 따르고, 믿음의 선배들이 세워 놓은 교회에서 믿음 생활을 하면 신랑이신 예수님을 만날 수 있다는 의미다.

신랑과 신부의 사랑의 만남(1:9-2:7)

연인은 마침내 서로 만나, 자신들이 알고 있는 최고의 말로 사랑과 아름다움을 표현한다.

남자: "내 사랑! 내가 너를 바로의 병거의 준마에 비유하겠다. 네 두 뺨은 땋은 머리털로, 네 목은 구슬꿰미로 아름답구나."

신부의 길게 땋아 늘어뜨린 머리와 목에 걸린 구슬 목걸이가 신랑의 눈에 아름다워 보인 것이다.

친구들: "우리가 금사슬에 은구슬을 박은 귀걸이도 만들어 줄게."

친구들은 신부가 더 아름다워지기를 바라며 귀걸이를 선물해 준다고 한다.

여자: "왕이 침상에 누우셨을 때, 나의 나르드 기름이 향기를 뿜었어요. 내 사랑은 내가 품은 향 주머니 같고, 엔게디 포도원의 고벨 꽃송이 같아요."

신부는 신랑을 그 지역에서 나는 최고의 식물로 비유하여 사랑을 표현한다. 그러자 신랑도 화답한다.

남자: "너는 어여쁘고 어여쁘다. 네 눈은 비둘기 같구나. 우리 침상은 푸르고, 집의 들보는 백향목, 서까래는 잣나무다."

신랑은 신부의 아름다움을 이야기하며, 그들의 집이 너무도 튼튼하게 잘 지어졌음을 말한다. 이제 모든 준비는 끝났다.

신랑과 신부의 러브송(2:1-7)

신랑과 신부의 사랑 노래가 계속 이어진다.

여자: "나는 사론의 수선화, 골짜기의 백합화예요!"

남자: "여자들 중에 내 사랑은 가시나무 가운데 백합화 같구나."

그녀가 얼마나 예쁘면 주위는 가시나무요, 그녀는 그 가운데 있는 백합화 같다고 한다. 이어서 신부의 답가가 이어진다.

여자: "당신은 사과나무 같아요. 그 그늘에 앉으니 너무 기쁘고, 열매를 먹으니 너무 달아요! 당신이 나를 잔칫집에 데리고 갔으니, 그 사랑이 내 위의 깃발처럼 펄럭이며 확실한 안정감을 줘요."

신랑을 너무도 사랑하다가 병이 난 신부가 주변에 도움을 요청한다.

여자: "건포도와 사과를 주어서 힘이 나게 해 주세요. 내가 그를 너무 사랑해서 병이 났어요. 그가 왼팔로 내 머리를 고이고, 오른팔로 나를 안아 주었으면 좋겠어요. 예루살렘 딸들이여, 내가 노루와 들사슴을 두고 부탁할게요. 내 사랑이 원하기 전에는 그를 깨우지 말아 주세요."

신부는 주변 사람들에게 자신들의 사랑을 방해하지 말라고 부탁한다.

신랑을 그리워하는 신부의 노래(2:8-3:5)

결혼을 앞둔 두 사람의 서로에 대한 애틋한 그리움이 그려진다.

여자: "내 사랑하는 이의 목소리가 들려요. 그가 산을 넘고 들을 지나 나에게 오고 있어요. 그는 노루와 어린 사슴 같아서 벌써 우리 집 담 밖에 서서 창틈으로 기웃거리며 보고 있네요."
남자: "나의 사랑, 내 어여쁜 자야, 일어나서 함께 가자! 겨울도 지나고 비도 그쳤으며, 땅에는 꽃이 피고 비둘기 소리가 들린다! 무화과나무에는 열매가 익었고, 포도나무에는 꽃이 피어 향기가 터진다. 바위 틈 은밀한 곳에 있는 내 비둘기야, 얼굴을 보여 주고 목소리도 들려 줘!"

신랑은 꼭꼭 숨어 있는 여인을 찾으며, 그녀를 보고 싶어 한다.

남자: "우리를 위하여 포도원을 허무는 작은 여우를 잡자. 우리 포도원에 꽃이 피었다."

작은 여우는 그들의 사랑을 방해하는 방해자를 뜻한다. 영적으로는 성도와 그리스도 사이를 방해하는 사탄이라 볼 수 있다.

여자: "내 사랑하는 이는 내게 속하고, 나는 그에게 속했어요. 그가 백합화 가운데서 양 떼를 먹이고 있네요. 날이 저물고 그림자가 사라지기 전에 베데르산의 노루와 어린 사슴처럼 돌아오기를 바라요."

신랑과 신부는 서로에게 온전히 속한 관계다. 베데르산의 날랜 사슴처럼 빨리 돌아오기를 바라고 있다. '베데르산'은 문자적으로 '이별의 산'이다. 아직 결혼하지 않았기에 밤이면 서로 헤어져야 하는 아쉬움을 이 단어로 표현한 것이다.

신부의 꿈
(3:1-5)

밤마다 사랑하는 이를 그리워하며 애태우는 신부의 모습이 그려진다. 이 장면은 실제가 아니라 꿈속에서 일어난 일이다.

여자: "나는 밤마다 침상에서 사랑하는 이를 찾았지만 찾지 못했어요. 그래서 거리를 헤매며 순찰하는 사람에게 내 사랑을 보았냐고 물었어요. 그들이 떠난 직후에 내 사랑을 만나 내가 태어난 우리 집으로 데려왔어요. 예루살렘 딸들이여, 내가 노루와 들사슴을 두고 부탁할게요. 우리의 사랑을 방해하지 말아 주세요!"

신부를 데려오는 신랑(3:6-11)

두 사람은 마침내 결혼하여 가정을 이루고 사랑을 나눈다. 3장 6-11절은 신랑이 호화로운 가마와 호위병을 보내어 신부를 데려오는 과정을 그린다.

여자: "여러 향품으로 만든 몰약, 유향의 향기를 날리면서 들에서 오는 자가 누구인가요? 솔로몬의 가마군요! 그 가마를 이스라엘 용사 60명이 둘러쌌는데, 싸움에 익숙한 그들이 칼을 차고 왕을 지키고 있네요. 솔로몬왕의 가마가 결혼식을 위해 오고 있는데, 그 가마는 은 기둥과 금 바닥 그리고 자색 깔개로 꾸며졌으며, 내부는 예루살렘 여자들이 사랑으로 정성스럽게 장식한 것이에요. 시온의 딸들이여, 솔로몬왕을 보세요! 결혼하려고 어머니가 씌운 왕관을 머리에 쓰고 있어요!"

왕의 어머니가 왕의 결혼을 인정하고 축하해 주었다는 뜻이다.

신부의 아름다움 (4:1-5)

신랑은 이제 신부의 아름다움을 감탄하며 노래한다. 마치 예수 그리스도께서 교회의 아름다움을 말씀하신 것과 같다.

남자: "내 사랑, 너는 정말 예쁘고 또 예쁘다! 너울 속에 있는 눈은 비둘기 같고, 머리털은 길르앗 산기슭에 누운 염소 떼 같구나. 이는 털을 깎으려고 목욕하고 나오는 암양 떼처럼 하얗고, 저마다 짝이 맞아서 빠진 것이 하나도 없구나. 입술은 붉은 실 같고, 뺨은 석류 한쪽 같구나. 목은 무기를 두려고 건축한 다윗의 망대 같고, 금 목걸이가 방패처럼 달려 있

구나. 두 유방은 백합화 가운데서 먹이를 먹는 한 쌍의 사슴 같구나."

이는 위아래가 잘 맞는 신부의 이(치아)를 한 쌍의 양으로 그리고 여인의 목에 걸린 금목걸이를 방패에 비유해서 이야기한 것이다.

사랑의 노래 (4:6-15)

신랑은 계속해서 신부와 나누는 사랑의 기쁨을 노래한다.

남자: "날이 저물고 그림자가 사라지기 전에 몰약산과 유향의 작은 산으로 가리라."

몰약과 향품으로 곱게 치장한 신부에게 빨리 가겠다는 표현이다.

남자: "나의 사랑, 너는 예쁘고 흠이 없구나. 레바논에서 오너라! 오늘 나는 너에게 마음을 다 빼앗기고 말았구나!"

신랑은 신부에게 한눈에 반해 버렸다.

첫날밤의 노래 (5:1)

신부가 자신의 동산에 신랑을 초대한다. 이는 첫날밤에 신부가 신랑에게 자신을 허락하는 노래다.

여자: "북풍아, 일어나라! 남풍아, 오너라! 나의

동산에 불어서 향기를 날려라. 나의 사랑하는 자가 그 동산에 들어와 아름다운 열매를 먹기를 원한다."

주님의 신부인 우리도 주님을 위해 아름다운 열매를 드릴 수 있어야 한다.

이어서 신랑이 첫날밤의 기쁨을 노래한다.

남자: "내 신부야, 내가 동산에 들어와 몰약과 향 재료를 거두고 꿀과 꿀송이를 따 먹고 포도주와 젖도 마셨다. 친구들아, 너희도 마셔라! 연인들아, 사랑에 취할 때까지 마셔라!"

신부의 꿈과 갈등(5:2-16)

결혼 후 부부 사이에 찾아오는 사랑의 갈등과 위기 그리고 회복이 꿈으로, 시적으로 표현된다.

여자: "내가 자면서도 마음은 깨어 있었는데, 문을 두드리는 소리가 들려요."

남자: "내 사랑, 문 좀 열어 다오! 내 머리가 이슬에, 머리카락이 밤안개에 젖었구나!"

여자: "내가 옷을 벗었는데 어떻게 다시 입고, 발을 씻었는데 어떻게 더럽히겠어요!"

문을 열어 달라는 신랑의 요청을 신부가 싸늘하게 거절한다. 이렇게 두 사람에게 갈등이 시작된다. 그러다 신랑이 손을 들이밀자 마음이 움직여 문을 열어 주려 하지만, 그때는 이미 신랑이 떠나고 없다.

여자: “내가 그를 위해 문을 열었으나 벌써 가고 없었어요. 아차 싶어서 찾았으나 만나지 못했고, 불러도 대답이 없었어요. 신랑을 찾아 헤매다 순찰자들을 만났는데, 그들에게 매를 맞고 옷을 빼앗기기까지 했답니다. 예루살렘 딸들이여, 내 사랑을 만나거든 내가 사랑해서 병이 났다고 전해 줘요!”

이들은 결혼 잔치에 참여했던 증인들이다.

친구들: “네 사랑이 다른 사람보다 나은 것이 뭐기에 그렇게 부탁하니?”
여자: “내 사랑은 희고도 붉으며 너무도 뛰어나요! 머리는 순금, 머리털은 고불고불 까마귀처럼 검으며, 눈은 시냇가의 비둘기 같아요. 우유로 씻은 것처럼 아름답게 박혔어요. 뺨은 향기로운 꽃밭 같고, 입술은 백합화 같아요. 손은 황옥을 물린 황금 노리개 같고, 몸은 상아에 청옥을 입힌 듯해요! 다리는 튼튼한 기둥 같고, 입은 달콤하니 너무도 사랑스럽답니다. 이 사람이 내 사랑이에요.”

신랑을 찾아 나서는 신부(6:1-3)

예루살렘 여자들: “네 사랑이 어디 갔니? 우리가 같이 찾아 줄게.”
여자: “그 사람은 자기 동산에 내려가 양 떼를 먹이며 꽃을 꺾고 있을 거예요! 나는 내가 사랑하는 자에게 속했고, 내 사랑은 내게 속해 있어요. 그가 양 떼를 먹여요.”

신부는 자신이 신랑에게 속해 있고, 신랑은 자신에게 속해 있음을 확인한다. 약간의 갈등은 있었지만, 다시 소중함을 찾아내고 있다.

신부를 기리는 신랑의 노래(6:4-10)

남자: "내 사랑, 너는 디르사처럼 아름답고 예루살렘처럼 곱구나."

'디르사'는 '기쁨'이라는 뜻으로, 세겜 북동쪽 가나안 땅 중심부에 위치한 곳이다. 동산과 수풀, 물이 많아 자연경관이 뛰어난 곳인데, 신부가 그만큼 아름답다는 것이다.

남자: "나에게는 왕비가 60명, 후궁이 80명, 시녀도 아주 많지만, 너의 눈이 나를 사로잡고 있다! 머리털은 길르앗산에서 뛰어 내려오는 염소 떼 같구나."

신랑은 왕후와 후궁이 많아도 자신이 완전하다고 생각하는 여인은 오직 술람미 여인뿐임을 강조한다.

신랑을 찾는 신부(6:11-12)

신랑의 지극한 칭찬에 대한 신부의 응답이다. 신부는 신랑을 다시 찾고 사랑을 느낀 기쁨을 노래한다.

여자: "나는 골짜기의 초목을 보려고, 포도나무에 순이 났는지, 석류나무에 꽃이 피었는지 알려고 호도 동산에 내려갔어요.

그런데 나도 모르는 사이에 백성의 수레 가운데로 가게 되었어요."

신부는 강제로 왕에게 끌려온 것이 아니라, 사랑의 힘에 이끌려 왕의 수레에 올라탔다고 고백한다. 그녀는 조용히 동산에서 지내던 중, 솔로몬의 수레가 도착하자 다시 한번 마음을 빼앗긴다.

신랑의 친구들이 신부를 기리는 노래(6:13)

예루살렘 여자들: "돌아와! 우리가 너를 보게 해 줘!"

예루살렘의 친구들이 신랑에게 신부인 술람미 여인을 보여 달라고 요청한다.

남자: "너희가 어찌 마하나임 춤마당에서 두 무리의 춤을 보듯 술람미 여인을 보려 하느냐?"

'마하나임'은 얍복강 근처에 있는 곳으로, 야곱이 하나님의 천사들을 만났던 곳이며, 다윗이 압살롬을 피해 숨었던 곳이다. 그곳은 춤으로 유명하지만, 신랑은 술람미 여인이 그보다 더 뛰어나다고 말한다.

사랑의 완성(7-8장)

여자: "나는 내 사랑하는 자에게 속했어요. 그가 나를 사모해요."

신부는 자신이 사랑하는 자에게 속해 있음을 고백한다. 우리도 주님께 속해 있음을 고백해야 하며, 그분이 우리를 진심으로 사랑하신다는 사실을 기억해야 한다.

남자: "사랑하는 자여, 너의 음성을 들려 다오."

여자: "사랑하는 이여, 노루처럼 오세요! 속히 달려오세요!"

이렇게 그녀의 진심 어린 사랑과 아름다움 그리고 여운을 남기며 아가서는 끝이 난다.

잠언

잠언은 솔로몬이 자신의 아들에게 교훈적으로 남긴 지혜의 말씀이다.

> 여호와를 경외하는 것이 지식의 근본이거늘 미련한 자는 지혜와 훈계를 멸시하느니라(잠 1:7).

> 나를 사랑하는 자들이 나의 사랑을 입으며 나를 간절히 찾는 자가 나를 만날 것이니라(잠 8:17).

> 사람의 행위가 자기 보기에는 모두 깨끗하여도 여호와는 심령을 감찰하시느니라 너의 행사를 여호와께 맡기라 그리하면 네가 경영하는 것이 이루어지리라(잠 16:2-3).

사람이 마음으로 자기의 길을 계획할지라도 그의 걸음을 인도하시는 이는 여호와시니라(잠 16:9).

제비는 사람이 뽑으나 모든 일을 작정하기는 여호와께 있느니라(잠 16:33).

사람의 마음의 교만은 멸망의 선봉이요 겸손은 존귀의 길잡이니라(잠 18:12).

가난한 자를 불쌍히 여기는 것은 여호와께 꾸어 드리는 것이니 그의 선행을 그에게 갚아 주시리라(잠 19:17).

포도주는 거만하게 하는 것이요 독주는 떠들게 하는 것이라 이에 미혹되는 자마다 지혜가 없느니라(잠 20:1).

너는 악을 갚겠다 말하지 말고 여호와를 기다리라 그가 너를 구원하시리라(잠 20:22).

곧 헛된 것과 거짓말을 내게서 멀리하옵시며 나를 가난하게도 마옵시고 부하게도 마옵시고 오직 필요한 양식으로 나를 먹이시옵소서 혹 내가 배불러서 하나님을 모른다 여호와가 누구냐 할까 하오며 혹 내가 가난하여 도둑질하고 내 하나님의 이름을 욕되게 할까 두려워함이니이다(잠 30:8-9).

고운 것도 거짓되고 아름다운 것도 헛되나 오직 여호와를 경외하는 여자는 칭찬을 받을 것이라 그 손의 열매가 그에게로 돌아갈 것이요 그 행한 일로 말미암아 성문에서 칭찬을 받으리라(잠 31:30-31).

전도서

이제 솔로몬은 나이가 들었다. 많은 것을 누리고 경험한 후, 인생의 마지막에 쓴 것이 이 전도서다. 전도서의 가장 중요한 역할은 하나님의 말씀대로 사는 삶의 기준이 무엇인지를 알려 준다는 것이다.

인생의 헛됨을 고백한 솔로몬 (1장)

다윗의 아들 예루살렘 왕 전도자[솔로몬]의 말씀이라 전도자가 이르되 헛되고 헛되며 헛되고 헛되니 모든 것이 헛되도다(전 1:1-2).

시작부터 '헛되다'는 말이 다섯 번이나 반복된다. 전도서 1장부터 12장까지 '헛되다'라는 뜻을 가진 히브리어 '헤벨'이 무려 38회나 등장한다. 그래서 전도서를 다 읽고 나면 기분이 좋지 않고 허무한 마음이 들 수도 있다. 최고의 지혜와 부를 누렸던 솔로몬왕의 인생 결론이 이 땅에서 잘 살아 봐야 다 헛되다는 것이다. 그렇다면 우리는 어떻게 살아야 할지 고민하게 된다.

전도서는 '해 아래'에서의 삶이 헛되다고 말한다.

> 해 아래에서 수고하는 모든 수고가 사람에게 무엇이 유익한가(전 1:3).

> 내가 해 아래에서 행하는 모든 일을 보았노라 보라 모두 다 헛되어 바람을 잡으려는 것이로다(전 1:14).

그렇다면 '해 위는 어떨까'라는 질문을 던져 보자.

쾌락과 성공의 공허함(2장)

솔로몬은 자신이 하고 싶은 것을 다 하고 누리며 살았다고 고백한다(전 2:4-8절 참조).

"나는 내 사업을 크게 하였고, 나를 위하여 집들을 짓고 포도원을 일구었으며, 여러 동산과 과원을 만들고, 수목을 기르는 삼림에 물을 주기 위해 못들을 팠다. 노비를 사기도 하고, 집에서 종들이 태어나기도 했으며, 나보다 먼저 예루살렘에 있던 모든 자들보다도 소와 양 떼를 더 많이 가졌다. 은과 금, 왕들과 여러 지방의 보배를 나를 위하여 쌓고, 노래하는 남녀들과 인생들이 기뻐하는 처첩도 많이 두었다."

그러나 이 모든 것은 하나님이 아닌 자신을 위해 한 일이었다.

모든 일에는 때가 있다(3-7장)

전도서 3장 1-8절은 기독교뿐 아니라 신문이나 사설, 수필 등에서도 많이 인용되는 구절이다.

> 범사에 기한이 있고 천하만사가 다 때가 있나니 날 때가 있고 죽을 때가 있으며 심을 때가 있고 심은 것을 뽑을 때가 있으며 죽일 때가 있고 치료할 때가 있으며 헐 때가 있고 세울 때가 있으며 울 때가 있고 웃을 때가 있으며 슬퍼할 때가 있고 춤출 때가 있으며 돌을 던져 버릴 때가 있고 돌을 거둘 때가 있으며 안을 때가 있고 안는 일을 멀리할 때가 있으며 찾을 때가 있고 잃을 때가 있으며 지킬 때가 있고 버릴 때가 있으며 찢을 때가 있고 꿰맬 때가 있으며 잠잠할 때가 있고 말할 때가 있으며 사랑할 때가 있고 미워할 때가 있으며 전쟁할 때가 있고 평화할 때가 있느니라(전 3:1-8).

여기서 '때가 있다'는 말이 스물아홉 번 반복된다. 왜 이렇게 허무함을 느끼게 되는 것일까? 그 해답은 예레미야 2장 13절에서 찾을 수 있다.

> 내 백성이 두 가지 악을 행하였나니 곧 그들이 생수의 근원 되는 나를 버린 것과 스스로 웅덩이를 판 것인데 그것은 그 물을 가두지 못할 터진 웅덩이들이니라.

성경은 공허함과 허전함의 원인을 창조주와의 단절에서 찾는다. 마치 자신이 모든 것을 할 수 있는 것처럼 착각할 때 허무함이 찾아온다는 것이다. 그러나 솔로몬은 "하나님을 경외하는 자는 이 모든 일에서 벗어날 것임이니라"(전 7:18)라고 말한다. 수많은 것으로도 채워지지 않는 공허함이지만, 여호와께 매달릴 때 해결될 수 있음을 강조한다.

너의 창조주를 기억하라(12장)

너는 청년의 때에 너의 창조주를 기억하라 곧 곤고한 날이 이르기 전에, 나는 아무 낙이 없다고 할 해들이 가깝기 전에(전 12:1).

여기서 말하는 청년은 단순히 젊은 나이를 뜻하는 것이 아니다. 자신감이 넘치고 두려움이 없을 때, 곧 교만이 하늘을 찌를 때야말로 창조주를 기억해야 한다는 것이다. 허무하고 곤고한 날은 반드시 오게 되어 있으므로, 그러기 전에 반드시 창조주를 기억하라는 것이 솔로몬의 마지막 당부다.

흙은 여전히 땅으로 돌아가고 영은 그것을 주신 하나님께로 돌아가기 전에 기억하라(전 12:7).

우리에게는 창조주가 있으니 반드시 그분을 기억해야 한다는 것이다.

전도자가 이르되 헛되고 헛되도다 모든 것이 헛되도다(전 12:8).

일의 결국을 다 들었으니 하나님을 경외하고 그의 명령들을 지킬지어다 이것이 모든 사람의 본분이니라 하나님은 모든 행위와 모든 은밀한 일을 선악 간에 심판하시리라(전 12:13-14).

솔로몬은 많은 이방 여인을 사랑했다. 하나님은 이를 신명기를 통해 경고하셨다.

또 그들[이방인들]과 혼인하지도 말지니 … 그가 네 아들을 유혹하여 그가 여호와를 떠나고 다른 신들을 섬기게 하므로(신 7:3-4).

그런데 솔로몬은 그 말을 듣지 않고 700명의 후궁과 300명의 첩을 들였다. 그들이 들고 들어온 우상들은 솔로몬을 망쳐 놓았으며, 결국 갖가지 산당을 예루살렘 동쪽 산에 짓게 했다.

사실 하나님은 솔로몬에게 두 번이나 나타나 경고하셨다.

"다른 신을 따르지 말아라."

그러나 솔로몬이 듣지 않자 하나님은 "반드시 이 왕국을 떼어 네 신하에게 줄 것이다"라고 말씀하셨다.

열왕기상 2

이스라엘의 분열(12:1-24)

솔로몬이 죽은 뒤, 이스라엘 백성은 그의 아들 르호보암을 왕으로 세우려고 세겜에 모인다. 이때 솔로몬을 피해 애굽으로 도망가 있던 여로보암도 돌아온다. 이스라엘 백성은 여로보암이 자신들의 입장을 르호보암에게 말해 줄 것을 요구한다.

"솔로몬왕이 우리에게 너무 힘들고 무거운 멍에를 씌웠습니다. 그것을 가볍게 해 주신다면 당신을 왕으로 섬기겠습니다."

솔로몬은 20년 동안 성전과 궁전을 건설하고 세금을 요구한 일로 백성을 많이 힘들게 했었다. 르호보암은 그들에게 3일 뒤에 다시 오라고 하고는, 먼저 솔로몬을 섬기던 원로들과 의논하여 그들의 이야기를 들어주라는 조언을 받는다. 하지만 르호보암은 젊은 사람들에게도 묻는다. 그들은 요구를 들어주면 안 된다고, 만일 한 번 들어주면 계속 요구할 거라며 더 무거운 짐을 지우라고 조언한다. 3일 뒤, 여로보암과 사람들이 왔을 때 르호보암은 이렇게 말한다.

"솔로몬은 너희를 채찍으로 쳤으나, 나는 그것보다 더한 전갈 채찍으로 치려 한다."

이때 백성은 분노한다. 그래서 유다 지파와 베냐민 지파를 제외한 열 지파가 북쪽으로 올라가 에브라임 산지에 세겜과 부느엘을 건축하고 나라를 세운다. 이렇게 해서 사울, 다윗, 솔로몬으로 이어져 오던 통일 왕국은 끝나고, 이스라엘은 남유다와 북이스라엘로 나뉘게 된다(B.C. 930년).

악한 왕들의 탄생(12:25-33)

북이스라엘의 여로보암은 하나님이 세우신 왕이었다. 그러나 그는 하나님의 기대에서 벗어나게 행했다. 그의 마음 안에 불안감이 생긴 것이다. 북이스라엘 백성이 1년에 세 번씩 예루살렘 성전에 가서 제사를 드리다 보면 결국 마음이 남유다 르호보암왕에게로 넘어갈 것이라는 두려움이었다.

> 그의 마음에 스스로 이르기를 나라가 이제 다윗의 집[남유다 르호보암왕]으로 돌아가리로다(왕상 12:26).

불안해진 여로보암은 단과 벧엘에 금송아지 우상을 세우고 백성에게 이렇게 말한다.

너희가 다시는 예루살렘에 올라갈 것이 없도다 이스라엘아 이는 너희를 애굽 땅에서 인도하여 올린 너희의 신들이라(왕상 12:28).

이에 북이스라엘에 살고 있던 레위인들이 왕에게 저항한다.

"왕이여, 무엇을 하시는 겁니까? 금송아지를 섬기다니, 이것은 하나님을 거역하는 일입니다."

그러나 여로보암은 그들의 항의를 무시하고 레위인 제사장들을 다 잘라 버린다. 그 후 제사를 집례할 제사장이 없어지자, 여로보암은 자기 마음대로 제사장을 뽑는다. 시간이 지나면서 백성을 제대로 가르쳐 줄 수 있는 사람이 사라지자, 백성은 우상을 섬기면서도 자신들이 하나님을 믿는다고 착각하게 된다.

여로보암 한 사람의 잘못으로 북이스라엘은 점점 망하는 길로 들어서게 된다. 이후 성경은 "여로보암의 길로 행하였더라"라는 말을 유행어처럼 반복해서 사용한다.

결국 북이스라엘에 살던 레위인들은 그 땅을 떠나 흩어져 버린다. 이 내용은 역대하에 기록되어 있다.

온 이스라엘의 제사장들과 레위 사람들이 그들의 모든 지방에서부터 르호보암[남유다 왕]에게 돌아오되 레위 사람들이 자기들의 마을들과 산업을 떠나 유다와 예루살렘에 이르렀으니 이는 여로보암과 그의 아들들이 그들을 해임하여 여호와께 제사장의 직분을 행하지 못하게 하고 여로보암이 여러 산당과 숫염소 우상과 자기가 만든 송아지 우상을 위하여 친히 제사장들을 세움이라 이스라엘 모든 지파 중에 마음을 굳게 하여 이스라엘의 하나님 여호와를 찾는 자들이 레위 사람들을 따라 예루살렘에 이르러 그들의 조상들의 하나님 여호와께 제사하고자 한지라(대하 11:13-16).

하나님의 사람의 예언(13장)

어느 날, 여로보암이 제단 곁에서 분향을 하고 있었다. 분향은 제사장만이 할 수 있는 일인데, 여로보암이 자신의 마음대로 행한 것이다. 그때 하나님께서 보내신 한 선지자가 남유다 땅에서 북이스라엘 벧엘까지 와서 여로보암에게 하나님의 말씀을 전한다.

"다윗의 집에서 요시야라는 왕이 나타나 이곳을 다 쓸어 버릴 것입니다!"

이 말은 결국 현실이 되어서 남유다의 요시야왕이 북이스라엘 벧엘에 올라와 우상을 섬기던 제단들을 모조리 없애 버린다.

> 전에 이스라엘 여러 왕이 사마리아 각 성읍에 지어서 여호와를 격노하게 한 산당을 요시야가 다 제거하되 벧엘에서 행한 모든 일대로 행하고 또 거기 있는 산당의 제사장들을 다 제단 위에서 죽이고 사람의 해골을 제단 위에서 불사르고 예루살렘으로 돌아왔더라(왕하 23:19-20).

그야말로 요시야가 싹 정리해 버린 것이다.

북이스라엘 왕조의 몰락(14-16장)

북이스라엘은 여로보암부터 마지막 왕 호세아까지 왕조가 아홉 번이나 바뀌고, B.C. 722년 앗수르에 의해 멸망하기까지 208년 동안 열아홉 명의 왕이 교체된다. 그런데 이 왕들의 공통점이 있다.

모두 하나님 보시기에 악을 행했고, 모두 여로보암의 길을 따랐다는 것이다. 단 한 명도 하나님의 마음에 드는 왕이 없었다.

1. 여로보암 왕조(이때는 수도가 세겜이었다.)
2. 나답-바아사-엘라(바아사가 수도를 디르사로 옮겼다.)
3. 시므리 왕조(시므리는 약 7일 정도만 왕위에 있었다.)
4. 오므리 왕조(오므리왕은 12년 동안 통치했는데, 6년은 디르사에서, 이후에는 사마리아로 수도를 옮겼다.)

오므리는 다윗과 솔로몬에 버금가는 왕이었다. 군사적으로 주변 나라를 정복했고, 정치 및 경제적으로도 안정을 이루었다. 그러나 그는 결정적인 잘못을 저질렀다. 두로와 시돈의 엣바알과 사돈을 맺었는데, 엣바알은 '바알과 함께하는 자'라는 뜻을 가진 제사장이자 왕이었다. 오므리는 엣바알의 딸 이세벨을 자신의 아들 아합과 결혼시켰는데, 이세벨이 북이스라엘에 들어올 때 바알과 아세라 선지자 850명을 데리고 와서 북이스라엘을 우상화시켰다. 아무리 경제, 정치, 사회적으로 뛰어나다 할지라도, 하나님이 보시기에 오므리는 악한 왕이었다.

여기서 한 가지 더 짚고 넘어가야 할 것이 있다. 아합이 북이스라엘의 왕으로 있을 때, 남유다의 왕은 여호사밧이었다. 그런데 아합과 이세벨 사이에서 태어난 딸 아달랴와 여호사밧의 아들 여호람이 결혼했다. 그리고 아달랴는 어머니 이세벨이 섬기던 바알 신앙을 남유다에 들여와 퍼뜨렸다. 오므리가 열어 놓은 길로 우상이 들어와 북이스라엘과 남유다까지 무너지게 된 것이다.

열왕기상은 북이스라엘의 아합왕과 그 시대에 하나님이 보내신 선지자 엘리야의 이야기로 이어진다.

비를 그치시는 하나님(17장)

아합왕 시대에 하나님이 보내신 선지자가 바로 엘리야다. 엘리야는 "여호와의 말씀이 있기 전까지 수년 동안 비뿐만 아니라 이슬 한 방울도 내리지 않을 것이다"라고 선포한 뒤 쌩~ 하고 도망가 버린다. 이후 엘리야는 요단 근처 시냇가에 숨어서 까마귀들이 물어다 주는 고기와 떡으로 연명한다. 까마귀들도 정말 대단한 게, 입에 고기가 물려 있으면 바로 먹고 싶을 텐데, 하나님의 말씀에 순종해 여러 번 엘리야에게 가져다준다.

가뭄이 심해져 시냇물마저 마르자, 하나님은 엘리야에게 시돈 땅 사르밧으로 가서 머물라고 하신다. 엘리야는 그곳에서 만난 한 과부에게 물과 떡을 달라고 부탁한다. 그러자 과부는 "떡은 없고, 남은 것은 가루와 기름 조금뿐입니다"라고 말한다. 그 말을 들은 엘리야는 "두려워하지 말고, 그 가루로 먼저 내 떡을 하나 만든 후에 당신과 아들의 것을 만드시오. 하나님이 가뭄이 끝날 때까지 밀가루와 기름이 떨어지지 않을 거라고 하셨소"라고 말한다. 과부가 엘리야의 말대로 하자, 하나님의 약속대로 그 집에는 먹을 것이 끊이지 않게 된다.

3년 반의 가뭄과 갈멜산 대결(18장)

정말로 3년이 넘도록 비 한 방울 내리지 않았다. 결국 아합왕은 물의 근원을 찾기 위해 신하 오바댜와 함께 길을 나선다. 그러던 중에 오바댜가 엘리야와 만나게 되는데, 엘리야가 자신이 그곳에 있음을 아합에게 전하라고 하자 오바댜가 두려워 떨며 말한다.

"나는 하나님을 경외하는 자이며, 이세벨이 여호와의 선지자들을 죽일 때 100명을 몰래 숨겨 떡과 물을 먹였소. 그런데 내가 지금 아합에게 말했다가 만일 당신이 사라져 버리면, 나는 거짓말쟁이가 되어 죽임을 당할 것이오."

엘리야는 그럴 일은 없으니 전하라고 한다. 이후 소식을 듣고 엘리야를 만난 아합이 말한다.

"이스라엘을 괴롭게 하는 자여, 너냐?"

악당을 보면 늘 남 탓을 한다. 하나님의 말씀을 따르지 않고 우상을 섬기며 나라를 망쳤기 때문에 이렇게 된 것인데, 아합은 엘리야가 그렇게 말했기 때문에 비가 내리지 않는다고 생각한 것이다. 엘리야도 두려운 것이 없다.

"내가 괴롭게 한 것이 아니라, 당신과 당신의 아내가 여호와의 명령을 버리고 바알을 따랐기 때문이오."

그런데 이상하다. 바알과 아세라는 풍요의 신이라면서 왜 비를 내리지 못할까? 인간이 만든 우상이기에 아무런 능력이 없는 것이다. 비는 오직 하나님이 주관하신다.

이후 엘리야는 아합왕에게 이야기해서 바알과 아세라 선지자 850명을 갈멜산에 모이게 한다. 과연 누가 참 신인지를 가리기 위해서다.

엘리야가 말한다.

> 너희가 어느 때까지 둘 사이에서 머뭇머뭇하려느냐 여호와가 만일 하나님이면 그를 따르고 바알이 만일 하나님이면 그를 따를지니라(왕상 18:21).

하지만 백성은 한마디도 못 한다.

바알과 하나님 중 누가 참 신인지를 가려내는 방법은 이렇다. 나무를 벌여 놓고 제물을 올린 후 기도했을 때 하늘에서 불이 내려와 태우면 이기는 것이다. 먼저 바알의 선지자들이 시작한다. 그들은 송아지를 가져다가 잡고 아침부터 바알의 이름을 부르며 “바알이여, 불을 내리소서. 바알이여, 불을 내리소서”라고 말한다. 벌써 지겹다. 이렇게 아침부터 제단 주위에서 바알의 이름을 부르며 뛰논다.

정오가 되자 엘리야가 그들을 조롱하며 외친다.

“야, 좀 큰 소리로 불러 봐. 귀가 안 들리는 거 아냐? 묵상하거나, 잠깐 나갔거나, 자고 있어서 깨워야 하는 건 아니겠지?”

바알의 선지자들은 백성이 보는 앞에서 바알이 응답을 안 하니 마음이 급해서 흥분한 상태로 자신의 몸에 칼과 창으로 상처를 내며 피를 흘린다. 하지만 저녁까지 아무 소리도 나지 않는다. 왜 응답을 안 할까? 원래부터 없기 때문이다. 우상은 존재하는 것이 아니라, 사람에 의해 만들어진 것이다.

이제 엘리야 차례다. 그는 제단을 수축하고 도랑을 만든다. 그리고 사람들에게 물을 떠 오게 한다. 그들은 지금 산꼭대기에 있고, 3년 동안 비가 오지 않아서 물을 찾기 어려운 상황이다. 그럼에도 순종하여 물을 가득 떠 온다. 엘리야는 그 물을 번제물과 나무 위에 붓고, 그렇게 세 번을 반복한다. 그렇게 해서 도랑까지 물이 흥건하게 찼다. 이렇게 물을 부은 것은, 혹시라도 불이 우연히 붙었다고 생각할까 봐 물을 아예 가득 부어 오해를 없애려 한 것이다. 그러고 나서 엘리야는 하나님께 기도한다.

“응답하소서. 이 백성에게 당신이 하나님인 것을 알게 하소서.”

그러자 여호와의 불이 내려서 번제물과 나무와 돌과 흙을 태우고 도랑의 물까지 싹 핥아 버린다. 이것을 본 사람들은 너무 놀라서 자기도 모르게 “여호와는 하나님이시로다"라고 고백한다. 엘리야는 바알의 선지자 450명을 죽이고 갈멜산 꼭대기에 올라가 땅에 엎드려 얼굴을 무릎과 무릎 사이에 넣고 비가 오기를 기도한다.

잠시 후, 엘리야는 사환을 보내어 지평선을 보면서 비가 오는지를 확인하게 한다. 사환은 아무것도 보이지 않는다고 했으나 일곱 번까지 확인하라고 한다. 일곱 번이라는 것은 엄청 많이 했다는 것이다. 될 때까지 한 것이다. 기도는 될 때까지 하면 된다. 그래도 안 이루어지는 것은 안 되는 것이다. 일곱 번째에 이르러 작은 구름이 보이더니 큰비가 내리기 시작한다. 3년 6개월 만에 내리는 비다.

슬럼프에 빠진 엘리야(19장)

아합이 집으로 돌아와 부인 이세벨에게 갈멜산에서 있었던 일을 전한다. "자기야, 오늘 갈멜산에서 난리 났었어. 엘리야가 바알 선지자들과 맞붙었는데…" 하면서 전투 소식을 말해 준다. 이에 이세벨은 격분한다.

"감히 내 선지자들을 죽여? 엘리야, 너도 똑같이 죽여 주마!"

이 소식을 들은 엘리야는 낙담하여 사환을 데리고 브엘세바까지 도망간다. 엄청 먼 거리다. 그는 거기서 하룻길을 더 가 광야의 한 로뎀나무 아래에서 기도한다.

"여호와여, 제 생명을 거두어 주십시오. 너무 힘듭니다. 다 내려놓고 죽고 싶습니다."

그의 마음에 하나님을 향한 불평불만이 일어났다. 그는 갈멜산 대결에서 승리하면 바알 우상이 무너지고 여호와 신앙이 회복될 거라 믿었다. 그러나 상황은 바뀌지 않았고, 오히려 자기를 죽이려는 이세벨은 더 포악해졌다. '하나님, 이게 뭡니까?' 하는 생각이 들었다. 그때 하나님은 엘리야에게 천사를 보내어 음식을 먹이고 힘을 내게 하신다. 그 후 엘리야는 40일을 걸어 호렙산에 이른다. 하나님은 그에게 물으신다.

"네가 어찌하여 여기 있느냐?"

엘리야가 대답한다.

"제가 하나님께 열심이 유별한데, 이스라엘 자손이 주의 언약을 버리고 제단을 헐며 칼로 주의 선지자들을 죽였으며, 오직 저만 남았는데 그들이 제 생명을 찾아 빼앗으려 합니다."

하나님은 엘리야를 산 위에 세우신다. 여호와께서 지나가시는데, 강한 바람이 산을 가르고 바위를 부수지만 보이지 않으신다. 지진과 불도 있었으나 거기에도 계시지 않는다. 그런데 작은 소리가 들린다. 엘리야가 듣고 겉옷으로 얼굴을 가리고 서니 여호와께서 다시 물으신다.

"네가 어찌하여 여기 있느냐?"

엘리야도 같은 대답을 반복한다.

"제가 하나님께 열심이 유별한데, 이스라엘 자손이 주의 언약을 버리고 제단을 헐며 칼로 주의 선지자들을 죽였으며, 오직 저만 남았는데 그들이 제 생명을 찾아 빼앗으려 합니다."

이 말은 '저만 하나님의 일을 하는 것 같아요. 저 좀 보호해 주세요'라는 엘리야의 어리광 혹은 투정 같은 것이다. 그러자 하나님은 낙담하고 있는 엘리야를 위로하며 말씀하신다.

> 내가 이스라엘 가운데에 칠천 명을 남기리니 다 바알에게 무릎을 꿇지 아니하고 다 바알에게 입 맞추지 아니한 자니라(왕상 19:18).

여기 7천은 그만큼 많은 숫자라는 표현이다. 하나님은 때가 되면 그들을 통해 왕국을 회복시키실 것이다. 그러니 너무 외롭다고 생각하지 말자. 하나님의 사람은 구석구석에 살아 있다. 돌아보면 진심으로 하나님을 사랑하는 사람을 많이 만날 수 있다.

하나님은 엘리야에게 새로운 사명을 주신다. 그를 대신해서 엘리사를 세우고, 예후에게 기름을 부어 이스라엘의 왕이 되게 하라고 하신다. 이에 엘리야는 소를 몰며 밭을 갈고 있는 엘리사를 찾아가 자신의 겉옷을 던진다. 이것은 선지자를 부르는 양식이다. 엘리사는 그것을 알고 소를 잡아 동네 사람들과 잔치한 후 엘리야를 따라나선다.

나봇의 포도원 (21장)

한편, 이스르엘에 나봇이라는 사람이 있었는데, 그가 가진 포도원이 왕궁 가까이에 있었다. 아합은 그 땅이 탐나서 나봇에게 포도원을 팔라고 제안하지만, 나봇은 조상의 유산이라 팔 수 없다며 거절한다.

> 내 조상의 유산을 왕에게 주기를 여호와께서 금하실지로다(왕상 21:3).

하나님이 조상들에게 나누어 주신 땅은 함부로 팔 수 없다는 것이 나봇의 신앙이었다. 아합은 이 일로 속상해하며 집에 돌아가 밥도 먹지 않고 드러눕는다. 이세벨이 이유를 묻자, 그는 나봇의 포도원이 갖고 싶다고 말한다.

"당신은 왕이잖아요! 원하는 건 뭐든지 가질 수 있어요! 내가 그 포도원을 빼앗아 줄 테니 일어나서 어서 밥 드세요!"

그러고 나서 이세벨은 나봇의 동네에 편지를 보낸다.

'두 명의 증인을 세워 나봇이 하나님과 왕을 저주했다 하고 돌로 쳐 죽여라.'

사람들은 이세벨이 하라는 대로 거짓 증인을 세워서 나봇을 돌로 쳐 죽인다. 이후 이세벨은 아합에게 달려가 말한다.

"여보, 나봇이 죽었어요! 포도원은 이제 당신 거예요! 가져요!"

아합은 나봇이 죽었다는 이야기를 듣고 포도원을 차지하러 간다. 그때 여호와께서 엘리야를 보내어 이 말씀을 전하게 하신다.

"네가 죽이고 또 빼앗았느냐? 개들이 나봇의 피를 핥은 곳에서 너와 이세벨의 피도 핥을 것이다."

아합이 엘리야에게 묻는다.

"나를 찾느냐?"

이에 엘리야가 대답한다.

"그렇소, 찾았소. 당신이 자신을 팔아 여호와 보시기에 악을 행했으니, 하나님이 재앙을 내려 당신을 쓸어 버리실 것이오. 당신에게 속한 남자는 다 없애실 것이며, 이세벨도 그리 될 것이오! 이세벨이 당신을 부추겼기 때문이오!"

아합은 엘리야의 예언을 듣고 두려워하여, 옷을 찢고 굵은 베로 몸을 동이고 금식하며 풀이 죽어 다닌다. 하나님은 그 모습을 보고 엘리야에게 말씀하신다.

"아합이 회개하는구나. 내가 재앙을 아합 시대에는 내리지 않고, 그의 아들 시대에 내리겠다."

아합의 죽음 (22장)

아합왕이 드디어 최후를 맞는다. 이 무렵 북이스라엘의 아합왕과 남유다의 여호사밧왕은 사돈 관계였다. 여호사밧은 선한 왕이었는데 그만 사돈 관계를 맺는 실수를 범하고 말았다.

아합은 여호사밧에게 함께 길르앗 라못을 빼앗자고 제안한다. 그러고는 싸우러 나가기 전에 거짓 선지자 400명에게 반드시 이길 거라며 바람을 잡게 한다. 신실한 왕 여호사밧은 여호와의 선지자인 미가야도 불러서 물어본다. 처음에는 "올라가서 승리를 얻으소서 여호와께서 그 성읍을 왕의 손에 넘기시리이다"(왕상 22:15)라고 했으나, 진실하게 말하라고 다그치자 미가야가 말한다.

"여호와께서 '누가 아합을 꾀어 길르앗 라못에 가서 죽게 할꼬?' 하시니 한 영이 거짓말을 모든 선지자의 입에 넣어 성공시키겠다고 하였고, 하나님은 허락하셨습니다."

결국 그들은 길르앗 라못으로 올라간다. 아합은 변장을 하고, 여호사밧은 왕복을 입고 전쟁터로 나간다. 아람 왕은 이스라엘 왕만 잡으라고 명령했기에 왕복을 입은 여호사밧이 표적이 되지만, 소리를 지르는 것을 보고 아닌 것을 알게 된다. 그때 한 아람 병사가 무심코 활을 당겼는데, 아합왕이 그 화살에 맞는다. 아합이 변장을 했기에 아무도 왕인 줄 몰랐다.

"나 왕이야! 급하니 빨리 치료하러 가자!"

살기 위해 급하게 전쟁터를 나가려 했으나, 전쟁이 너무도 맹렬해서 빠져나갈 수 없었다. 그는 피를 너무 많이 흘려 결국 죽고 만다. 병거에 묻은 피를 사마리아 못에서 씻으니 그 피를 개들이 핥았다. 엘리야의 예언처럼 아합은 처참하게 죽는다.

열왕기하 1

아하시야의 실패와 죽음(1장)

북이스라엘 아합왕이 죽고, 그의 아들 아하시야가 왕이 되었다. 그러던 어느 날, 아하시야는 다락 난간에서 떨어지는 사고를 당해 크게 다친다. 그렇게 아프면 여호와께 구해야 하는데, 그는 그러지 않고 에그론의 신 바알세붑에게 자신의 병이 나을 수 있을지 물어보라며 신하들을 보낸다. 이에 여호와의 사자가 엘리야 선지자에게 "아하시야가 죽을 것이다!"라고 전하게 하신다. 그 말을 들은 아하시야는 화가 나서 엘리야를 잡아 오라고 명한다. 그러나 엘리야를 잡을 수 없었고, 결국 하나님의 말씀대로 아하시야는 죽고 만다.

아하시야의 아버지는 아합이고, 어머니는 두로와 시돈에서 바알과 아세라를 섬기던 이세벨이다. 이세벨은 850명의 우상 선지자들을 북이스라엘로 데려온 사람이며, 외할아버지는 엣바알이다. 성경은 아하시야에 대해 이렇게 평가한다.

> 유다의 여호사밧왕 제 십칠 년에 아합의 아들 아하시야가 사마리아에서 이스라엘의 왕이 되어 이 년 동안 이스라엘을 다스리니라 그가 여호와 앞에서 악을 행하여 그의 아버지[아합]의 길과 그의 어머니[이세벨]의 길과 이스라엘에게 범죄하게 한 느밧의 아들 여로보암[북이스라엘의 첫 왕]의 길로 행하며 바알을 섬겨 그에게 예배하여 이스라엘의 하나님 여호와를 노하시게 하기를 그의 아버지의 온갖 행위같이 하였더라(왕상 22:51-53).

아하시야에게는 아들이 없었기에, 그의 형제이자 아합의 또 다른 아들 여호람이 왕이 된다. 북이스라엘의 왕이 여호람일 때, 남유다의 왕 역시 여호사밧의 아들 여호람이었다.

엘리야와 엘리사 (2:1-18)

엘리야 선지자를 엘리사가 졸졸 따라다닌다. 엘리사는 여리고에서 요단까지 엘리야를 따라간다. 엘리야가 요단강 앞에서 겉옷을 말아 물을 치니, 물이 이리저리로 쫙 갈라져 둘은 마른 땅 위로 건너게 된다. 엘리야가 엘리사에게 무엇을 원하느냐고 묻자 엘리사는 "스승님이 가지고 있는 성령의 능력의 두 배를 받기 원합니다"라고 고백한다. 엘리야는 자신이 하늘 위로 올라가는 것을 두 눈으로 목격하면 그렇게 될 거라고 말한다. 아마 엘리사는 엘리야가 떠난 뒤 맞이할 더 어려운 현실을 느끼며 두려워하고 있었을 것이다.

드디어 엘리야가 회오리바람을 타고 하늘로 올라간다. 그것을 목격한 엘리사가 외친다.

> 내 아버지여 내 아버지여 이스라엘의 병거와 그 마병이여(왕하 2:12).

무슨 뜻일까? 병거와 마병은 나라를 지키는 도구요, 수호자다. 이스라엘을 지키는 분은 하나님이시고, 그 대리자는 선지자다. 이는 곧 엘리야가 이스라엘의 수호자라는 것을 의미한다. 나중에 엘리사가 죽을 때, 이스라엘 왕이 똑같이 말한다.

엘리사는 엘리야가 그냥 간 것에 대한 섭섭한 마음이 있었을지도 모른다. 그때 엘리야의 옷이 툭 떨어진다. 엘리사는 그 겉옷을 돌돌 말아 요단강을 쳐 본다. 그때 "엘리사의 하나님!"이라고 말해야 하는데 자신이 없어서 "엘리야의 하나님!"이라고 외친다. 그래도 물은 갈라진다. 이런 능력을 베푸니 사람들이 놀라며 말한다.

"엘리야의 영감이 드디어 임했군요."

엘리야의 갑절의 능력을 받다 (2:19-6:7)

'엘리사'라는 이름은 '하나님은 구원이시다'라는 뜻이다. 엘리사는 엘리야보다 성경에 두 배 이상의 에피소드가 기록되어 있다.

물 근원을 고치다

여리고 사람들은 아하시야처럼 바알에게 가지 않고, 엘리사를 찾아와 성읍의 위치는 좋지만 물이 나빠서 열매가 익지 못하고 바로 떨어진다며 자신들의 고충을 이야기한다. 그러자 엘리사는 소금을 가져오라 하고는 물 근원지로 가서 소금을 던지며 외친다.

> 여호와의 말씀이 내가 이 물을 고쳤으니 이로부터 다시는 죽음이나 열매 맺지 못함이 없을지니라(왕하 2:21).

'하나님은 구원이시다.'

과부의 기름 그릇을 채우다

어느 날, 엘리사의 제자의 아내가 엘리사를 찾아온다.

"남편이 죽고 빚이 많아 두 아이가 종으로 팔려가게 되었어요!"

"집에 무엇이 있느냐?"

"기름 조금 외에는 아무것도 없습니다."

이에 엘리사는 빈 그릇들을 빌려와 기름을 부어 채우라고 한다. 여인이 그 말대로 행하자, 계속해서 기름이 채워지는 기적이 일어난다.

"여자여! 그것을 팔아서 빚을 갚고 아들들과 함께 생활하거라."

'하나님은 구원이시다.'

수넴 여인의 아이를 살리다

엘리사가 수넴 쪽을 지날 때면 항상 지극정성으로 섬겨 주던 부부가 있었다. 그들은 엘리사를 위해 방을 만들고 침상과 책상, 의자, 촛대까지 준비해 두었다. 그 마음이 너무도 고마워서 엘리사가 사환에게 그들이 필요한 것이 무엇이냐고 물으니, 그들은 아이가 없다고 한다. 엘리사는 그들에게 1년 뒤에 아들을 갖게 될 거라고 말했고, 말한 그대로 이루어진다.

그러나 어느 날, 그 아이가 머리가 아프다고 하더니 죽고 만다. 아이의 어머니는 갈멜산으로 올라가 엘리사에게 아들을 살려 달라고 한다. 엘리사가 보니 아이는 이미 몸이 싸늘하게 식어 있다. 엘리사는 아이 위에 엎드려 자신의 입과 눈과 손을 아이에게 맞대고 지극정성으로 돌본다. 그러자 아이의 몸이 따뜻해져 가기 시작한다. 엘리사가 다시 내려와서 집안을 다니며 또 아이에게 엎드리자, 아이가 일곱 번 재채기하고 눈을 뜬다. 그렇게 그 아이를 살린다.

'하나님은 구원이시다.'

두 가지 기적을 행하다

또 다른 이야기도 있다. 엘리사가 길갈에 있을 때 흉년이 들어 먹을 것이 없었다. 선지자의 제자들이 채소를 가져와서 국을 끓이는데, 그 안에 독이 들어간다. 힘들게 먹을 것을 구해 왔는데 배가 고픈 사람들이 먹지 못하자 원망한다. 이때 엘리사가 가루를 가져와서 솥에 넣으니 독이 없어진다.

또 어떤 사람이 보리떡 스무 개와 채소를 가져다 엘리사에게 바친다. 엘리사가 100명에게 나누어 주라 하자 이것으로 어떻게 100명이 먹느냐며 투덜대지만, 그것을 먹고 남을 거라 하셨다는 여호와의 말씀을 전한다. 과연 그 말씀대로 먹고도 남는다. 예수님의 오병이어가 떠오르는 장면이다.

'하나님은 구원이시다.'

나아만 장군의 나병을 고치다

아람의 군대 장관 나아만은 나병 환자로 그동안 어떤 방법으로도 고칠 수 없었다. 그때 이스라엘에서 포로로 끌려온 한 소녀가 나아만의 아내에게 말한다.

"이스라엘에는 엘리사라는 선지자가 있는데, 그는 죽은 자도 살리고 기적도 일으킵니다. 장군님도 살릴 수 있지 않을까요?"

나아만이 이 말을 아람 왕에게 전하자, 아람 왕은 이스라엘 왕에게 많은 보물과 편지를 주며 나아만을 살려 달라고 한다. 하지만 이스라엘 왕은 놀라서 옷을 찢으며 말한다.

"내가 하나님이야? 그 병을 어떻게 고쳐! 이건 분명 명분을 찾아서 전쟁을 일으키려는 거야!"

엘리사가 그 소식을 듣고 왕에게 말한다.

"걱정하지 말고 그 사람을 저에게 보내십시오."

나아만이 엘리사의 집에 도착했지만, 엘리사는 나와 보지도 않고 종을 시켜서 말을 전한다.

"저기요, 요단강으로 가서 몸을 일곱 번 씻으라고 하시네요!"

이 말을 들은 나아만은 분노한다.

"나는 엘리사가 나와서 여호와의 이름을 부르고 손을 그 부위 위에 흔들어서 나병을 고칠 거라고 생각했다. 그럴 바에는 다메섹강이 요단강보다 더 낫지 않으냐? 거기서 씻으면 더 빨리 나을 것이다."

나아만은 여기까지 왔으니 엘리사가 직접 피고름 나는 곳에 손을 대고 안수하며 "주여!" 하고 기도하기를 기대했던 것이다. 그런데 나와 보지도 않고 요단강에 가서 씻으라는 말에 화가 나서 돌아가려 할 때, 그의 현명한 종들이 그를 막으면서 "병을 낫게 해 준다면 그보다 더한 일도 할 텐데, 씻는 것을 왜 못 하십니까?"라고 말한다. 나병이 낫는다는데 더 어려운 것을 시켜도 할 판에 왜 그것을 못 하느냐고, 한번 해 보고 안 되면 그때 난리를 치든지 하라는 것이다. 종들의 용기가 대단하다. 나아만은 내키지 않았으나, 종들의 말을 듣고 요단강에 들어간다.

한 번, 두 번, 세 번. 여섯 번까지 했는데도 변화가 없다.

"나 안 해!"

그러자 종들이 외친다.

"한 번 더! 한 번 더!"

그렇게 일곱 번째 몸을 담그는 순간, 그의 온몸이 깨끗이 낫는다. 너무도 기쁜 마음에 나아만은 엘리사에게 예물을 주려 하지만 엘리사는 받지 않는다. 그러자 나아만은 고백한다.

"이제 여호와 외에는 신이 없는 줄 알겠습니다. 그런데 제가 아람에 돌아가면 왕이 림몬의 신당에서 다른 우상을 섬길 때 몸을 굽혀야 하는데, 용서해 주십시오."

그는 이제 여호와 하나님을 믿게 되었다.

'하나님은 구원이시다.'

쇠도끼를 찾다

어느 날, 제자들이 자신들이 거주하는 집을 더 크게 만들기 위해 나무를 베러 갔다가 빌려 온 쇠도끼를 연못에 빠뜨린다.

"아이쿠, 어떻게 해요. 이거 빌려 온 건데요…."

그러자 엘리사가 묻는다.

"어디에 빠졌느냐?"

엘리사는 그 자리를 보고 나뭇가지를 잘라 물에 던진다. 그러자 쇠도끼가 떠오른다.

'우와! 하나님은 구원이시다.'

하나님의 도우심과 보호하심(6:8-23)

한편, 아람 왕은 기가 막힌다. 자기네가 군사 전략을 짜면 그것을 이스라엘 왕이 다 아는 것이 아닌가. 그들 안에 스파이가 있다고 의심하자 신하들이 말한다.

"엘리사 선지자는 왕이 침대에서 하는 소리까지도 다 알아차립니다!"

아람 왕은 화가 나서 엘리사를 치려고 군사를 보내어 그의 집을 포위한다. 엘리사의 종이 두려워하자 엘리사가 말한다.

"두려워하지 마라. 우리와 함께한 자가 더 많다."

그러고는 기도한다.

"여호와여, 원하건대 그의 눈을 열어서 보게 하옵소서!"

그 순간, 종의 눈이 열리면서 그들을 돕는 불말과 불병거가 산 전체를 두른 것이 보인다. 엘리사는 다시 기도한다.

"여호와여, 아람 군대의 눈을 어둡게 해 주소서!"

앞이 잘 안 보여 허둥지둥 대는 그들을 엘리사는 사마리아로 끌고 간다. 하지만 그는 그들을 죽이지 않고 오히려 먹을 것을 주어 아람으로 돌려보낸다.

하나님의 약속은 반드시 성취된다(6:24-7:20)

이렇게 하나님이 기적을 보여 주셨는데도 이스라엘 백성이 말을 듣지 않자, 아람이 또다시 전쟁을 일으켜 이스라엘의 사마리아를 포위한다. 먹을 것이 다 떨어지고, 물가는 천정부지로 오른다. 성안에 먹을 것이 없어 밀가루 한 포대가 거의 100만 원이 될 지경이다. 그러자 여인들이 왕에게 호소한다.

"우리가 먹을 것이 없어서 아이들을 잡아먹기로 했는데, 제 아들은 벌써 먹었는데 이 여자가 자기 아들은 안 내놓습니다!"

왕은 기가 막혀서 옷을 찢으며 자기들이 우상을 섬기고 하나님의 말씀을 순종하지 않은 것을 회개하는 것이 아니라, 이 모든 책임을 엘리사에게로 돌린다. 그러자 엘리사는 내일 이맘때에 물가가 내려가고 좋아질 것이라고 예언한다. 그러자 그 말을 들은 한 장관이 "하나님이 하늘에 구멍을 내더라도 불가능할 것이다"라고 비아냥거린다. 엘리사는 그에게 "그 일이 이루어지겠지만, 당신은 그것을 눈으로만 보고 먹지는 못할 것이오"라고 말한다.

한편, 성 밖에 있던 나병 환자 네 명이 말한다.

"이래 죽으나 저래 죽으나 같으니, 아람 쪽에 가서 무엇이든 먹자."

그들이 아람 진영으로 가는데, 그들의 신발 끄는 소리가 아람 군인들에게는 말소리와 큰 군대 소리처럼 들린 것 같다. 두려워진 아람 군대는 다 도망가 버린다. 그들이 도망갈 때까지 나병 환자들은 아직 도착하지도 못했다.

아람 진영에 도착한 나병 환자들은 미친 듯이 먹고 물건을 챙긴다. 그때 한 명이 "오늘은 아름다운 소식이 있는데 우리가 침묵하고 있구나. 왕궁에 가서 알리자"라고 말한다. 이에 성읍에 가서 "여보시오, 아람 군대가 다 도망갔소. 먹을 것도 많다오" 하고 말한다. 하지만 아무도 믿지 않는다. 그러나 성안의 사정이 너무 안 좋아 병사 몇 명이 말을 타고 가 보니 정말 아무도 없다. 그들이 돌아와 이 사실을 알리자 모든 사람이 몰려 나간다. 그때 빈정거렸던 장관은 성문 앞에서 사람들에게 밟혀 죽는다. 엘리사의 예언대로다. 그 이후 밀가루 가격도 내려가게 된다.

하나님이 움직이시다(8-14장)

북이스라엘 왕 여호람이 무너진 뒤, 이제 다섯 번째 왕조가 세워진다. 바로 예후다. 하나님은 더 이상 참으실 수가 없었다. 아합 때 바알 신앙이 북이스라엘로만 넘어온 것이 아니라 남유다까지 넘어왔기 때문이다. 하나님이 급하시다.

예후는 북이스라엘의 여호람과 남유다의 아하시야왕까지 죽이고, 바알의 선지자들도 모두 죽인다. 남유다 아하시야왕의 아들 마흔두 명도 모두 죽인다. 너무 잔인하다 싶을 정도로 많은 사람을 죽인다. 그러나 그런 그도 죄악에서 완전히 벗어나지 못한다.

> 예후가 이와 같이 이스라엘 중에서 바알을 멸하였으나 이스라엘에게 범죄하게 한 느밧의 아들 여로보암의 죄 곧 벧엘과 단에 있는 금송아지를 섬기는 죄에서는 떠나지 아니하였더라(왕하 10:28-29).

하나님은 예후가 북이스라엘에 퍼진 우상을 완전히 정리하기를 원하셨지만, 완벽하게 되지 않는다. 일이 이렇게 되자 하나님이 다시 움직이신다.

> 이때에 여호와께서 이스라엘에서 땅을 잘라 내기 시작하시매 하사엘이 이스라엘의 모든 영토에서 공격하되(왕하 10:32).

하나님이 북이스라엘의 땅을 줄어들게 하신다. 그래서 예후왕 때 주변 나라의 공격으로 북이스라엘의 땅이 점점 줄어들기 시작한다.

예후 다음에는 그의 아들 여호아하스가 왕이 된다. 그는 17년 동안 다스렸는데, 그 역시 하나님의 길이 아닌 여로보암의 길을 따른다. 아람 왕 하사

엘과 벤하닷이 이스라엘을 괴롭히자, 여호아하스왕은 힘들 때마다 하나님께 자신들을 돌봐 달라고 간구한다. 평소에는 하나님을 배신하고 우상을 섬기다가, 힘들면 기도하는 모습이다. 하나님은 그런 기도를 들어주고 싶지 않으셨을 것이다. 그러나 하나님은 또 들어주신다.

> 여호와께서 이에 구원자를 이스라엘에게 주시매 이스라엘 자손이 아람 사람의 손에서 벗어나 전과 같이 자기 장막에 거하였으나(왕하 13:5).

이 구원자를 앗수르로 본다. 아람이 북이스라엘을 공격하자, 아람 위쪽에 위치한 앗수르가 강성해져 아람을 공격한다. 강한 나라가 자신들을 공격해 오자 아람은 북이스라엘을 괴롭힐 여유가 없어졌고, 그래서 북이스라엘에 평화가 찾아온다.

이 시기가 바로 여로보암 2세 때다. 그가 41년간 북이스라엘을 통치할 때 번영과 풍요가 가득하고 태평성대를 누렸다. 왕이 잘해서가 아니라, 하나님의 전적인 은혜였다.

하지만 그 시기에 북이스라엘은 오히려 더 타락한다. 우상 숭배로 인한 종교적 타락이 있었고, 사회적 부패와 도덕적 문란이 넘쳐났다. 빈부의 격차가 심해지고, 가난한 사람들은 고리대금에 시달렸다. 이때 선지자들이 대거 출현한다. 선지자가 많이 등장한다는 것은 나라가 잘못되어 가고 있고, 위태위태하다는 신호다.

하나님은 먼저 요나를 불러 니느웨에 말씀을 전하라고 보내신다. 그리고 북이스라엘이 망하기 전에 아모스와 호세아를 차례로 보내신다.

요나

도망자, 요나(1장) '요나'(B.C. 782-750)라는 이름은 '비둘기', 곧 메신저라는 뜻이다. 하나님께서 선지자 요나에게 앗수르의 니느웨로 가서 회개하라고 전하게 하신다. 하지만 그는 그 말씀을 전하고 싶지 않아서 욥바라는 항구에 가서 니느웨로 향하지 않고 다시스, 지금의 스페인으로 가는 배를 탄다. 자주 있지 않은 배가 마침 그때 있었던 것이다.

요나는 배 맨 아래로 내려가 누워 잠을 잔다. 그런데 이게 웬일인가. 풍랑이 너무도 심하게 일어 배가 뒤집히게 생겼다. 고대 사람들은 이렇게 갑자기 바다에 풍랑이 일면 배 안에 신에게 저주 받은 사람이 있다고 믿었다. 선장은 사람들을 불러 모아 각자 자기 신에게 기도하라고 한다. 배 안에서 만국 부흥회가 벌어진다. 온갖 잡신, 고무신을 다 부른다. 그런데 잠잠해지지가 않는다. 혹시 빠진 사람이 없나 찾아보니, 한 사람이 배 아래에서 코를 골며 자고 있다.

자는 자여, 어찌함이냐(욘 1:6).

요나가 나와 보니 난리가 나 있다. 딱 보니 자기 때문인 것 같았다. 선장이 요나에게 누구인지, 어디 출신인지, 무슨 목적으로 이 배에 탔는지를 묻는다. 요나는 하늘과 바다를 지으신 하나님을 믿는 사람이라고 말하며, 자신 때문에 이 풍랑이 일어난 것 같으니 자기를 바다에 던지라고 한다. 사람들은 할 수 없이 요나를 던진다. 그러자 풍랑이 곧 잠잠해진다. 배 안에 있는 사람들이 깜짝 놀란다. 그러면서 바다를 다스리는 분이 하나님이라는 것을 깨닫게 된다.

개떡같이 전해도 찰떡같이 듣다 (2-3장)

요나는 바다에 빠지고, 하나님은 큰 물고기를 예비해서 요나를 꿀꺽 삼키게 하신다. 지중해판 심청이 이야기 같다. 그 큰 물고기는 무엇일까? 고래였을까, 상어였을까? 요나도 괴롭겠지만, 요나를 삼킨 물고기도 너무 힘들다. 삼키긴 했는데 소화도 안 되고, 펄펄 살아서 배 속에서 기도를 한다. 회개를 다 마칠 때쯤, 물고기는 해변가 가까이로 가서 요나를 토해 버린다.

이제 어쩔 수 없이 니느웨로 가게 된 요나는 서울 크기 정도 되는 도시를 3일을 꼬박 걸어 다니며 말씀을 전해야 했지만, 요나는 마음이 완전하지 않아서 하루 만에 끝내 버린다. 그것도 아주 성의 없이, 주머니에 손을 넣고 사람이 없는 곳으로 가서 작은 소리로 "니느웨가 무너질 것이다" 하고 말한다. 전하기는 하되, 혹시라도 자기 말을 듣고 니느웨가 회개해서 구원받을까 봐 일부러 작은 소리로 전한다.

그런데 세상에, 개떡같이 전했는데도 찰떡같이 알아듣고 모두가 회개한다. 왕을 포함해서 백성과 가축까지 회개하며 재를 뒤집어쓰고 금식을 한다. 심판의 날이 다가오니, 하나님께서 뜻을 돌이키고 진노를 그치셔서 멸망하지 않게 해 달라고 간절히 구한다. 하나님은 그들의 돌이킴을 보고 심판을 내리지 않으신다.

열방을 사랑하시는 하나님(4장)

니느웨가 재앙을 면하자, 요나는 이럴 줄 알았다면서 하나님께 화를 내고 반항을 한다.

"이제 제 생명을 거두어 가십시오. 사는 것보다 죽는 것이 낫습니다."

그러자 하나님이 요나에게 물으신다.

"네가 성내는 것이 옳으냐?"

요나는 성읍에 나가서 초막을 짓고 앉아 있다. 하나님은 햇볕이 쨍쨍한 그곳에 박넝쿨을 자라게 해 요나의 머리를 덮어 주신다. 요나는 그늘이 생긴 것이 좋아서 기뻐한다. 그런데 다음 날, 하나님은 이번에 벌레와 동풍을 예비해서 박넝쿨을 다 갉아먹게 하고 바람으로 날려 버리신다. 요나는 박넝쿨이 사라진 것에 화가 나서 이렇게 말한다.

"제가 죽기까지 화를 내도 합당합니다."

그때 하나님이 요나에게 말씀하신다.

"너는 수고하지 않고 얻은 박넝쿨도 아꼈으면서, 니느웨에는 12만 명이나 되는 사람과 가축이 있는데 내가 아끼는 것이 왜 합당하지 않으냐?"

요나는 할 말이 없다. 열방을 사랑하는 하나님이시다.

요나 이후, 열왕기하 14장부터는 아모스, 호세아, 요엘 선지자가 등장한다.

아모스

하나님이 선지자를 보내신다는 것은 나라가 잘못되어 위기에 처했다는 뜻이다. 다시 말해서, 하나님의 말씀을 받아 빨리 전하라는 신호다. '예언'(豫言)의 '예'는 '맡길 예'다. 즉 하나님께서 맡기신 말씀이라는 의미다.

아모스(B.C. 782-739) 선지서의 역사적 배경을 보면, 솔로몬 이후 이스라엘은 남유다와 북이스라엘로 나뉜다. 당시 북이스라엘은 매일같이 위쪽의 다메섹(아람)에게 괴롭힘을 당했는데, 북이스라엘 왕 여로보암 2세와 남유다 왕 웃시아 시절에 아람이 북이스라엘을 더 이상 공격하지 않았다. 그 이유는, 아람 위쪽에 위치한 앗수르가 아람을 공격했기에 아람이 북이스라엘을 괴롭힐 겨를이 없었던 것이다.

아모스서는 크게 두 부분으로 나뉜다. 그중 1-6장은 하나님이 아모스에게 말씀하신 내용이고, 7-9장은 하나님이 아모스에게 보여 주신 환상이다.

> 유다 왕 웃시야의 시대 곧 이스라엘 왕 요아스의 아들 여로보암의 시대 지진 전 이년에 드고아 목자 중 아모스가 이스라엘에 대하여 이상으로 받은 말씀이라(암 1:1).

이 당시, 북이스라엘은 경제적으로 가장 부유했던 시기였기에 가장 비싼 제물을 하나님께 드렸다. 하지만 하나님은 성전에 서서 사람들이 제물을 가져오는 것을 막아 달라고 하신다. 왜 그러셨을까?

> 그가 이르되 여호와께서 시온에서부터 부르짖으시며 예루살렘에서부터 소리를 내시리니 목자의 초장이 마르고 갈멜산 꼭대기가 마르리로다(암 1:2).

여기서 '부르짖다'라는 것은, 사자가 사냥감을 잡아먹기 전에 울부짖는 것과 같다. 하나님이 이스라엘 백성을 사냥감처럼 잡아서 사자처럼 부르짖으신다는 의미다. 그 이유는 무엇일까? 그 이유가 4장에 반복해서 나온다.

> 너희가 내게로 돌아오지 아니하였느니라(암 4:6, 8, 9, 10, 11).

주변 민족들의 죄부터 지적하시는 하나님(1:1-2:5)

하나님은 남유다 출신 목자인 아모스를 북이스라엘로 보내어 말씀을 전하게 하신다. 이때 아모스는 처음부터 북이스라엘을 비난하지 않는다. 오히려 관심을 끌기 위해 주변 나라들의 죄를 조목조목 지적한다. 먼저는 다메섹을 책망하고, 이어서 가사(블레셋), 에돔, 두로,

암몬, 모압을 책망한다. 우선 다메섹은 무슨 잘못을 했을까?

그들이 철 타작기로 타작하듯 길르앗을 압박하였음이라(암 1:3).

타작기는 원래 나무로 만든다. 철로 만들면 곡식이 다 으스러지기 때문이다. 그 정도로 잔인하게 길르앗을 짓밟았다는 뜻이다.

가사(블레셋)는 어떤가?

그들[블레셋]이 모든 사로잡은 자를 끌어 에돔에 넘겼음이라(암 1:6).

해안가에 위치한 블레셋은 사람을 잡아 노예로 팔아넘겼다. 두로 역시 노예를 팔았는데, 두로는 계약까지 맺고 사람의 마음을 안심시킨 후에 뒤통수를 치고 배신했다. 블레셋보다 더 나쁜 짓을 한 것이다.

이어서 에돔, 암몬, 모압의 죄를 책망한다. 이들은 100퍼센트 이방인은 아니다. 에돔은 에서의 후손이고 암몬과 모압은 롯의 후손이기에 이스라엘 민족과 관련이 있다. 우선 에돔은 어떤가?

그가 칼로 그의 형제를 쫓아가며 긍휼을 버리며 항상 맹렬히 화를 내며 분을 끝없이 품었음이라(암 1:11).

용서가 없었다. 그들은 형제를 끝까지 쫓아가 죽였다. 그렇다면 암몬은 어떤가?

그들이 자기 지경을 넓히고자 하여 길르앗의 아이 밴 여인의 배를 갈랐음이니라(암 1:13).

그들은 이방인도 쉽게 하지 않는 잔인한 짓을 저질렀다. 모압은 어떤가?

에돔 왕의 뼈를 불살라 재를 만들었음이라(암 2:1).

무덤을 파서 죽은 자의 뼈까지 부수었다는 것이다. 너무도 잔인하다.

이스라엘의 죄와 하나님의 공의 (2:6-6:14)

아모스는 이렇게 이방 민족들의 죄를 지적한 뒤, 본격적으로 이스라엘의 잘못을 고발한다

그들이 은을 받고 의인을 팔며 신 한 켤레를 받고 가난한 자를 팔며(암 2:6).

그가 북이스라엘에 가 보니 가난한 아이들이 옷이 없어 덜덜 떨고 있다. 그들이 아이들의 겉옷마저 다 빼앗아 갔기 때문이다. 이스라엘은 아침저녁으로 기온 차가 커서 겉옷을 입지 않으면 얼어 죽을 수도 있다. 그래서 레위기 율법에도 겉옷은 해 지기 전에 반드시 돌려주라고 되어 있다. 그런데 그것을 빼앗아 버린 것이다.

시장에는 바구니가 두 개다. 헌 바구니에는 많이 담기고, 새 바구니에는 적게 담긴다. 주머니에 다른 저울추를 넣은 것이다. 법정에서도 돈이 있으면 금방 풀려나고, 돈이 없으면 죄인이 된다. 이처럼 이스라엘은 물질주의와 향락주의에 빠져 있었다.

> 내가 아모리 사람을 그들 앞에서 멸하였나니 그 키는 백향목 높이와 같고 강하기는 상수리나무 같으나 내가 그 위의 열매와 그 아래의 뿌리를 진멸하였느니라(암 2:9).

하나님은 백향목처럼 크고 상수리나무처럼 강한 아모리 족속을 멸하셨다고 말씀하신다. 이스라엘 백성이 할 수 없는 일을 하나님이 하셨다는 것이다. 그런데 이스라엘은 나실인에게 술을 마시게 하고, 선지자에게 예언하지 말라고 한다. 나실인은 태어나기 전부터 하나님께 바쳐진 사람인데, 그것을 우습게 여기고 깨려고 한다. 이에 하나님은 이렇게 말씀하신다.

> 보라 곡식 단을 가득히 실은 수레가 흙을 누름같이 내가 너희를 누르리니(암 2:13).

누구도 도망갈 수 없고, 용사라도 목숨을 구하지 못할 거라는 것이다.

이스라엘은 그렇게 별스럽게 믿을 필요가 있느냐며 비아냥거린다. 귀족들은 여름 궁전과 겨울 궁전을 짓는다. 상아 침대에서 늦게 일어나고, 비파와 수금에 맞추어 놀아 대며, 포도주를 대접에 퍼 담아 마신다. 그러나 하나님은 이렇게 말씀하신다.

> 정의를 쓴 쑥으로 바꾸며 공의를 땅에 던지는 자들아 … 오직 정의를 물같이, 공의를 마르지 않는 강같이 흐르게 할지어다(암 5:7, 24).

아모스는 여로보암 2세가 칼에 죽을 것이며, 이스라엘이 사로잡혀 땅을 떠날 것이라고 선포한다. 이에 제사장 아마샤가 아모스에게 소리친다.

"이봐! 유다 땅에나 가서 예언하고, 여기에는 오지 마."

환상을 보여 주시는 하나님(7-8장)

이에 하나님은 아모스에게 환상을 보여 주신다.

> 왕이 풀을 벤 후 풀이 다시 움돋기 시작할 때에 주께서 메뚜기를 지으시매 메뚜기가 땅의 풀을 다 먹은지라(암 7:1-2).

성경을 기록할 당시, 나무와 짐승은 왕의 소유였고, 풀이 자라면 그 또한 왕이 먼저 소유했다. 그런 다음에야 백성이 가축을 먹일 수 있었는데, 그것을 메뚜기가 다 먹어 버린다. 이는 하나님과의 언약을 어긴 결과로, 열매가 사라질 것이라는 경고다. 삶으로 살아 내기로 한 것을 살진 소와 십일조로 대신하려 했기 때문이다. 하나님이 원하시는 것은 재물이 아니라, 거룩하게 구별된 삶이다.

아모스는 이 환상을 보고 기도한다.

"하나님, 용서해 주십시오. 야곱이 미약하니 어떻게 서겠습니까?"

아모스의 기도를 듣고 여호와께서 뜻을 돌이키신다. 이어서 하나님은 두 번째 환상을 보여 주신다.

> 불이 큰 바다를 삼키고 육지까지 먹으려 하는지라(암 7:4).

재앙이 더 커졌다. 아모스는 다시 기도한다.

"그치소서! 야곱이 미약하니 한 번만 더 긍휼히 여겨 주십시오!"

그러자 하나님은 뜻을 돌이키신다. 그러나 시간이 지나도 이스라엘이 변하지 않자, 세 번째 환상이 나타난다.

다림줄을 가지고 쌓은 담 곁에 주께서 손에 다림줄을 잡고 서셨더니(암 7:7).

다림줄은 건축할 때 수직을 재는 줄이다. 하나님이 아모스에게 이스라엘의 기울어진 상태를 보여 주신 것이다. 그때 아모스는 용서해 달라는 기도를 멈춘다. 왜 멈추었을까? 기울어진 집은 무너져야만 다시 세울 수 있기 때문이다. 이후 아모스와 제사장 아마샤의 대화가 이어진다.

이스라엘 족속 중에 아모스가 왕을 모반하나니 그 모든 말을 이 땅이 견딜 수 없나이다 아모스가 말하기를 여로보암은 칼에 죽겠고 이스라엘은 반드시 사로잡혀 그 땅에서 떠나겠다 하나이다 아마샤가 또 아모스에게 이르되 선견자야 너는 유다 땅으로 도망하여 가서 거기에서나 떡을 먹으며 거기에서나 예언하고 다시는 벧엘에서 예언하지 말라(암 7:10-13).

제사장이 하나님의 말씀을 무시하고 듣지 않으려 한다. 아모스는 기도를 멈추고 기가 막힌다는 듯이 소리친다.

"나는 본래 선지자도 아니고 선지자의 아들도 아니오. 나는 목자며 뽕나무를 재배하는 사람인데, 하나님이 나를 이리로 보내셨소. 나에게 예언하지 말라고 하는데, 하나님이 이렇게 말씀하셨소. '네 아내는 창녀가 될 것이고, 자녀들은 칼에 엎드러지고 땅은 나뉠 것이며, 너는 더러운 땅에서 죽을 것이고, 이스라엘은 반드시 사로잡혀 그의 땅에서 떠날 것이다.'"

하나님은 마지막 환상을 보여 주신다. 여름 과일(카이츠) 한 광주리다. '카이츠'는 히브리어로 끝이라는 뜻이다. 하나님이 이제 끝을 선언하신 것이다.

> 내가 기근을 땅에 보내리니 양식이 없어 주림이 아니며 물이 없어 갈함이 아니요 여호와의 말씀을 듣지 못한 기갈이라(암 8:11).

이것이야말로 최고의 벌이다. 그러나 이스라엘은 "아, 다행이다. 그래도 우리에게는 돈이 있잖아!" 하며 반응한다. 하나님은 그들을 더 이상 불쌍히 여기지 않으신다.

무너뜨리고 다시 세우시는 하나님 (9장)

> 내가 보니 주께서 제단 곁에 서서 이르시되 기둥머리를 쳐서 문지방이 움직이게 하며 그것으로 부서져서 무리의 머리에 떨어지게 하라(암 9:1).

하나님이 성전의 기둥을 무너지게 하신다는 것이다. 그렇게 되면 가장 먼저 죽는 사람은 밖에서 죄짓는 사람이 아니라, 성전 안에서 예배드리는 사람이다. 하나님은 당신의 백성을 주의 깊게 보신다. 성전 안에도 음란한 욕심, 분노, 용서하지 않음, 시기와 질투가 가득하기 때문이다. 그래서 하나님은 성전에서부터 심판을 시작하신다.

이것이 하나님이 아모스에게 보여 주신 다섯 번째 환상이다. 이것을 본 아모스는 절망할 수밖에 없었다. 그러나 마지막에 이 모든 것을 뒤집을 수 있는 기가 막힌 말씀이 주어진다. 하나님은 절망 가운데 빠져 있는 아모스와 이스라엘 백성에게 말씀하신다.

> 그날에 내가 다윗의 무너진 장막을 일으키고 그것들의 틈을 막으며 그 허물어진 것을 일으켜서 옛적과 같이 세우고(암 9:11).

이 말씀은 사도행전에서, 이방인의 구원이 유대인과 같은가에 대한 논의에서 야고보가 최종적으로 결정할 때 인용한 구절이다.

> 형제들아 내 말을 들으라 … 선지자들의 말씀이 이와 일치하도다 기록된바 이 후에 내가 돌아와서 다윗의 무너진 장막을 다시 지으며 또 그 허물어진 것을 다시 지어 일으키리니 이는 그 남은 사람들과 내 이름으로 일컬음을 받는 모든 이방인들로 주를 찾게 하려 함이라(행 15:13-17).

이제 유대인뿐 아니라 우리 이방인도 주께 예배할 수 있게 되었다. 성전이 무너짐으로 말미암아 수많은 이방인이 주께로 돌아와 예배하게 될 것이라는 말씀은 이미 이루어졌고, 지금도 계속 이루어지고 있다.

호세아

아모스와 호세아(B.C. 755-715)는 활동 시기가 약간 겹친다. 아모스는 북이스라엘의 여로보암 2세, 남유다의 웃시야왕 시대에 활동했다. 이때는 북이스라엘이 경제적으로 황금기를 누리던 시기였다. 그러나 그 번영이 끝나 가고 나라가 추락하기 시작할 무렵, B.C. 753년부터 북이스라엘에서는 스가랴, 살룸, 므나헴, 브가히야, 베가, 호세아로 왕이 이어지며 31년 동안 무려 여섯 번이나 왕이 바뀌었고, 그중 다섯 명은 암살당했다.

호세아서의 구조를 보면, 1-3장에서는 호세아와 고멜의 결혼 이야기를 통해 하나님의 사랑이 어떤 것인지를 상징적으로 보여 주고 있으며, 4-14장에서는 이스라엘에 대한 하나님의 고발과 회복의 약속 그리고 죄에 대한 심판과 다시 회복을 약속하시는 하나님의 사랑을 드러내고 있다.

호세아와 고멜 (1-3장)

하나님이 선지자 호세아에게 첫 번째 명령을 내리신다.

> 너는 가서 음란한 여자를 맞이하여 음란한 자식들을 낳으라 이 나라가 여호와를 떠나 크게 음란함이니라(호 1:2).

기가 막힌 명령이다. 어떻게 선지자가 음란한 여자와 결혼할 수 있단 말인가? 그러나 하나님의 명령이기에 호세아는 순종하는 마음으로 창녀 고멜과 결혼한다. 하지만 결혼을 했음에도 고멜은 집을 들락날락하면서 마음대로 살아간다. 그러다 임신을 했는데, 호세아가 보니 자기와 하나도 닮지 않았다.

하나님은 첫 아들의 이름을 '이스르엘'이라 지으라고 하신다(호 1:4 참조). 이스르엘은 지역 이름으로, '하나님이 뿌리셨다'는 뜻이다. 그러나 이스라엘에게는 그리 좋은 의미가 아니다. 이스르엘 지역에서는 늘 전쟁이 일어났고, 살인이 끊이지 않았다. 드보라와 기드온이 계속해서 싸웠던 곳이며, 아합 시대에는 이세벨이 나봇을 죽이고 그의 포도원을 빼앗았던 곳이기도 하다. 이는 스가랴왕이 암살당할 것을 암시하는 의미로 사용된 것이다.

고멜은 또 아이를 낳는데, 이름은 '로루하마'다. 이는 '불쌍히 여기지 않겠다, 심판하겠다'라는 뜻이다. 셋째는 '로암미'라고 이름을 짓는다. '암미'는 '내 백성'이라는 뜻인데, '로암미'는 '내 백성이 아니다', 곧 '내 자식이 아니다'라는 뜻이다(호 1:9 참조).

하나님의 두 번째 명령은 더 기가 막힌다. 도저히 사랑할 수 없는 여자를 사랑하라는 것이다. 고멜은 셋째 아이를 낳아 놓고 가출을 해 버린다. 이때 하나님은 호세아에게 "이스라엘 자손이 다른 신을 섬겨도 내가 그들을 사랑하니, 너도 도망간 아내를 찾아가서 다른 사람하고 있는 아내를 사랑해라" 하고 명하신다(호 3:1 참조). 호세아는 은과 보리를 들고 그녀가 어디 있는지 물어물어 찾아가 문을 두드린다. 그러자 한 남자가 문을 연다.

"너, 뭐야?"

"죄송하지만, 제 아내를 찾으러 왔는데요."

"그럼 돈을 내놔!"

호세아는 돈을 주고 고멜을 데려온다. 그리고 부탁한다.

"앞으로는 나와 함께 있고, 다른 남자에게는 가지 마라!"

너무도 마음 아픈 상황이다. 어떻게 남편이 다른 남자에게 돈을 주고 자기 아내를 사 올 수 있는가? 원래 자기 부인인데 말이다. 이것이 바로 '구속'이며, 이것이 바로 하나님과 우리의 이야기다. 하나님은 호세아이고, 우리는 고멜과 같은 존재다. 답이 없고 죽을 수밖에 없는 우리를 하나님은 예수님의 피 값으로 사셨다. 바울이 말한 '속량'을 말하는 것이다.

하나님의 축복으로 교만해진 이스라엘 (4장)

그렇다면 이스라엘의 교만은 어디서 온 것일까?

> 그들은 번성할수록 내게 범죄하니 내가 그들의 영화를 변하여 욕이 되게 하리라(호 4:7).

아이러니하게도, 이 모든 것은 하나님의 축복에서 비롯되었다. 하나님의 축복은 여로보암 2세와 웃시야 시대에 무려 200년 동안이나 이스라엘에 부어졌다. 그전에는 늘 침략을 당하며 두려움 속에서 살아야 했지만, 하나님의 전적인 은혜로 인해 이스라엘은 오히려 교만하게 되었다.

> 그들이 내 백성의 속죄 제물을 먹고 그 마음을 그들의 죄악에 두는도다 … 음행과 묵은 포도주와 새 포도주가 마음을 빼앗느니라 내 백성이 나무에게 묻고 그 막대기는 그들에게 고하나니 이는 그들이 음란한 마음에 미혹되어 하나님을 버리고 음행하였음이니라(호 4:8, 11-12).

그들은 하나님에게 마음이 없고 오직 축복에만 관심이 있었다. 그들의 시선은 온통 하나님의 손에만 머물러 있었다. 하지만 호세아는 외친다.

기다리시는 하나님(5장)

> 그들의 행위가 그들로 자기 하나님에게 돌아가지 못하게 하나니 이는 음란한 마음이 그 속에 있어 여호와를 알지 못하는 까닭이라 … 그들이 그 죄를 뉘우치고 내 얼굴을 구하기까지 내가 내 곳으로 돌아가리라 그들이 고난 받을 때에 나를 간절히 구하리라(호 5:4, 15).

하나님께서 얼굴을 숨기신다는 것이다. 그러나 영원히 사라지는 것이 아니라, 그들이 죄를 뉘우치고 하나님을 찾을 때까지 기다리신다는 것이다. 이것이 하나님의 마음이다.

찢고 싸매시는 하나님(6장)

하나님의 그 마음을 깨달은 선지자가 외친다.

> 오라 우리가 여호와께로 돌아가자 여호와께서 우리를 찢으셨으나 도로 낫게 하실 것이요 우리를 치

셨으나 싸매어 주실 것임이라 … 그러므로 우리가 여호와를 알자 힘써 여호와를 알자 … 나는 인애를 원하고 제사를 원하지 아니하며 번제보다 하나님을 아는 것을 원하노라(호 6:1, 3, 6).

뒤집지 않은 전병과 같은 이스라엘(7장)

또다시 가출한 고멜 때문에 호세아가 아이들을 돌보며 살림을 한 것 같다. 아이들에게 주려고 전병을 굽는데 아들 이스르엘이 부른다.

"아버지! 로암미가 똥 쌌어요!"

그것을 치우러 들어가 있는 사이에 불에 올려놓은 전병이 다 타 버렸다. 그것을 보고 하나님이 말씀하신다.

에브라임이 여러 민족 가운데에 혼합되니 그는 곧 뒤집지 않은 전병이로다(호 7:8).

하나님은 이 타 버린 전병을 보며 마치 이스라엘 같다고 하신다.

"내가 어찌 너를 놓겠느냐"(11장)

이 장은 마치 하나님이 우리에게 보내신 진심 어린 고백 편지 같다.

이스라엘이 어렸을 때에 내가 사랑하여 내 아들을 애굽에서 불러냈거늘 … 그들은 점점 멀리하고 바알들에게 제사하며 아로새긴 우상 앞에서 분향하였느니라 그러나 내가 에브라임에게 걸음을 가르치고 내 팔로 안았음에도 내가 그들을 고치는 줄을 그들은 알지 못하였도다 내가 사람의 줄 곧 사랑의 줄로 그들을 이끌었고 … 그들 앞에 먹을 것을 두었노라 그들은 … 내게 돌아오기를 싫어하니 앗수르 사람이 그 임금이 될 것이라 … 에브라임이여 내가 어찌 너를 놓겠느냐 이스라엘이여 내가 어찌 너를 버리겠느냐 … 나의 긍휼이 온전히 불붙듯 하도다(호 11:1-5, 8).

여호와께로 돌아오라(14장)

'여호와께 돌아간다'는 말은 무슨 의미일까?

너는 말씀을 가지고 여호와께로 돌아와서 아뢰기를 모든 불의를 제거하시고 선한 바를 받으소서 우리가 수송아지를 대신하여 입술의 열매를 주께 드리리이다(호 14:2).

즉, 여호와께 돌아간다는 것은 모든 불의를 제거하고, 자신의 선한 삶을 하나님께 드리는 것이다. 말로만 하는 것이 아니라, 삶으로 보여 주는 것이다. 오직 하나님만을 구하고, 하나님 외에는 다른 것을 의지하지 않으며, 오직 하나님만 바라보는 것, 그것이 바로 여호와께 돌아가는 것이다.

요엘

'요엘'(B.C. 835-796)이라는 이름은 '여호와는 하나님이시다'라는 뜻이다. 그는 브두엘의 아들이며 남유다에 살던 선지자로, 마지막 심판의 날이 이르기 전에 백성이 자신의 죄악을 깨닫고 회개하여 하나님께 돌아오도록 요청하기 위해 보내졌다. 기록 연대에 대해서는 여러 학설이 있지만, 일반적으로 남유다 요아스왕 때로 본다.

메뚜기 재앙과 여호와의 날(1장)

늙은 자들아 너희는 이것을 들을지어다 땅의 모든 주민들아 너희는 귀를 기울일지어다 너희의 날에나 너희 조상들의 날에 이런 일이 있었느냐(욜 1:2).

'늙은 자들'은 '장로들'처럼 사회 지도층에 있는 사람들을 가리킨다. 하나님은 요엘을 통해, 지금까지 일어나지 않았던 엄청난 일이 그들에게 닥칠 것을 선포하신다.

> 팥중이가 남긴 것을 메뚜기가 먹고 메뚜기가 남긴 것을 느치가 먹고 느치가 남긴 것을 황충이 먹었도다(욜 1:4).

팥중이, 메뚜기, 느치, 황충이는 모두 히브리어로 메뚜기를 가리키는 네 개의 다른 표현이다. 이렇게 같은 존재를 반복한 것은, 메뚜기 재앙으로 인한 전면적인 피해를 강조하려는 것이다. 앞으로 닥칠 심판이 그만큼 크고 철저하다는 것을 의미한다.

> 슬프다 그날이여 여호와의 날이 가까웠나니 곧 멸망같이 전능자에게로부터 이르리로다 먹을 것이 우리 눈앞에 끊어지지 아니하였느냐 기쁨과 즐거움이 우리 하나님의 성전에서 끊어지지 아니하였느냐(욜 1:15-16).

심판의 날이 가까웠다. 메뚜기 재앙으로 인해 현실적으로 생명이 위협받는 상황이 이어지고, 하나님께 드리는 예배도 절기도 지킬 수 없으니 영적인 기쁨이나 즐거움마저 사라진다.

회복의 촉구와 여호와의 날 (2장)

하나님은 여호와의 날이 임박했음을 알리신다.

> 여호와의 말씀에 너희는 이제라도 금식하고 울며

애통하고 마음을 다하여 내게로 돌아오라 하셨나니(욜 2:12).

그러나 회개의 기회는 아직 남아 있으며, 돌이키기만 하면 회생의 가능성이 있다는 사실을 백성에게 말씀하신다.

너희는 옷을 찢지 말고 마음을 찢고 너희 하나님 여호와께로 돌아올지어다 그는 은혜로우시며 자비로우시며 노하기를 더디 하시며 인애가 크시사 뜻을 돌이켜 재앙을 내리지 아니하시나니(욜 2:13).

유대인들에게 옷을 찢는 행위는 내면적인 큰 슬픔을 겉으로 표현하는 것이었지만, 형식에 그치기도 했다. 요엘은 그런 의례적인 행사가 아닌, 마음의 진정한 변화를 촉구한다. 하나님께 돌아올 수 있는 근거는 그분의 은혜로우신 성품에 있다.

제사장들과 백성, 장로들이 다 모여서 금식일을 정하고 성회를 소집하라 말한다. 제사장은 울면서 "여호와여, 주의 백성을 불쌍히 여기소서. 주의 기업을 욕되게 하여 나라들로 그들을 관할하지 못하게 하옵소서. 어찌하여 이방인으로 그들의 하나님이 어디 있느냐 말하게 하겠나이까" 하고 하나님께 부르짖는다.

그때[회개하고 돌아올 때]에 여호와께서 자기의 땅을 극진히 사랑하시어 그의 백성을 불쌍히 여기실 것이라(욜 2:18).

백성이 회개하고 돌아올 때 하나님의 응답이 있다. 제사장들이 온전히 중보하면, 이스라엘과 백성을 향한 하나님의 열심이 나타날 거라는 것이다.

> 시온의 자녀들아 너희는 너희 하나님 여호와로 말미암아 기뻐하며 즐거워할지어다 그가 너희를 위하여 비를 내리시되 이른 비를 너희에게 적당하게 주시리니 이른 비와 늦은 비가 예전과 같을 것이라(욜 2:23).

이스라엘의 농사는 두 차례의 비가 중요하다. 10-11월에 내리는 이른 비는 땅을 부드럽게 해 경작하기 좋게 만들어 주고, 3-4월에 내리는 늦은 비는 추수를 앞두고 알곡을 알차게 한다. 이처럼 이른 비와 늦은 비가 제대로 내리지 않으면 농부들에게는 재앙이나 다름없다(신 11:13-17 참조). 이른 비와 늦은 비는 하나님의 복을 상징하며, 이것을 회복시켜 주신다는 것이다.

> 내가 전에 너희에게 보낸 큰 군대 곧 메뚜기와 느치와 황충과 팥중이가 먹은 햇수대로 너희에게 갚아 주리니(욜 2:25).

하나님은 메뚜기 재앙을 통해 이스라엘 백성을 회개하게 하셨고, 그 결과 이전의 상태로 다시 회복시켜 주겠다고 하신다.

> 그 후에 내가 내 영[성령]을 만민에게 부어 주리니 너희 자녀들이 장래 일을 말할 것이며 너희 늙은이는 꿈을 꾸며 너희 젊은이는 이상을 볼 것이며 그때에 내가 또 내 영을 남종과 여종에게 부어 줄 것이며(욜 2:28-29).

이 약속은 아무에게나 해당하는 것이 아니라, 회개하고 하나님께 돌아오는 자에게 주어지는 은혜다. 모세는 하나님의 영이 임하면 선지자가 된다고 했고(민 11:29 참조), 예전에는 하나님의 영이 특정 선지자에게만 임했다. 그러나 이제 하나님의 영이 만민에게 부어져서 누구든지 하나님과 직접 교통하게 된다는 것이다.

> 여호와의 크고 두려운 날이 이르기 전에 해가 어두워지고 달이 핏빛 같이 변하려니와(욜 2:31).

'여호와의 크고 두려운 날'은 심판의 날이다.

> 누구든지 여호와의 이름을 부르는 자는 구원을 얻으리니 이는 나 여호와의 말대로 시온산과 예루살렘에서 피할 자가 있을 것임이요 남은 자 중에 나 여호와의 부름을 받을 자가 있을 것임이니라(욜 2:32).

여호와의 이름을 부른다는 것은 그분을 믿고, 간절히 의지하며 찾는 것을 말한다. 그런 진실한 믿음을 가진 사람은 누구라도 구원이 보장된다. 이스라엘이 전체적으로 무너지고 약탈당해도, 하나님은 '피할 자'와 '여호와의 부름을 받은 자'를 기억하고 반드시 구원하신다.

열왕기하 2

죄로 인해 무너진 이스라엘의 최후
(15-17장)

북이스라엘 왕국에는 총 열아홉 명의 왕이 있었고, 여로보암 1세부터 시작해 오므리, 아합, 스가랴, 살룸, 므나헴, 브가히야, 베가 그리고 마지막 왕 호세아까지 아홉 번 왕조가 바뀌었다. 그러나 이들 가운데 하나님을 섬기며 선하게 나라를 다스린 왕은 단 한 명도 없었다. 단 한 명도! 이들은 처음부터 우상을 섬기고 자기 마음대로 나라를 다스렸다. 결국 북이스라엘은 B.C. 722년, 호세아왕 때 앗수르에 의해 흔적도 없이 사라져 버렸다.

북이스라엘이 가장 번영했던 시기는 여로보암 2세 때였다. 예후-여호아하스-요아스-여로보암 2세-스가랴로 이어지는 예후 왕조가 끝나고, 여섯 번째 왕조는 살룸, 일곱 번째는 므나헴-브가히야 그리고 여덟 번째는 베가 왕조로 이어진다. 이 베가 때가 중요한데, 이 시기 앗수르의 왕은 디글랏빌레셀 3세(성경에서는 '불'이라고 말한다)로, 앗수르는 당시 세계 최강의 군사력으로 전 세계를 다스렸다.

어느 날, 아람 왕 르신이 북이스라엘 왕 베가에게 "우리 힘을 합쳐서 우리를 괴롭히는 앗수르를 치자"고 제안하고 서로 힘을 합친다. 그리고 그 아래 위치한 남유다 아하스왕에게도 동맹을 요청한다. 하지만 아하스는 이를 거절하고 오히려 앗수르에 딱 달라붙어서 도움을 요청한다. 이에 르신과 베가 연합군이 앗수르를 치기 전에 남유다를 공격해 예루살렘을 제외한 대부분의 지역을 정복한다. 이때 30만 명이 죽고 20만 명이 포로로 끌려간다.

아람과 북이스라엘의 에너지가 남유다로 향하자, 앗수르는 아람을 공격해 아람의 역사를 끝내 버린다. 이 일이 이사야 7장의 배경이다. 자세한 이야기는 이사야서에서 다룰 것이다. 이제 아람이 사라지자 앗수르와 국경이 맞닿은 나라는 바로 북이스라엘이 된다. 북이스라엘 위에 있는 아람이 앗수르의 땅이 되어 버렸기 때문이다.

북이스라엘의 베가는 앗수르에게 조공을 바치며 무릎을 꿇었으나, 아래쪽에 있는 애굽의 유혹에 넘어가 앗수르를 배신하고 애굽을 의지한다. 이에 앗수르 왕 사르곤 2세가 북이스라엘을 완전히 멸망시킨다. 이 일이 B.C. 722년, 북이스라엘의 호세아왕 때 일어난다.

결국 여호와께서 북이스라엘을 버리시어 앗수르에게 끌려가게 하신다. 이후 앗수르 사람들이 북이스라엘에 들어와 살게 되면서 앗수르와 북이스라엘 사람의 피가 섞인 '사마리아인'이 등장한다. 남유다 사람들은 그들을 순수한 이스라엘 백성으로 보지 않았기에 무시하고 상대하지 않았다.

이렇게 하나님의 율법을 어기고 악한 여로보암의 길을 따랐던 북이스라엘은 역사 속에서 사라진다. 이제는 선지자들과 열왕기하의 기록을 통해 남유다가 어떻게 흘러갔는지를 살펴보자.

남유다의 역사를 정리해 보면, B.C. 931년 솔로몬이 죽고 아들 르호보암이 왕이 된다. 이때 북이스라엘의 여로보암이 금송아지를 만들고 율법을 어기자, 북이스라엘에서 살던 레위인들과 제사장들이 남쪽으로 내려오게 된다. 이렇게 하나님의 사람이 많아지자, 르호보암 시대에 남유다는 3년 동안 부흥을 경험하게 된다. 그러나 르호보암은 그 소중함을 깨닫지 못했다. 그 내용이 열왕기상 14장 22-24절에 기록되어 있다.

> 유다가 여호와 보시기에 악을 행하되 그의 조상들이 행한 모든 일보다 뛰어나게 하여 그 범한 죄로 여호와를 노엽게 하였으니 이는 그들도 산 위에와 모든 푸른 나무 아래에 산당과 우상과 아세라 상을 세웠음이라 그 땅에 또 남색하는 자가 있었고 여호와께서 이스라엘 자손 앞에서 쫓아내신 국민의 모든 가증한 일을 무리가 본받아 행하였더라.

르호보암 다음은 아사왕이다. 아사는 그래도 하나님께 칭찬을 받은 왕이었다.

> 아사가 그의 하나님 여호와 보시기에 선과 정의를 행하여 이방 제단과 산당을 없애고 주상을 깨뜨리며 아세라 상을 찍고 유다 사람에게 명하여 그 조상들의 하나님 여호와를 찾게 하며 그의 율법과 명령을 행하게 하고(대하 14:2-4).

아사가 하나님을 바라보게 한 것이 핵심이다. 그 결과 남유다는 10년 동안 평안했고, 주변 나라에서도 싸움을 걸지 않았다. 하나님이 아사에게 평안을 선물로 주신 것이다. 아사는 솔로몬과 달리, 모든 것이 하나님이 하신 일임을 고백했다.

아사가 그의 하나님 여호와께 부르짖어 이르되 여호와여 힘이 강한 자와 약한 자 사이에는 주밖에 도와줄 이가 없사오니 우리 하나님 여호와여 우리를 도우소서 우리가 주를 의지하오며 주의 이름을 의탁하옵고 이 많은 무리를 치러 왔나이다 여호와여 주는 우리 하나님이시오니 원하건대 사람이 주를 이기지 못하게 하옵소서(대하 14:11).

다윗 이후에 하나님을 이처럼 경외하며 바라본 왕은 아사가 처음이었다. 하나님이 얼마나 기쁘셨을까!

아사왕 다음은 여호사밧이다. 여호사밧에 대한 평가는 열왕기상·하와 역대상·하가 다르다. 열왕기상·하는 선지자가 기록했고, 역대상·하는 제사장이 기록했기 때문이다. 선지자의 시각에서는, 여호사밧이 북이스라엘의 왕 아합과 사돈이 되고 군사 협정을 맺어 남유다에 바알 숭배가 들어오게 된 것을 부정적으로 본다. 그러니 열왕기상·하에는 여호사밧이 좋지 않은 왕으로 기록되어 있다. 그러나 역대상·하는 여호사밧이 전쟁 때 하나님을 의지해 성가대를 조직하고 하나님을 찬양하며 승리한 내용이 긍정적으로 기록되어 있다.

이후 북이스라엘 왕 아합이 죽고, 아합의 아들 아하시야도 죽은 후, 남유다에서는 여호사밧의 아들 여호람(요람) 그리고 그의 아들 아하시야가 왕이 된다. 이때 아합과 이세벨 사이에서 태어난 아달랴가 여호람의 아내가 된다.

여호람이 왕이 될 때에 나이가 삼십이 세라 예루살렘에서 팔 년 동안 통치하니라 그가 이스라엘 왕들의 길을 가서 아합의 집과 같이 하였으니 이는 아합의 딸이 그의 아내가 되었음이라 그가 여호와 보시기에 악을 행하였으나(왕하 8:17-18).

성경은 남유다의 왕인 여호람이 북이스라엘 왕들의 길을 갔다고 말씀한다. 성경에서 이런 표현은 처음이다. 역대하에도 같은 내용이 기록되어 있다.

선지자 엘리야가 여호람에게 글을 보내어 이르되 왕의 조상 다윗의 하나님 여호와께서 이같이 말씀하시기를 네가 네 아비 여호사밧의 길과 유다 왕 아사의 길로 행하지 아니하고 오직 이스라엘 왕들의 길로 행하여 유다와 예루살렘 주민들이 음행하게 하기를 아합의 집이 음행하듯 하며 또 네 아비 집에서 너보다 착한 아우들을 죽였으니(대하 21:12-13).

여호람은 왕위에 오르자마자 형제들을 죽인다. 왜 그랬을까? 자신의 왕위를 빼앗길까 두려웠기 때문이다. 이는 두로와 시돈을 따른 것으로, 그곳의 왕들은 자신의 세력을 위해 형제들을 죽이는 경우가 많았다. 이는 북이스라엘의 아주 악한 왕도 하지 않았던 것이다. 그런데 다윗의 후손인 여호사밧의 아들이 그렇게 한 것이다. 하지만 하나님은 다윗과의 약속 때문에 유다를 멸하지 않고 꾹 참으신다.

여호와께서 그의 종 다윗을 위하여 유다 멸하기를 즐겨하지 아니하셨으니 이는 그와 그의 자손에게 항상 등불을 주겠다고 말씀하셨음이더라(왕하 8:19).

남유다 여호람(요담)의 아들 아하시야는 어떻게 했는지 살펴보자.

아하시야도 아합의 집 길로 행하였으니 이는 그의 어머니가 꾀어 악을 행하게 하였음이라(대하 22:3).

아하시야는 어머니 아달랴(이세벨과 아합의 딸)의 영향으로 아합의 집 길을 따라 악을 행한다. 이후 아하시야가 죽자 아달랴가 왕이 된다. 그녀가 왕이 되어 가장 먼저 한 일은 다윗의 자손을 모두 죽이는 일이었다.

아하시야의 어머니 아달랴가 그의 아들이 죽은 것을 보고 일어나 왕의 자손을 모두 멸절하였으나(왕하 11:1).

여호람이 왕이 되었을 때 왜 형제들을 다 죽였는지 알 것 같다. 그의 아내 아달랴가 그렇게 하라고 부추긴 것이다. 왜 이 사건이 중요한가? 하나님은 다윗의 후손을 통해 메시아를 보내겠다고 약속하셨기 때문이다. 이 약속을 절대 가볍게 여겨서는 안 된다. 만일 다윗의 후손이 모두 죽었다면, 메시아는 이 땅에 오실 수 없었을 것이다.

그때 남유다에는 하나님의 제사장 여호야다가 있었다. 그의 아내 여호세바, 곧 여호람의 딸이자 아하시야의 누나가 자신의 조카 요아스를 몰래 빼내어 숨긴다. 여호세바는 그 일이 장차 세상을 구원할 메시아가 오시게 하는 일임을 꿈에도 생각하지 못했을 것이다. 다만 긍휼과 안타까운 마음에 숨겼을 것이다. 요아스를 숨긴 곳은 아달랴가 절대 들어오지 않을 하나님의 성전이었다. 이후 제사장 여호야다가 요아스를 왕으로 세우고, 아달랴와 그 족속들을 모두 죽인다.

요아스는 여호야다 제사장이 살아 있는 동안에는 하나님을 잘 섬긴다. 그러나 여호야다가 죽자 그는 다시 아세라 같은 우상을 섬긴다. 하나님은 그를 돌아오게 하기 위해 선지자를 보내시는데, 그가 바로 요아스를 살리고 이끌어 주었던 여호야다의 아들 스가랴다.

> 하나님의 영이 제사장 여호야다의 아들 스가랴를 감동시키시매 … 너희가 어찌하여 여호와의 명령을 거역하여 스스로 형통하지 못하게 하느냐 하셨나니 너희가 여호와를 버렸으므로 여호와께서도 너희를 버리셨느니라 하나 무리가 … 그를 여호와의 전 뜰 안에서 돌로 쳐 죽였더라 … 그가 죽을 때에 이르되 여호와는 감찰하시고 신원하여 주옵소서 하니라(대하 24:20-22).

하나님의 선지자가 하나님의 말씀을 전했는데, 하나님의 성전 뜰에서 돌에 맞아 죽임을 당한다. 요아스왕이 그렇게 한 것이다. 만약 이 일을 아달랴나 여호람, 혹은 아하시야가 저지른 것이라면 이해할 수도 있겠지만, 6년 동안 성전에서 숨어 지내며 자신을 지켜 주었던 제사장 여호야다의 아들 스가랴를 하나님의 말씀을 전했다는 이유로 성전에서 죽인 것은 이해할 수 없는 일이다.

결국 요아스는 전쟁에 나갔다가 부상을 입고 신하들의 손에 암살당한다. 이후 그의 아들 아마샤가 왕이 된다. 아마샤는 왕이 된 후, 자신의 아버지를 죽인 사람들만 처형하고 그 자녀들은 죽이지 않는다.

> 나라가 그의 손에 굳게 서매 그의 부왕을 죽인 신복들을 죽였으나 왕을 죽인 자의 자녀들은 죽이지 아니하였으니 이는 모세의 율법책에 기록된 대로 함이라 곧 여호와께서 명령하여 이르시기를 자녀로 말미암아 아버지를 죽이지 말 것이요 아버지로 말미암아 자녀를 죽이지 말 것이라 오직 사람마다 자기의 죄로 말미암아 죽을 것이니라 하셨더라(왕하 14:5-6).

아마샤의 기준은 감정이 아니라, 신명기에 기록되어 있는 하나님의 율법이었다. 그래서 하나님은 그를 칭찬하신다.

아마샤 다음으로는 아사랴, 곧 웃시야가 왕이 된다. 이때 북이스라엘은 여로보암 2세가 다스리며 황금기를 누리고 있었다.

> 웃시야가 그의 아버지 아마샤의 모든 행위대로 여호와 보시기에 정직하게 행하며 하나님의 묵시를 밝히 아는 스가랴가 사는 날에 하나님을 찾았고 그가 여호와를 찾을 동안에는 하나님이 형통하게 하셨더라(대하 26:4-5).

하나님은 언제나 당신의 사람을 왕에게 붙여 주신다. 웃시야도 스가랴 선지자가 있을 때는 하나님을 찾았다. 그러나 스가랴가 죽자 다시 망가진다. 어느 날, 웃시야가 성전에서 직접 분향하려 하자 제사장이 막았고, 화를 내며 성전에 들어가자 그의 이마에 나병이 생겼다. 하나님은 왕과 제사장, 선지자의 권한을 분리해 놓으셨는데, 그것을 무시하고 깨뜨린 사람이 웃시야왕이었다.

그다음은 그의 아들 요담이 왕이 되고, 그 뒤를 이어서 아하스가 왕위에 오른다. 그러나 아하스는 악한 왕 중에서도 가장 악한 왕이다. 하나님은 그를 왜 그렇게 평가하셨을까?

> [아하스가] 이스라엘의 여러 왕의 길로 행하며 또 여호와께서 이스라엘 자손 앞에서 쫓아내신 이방 사람의 가증한 일을 따라 자기 아들을 불 가운데로 지나가게 하며(왕하 16:3).

'이스라엘의 여러 왕의 길'이란 바로 북이스라엘의 악한 길이다. 여호람이 남긴 그 길을 남유다 왕 아하스가 따른다. 심지어 자신의 아들 히스기야까지도 불 가운데로 지나가게 해 죽게 할 뻔했다. 만일 그때 히스기야가 죽었다면, 메시아의 길도 막혔을 것이다.

아하스왕 때부터 남유다가 바벨론에 멸망하고 포로로 끌려갈 때까지 하나님은 남유다에 수많은 선지자를 보내신다. 선지자가 많이 나온다는 것은 나라가 위기에 처했다는 신호였다. 이제 선지서와 함께 역사순으로 살펴보자.

미가

사마리아와 예루살렘을 향한 하나님의 분노(1장)

유다의 왕들 요담과 아하스와 히스기야 시대에 모레셋 사람 미가에게 임한 여호와의 말씀 곧 사마리아와 예루살렘에 관한 묵시라(미 1:1).

이때는 아직 북이스라엘이 존재하던 시기로, 미가(B.C. 740-690)는 이사야와 동시대에 활동한 선지자였다. 그는 북이스라엘의 사마리아와 남유다의 예루살렘 모두를 향해 하나님의 메시지를 전했다.

이는 다 야곱의 허물로 말미암음이요 이스라엘 족속의 죄로 말미암음이라 야곱의 허물이 무엇이냐 사마리아가 아니냐 유다의 산당이 무엇이냐 예루살렘이 아니냐(미 1:5).

하나님이 가장 분노하신 것은, 북이스라엘의 우상 숭배가 남유다에도 들어왔다는 것이었다.

멸망할 자들(2장)

부자들이 가난한 자들의 것을 빼앗는 모습을 보고, 미가는 사람들이 그들을 조롱하는 시를 지어 부르게 될 것이라고 경고한다.

> 우리가 온전히 망하게 되었도다 그가 내 백성의 산업을 옮겨 내게서 떠나게 하시며 우리 밭을 나누어 패역자에게 주시는도다(미 2:4).

그러자 그들은 자신들에게 "하나님의 예언을 하지 말라!"고 반발한다. 그러면서 왜 그렇게 예언하느냐고 묻는다. 하지만 여호와의 영이 성급하셔서가 아니다. 그들은 전쟁의 피난민들을 보호하기는커녕 그들의 옷을 빼앗고, 부녀의 집과 아이들의 희망까지도 빼앗았다. 하나님의 자녀라면 피난민과 부녀, 어린아이들을 돌보아야 하는데 오히려 그런 행위를 했으니 하나님께서 그들을 심판하실 수밖에 없다.

타락한 지도자들에 대한 고발(3장)

통치자들아 들으라 정의를 아는 것이 너희의 본분이 아니냐 너희가 선을 미워하고 악을 기뻐하여 내 백성의 가죽을 벗기고 그 뼈에서 살을 뜯어 그들의 살을 먹으며 그 가죽을 벗기며 그 뼈를 꺾어 다지기를 냄비와 솥 가운데에 담을 고기처럼 하는도다(미 3:1b-3).

입에 담지 못할 표현들이다. 미가는 이스라엘의 통치자들이 백성의 가죽을 벗기고 살을 뜯어 먹는 지도자들이라고 독설을 내뱉는다. 실제로 그들은 정의를 내버리고 백성의 피를 빨아먹는 일을 서슴지 않았다. 그들은 뇌물을 받고 재판하며, 제사장은 자신의 삯을 위해 잘못을 가르치고, 선지자는 돈을 받고 점을 쳐 주면서도 입바른 소리로 "여호와께서 우리 중에 계신다! 그러니 우리에게는 재앙이 없다!"고 말했다. 이에 화가 나신 하나님이 미가를 통해 말씀하신다.

시온은 갈아엎은 밭이 되고 예루살렘은 무더기가 되고 성전의 산은 수풀의 높은 곳이 되리라(미 3:12).

이스라엘 백성은, 자신들은 언약 백성이기에 그렇게 못되게 굴어도 하나님이 자신들의 행위와 상관없이 늘 응답하며 도와주실 것이라고 착각했다.

여호와의 통치와 평화의 회복(4장)

끝날에 이르러는 여호와의 전의 산이 산들의 꼭대기에 굳게 서며 작은 산들 위에 뛰어나고 민족들이 그리로 몰려갈 것이라(미 4:1).

마지막 때가 되면 하나님의 시온(예루살렘)은 모든 사람이 우러러볼 정도로 높게 세워질 것이며, 많은 민족이 몰려들 것이다. 재판장이신 하나님이 심판하고 판결하실 것이다.

무리가 그 칼을 쳐서 보습을 만들고 창을 쳐서 낫을 만들 것이며 이 나라와 저 나라가 다시는 칼을 들고 서로 치지 아니하며 다시는 전쟁을 연습하지 아니하고(미 4:3).

메시아가 다시 오시는 날에는 더 이상 전쟁이 없고, 칼과 창 대신 농기구를 만드는 평화로운 나라가 될 것이다. 그때는 환난을 받은 자들, 곧 고통당한 이들을 하나님이 모두 돌보고 다스려 주신다.

딸 시온이여 … 바벨론까지 이르러 거기서 구원을 얻으리니 여호와께서 거기서 너를 네 원수들의 손에서 속량하여 내시리라(미 4:10).

미가는 이스라엘이 바벨론 포로 생활 이후에 하나님의 구원을 얻게 될 것이라고 예언한다.

이제 많은 이방 사람들이 모여서 너를 치며 이르기를 시온[이스라엘]이 더럽게 되며 그것을 우리 눈으로 바라보기를 원하노라 하거니와(미 4:11).

그러나 그들은 여호와의 뜻을 알지 못한다. 하나님은 곡식단을 타작마당에 모으는 것처럼 이방 민족들(이스라엘을 괴롭히고 쳤던 이방 민족들)을 모으신다.

딸 시온이여 일어나서 칠지어다 내가 네 뿔을 무쇠 같게 하며 네 굽을 놋 같게 하리니(미 4:13).

베들레헴에서 나실 메시아(5장)

미가 선지자는 메시아의 탄생을 예언한다.

> 베들레헴 에브라다야 너는 유다 족속 중에 작을지라도 이스라엘을 다스릴 자가 네게서 내게로 나올 것이라 그의 근본은 상고에, 영원에 있느니라(미 5:2).

메시아, 곧 예수님은 '베들레헴'에서 태어나신다. '베들레헴'은 '빵집'이라는 뜻이다.

하나님과의 변론(6장)

하나님은 미가를 통해 백성과 변론하기를 원하신다. 하나님이 먼저 말씀하신다.

"내 백성아, 내가 너에게 무엇을 행했고, 무슨 일로 너를 괴롭게 했느냐? 말해 봐라! 내가 너를 애굽에서 인도해 냈고, 종노릇하는 집에서 속량했고, 모세와 아론과 미리암을 네 앞에 보냈다. 발람을 통해 이스라엘을 축복하게 했다. 싯딤에서 길갈까지의 일을 기억해 봐라. 그러면 나 여호와가 너희에게 어떻게 공의롭게 행했는지 알 것이다."

그러자 이스라엘 백성이 묻는다.

> 내가 무엇을 가지고 여호와 앞에 나아가며 높으신 하나님께 경배할까 내가 번제물로 일 년 된 송아지를 가지고 그 앞에 나아갈까 여호와께서 천천의 숫양이나 만만의 강물 같은 기름을 기뻐하실까 내 허물을 위하여 내 맏아들을, 내 영혼의 죄로 말미암아 내 몸의 열매를 드릴까(미 6:6-7).

하나님이 응답하신다.

사람아 주께서 선한 것이 무엇임을 네게 보이셨나니 여호와께서 네게 구하시는 것은 오직 정의를 행하며 인자를 사랑하며 겸손하게 네 하나님과 함께 행하는 것이 아니냐(미 6:8).

하나님은 외치신다.

"지혜는 주의 이름을 경외하는 것이다."

그렇게 율법을 어기며 불의한 재물을 받고 저울을 속이고 거짓말을 하니, 아무리 먹어도 항상 속이 비고, 아무리 모아서 감추어 놓아도 다 빼앗기게 될 것이다. 결국 아무것도 남지 않는다. 그 이유는 다음과 같다.

너희가 오므리의 율례와 아합 집의 모든 예법을 지키고 그들의 전통을 따르니 내가 너희를 황폐하게 하며 그의 주민을 사람의 조소거리로 만들리라(미 6:16).

즉, 북이스라엘 아합 집안의 악한 일들을 하나님은 가증히 여기고 싫어하신 것이다.

나훔

'나훔'(B.C. 661-612)이라는 이름은 '위로하는 여호와'라는 뜻이다. 나훔 선지자는 앗수르의 수도 니느웨를 향하여 예언한다. 요나 이후 150년 뒤에 선포한 것이다. 요나가 니느웨에 회개의 메시지를 전하고 나서 가축까지도 다 회개하자 하나님이 회복시켜 주셨으나, 그들은 다시 악한 짓을 하며 약한 나라들을 침략하고 수많은 사람을 죽였다.

앗수르는 다른 나라에서 빼앗은 것으로 먹고사는 강도 집단과 같았다. 하는 짓도 너무 잔인했다. 살아 있는 사람의 껍질을 벗겨서 매달고, 임신한 부녀의 배를 가르기까지 했다. 이로 인해 온 세상이 앗수르를 두려워하게 되었고, 마침내 하나님께서 진노하신 것이다. 요나 시대에도 참으셨지만, 150년이 지난 지금은 더 망가져 있다.

> 그가 범람하는 물로 그곳을 진멸하시고 자기 대적들을 흑암으로 쫓아내시리라 (나 1:8).

결국 티그리스강의 범람으로 니느웨의 성벽이 무너지고, 도시는 모래 안 14미터 밑으로 들어가 버려 흔적도 없이 사라졌다. 그래서 성경을 믿지 않는 사람들은 앗수르가 실재하는 나라가 아니라, 만들어 낸 이야기라고 생각했다. 그러나 1842년, 영국의 고고학자 헨리 레이어드(Austen Henry Layard)가 그 유적을 발굴했다. 앗수르에 관한 유물은 영국 대영박물관에 전시되어 있다.

> 볼지어다 아름다운 소식을 알리고 화평을 전하는 자의 발이 산 위에 있도다 유다야 네 절기를 지키고 네 서원을 갚을지어다 악인[앗수르]이 진멸되었으니 그가 다시는 네 가운데로 통행하지 아니하리로다 하시니라(나 1:15).

유다를 괴롭히던 앗수르가 망할 것이니 이제 절기를 지킬 수 있다는 것이다. 앗수르 때문에 전쟁이 잦았던 시절, 유다 백성은 계속 서원 기도를 드렸을 것이다. "하나님, 저 앗수르만 망하면 제가 무엇이든 하겠습니다!"라고 말이다. 이제 유다는 자유롭게 절기를 지킬 수 있고, 고난받을 동안에 서원한 것을 지킬 수 있게 되리라는 소망과 기쁨을 준다.

오바댜

야곱의 형 에서가 세운 나라가 에돔이다. 오바댜 선지서는 이 에돔에 대한 예언서다. 에돔의 멸망에 대해서는 이사야, 예레미야, 에스겔 등에도 기록되어 있다. '오바댜'(B.C. 848-841)라는 이름은 '하나님의 종'이라는 뜻이다. 에돔은 야곱의 형 에서의 별칭으로, 그 후손과 그들이 거주하는 지역을 의미하기도 한다. 에돔은 이스라엘과 형제 관계였음에도 불구하고 그들을 미워했다. 그리고 이스라엘이 어려움에 처했을 때는 오히려 기뻐했다. 하나님은 그 모습을 보고 에돔을 심판하시려 한다.

에돔 족속이 거주하던 땅은 사해 남동쪽의 바위가 가득한 산악 지대로, 누구도 올라가기 힘든 곳이었다. 그들은 그곳의 자연 동굴이나 인공적으로 바위를 깎아 만든 집에 거주했다. 더욱이 수도 페트라는 약 3킬로미터에 걸쳐 좁은 암반 계곡으로 연결되어 있었기에, 아무리 많은 적이 쳐들어와도 모두 막아 낼 수 있었다. 그러나 이런 좋은 조건을 가지고 있었기에 그들은 오히려 교만해졌다.

> 너의 마음의 교만이 너를 속였도다 바위틈에 거주하며 높은 곳에 사는 자여 네가 마음에 이르기를 누가 능히 나를 땅에 끌어내리겠느냐(옵 1:3).

성경이 에돔을 '바위틈에 사는 자'라고 표현한 것도 그들이 높은 지대에 있었기 때문이다.

> 네가 독수리처럼 높이 오르며 별 사이에 깃들일지라도 내가 거기에서 너를 끌어내리리라 여호와의 말씀이니라(옵 1:4).

독수리는 다른 동물이 오르지 못하는 높은 곳에 살면서 먹잇감을 낚아챈다. 에돔이 아무리 그런 독수리처럼 높은 곳에 숨어 있어도, 여호와께서 개입하셔서 그들을 반드시 끌어낼 것이라고 말씀하신다.

에돔은 또한 강도 생활을 하듯이 살아왔다. 높은 곳에서 보고 있다가 지나가는 사람들의 물건을 빼앗았다. 야곱이 에서에게 "너는 피를 묻힐 것이다"라고 한 말이 그대로 이루어진 것이다.

> 네가 네 형제 야곱에게 행한 포학으로 말미암아 부끄러움을 당하고 영원히 멸절되리라(옵 1:10).

에돔은 출애굽 당시만 해도 이스라엘에게 형제로 인정되었다(신 23:7 참조). 그러나 그들은 이스라엘의 진로를 방해했고, 그 이후로 최악의 적대 관계가 되었다. 특히 고아나 과부 같은 약한 자들까지 빼앗고 괴롭혔다. 하나님의 백성에게 이런 불의를 저질렀기에, 에돔은 하나님의 심판을 선고받은 것이다.

> 네가 멀리 섰던 날 곧 이방인이 그의 재물을 빼앗아 가며 외국인이 그의 성문에 들어가서 예루살렘을 얻기 위하여 제비 뽑던 날에 너도 그들 중 한 사람 같았느니라(옵 1:11).

에돔은 느부갓네살의 군대가 예루살렘을 칠 때, 도와주기는커녕 남의 일 보듯이 방관했다. '너도 그들 중 한 사람 같았다'라는 말은, 비록 에돔이 이스라엘과 형제지만 다른 이방인과 똑같다는 것이다.

열왕기하 3

히스기야의 믿음과 시련
(18-21장)

아하스왕에게 히스기야가 태어난다. 그는 무너진 나라를 다시 일으켜 세운 왕이었다. 우상의 산당을 제거하고, 아세라 목상을 찍었으며, 모세가 만들었던 놋뱀을 우상으로 섬기자 그것도 없애 버렸다. 그는 오로지 여호와만을 의지했다.

히스기야 때 북이스라엘의 마지막 왕 호세아가 앗수르에 의해 멸망한다. 이 세상에서 북이스라엘은 완전히 사라지고, 앗수르 사람들이 그곳에 들어와 살면서 혼합 결혼이 이루어져 '사마리아인'이 생기게 된다.

앗수르 사람들이 북이스라엘에서 살면서 어려움을 겪자, 이 땅의 신을 섬기는 법을 배워야겠다고 생각해 왕에게 포로로 끌려간 사람 중에서 여호와 하나님을 섬기는 제사장을 보내 달라고 요청한다. 이에 제사장 한 명이 보내졌고, 사마리아에 사는 사람들이 그 제사장에게 배웠는데, 그가 알려 준 방법도 엉망이었다. 그때부터 사람들은 번제를 드릴 때 하나님도 섬기고 다른 신도 섬기는 습관을 갖게 되었다.

북이스라엘을 점령한 앗수르가 이제는 남유다마저 엿본다. 결국 앗수르 왕 산헤립이 히스기야왕 14년에 남유다를 쳐들어온다. 히스기야는 두려워서 여호와의 성전과 왕궁 곳간에 있는 은을 다 내주고, 그것도 모자라 기둥에 입힌 금까지 벗겨서 바친다. 그러나 소용이 없다. 그렇게 주었는데도 앗수르는 결국 예루살렘성을 둘러싼다.

히스기야는 다시 하나님께 엎드리고, 하나님은 이사야 선지자를 통해서 산헤립을 두려워하지 말라고, 반드시 구원하겠다고 말씀하신다. 그리고 말씀하신 대로 여호와의 사자가 밤중에 나와 앗수르 진영에서 18만 5천 명의 군사를 하루아침에 다 죽게 하신다. 산헤립왕도 나중에 신하들에 의해 죽임을 당한다. 하나님은 히스기야의 기도를 듣고 그를 큰 어려움에서 구해 주신다.

세월이 흘러 히스기야가 병들어 죽게 되었을 때, 그는 간절히 기도해서 15년을 더 살게 된다. 그리고 히스기야의 병이 나아 갈 무렵, 바벨론에서 병문안을 온다. 히스기야는 그때 성전과 궁궐에 있는 모든 것을 자랑하듯이 다 보여 준다. 그러자 이사야가 찾아와서 말한다.

"왕이 보여 준 모든 것을 바벨론이 그대로 빼앗아 갈 것입니다."

"아이고, 그럼 어떡해야 하나요?"

"왕의 시대가 아니라, 왕의 후손의 시대에 그 일이 일어날 것입니다."

"그렇다면 다행입니다!"

15년을 더 살게 된 히스기야가 그 기간에 아들 므낫세를 낳는다. 므낫세는 남유다를 무려 55년간 통치하는데, 그동안 나라를 철저히 망쳐 놓는다. 이 므낫세가 가장 악한 왕으로 평가된다. 만일 히스기야가 15년을 더 살지 않았다면 므낫세가 태어나지 않았을 수도 있지 않을까?

므낫세는 아버지 히스기야가 무너뜨린 산당을 다시 세우고, 바알과 아세라 목상을 만들었으며, 하늘의 일월성신을 경배했다. 심지어 자기 아들을 불 가운데로 지나가게 하고 점을 치는 등 여호와께서 가증히 여기시는 일을 많이 행하여 진노를 일으켰다. 므낫세의 죄로 하나님은 진노하셨고, 그 결과 남유다는 망하게 된다.

> 유다 왕 므낫세가 이 가증한 일과 악을 행함이 그전에 있던 아모리 사람들의 행위보다 더욱 심하였고 또 그들의 우상으로 유다를 범죄하게 하였도다 그러므로 이스라엘의 하나님 여호와가 말하노니 내가 이제 예루살렘과 유다에 재앙을 내리리니 … 사람이 그릇을 씻어 엎음같이 예루살렘을 씻어 버릴지라(왕하 21:11-13).

므낫세 이후 아몬이 2년간 왕이 되었으나, 그도 아버지 므낫세처럼 악을 행한다. 므낫세 55년과 아몬 2년, 총 57년 동안 두 사람은 남유다를 엉망진창으로 만든다.

이사야

이사야 선지자는 주전 8세기, B.C. 740년부터 680년까지 약 60년 동안 활동했다. 그가 활동하던 시기에는 네 명의 왕, 곧 웃시야, 요담, 아하스, 히스기야가 남유다를 다스렸다.

이사야서는 총 66장이다. 성경이 66권으로 구약이 39권, 신약이 27권인 것처럼 이사야서도 성경의 축소판처럼 비슷하게 구성되어 있다. 그래서 많은 신학자가 이사야서를 '성경의 요약본'이라고 부르기도 한다. 실제로 1-39장까지는 구약처럼 이스라엘의 죄와 그에 대한 하나님의 심판과 진노가 기록되어 있고, 40-66장까지는 신약처럼 하나님의 구원과 회복, 약속이 기록되어 있다.

이스라엘의 죄와 하나님의 심판 예언(1-39장)

형식만 남은 신앙을 책망하심(1장)

하늘이여 들으라 땅이여 귀를 기울이라 여호와께서 말씀하시기를 내가 자식을 양육하였거늘 그들이 나를 거역하였도다 소는 그 임자를 알고 나귀는 그 주인의 구유를 알건마는 이스라엘은 알지 못하고 나의 백성은 깨닫지 못하는도다 하셨도다(사 1:2-3).

이사야는 울분에 찬 목소리로 외친다. 동물인 소와 나귀도 주인을 알아보고 순종하는데, 이스라엘 백성은 짐승만도 못하다고 하나님이 한탄하신다. 이스라엘의 죄는 하나님을 만홀히 여긴 것, 곧 무시했다는 것이다. 그들이 신이신 하나님을 어떻게 버렸는지는 예루살렘 성전을 보면 알 수 있다. 겉으로는 번쩍이는 성전과 분주한 제사, 화려한 모습이 있다. 그러나 하나님은 이렇게 말씀하신다.

> 너희가 내 앞에 보이러 오니 이것을 누가 너희에게 요구하였느냐 내 마당만 밟을 뿐이니라 헛된 제물을 다시 가져오지 말라 … 내 마음이 너희의 월삭과 정한 절기를 싫어하나니 그것이 내게 무거운 짐이라 내가 지기에 곤비하였느니라 … 너희가 많이 기도할지라도 내가 듣지 아니하리니 이는 너희의 손에 피가 가득함이라(사 1:12-15).

겉으로는 경건해 보이지만, 그 안에는 거짓과 탐욕, 불의가 가득하다. 예배는 열심히 드리지만, 삶은 하나님과 상관없는 것으로 가득 차 있다. 이렇게 제물을 가지고 성전에 나와도 하나님이 듣지 않겠다고 하신다. 손에 피가 가득하다고 말씀하신다. 그렇다면 어떻게 해야 하는가?

> 스스로 씻으며 스스로 깨끗하게 하여 … 선행을 배우며 정의를 구하며 학대받는 자를 도와주며 고아를 위하여 신원하며 과부를 위하여 변호하라 하셨느니라(사 1:16-17).

이것이 바로 하나님이 원하시는 예배이며, 삶의 올바른 자세다.

> 너희의 죄가 주홍 같을지라도 눈과 같이 희어질 것이요 진홍같이 붉을지라도 양털같이 희게 되리라(사 1:18).

하나님의 용서와 회복의 약속이 울려 퍼진다.

회복의 비전과 심판의 경고(2장)

2장은 웃시야와 그 뒤를 이은 요담의 시대를 배경으로 한다. 이 시기는 남유다가 외적으로 번영했으며, 군사력, 경제력, 건축, 농업, 국방이 모두 탄탄했다(대하 26장 참조). 그러나 그 번영은 백성의 교만과 영적 타락으로 이어졌다. 사람들은 하나님보다 금과 은, 말과 병거, 이방의 점술과 우상을 더 의지했다. 국제 정세는 북이스라엘과 아람(다메섹)이 연합해 남유다를 압박하던 시기가 점점 다가오고 있었다.

> 말일에 여호와의 전의 산이 모든 산 꼭대기에 굳게 설 것이요 모든 작은 산 위

에 뛰어나리니 만방이 그리로 모여들 것이라(사 2:2).

여기서 '말일'은 단순한 '마지막 날'이 아니라, 하나님이 정하신 마지막 그 때를 의미한다. 이스라엘의 역사적 회복, 메시아 왕국, 새 하늘과 새 땅을 예고한다. 말일에는 하나님이 다스리시는 시대가 임하고, 모든 민족이 하나님의 법을 배우기 위해 시온으로 몰려들 것이라고 이사야는 예언한다.

그런데 왜 이 이야기를 먼저 하셨을까? 이사야 1장에서 유다는 죄악으로 가득 차 있었고, 하나님은 "손에 피가 가득 묻은 네 예배는 싫다"고 단호히 말씀하셨다. 그러나 1장 끝에 '정의로 시온을 회복하겠다'는 희망의 말씀이 있었다. 그래서 2장에서 그 회복의 비전을 먼저 보여 주신 것이다.

많은 백성이 가며 이르기를 … 그가 그의 길을 우리에게 가르치실 것이라 우리가 그 길로 행하리라 하리니 이는 율법이 시온에서부터 나올 것이요(사 2:3).

아무 희망도 없어 보이는 예루살렘이지만, 하나님은 이 도시가 역사 속에 사라지지 않고 말세에 우뚝 서서 많은 사람이 사랑하고 모여드는 복음이 흘러나오는 곳, 전쟁을 그치게 하는 평화의 도시가 될 것이라고 놀라운 예언을 하신다.

하지만 이 일은 그냥 이루어지는 것이 아니라, 반드시 '여호와의 날' 심판을 통해 완전히 새롭게 태어나야 한다. 무엇이 깨져야 할까?

그들에게 동방 풍속이 가득하며 그들이 블레셋 사람들같이 점을 치며 이방인과 더불어 손을 잡아 언약하였음이라 그 땅에는 은금이 가득하고 보화가 무한하며 그 땅에는 마필이 가득하고 병거가 무수하며 그 땅에는 우상도 가득하므로 그들이 자기 손으로 짓고 자기 손가락으로 만든 것을 경배하여(사 2:6-8).

하나님의 백성이 이방인들처럼 우상을 섬기고, 금은보화를 좋아하며, 병거와 말을 의지했다. 이런 것들을 어떻게 깨뜨리고 버려야 하는가?

은 우상과 금 우상을 그날에 두더지와 박쥐에게 던지고 … 바위틈에 들어가서 여호와께서 땅을 진동시키려고 일어나실 때에 그의 위엄과 그 광대하심의 영광을 피하리라(사 2:20-21).

우상을 집어 던져야 한다.

예루살렘의 멸망과 하나님의 심판 (3장)

이제 본격적으로 하나님의 심판이 예루살렘 안에서 현실이 되는 순간이 펼쳐진다. 이사야 2장에서 보여 준 '주의 날'의 환상이 3장에서 파멸을 예언한다. 하나님은 먼저 유다와 예루살렘이 의지하는 모든 것을 제거하겠다고 하신다.

보라 주 만군의 여호와께서 예루살렘과 유다가 의뢰하며 의지하는 것을 제하여 버리시되 곧 그가 의지하는 모든 양식과 그가 의지하는 모든 물과(사 3:1).

만일 적들에게 포위되어 양식과 물이 모두 끊긴다면 살 수 없다. 하나님은 그것마저도 없애겠다고 하신다. 그리고 이어지는 구절에서는 군사 지도자들도 모두 없앤다고 하신다.

용사와 전사와 재판관과 선지자와 복술자와 장로와 오십부장과 귀인과 모사와 정교한 장인과 능란한 요술자를 그리하실 것이며 그가 또 소년들을 그들의 고관으로 삼으시며 아이들이 그들을 다스리게 하시리니(사 3:2-4).

지도자가 없으니 어린아이 같은 능력 없는 사람들이 지도자가 된다. 예루살렘은 마치 무정부 상태처럼 무너져 간다. 어느 날, 한 집안에서 이런 일이 벌어진다.

"야, 너한테는 겉옷이 있으니 지도자를 해 줘!"

"아니, 난 못 해. 먹을 양식도 없고, 책임지기도 싫어!"

'겉옷이 있다'는 말은 재산과 권위를 상징한다. 남보다 괜찮아 보이니 지도자를 맡으라는 말이다. 그런데 그 역시 거절한다. 그러자 하나님이 심판자로 등장하신다.

여호와께서 변론하러 일어나시며 백성들을 심판하려고 서시도다(사 3:13).

왜인가? 백성은 말과 행동으로 하나님을 거역했고, 얼굴에는 교만이 드러나 있으며, 가난한 자를 학대하고 과부와 고아를 억압했기 때문이다.

어찌하여 너희가 내 백성을 짓밟으며 가난한 자의 얼굴에 맷돌질하느냐 주 만군의 여호와 내가 말하였느니라(사 3:15).

이사야의 시선은 이제 부유하고 사치스러운 예루살렘의 여자들에게로 향한다. 그들은 교만한 눈빛, 사치스러운 장신구, 향수와 장식, 화려한 옷, 희롱하듯 걷는 태도로 자신을 뽐냈다.

그러므로 주께서 시온의 딸들의 정수리에 딱지가 생기게 하시며 여호와께서 그들의 하체가 드러나게 하시리라(사 3:17).

화려했던 여인들의 모습은 하루아침에 초라함과 수치로 바뀐다.

젊은이들은 칼에 죽고, 예루살렘은 황폐해지며, 시온의 딸은 슬픔에 잠겨 땅에 주저앉는다.

여호와의 싹 (4장)

3장에서 예루살렘은 사회적, 도덕적으로 완전히 무너졌다. 지도자는 사라지고, 백성은 서로 억압하며, 여성들은 사치에 빠져 있었다.

그날에 일곱 여자가 한 남자를 붙잡고 말하기를 우리가 우리 떡을 먹으며 우리 옷을 입으리니 다만 당신의 이름으로 우리를 부르게 하여 우리가 수치를 면하게 하라 하리라(사 4:1).

전쟁과 심판 이후에 남성 인구가 줄어들어, 여인들이 자신의 소속과 보호를 간절히 원하게 된 상황이다.

이처럼 절망적인 상황 가운데 하나님은 갑자기 작은 '싹' 하나를 보여 주신다. 마치 잿더미 위에 돋아나는 새싹 같다.

그날에 여호와의 싹이 아름답고 영화로울 것이요(사 4:2).

이 '여호와의 싹'은 단순한 식물이 아니라, 훗날 예언서들에 반복해서 등장하는 메시아의 상징이다.

> 이새의 줄기에서 한 싹이 나며 그 뿌리에서 한 가지가 나서 결실할 것이요(사 11:1).

> 내가 내 종 싹을 나게 하리라(슥 3:8).

포도원의 노래 (5장)

5장은 '포도원의 노래'다. 어떤 사람이 포도원을 잘 일구고 좋은 포도나무를 심었지만 결국 들포도가 열렸다. 먹을 수도 없는 열매였다. 어떻게 해야 하는가? 갈아엎어 버려야 한다. 들포도는 아무짝에도 쓸모가 없기 때문이다.

> 무릇 만군의 여호와의 포도원은 이스라엘 족속이요 그가 기뻐하시는 나무는 유다 사람이라 그들에게 정의를 바라셨더니 도리어 포학이요 그들에게 공의를 바라셨더니 도리어 부르짖음이었도다(사 5:7).

포도원 주인은 하나님이고, 포도나무는 이스라엘과 유다 백성이다. 하나님은 울타리를 걷어 버리고 비도 내리지 않겠다고 하신다.

하나님이 이 노래를 이사야에게 부르게 하신 이유는, 그들의 죄가 무엇인지, 또 왜 하나님이 계신데도 기근과 재앙, 전쟁이 가득한지 그 이유를 알게 하시려는 것이다.

이사야의 소명(6장)

웃시야왕이 죽던 해에(사 6:1).

이사야 6장의 시간적 배경은 유다의 강력한 왕 웃시야가 죽던 해다. 웃시야는 무려 52년 동안 남유다를 통치한 왕이었다. 그는 나라를 부강하게 만들었지만, 말년에 교만해져 성전에 함부로 들어가 제사장만이 할 수 있는 일을 하려다 나병에 걸려 격리되고 죽는다(대하 26장 참조).

이때 이사야는 성전에 들어가 기도하다가 하나님을 만난다. 하나님이 보여 주신 환상은 성전에 가득 찬 그분의 옷자락 그리고 세 쌍의 날개를 가진 스랍(천사)들이 날아다니며 외치는 소리였다.

> 거룩하다 거룩하다 거룩하다 만군의 여호와여 그의 영광이 온 땅에 충만하도다(사 6:3).

성전 문지방은 흔들리고 연기로 가득 찼다. 이사야는 하나님의 절대적 거룩함 앞에 두려워졌다.

> 망하게 되었도다 … 나는 입술이 부정한 백성 중에 거주하면서 만군의 여호와 이신 왕을 뵈었음이로다(사 6:5).

하나님의 거룩함을 본 이사야는 자신의 죄와 이스라엘의 죄를 직면하고 스스로 망할 자라고 외친다. 이때 스랍이 숯을 가지고 와서 이사야의 입에 대어 악을 없애 주고 용서를 선포한다.

> 내가 또 주의 목소리를 들으니 주께서 이르시되 내가 누구를 보내며 누가 우리를 위하여 갈꼬 하시니 그때에 내가 이르되 내가 여기 있나이다 나를 보내소서 하였더니(사 6:8).

하나님이 이 일을 위해 사람을 보내야 하는데 누가 갈 수 있느냐고 물으시자, 이사야가 손을 번쩍 들고 자기가 가겠다고 한다. 이사야가 소명을 받았다. '나를 보내소서!' 이 한마디가 선지자 이사야의 전 생애를 바꾸는 시작이 되었다. 그때 하나님이 말씀하신다.

> 이 백성에게 이르기를 너희가 듣기는 들어도 깨닫지 못할 것이요 보기는 보아도 알지 못하리라 하여(사 6:9).

이사야가 가서 전해도 그들은 깨닫지 못할 거라고 하신다. 이때 이사야가 답답해서 묻는다.

"언제까지입니까?"

"성읍들이 황폐하여 주민이 없고, 가옥에는 사람이 없고, 토지는 황폐하게 될 때까지다."

세상에서 믿던 모든 것을 다 끊어 낼 때 하나님의 음성을 들을 수 있다. 이렇게 돌아온 사람에 대해 하나님은 다음과 같이 말씀하신다.

> 그중에 십분의 일이 아직 남아 있을지라도 이것도 황폐하게 될 것이나 밤나무와 상수리나무가 베임을 당하여도 그 그루터기는 남아 있는 것같이 거룩한 씨가 이 땅의 그루터기니라 하시더라(사 6:13).

'거룩한 씨'라고 부르신다. 하나님은 그들을 그루터기로 삼아 새로운 역사를 시작하시겠다는 것이다.

믿음의 기회를 외면한 아하스 (7장)

웃시야왕이 죽고 요담을 거쳐 아하스가 왕이 되는데, 이사야 7장은 아하스 때의 사건을 다룬다. 이 내용은 열왕기와 역대기에서도 그대로 다루고 있다.

> 웃시야의 손자요 요담의 아들인 유다의 아하스왕 때에 아람의 르신왕과 르말리야의 아들 이스라엘의 베가왕이 올라와서 예루살렘을 쳤으나 능히 이기지 못하니라(사 7:1).

아람과 북이스라엘 연합군이 앗수르와 싸우기로 하고 남유다에게도 도움을 요청했으나 아하스는 거절한다. 그러자 화가 난 아람과 북이스라엘이 앗수르를 치기 전에 남유다를 먼저 공격하려고 한다. 이 소식을 들은 아하스와 백성은 두려움에 빠진다.

> 왕의 마음과 그의 백성의 마음이 숲이 바람에 흔들림같이 흔들렸더라(사 7:2).

하나님은 이 위기 속에서 선지자 이사야를 보내 걱정하지 말라고 하신다. 하나님이 돌보시면 아람 왕 르신과 북이스라엘 왕 베가는 연기 나는 두 부지깽이처럼 약하다고 하신다. 부지깽이는 연기가 나다가 꺼져 버린다.

> 너는 네 하나님 여호와께 한 징조를 구하되 깊은 데에서든지 높은 데에서든지

구하라 하시니(사 7:11).

하나님은 징조를 보여 줄 테니 그것을 보고 믿음을 가지라고 하신다. 하지만 아하스는 이렇게 말한다.

나는 구하지 아니하겠나이다 나는 여호와를 시험하지 아니하겠나이다(사 7:12).

겉으로는 경건해 보이지만, 사실은 불신의 표현이었다. 아하스는 이미 하나님을 믿지 않고 눈에 보이는 앗수르 군대를 의지하기로 마음을 정한 상태였다. 이에 이사야 선지자가 화를 낸다.

다윗의 집이여 원하건대 들을지어다 너희가 사람을 괴롭히고서 그것을 작은 일로 여겨 또 나의 하나님을 괴롭히려 하느냐(사 7:13).

왕이 불신앙의 길을 가기에 백성이 너무도 힘들어한다. 그런데 하나님까지 괴롭히려 하고 있다. 그럼에도 하나님은 친히 징조를 주신다.

그러므로 주께서 친히 징조를 너희에게 주실 것이라 보라 처녀가 잉태하여 아들을 낳을 것이요 그의 이름을 임마누엘이라 하리라(사 7:14).

예수님이 태어나시기 700년 전, 하나님은 이사야 선지자를 통해 하나님 대신 우상을 섬기고 있는 타락한 아하스왕에게 예언을 하게 하신다. 하지만 아하스가 하나님의 길을 버리고 앗수르를 의지한 탓에 하나님은 그에게도 심판을 선언하신다.

여호와께서 에브라임이 유다를 떠날 때부터 당하여 보지 못한 날을 너와 네 백성과 네 아버지 집에 임하게 하시리니 곧 앗수르 왕이 오는 날이니라(사 7:17).

결국 앗수르가 북이스라엘과 유다를 심판하는 도구가 되어, 모든 것이 황폐하게 될 것을 예언하신다.

임마누엘의 약속(8장)

예루살렘을 공격하려던 아람과 북이스라엘의 연합군이 여전히 위협을 가하고 있다. 이때 하나님은 이사야에게 큰 글씨로 이런 문구를 쓰라고 하신다.

마헬살랄하스바스(사 8:1).

이 말은 '곧 침략할 것이다'라는 뜻이다. 하나님은 이사야의 아들 이름도 '마헬살랄하스바스'로 짓게 하신다. 마치 광고를 하듯이 말이다.

이는 이 아이가 내 아빠, 내 엄마라 부를 줄 알기 전에 다메섹의 재물과 사마리아의 노략물이 앗수르 왕 앞에 옮겨질 것임이라 하시니라(사 8:4).

이사야의 아이가 크기 전에 아람과 북이스라엘은 앗수르에 의해 완전히 망할 거라는 이야기다.

이 백성이 천천히 흐르는 실로아 물을 버리고(사 8:6).

'실로아의 물'은 하나님의 은혜를 상징한다. 이것을 버리고 앗수르를 택한 남유다도 결국 그 물에 잠기게 된다고 선언하신다.

흘러 유다에 들어와서 가득하여 목에까지 미치리라 임마누엘이여 그가 펴는 날개가 네 땅에 가득하리라(사 8:8).

앗수르가 남유다까지 덮치지만, 하나님이 함께하신다는 '임마누엘'의 이름은 포기하지 않는 희망의 씨앗을 함께 말한다. 그러나 백성은 그 어려움 속에서도 하나님께 묻기보다 점쟁이나 마술사에게 묻고, 결국은 어둠과 절망 속에 빠진다.

마땅히 율법과 증거의 말씀을 따를지니 그들이 말하는 바가 이 말씀에 맞지 아니하면 그들이 정녕 아침 빛을 보지 못하고(사 8:20).

하나님의 말씀을 떠나서는 빛도, 진리도, 생명도 볼 수 없다는 것이다.

평강의 왕에 대한 약속(9장)

9장은 8장 후반의 완전한 어둠, 즉 하나님을 외면한 자들이 흑암에 빠지는 장면 바로 다음에 이어진다.

옛적에는 여호와께서 스불론 땅과 납달리 땅이 멸시를 당하게 하셨더니 후에는 해변 길과 요단 저쪽 이방의 갈릴리를 영화롭게 하셨느니라 흑암에 행하던 백성이 큰 빛을 보고 사망의 그늘진 땅에 거주하던 자에게 빛이 비치도다(사 9:1-2).

갈릴리 지역(스불론, 납달리)은 북이스라엘 안에서도 가장 먼저 앗수르의 침략을 받았다. 그러나 하나님은 바로 그 땅에 빛이 비출 것을 예언하신다. 이것은 훗날 예수님이 갈릴리에서 공생애를 시작하심으로 성취된다(마 4:13-16 참조). 하나님의 해결책은 한 아기의 탄생이다.

> 이는 한 아기가 우리에게 났고 한 아들을 우리에게 주신 바 되었는데 그의 어깨에는 정사를 메었고 그의 이름은 기묘자라, 모사라, 전능하신 하나님이라, 영존하시는 아버지라, 평강의 왕이라 할 것임이라(사 9:6).

'기묘자', '모사'는 이해할 수 없을 만큼 지혜롭고 완전하신 분이다. 그리고 중요한 약속을 말씀하신다.

> 그 정사와 평강의 더함이 무궁하며 또 다윗의 왕좌와 그의 나라에 군림하여 그 나라를 굳게 세우고 지금 이후로 영원히 정의와 공의로 그것을 보존하실 것이라 만군의 여호와의 열심이 이를 이루시리라(사 9:7).

이는 예수 그리스도를 통한 영원한 하나님 나라를 말씀하시는 것이다. 어느 누구도 감히 생각해 내지 못한 놀라운 계획을 세우고 이루실 것이다. 그는 백성을 돌보고 책임지는 왕이며, 평강의 왕(샬롬)으로 불린다. 그가 다스리는 나라는 평화의 나라이며, 그의 다스림 역시 평화로울 것이다. 이것이 정말 가능할까?

> 만군의 여호와의 열심이 이를 이루시리라(사 9:7).

인간이 하는 것이 아니라 하나님의 열심이 이루신다. 예수님이 이 땅에 오시지 못하게 하는 수많은 방해가 있어도, 그 모든 것을 하나님이 물리치신다.

앗수르의 교만과 심판 (10장)

10장에는 하나님이 도구로 사용하셨던 앗수르가 교만해졌을 때 어떻게 망하는지를 기록해 놓았다. 앗수르는 하나님의 진노의 막대기로 쓰였다. 그런데 15절을 보자.

> 도끼가 어찌 찍는 자에게 스스로 자랑하겠으며 톱이 어찌 켜는 자에게 스스로 큰 체하겠느냐(사 10:15).

하나님의 도구로 쓰인 앗수르가 주인을 들었다 놨다 하려 한다.

"너는 도구일 뿐이다. 내가 쓰는 도구가 나보다 나은 줄 아느냐?"

이것은 모든 교만한 자에게 주시는 경고다.

"그 빛은 어두워지고, 그 찬란함은 꺼질 것이다"(사 10:18 참조).

하나님은 앗수르를 정리하겠다고 하신다. 그리고 이스라엘의 남은 자가 하나님께 돌아올 것이라고 말씀하신다.

> 그날에 이스라엘의 남은 자와 야곱 족속의 피난한 자들이 다시는 자기를 친 자를 의지하지 아니하고 이스라엘의 거룩하신 이 여호와를 진실하게 의지하리니(사 10:20).

하나님은 항상 '남은 자'를 통해 회복을 시작하신다.

새로운 세상에 대한 약속(11장)

이새의 줄기에서 한 싹이 나며 그 뿌리에서 한 가지가 나서 결실할 것이요 그의 위에 여호와의 영 곧 지혜와 총명의 영이요 모략과 재능의 영이요 지식과 여호와를 경외하는 영이 강림하시리니(사 11:1-2).

이새는 다윗의 아버지다. 예수님은 육신적으로 다윗의 후손이지만, 본질적으로는 이새의 뿌리가 되신다. 이것은 예수님의 신성을 의미한다. 그 위에 여호와의 영이 임해 기름 부음 받은 메시아로서 말씀하고 역사하신다.

그가 여호와를 경외함으로 즐거움을 삼을 것이며 그의 눈에 보이는 대로 심판하지 아니하며 그의 귀에 들리는 대로 판단하지 아니하며(사 11:3).

여호와를 경외하며 즐거워하는 삶, 이것이 바로 임마누엘의 삶이다. 그렇게 되면 보이는 대로, 들리는 대로 판단하지 않고 믿음의 눈으로 세상을 보게 된다.

공의로 가난한 자를 심판하며 정직으로 세상의 겸손한 자를 판단할 것이며 그의 입의 막대기로 세상을 치며 그의 입술의 기운으로 악인을 죽일 것이며(사 11:4).

그리고 이런 세상이 될 것이다.

그때에 이리가 어린양과 함께 살며 표범이 어린 염소와 함께 누우며 송아지와 어린 사자와 살진 짐승이 함께 있어 어린아이에게 끌리며(사 11:6).

임마누엘이 이루어지면 예수님 안에서 서로 싸우지 않고 평화가 가득한 삶이 이루어진다.

> 내 거룩한 산 모든 곳에서 해 됨도 없고 상함도 없을 것이니 이는 물이 바다를 덮음같이 여호와를 아는 지식이 세상에 충만할 것임이니라(사 11:9).

물이 바다를 덮음같이 여호와를 아는 지식이 세상에 가득해진다. 모두 하나님의 눈으로 보게 되고, 하나님의 뜻이 우리를 통해 이루어진다.

구원의 날에 부르는 찬양 (12장)

12장은 11장에서 예언된 메시아 왕국의 완성 이후, 하나님의 백성이 기쁨으로 찬양하는 장면이다. 이 장은 실제로 메시아가 다스리시는 시대, 다시 말해 구속의 완성이 이루어진 뒤 백성이 하나님께 올리는 감사 찬송으로 볼 수 있다.

> 그날에 네가 말하기를 여호와여 주께서 전에는 내게 노하셨사오나 이제는 주의 진노가 돌아섰고 또 주께서 나를 안위하시오니 내가 주께 감사하겠나이다(사 12:1).

과거에는 심판의 대상이었지만 이제는 은혜를 입은 자, 구원을 받은 자가 감사로 노래하는 장면이다.

> 보라 하나님은 나의 구원이시라 내가 신뢰하고 두려움이 없으리니 주 여호와

는 나의 힘이시며 나의 노래시며 나의 구원이심이라(사 12:2).

이 구절은 출애굽기 15장과 시편과도 연결된다. 하나님은 전쟁의 하나님이 아니라 구원의 하나님으로 찬양 받으신다.

여호와는 나의 힘이요 노래시며 나의 구원이시로다 그는 나의 하나님이시니 내가 그를 찬송할 것이요(출 15:2).

이것은 모세가 홍해를 건넌 뒤에 하나님께 올린 첫 찬양이다.

여호와는 나의 힘과 나의 방패이시니 내 마음이 그를 의지하여 도움을 얻었도다 그러므로 내 마음이 크게 기뻐하며 내 노래로 그를 찬송하리로다(시 28:7).

시편은 고난의 시대 속에서도 하나님은 우리의 힘이며 구원이시라고 끊임없이 고백한다.

이제 찬양은 개인적인 영역을 넘어서 전 세계에 하나님을 선포하는 선교적 찬양으로 확대된다.

그날에 너희가 또 말하기를 여호와께 감사하라 그의 이름을 부르며 그의 행하심을 만국 중에 선포하며(사 12:4).

이사야 1-12장까지는 유다의 아하스가 북이스라엘과 아람의 공격 앞에서 하나님의 말씀을 듣지 않고 오직 적들만 바라보며 두려워하는 모습을 지적하며, 왜 하나님을 버리고 세상에 마음이 빼앗겼는지에 대해 이야기한다.

또한 심판과 구원에 대해서도 이야기한다. 이어서 이사야 13-23장까지는 남유다를 둘러싸고 있는 열 나라에 대한 미래의 예언이 이어진다.

맨 처음은 바벨론이다. 왜 가장 먼저 바벨론의 이야기를 했을까? 이사야가 예언하던 당시 세계에서 가장 강한 나라는 앗수르였고, 바벨론은 갓 세워진 나라였다. 그러나 인류 역사 속에서 가장 악한 나라가 바벨론이었다. 우상 숭배와 폭력, 사치의 집산지였고, 결정적으로 바벨론이 남유다를 쳐들어와 성전을 파괴했다.

바벨론에 대한 심판을 선언하심(13장)

이사야가 하나님의 말씀으로 바벨론의 멸망을 미리 선포한다. 흥미로운 점은, 이때는 아직 바벨론이 유다를 멸망시킬 만큼 큰 제국이 아니었다는 것이다. 당시 강대국은 앗수르였고, 바벨론은 앗수르의 영향권 아래 있는 작은 도시 국가였다. 하지만 하나님은 미래를 내다보며 바벨론이 하나님의 심판 도구로 사용되다가 결국 교만으로 망하게 될 것을 미리 경고하신다.

먼저 하나님이 심판의 군대를 소집하신다.

> 너희는 민둥산 위에 기치를 세우고 소리를 높여 그들을 부르며 … 내가 거룩하게 구별한 자들에게 명령하고 나의 위엄을 기뻐하는 용사들을 불러 나의 노여움을 전하게 하였느니라 산에서 무리의 소리가 남이여 많은 백성의 소리 같으니 곧 열국 민족이 함께 모여 떠드는 소리라 만군의 여호와께서 싸움을 위하여 군대를 검열하심이로다(사 13:2-4).

여호와 하나님이 바벨론을 멸망시키기 위해 수많은 나라의 군대를 소집하고 검열하신다는 내용이다. 실제로 훗날 바벨론은 메대와 바사, 즉 페르시아 연합군에 의해 멸망한다. 이사야 선지자는 그것을 100년 이상 앞서서 예언한 것이다.

그들이 … 자기 동족에게로 돌아가며 각기 본향으로 도망할 것이나 … 그들의 어린아이들은 그들의 목전에서 메어침을 당하겠고 그들의 집은 노략을 당하겠고(사 13:14-16).

바벨론의 백성은 전쟁 앞에서 흩어진다.

보라 … 메대 사람을 내가 충동하여 그들을 치게 하리니 … 열국의 영광이요 갈대아 사람의 자랑하는 노리개가 된 바벨론이 하나님께 멸망당한 소돔과 고모라같이 되리니(사 13:17, 19).

화려했던 바벨론은 결국 교만의 끝에 소돔과 고모라처럼 멸망한다.

오직 들짐승들이 거기에 엎드리고 부르짖는 짐승이 그들의 가옥에 가득하며 … 그의 궁성에는 승냥이가 부르짖을 것이요 화려하던 궁전에는 들개가 울 것이라(사 13:21-22).

완전히 폐허가 되어 사람이 살지 못하는 곳으로 변한다.

하나님의 심판과 이스라엘의 회복 (14장)

14장은 13장에서 예언된 바벨론 멸망 이후에 이어지는 내용이다. 바벨론은 교만으로 무너지고, 이제 포로로 잡혀갔던 이스라엘이 회복되어 기뻐하는 찬양이 이어진다.

> 여호와께서 야곱을 긍휼히 여기시며 이스라엘을 다시 택하여(사 14:1).

이스라엘은 한때 포로가 되었지만, 하나님은 자비로 그들을 다시 품으신다.

> 민족들이 그들을 데리고 그들의 본토에 돌아오리니 이스라엘 족속이 여호와의 땅에서 그들을 얻어 노비로 삼겠고 전에 자기를 사로잡던 자들을 사로잡고 자기를 압제하던 자들을 주관하리라(사 14:2).

과거에는 종이었지만, 이제는 다스리는 자가 된다.

> 너 아침의 아들 계명성이여 어찌 그리 하늘에서 떨어졌으며 … 네가 네 마음에 이르기를 내가 하늘에 올라 하나님의 뭇 별 위에 내 자리를 높이리라 내가 북극 집회의 산 위에 앉으리라(사 14:12-13).

이 구절은 단순히 바벨론 왕의 교만을 말하는 것이 아니라, 교만했던 사탄의 결말을 보여 주는 것이다.

이제 앗수르에 대한 심판이 이어진다.

> 내가 앗수르를 나의 땅에서 파하며(사 14:25).

하나님은 앗수르도 꺾으시겠다고 말씀하신다. 아무리 강해 보여도 하나님께서 손을 펴셨고, 누구도 돌이킬 수 없다. 하나님의 심판은 블레셋까지 이어진다.

이사야가 이 예언을 선포했던 유다는 어떤 상태인가? 지금 아하스왕이 앗수르를 두려워하고 있다. 그런데 이 강력한 앗수르가 바벨론에 망하고, 바벨론도 메대에서 나온 바사, 곧 페르시아에게 망해서 이스라엘 민족이 포로에서 해방되어 돌아온다고 예언하는 것이다. 즉, 아하스의 통치 시기와 바벨론이 멸망한 시기를 계산하면, 이사야는 200년 후의 일을 예언하고 있는 것이다.

모압에 대한 슬픔과 정해진 심판 (15-16장)

15-16장은 모압에 대한 예언이다. 모압은 롯이 딸과 관계해서 낳은 아들이 세운 나라다. 모압이 망하는 이유는, 형제 이스라엘이 어려운 일을 당했을 때 기뻐했고, 우상 숭배가 가득했으며, 오직 돈과 재물에 집착했기 때문이다. 하나님은 모압에게 구원받을 길을 제시하신다.

> 너희는 이 땅 통치자에게 어린양들을 드리되 셀라에서부터 광야를 지나 딸 시온산으로 보낼지니라(사 16:1).

'이 땅의 통치자'는 유다 왕을 의미하며, 넓은 의미에서는 하나님을 가리킨다. 하나님은 어린양을 제물로 바치고 시온산, 예루살렘 성전, 하나님이 계신 곳에 와서 제사를 드리라고 하신다. 만일 그렇게 하지 않으면 어떻게 될까?

> 모압의 딸들은 아르논 나루에서 떠다니는 새 같고 보금자리에서 흩어진 새 새끼 같을 것이라(사 16:2).

'아르논'은 모압의 강 이름이다. 나루터에 어부들이 버린 생선을 주워 먹으려고 새가 날아다니는 모습처럼, 마음을 하나님께 두지 않으면 공중을 배회하는 새나 보금자리를 잃고 땅에 떨어진 새끼처럼 살게 된다는 것이다.

> 나의 쫓겨난 자들이 너와 함께 있게 하되 너 모압은 멸절하는 자 앞에서 그들에게 피할 곳이 되라 대저 토색하는 자가 망하였고 멸절하는 자가 그쳤고 압제하는 자가 이 땅에서 멸절하였으며(사 16:4).

북이스라엘이 망했을 때 모압으로 도망 온 사람들이 있었다. 그런데 모압은 그들을 보호해 주지 않고 오히려 죽였으며, 앗수르에게 알려 잡혀 죽게 했다. 하나님은 이사야를 통해 그렇게 하지 말라고 부탁하셨으나, 모압은 교만하여 하나님의 말씀을 거역하고 오히려 자신들의 상처가 더 크다며 화를 냈다. 그리고 자신들은 그렇게 쉽게 망하지 않는다고 자랑했다. 이에 하나님은 이렇게 말씀하신다.

> 품꾼의 정한 해와 같이 삼 년 내에 모압의 영화와 그 큰 무리가 능욕을 당할지라 그 남은 수가 심히 적어 보잘것없이 되리라 하시도다(사 16:14).

즉, 모압은 3년 안에 망한다는 것이다. 앗수르가 북이스라엘을 멸망시키자 모압은 아직 남유다가 있으니 자신들은 안전하다고 생각했다. 그러나 하나님이 남유다를 무너뜨리지 못하게 보호하시자 앗수르는 먼저 모압을 정복했고, 하룻밤에 모압이 망해 버렸다.

다메섹과 북이스라엘의 멸망(17장)

17장은 아람의 수도인 다메섹에 대한 예언이다. 하나님은 다메섹이 성읍을 이루지 못하고 무너진 무더기가 되어 버림을 당할 거라고 하신다.

> 아로엘의 성읍들이 버림을 당하리니 양 무리를 치는 곳이 되어 양이 눕되 놀라게 할 자가 없을 것이며(사 17:2).

양들은 예민해서 바스락거리기만 해도 바로 일어난다. 이러한 양이 누웠는데 놀라게 할 자가 없다는 말은, 사람이 없고 황폐한 땅이 된다는 뜻이다.

이어서 북이스라엘에 대한 말씀이 나온다.

> 에브라임의 요새와 다메섹 나라와 아람의 남은 자가 멸절하여 이스라엘 자손의 영광같이 되리라(사 17:3).

에브라임은 북이스라엘의 별명이다. 그런데 왜 다메섹을 말하다가 갑자기 북이스라엘 이야기가 나오는 것일까? 이사야 7장을 보면 아람과 북이스라엘이 동맹해서 남유다를 쳐들어온다. 두 나라가 힘을 합쳤으니 함께 묶어서 예언하는 것이다. 즉, 17장은 다메섹(아람)과 동맹한 북이스라엘에 대한 예언이기도 하다.

그렇다면 북이스라엘은 왜 아람과 동맹했을까? 원래는 원수지간이었지만, 위에 있는 앗수르가 너무 강하니 힘을 합친 것이다. 한편, 앗수르가 볼 때 아람이 북이스라엘과 동맹했으니 가만히 둘 수 없었다. 그래서 북이스라엘은 앗수르의 공격을 오히려 더 많이 받게 된 것이다.

결국 북이스라엘은 어떻게 되는가? 야곱의 영광이 쇠하고 추수가 끝난 들판처럼 아무것도 남지 않는다. 하나님을 의지하지 않고 잔머리를 굴려서 안전장치를 걸었지만, 결국 완전히 망하고 만다.

구스에 대한 경고 (18장)

18장은 구스를 향한 예언이다.

> 슬프다 구스의 강 건너편 날개 치는 소리 나는 땅이여(사 18:1).

구스는 지금의 에티오피아로, 애굽을 제외한 아프리카 대부분을 가리키는 말이다. 애굽 제25왕조가 구스 출신이었을 정도로 크고 강한 나라였다.

구스를 '날개 치는 소리 나는 땅'이라고 한 것은 곤충이 많은 나라라는 뜻이다. 그리고 구스 사람들의 마음이 '슬프다'고 표현된 것은, 앗수르의 침공을 걱정하는 구스 왕과 백성의 두려운 마음을 나타낸 것이다.

구스는 남유다에 사신을 보내 동맹을 맺고 앗수르와 싸우자고 한다. 그 말을 들은 히스기야왕은 고민하지만, 이사야 선지자가 "동맹을 맺지 말고 그들을 돌려보내십시오. 그것이 하나님의 뜻입니다"라고 하여 사절들을 돌려보낸다. 그리고 성전에서 기도한다. 그러자 하나님이 앗수르 군대 18만 5천 명을 전염병으로 하룻밤에 죽게 하신다.

무너지는 애굽과 미래의 회복 (19장)

19-21장은 애굽에 대한 예언이다. 애굽은 고대 근동의 초강대국이었으나 이사야 시대에는 점점 쇠퇴하고 있었고, 앗수르와의 외교와 군사적 긴장 속에서 많이 흔들리고 있었다. 남유다는 자주 애굽을 의지하려 했기에, 하나님은 애굽의 붕괴를 통해 유다에게 경고하신 것이다.

나일강도 말라 가고, 애굽의 지도자들은 해결할 방법을 알지 못한다. 그렇게 내몰리자 애굽에는 하나님을 경외하는 자들이 생긴다.

> 애굽 땅 중앙에는 여호와를 위하여 제단이 있겠고 그 변경에는 여호와를 위하여 기둥이 있을 것이요 … 여호와께서 자기를 애굽에 알게 하시리니(사 19:19, 21).

하나님이 애굽에 당신을 직접 계시하신다는 놀라운 선언을 하신다.

> 그날에 이스라엘이 애굽 및 앗수르와 더불어 셋이 세계 중에 복이 되리니(사 19:24).

이것은 세계 평화와 회복을 말하는 엄청난 예언이다.

행동으로 예언한 이사야(20장)

B.C. 722년에 북이스라엘을 삼킨 앗수르는 B.C. 711년에 아스돗, 곧 블레셋을 공격하여 집어삼킨다. 이에 그 아래에 있는 애굽과 구스는 앗수르와 싸우기 위해 동맹을 맺고 저항하려고 한다. 유다도 그 동맹에 기대려 했기에, 하나님은 이사야에게 직접 몸으로 메시지를 전하게 하신다.

"그들을 의지하지 마라! 그들도 결국 포로가 되어 수치를 당할 것이다."

이사야가 삼 년 동안 벗은 몸과 벗은 발로 다니며 애굽과 구스에 대하여 징조와 예표가 되었느니라(사 20:3).

하나님은 이사야에게 3년 동안 벗은 몸으로 다니며 애굽과 구스의 수치를 행위로 예언하라고 하신다. 이에 이사야는 예루살렘 거리를 맨발에 헐벗은 몸으로 걸어 다닌다. 사람들이 수군거린다.

"선지자가 왜 저러지? 미친 거 아니야? 무슨 징조라는데…."

그때 이사야가 외친다.

이와 같이 애굽의 포로와 구스의 사로잡힌 자가 앗수르 왕에게 끌려갈 때에 젊은 자나 늙은 자가 다 벗은 몸과 벗은 발로 볼기까지 드러내어 애굽의 수치를 보이리니 그들이 바라던 구스와 자랑하던 애굽으로 말미암아 그들이 놀라고 부끄러워할 것이라(사 20:4-5).

회개하지 않는 유다(22장)

예루살렘과 유다에 대한 예언이 시작된다. 이 시기는 앗수르의 침공이나 바벨론 침공을 앞둔 상황으로 추정된다. 외세의 위협이 가까이 왔는데도 남유다 백성은 진지하게 회개하기보다 오히려 파티를 벌이며 웃고 떠들고 있다.

환상의 골짜기에 관한 경고라 네가 지붕에 올라감은 어찌함인고(사 22:1).

'환상의 골짜기'는 예루살렘의 별명이다. 예루살렘은 여러 산으로 둘러 싸여 있을 뿐 아니라, 하나님이 당신의 뜻을 계시하시고 수많은 선지자가 계시와 환상을 받았던 곳이기 때문에 이렇게 불렸다. 그런데 지금 예루살렘에서는 어떤 일이 벌어지고 있는가? 백성이 지붕에 올라가 소란스럽게 떠들며 즐거워하고 있다.

> 소란하며 떠들던 성, 즐거워하던 고을이여 너의 죽임을 당한 자들은 칼에 죽은 것도 아니요 전쟁에 사망한 것도 아니라(사 22:2).

그러자 이사야 선지자는 이렇게 탄식한다.

> 그러므로 내가 말하노니 돌이켜 나를 보지 말지어다 나는 슬피 통곡하겠노라 내 딸 백성이 패망하였음으로 말미암아 나를 위로하려고 힘쓰지 말지니라(사 22:4).

남유다는 전쟁에 대비해 성벽을 보수하고, 무기 창고를 점검하며, 수로까지 확보하는 등 모든 인간적 준비는 마쳤지만, 하나님은 바라보지 않았다.

> 만군의 여호와께서 명령하사 통곡하며 애곡하며 … 굵은 베를 띠라 하셨거늘 너희가 기뻐하며 즐거워하여 소를 죽이고 양을 잡아 고기를 먹고 포도주를 마시면서 내일 죽으리니 먹고 마시자 하는도다(사 22:12-13).

백성의 태도는 회개가 아닌 현실 도피였다.

두로의 몰락과 회복(23장)

23장에서는 마지막으로 두로에 대한 예언이 등장한다. 두로는 지중해 연안의 페니키아 항구 도시로, 오늘날 레바논에 있는 고대 무역 중심지였으며, 바다 위의 '돈 버는 천재' 같은 나라였다. 그러나 두로는 앗수르와 바벨론에 구속되어 있다가 자주 반란을 일으켰고, 느부갓네살이 B.C. 586년부터 13년간 포위했지만 완전히 점령하지는 못했다. 결국 알렉산더 대왕이 인공 도로를 건설해 B.C. 332년에 두로섬을 함락시킨다.

이사야는 이 번영의 도시 두로조차 하나님의 심판 앞에서는 아무것도 아니라는 것을 예언하고 있다. 바다에 떠 있는 배들이 항구로 돌아오지만, 그들은 이러한 현실을 보게 된다.

> 다시스의 배들아 너희는 슬피 부르짖을지어다 두로가 황무하여 집이 없고 들어갈 곳도 없음이요(사 23:1).

그 많던 배, 상품, 무역항이 적막해지고, 상인들과 항해사들도 아무 말이 없다. 침묵뿐이다.

> 시돈이여 너는 부끄러워할지어다 대저 바다 곧 바다의 요새가 말하기를 나는 산고를 겪지 못하였으며 출산하지 못하였으며(사 23:4).

시돈은 두로의 언니 도시로, 함께 번영했던 동생 도시의 몰락 앞에 부끄러워한다.

그 소식이 애굽에 이르면 그들이 두로의 소식으로 말미암아 고통 받으리로다(사 23:5).

두로가 망하면 모든 무역 국가도 타격을 받고, 애굽조차도 경제적인 여파에 힘들어한다.

칠십 년이 찬 후에 여호와께서 두로를 돌보시리니 그가 다시 값을 받고 지면에 있는 열방과 음란을 행할 것이며 그 무역한 것과 이익을 거룩히 여호와께 돌리고 간직하거나 쌓아 두지 아니하리니 그 무역한 것이 여호와 앞에 사는 자가 배불리 먹을 양식, 잘 입을 옷감이 되리라(사 23:17-18).

두로는 70년 동안 황폐하지만, 하나님이 이스라엘을 바벨론에서 돌아오게 하실 때 그들도 다시 회복될 거라고 하신다.

하나님의 종말론적 심판(24장)

24장부터는 마지막 날에 온 세상과 모든 민족을 심판하시는 말씀이 이어진다. 그래서 이 부분은 '소묵시록' 또는 '종말론'으로 불린다. 남유다 주변에는 앗수르의 위협이 커지고 국제 정세가 불안정하며 많은 민족이 몰락하던 시기였지만, 이사야는 현실만 보지 않고 하나님께서 최후에 온 세계를 어떻게 심판하고 의인들을 어떻게 구속하실지를 한눈에 내다보며 선포한다.

보라 여호와께서 땅을 공허하게 하시며 황폐하게 하시며(사 24:1).

이것은 전쟁이 아니라, 하나님의 손에 의한 심판이다. 제사장도, 종도, 상인도, 부자도 예외가 없다.

땅이 슬퍼하고 쇠잔하며 세계가 쇠약하고 쇠잔하며 세상 백성 중에 높은 자가 쇠약하며(사 24:4).

땅이 더럽혀진 이유는 다음과 같다.

이는 그들이 율법을 범하며 율례를 어기며 영원한 언약을 깨뜨렸음이라(사 24:5).

그래서 이러한 결과가 이어졌다.

그러므로 저주가 땅을 삼켰고(사 24:6).

그러나 이 심판의 한복판에서도 놀라운 소리가 들려온다.

땅끝에서부터 노래하는 소리가 우리에게 들리기를 의로우신 이에게 영광을 돌리세 하도다(사 24:16).

심판 중에도 구원받은 자들이 하나님을 찬양하고 있다.

남은 자들의 찬양(25장)

25장에서는 이스라엘의 남은 자들과 하나님을 믿는 자들이 구원받은 마음으로 하나님께 찬양을 돌린다. 그날에 남은 자들은 어떤 찬양을 할까?

> 여호와여 주는 나의 하나님이시라 내가 주를 높이고 주의 이름을 찬송하오리니 주는 기사를 옛적에 정하신 뜻대로 성실함과 진실함으로 행하셨음이라(사 25:1).

그들은 남은 자들에게 베푸시는 하나님의 은총이 무엇인지를 선포한다. 하나님이 행하시는 심판 속에서도 그들은 두려워하지 않고, 구원을 기다리는 희망을 갖는다.

하나님은 또 잔치를 베풀어 주신다.

> 주 여호와께서 모든 얼굴에서 눈물을 씻기시며 자기 백성의 수치를 온 천하에서 제하시리라(사 25:8).

하나님은 그들의 눈물을 씻기고 위로를 주겠다고 약속하신다.

남은 자들을 위해 예비하신 천국 (26장)

26장에서는 하나님이 그들을 위해 예비하신 천국과 남은 자들이 이 땅에서 어떤 자세로 살아야 하는지를 말한다.

그날의 심판과 회복 (27장)

27장은 이사야의 소묵시록 마지막 장이다. '그날' 역사의 마지막에 일어날 두 가지 사건을 기록한다.

그날에 여호와께서 그의 견고하고 크고 강한 칼로 날랜 뱀 리워야단 곧 꼬불꼬불한 뱀 리워야단을 벌하시며 바다에 있는 용을 죽이시리라(사 27:1).

하나님은 '리워야단'을 죽이실 것이다. 리워야단은 뱀, 바다의 용, 성경에서는 세상을 타락시킨 사탄을 상징한다. 이것을 이기는 방법은, 어린양의 피와 하나님의 말씀이다. 하나님이 그날에 리워야단을 죽이신다는 것은 사탄을 진멸하신다는 의미다.

두 번째 사건은 2절에 기록되어 있다.

그날에 너희는 아름다운 포도원을 두고 노래를 부를지어다(사 27:2).

그날에 하나님의 백성이 '아름다운 포도원'을 노래한다. 이사야 5장에 나오는 포도원 노래는 하나님이 탄식하시는 노래였지만, 27장의 포도원 노래는 하나님의 백성이 부른 것으로, 모든 죄와 저주가 물러가고 부르는 아름다운 노래다.

후일에는 야곱의 뿌리가 박히며 이스라엘의 움이 돋고 꽃이 필 것이라 그들이 그 결실로 지면을 채우리로다(사 27:6).

이 노래를 부르기 전에는 그들이 많은 고난을 받았다. 그러나 그 열매가 풍성하고 아름다울 거라고 하신다.

그날에 큰 나팔을 불리니 앗수르 땅에서 멸망하는 자들과 애굽 땅으로 쫓겨난 자들이 돌아와서 예루살렘 성산에서 여호와께 예배하리라(사 27:13).

큰 나팔 소리가 울리면 모든 나라로 흩어졌던 하나님의 백성이 돌아와 예루살렘 성산에서 하나님을 예배하게 된다.

교만한 자들에 대한 심판과 시온의 기초돌(28장)

28장에서는 북이스라엘 및 남유다의 교만과 불순종에 대한 하나님의 경고 그리고 회복의 소망이 전해진다.

> 에브라임의 술취한 자들의 교만한 면류관은 화 있을진저(사 28:1).

북이스라엘의 수도 사마리아는 아름다운 곳에 위치해 있었지만, 그들은 교만과 방탕에 빠져 있었다. 그래서 하나님은 앗수르를 도구로 사용해 그들의 교만을 꺾을 것을 예언하신다.

> 이들은 포도주로 말미암아 옆 걸음 치며 독주로 말미암아 비틀거리며(사 28:7).

남유다의 제사장들과 선지자들 역시 술에 취해 판단력을 잃고 하나님의 말씀을 경시하며 조롱했다. 그들은 하나님의 교훈을 '여기서도 조금 저기서도 조금'이라고 무시했다.

> 대저 경계에 경계를 더하며 경계에 경계를 더하며 교훈에 교훈을 더하며 교훈에 교훈을 더하되 여기서도 조금, 저기서도 조금 하는구나(사 28:10).

이게 무슨 뜻일까? 당시 남유다의 지도자들이 이사야 선지자가 전하는 하나님의 말씀을 단순하고 유치하게 여겼다는 뜻이다. 자신들도 다 아는 것을 가르치느냐며 조롱한 것이다.

우리는 사망과 언약하였고 스올과 맹약하였은즉 넘치는 재앙이 밀려올지라도 우리에게 미치지 못하리니(사 28:15).

하나님을 신뢰하지 않고 세상의 힘과 손잡은 그들에게 하나님은 단호하게 말씀하신다.

내가 한 돌을 시온에 두어 기초를 삼았노니(사 28:16).

하나님은 시온에 견고한 기촛돌을 두시며, 이를 믿는 자는 부끄러움을 당하지 않을 것이라 약속하신다. 이 기촛돌은 반석이신 예수 그리스도를 상징한다.

아리엘에 대한 심판의 경고 (29장)

이사야는 아리엘, 곧 예루살렘을 향해 경고한다. '아리엘'이라는 이름은 '하나님의 사자' 또는 '제단'이라는 뜻이다. 예루살렘에는 하나님의 성전이 있었지만, 이곳이 심판으로 인해 불타오르게 될 것을 "아리엘이여, 아리엘이여" 하고 부르짖으며 예언한다. 이것은 이사야서 전체의 주제기도 하다.

이 백성이 입으로는 나를 가까이하며 입술로는 나를 공경하나 그들의 마음은 내게서 멀리 떠났나니(사 29:13).

그들은 눈은 떠 있어도 영적으로는 보지 못했고, 하나님은 임마누엘로 함께하시지만 백성은 하나님을 바라보지 않고 멀리했다.

애굽을 의지하는 이스라엘(30장)

이스라엘 백성은 눈앞에 쳐들어온 앗수르를 두려워하여 애굽과의 연합을 시도한다.

그들이 바로의 세력 안에서 스스로 강하려 하며 애굽의 그늘에 피하려 하여 애굽으로 내려갔으되 나의 입에 묻지 아니하였도다(사 30:2).

그러나 하나님은 그들이 돌아오기를 기다리신다. 하지만 아무리 돌아오라고 부르짖어도 그들은 원하지 않는다.

너희가 돌이켜 조용히 있어야 구원을 얻을 것이요 … [그러나] 너희가 원하지 아니하고(사 30:15).

그들은 이렇게 말한다.
"아니요! 우리는 말을 타고 도망칠 거예요."
하나님은 이런 그들에게 이렇게 경고하신다.

너희가 도망할 것이요 … [그러나] 너희를 쫓는 자들이 빠르리니(사 30:16).

애굽이 아닌 여호와를 바라보라(31장)

이사야는 계속해서 애굽에게 의지하려는 이스라엘을 꾸짖는다.

> 도움을 구하러 애굽으로 내려가는 자들은 화 있을진저 그들은 말을 의지하며 병거의 많음과 마병의 심히 강함을 의지하고 이스라엘의 거룩하신 이를 앙모하지 아니하며 여호와를 구하지 아니하나니(사 31:1).

그들은 애굽의 강력한 군대가 필요하다며 하나님께 보내 달라고 간구한다. 이는 애굽의 말과 병거의 강함을 의지한 것이다. 이 잘못된 기도로 인해 하나님이 진노하신다.

애굽 군대가 아무리 많이 와도 소용이 없다. 다 망할 것이다. 그렇다면 무엇을 의지해야 할까?

> 나 만군의 여호와가 강림하여 시온산과 그 언덕에서 싸울 것이라 새가 날개 치며 그 새끼를 보호함같이 나 만군의 여호와가 예루살렘을 보호할 것이라(사 31:4-5).

당신의 백성을 건드리면 끝까지 지킬 것이고, 어미 새처럼 새끼를 보호하여 덮을 것이라고 약속하신다. 그리고 다시 한번 참된 왕, 곧 메시아의 나라가 임할 것을 예언하신다.

의로운 통치와 성령으로 인한 회복(32장)

32장의 주제는 '애굽의 군대를 바라보지 말고 하나님을 바라보라'는 것이다. 그러면서 하나님께로 돌아오면 최고의 왕과 성령의 인도를 따라가는 삶을 허락해 주실 것임을 약속한다. 그리고 그 왕을 경외할 때 우리의 삶이 어떻게 변화되는지를 설명한다.

보라 장차 한 왕이 공의로 통치할 것이요 방백들이 정의로 다스릴 것이며(사 32:1).

한 왕은 곧 예수 그리스도이시며, 그분은 불의한 인간 왕들과는 달리 공의로 통치하실 것이다. 여기서 '방백'은 예수님의 다스리심 아래서 정직하고 정의로운 지도자, 곧 성도들을 뜻한다. 하나님은 그들에게 성령을 부어 주겠다고 약속하신다.

마침내 위에서부터 영을 우리에게 부어 주시리니 광야가 아름다운 밭이 되며 아름다운 밭을 숲으로 여기게 되리라(사 32:15).

이렇게 좋은 왕이 계시는데 사람들은 왜 따르지 않을까?

너희 안일한 여인들아 일어나 내 목소리를 들을지어다 너희 염려 없는 딸들아 내 말에 귀를 기울일지어다 너희 염려 없는 여자들아 일 년 남짓 지나면 너희가 당황하리니 포도 수확이 없으며 열매 거두는 일이 이르지 않을 것임이라(사 32:9-10).

하나님을 믿지만 세상에 취한 유다 백성, 예루살렘 주민을 '안일한 여인들', '염려 없는 딸들'로 비유한다. 하나님이 잠시 평안을 주셨지만, 1년 정도 지나면 다시 황폐해지고 어려운 때가 올 것이니 회개하고 돌아와야 한다고 말씀하신다. 그런데도 그들은 듣지 않는다.

앗수르에 대한 심판과 남유다의 기도(33장)

너 학대를 당하지 아니하고도 학대하며 속이고도 속임을 당하지 아니하는 자여 화 있을진저 네가 학대하기를 그치면 네가 학대를 당할 것이며 네가 속이기를 그치면 사람이 너를 속이리라(사 33:1).

33장은 앗수르 군대를 향한 예언이다. 어떤 나라도 앗수르를 학대하거나 속인 적이 없는데, 그들은 다른 나라들을 학대하고 속이고 잔인하게 대했다. 하나님은 그들을 몽둥이로 사용하셨으나, 결국 그들도 자신들의 교만으로 심판을 받을 거라 하신다. 이때 남유다가 해야 할 일은 오직 하나님께 기도하는 것이다.

여호와여 우리에게 은혜를 베푸소서 우리가 주를 앙망하오니 주는 아침마다 우리의 팔이 되시며 환난 때에 우리의 구원이 되소서(사 33:2).

이렇게 기도하자 다음과 같은 결과가 이어진다.

요란한 소리로 말미암아 민족들이 도망하며 주께서 일어나심으로 말미암아 나라들이 흩어졌나이다 황충의 떼같이 사람이 너희의 노략물을 모을 것이며 메뚜기가 뛰어오름같이 그들이 그 위로 뛰어오르리라(사 33:3-4).

이사야가 환상을 보는데, 주께서 일어나시고 하나님의 천사들이 앗수르 군대를 쳐서 하룻밤 만에 18만 5천 명을 죽인다. 그러자 앗수르 군대가 철수한다. 이렇게 될 수 있는 비결이 무엇일까?

네 시대에 평안함이 있으며 구원과 지혜와 지식이 풍성할 것이니 여호와를 경외함이 네 보배니라(사 33:6).

바로 하나님을 경외하는 것이다.

열방을 향한 하나님의 심판과 구원(34-35장)

34-35장은 세상 역사와 구원 역사가 어떻게 서로 교차하면서 완성되어 가는지를 설명한다. 34장의 주제는 '심판'이다.

하늘의 만상이 사라지고 하늘들이 두루마리같이 말리되 그 만상의 쇠잔함이 포도나무 잎이 마름 같고 무화과나무 잎이 마름 같으리라(사 34:4).

세상의 마지막 날이 있다는 것이다. '여호와의 칼'이 그날 모든 것을 철저하게 심판하신다(사 34:5 참조). 우선 그 심판의 대상은 에돔이다. 에돔은 형제 나라인 이스라엘이 적들에게 괴롭힘을 당할 때 기뻐하며 춤을 추었다.

반면, 35장은 '구원'에 대한 약속이다. 하나님을 모르는 자들, 대적하는 자들을 향한 심판과 함께 하나님을 신뢰하고 의지하며 말씀을 지키는 자들에게는 그날 땅이 옥토가 되고 백합화가 피는 자연의 회복과 육체적이고 영적인 치유 그리고 영원한 기쁨과 즐거움이 약속된다. 구원이 이루어지는 것이다.

광야와 메마른 땅이 기뻐하며 사막이 백합화같이 피어 즐거워하며 … 맹인의 눈이 밝을 것이며 못 듣는 사람의 귀가 열릴 것이며 그때에 저는 자는 사슴같이 될 것이며 말 못 하는 자의 혀는 노래하리니 … 오직 구속함을 받은 자만 그리로 행할 것이며 … 그들의 머리 위에 영영한 희락을 띠고 기쁨과 즐거움을 얻으리니(사 35:1, 5-6, 9-10).

구원이 이루어질 때 자연도 변하고, 우리의 몸과 마음과 영혼도 다 새로워질 것이라는 뜻이다.

랍사게의 조롱과 백성의 침묵(36장)

36-39장은 실제적인 역사의 기록이다. 지금까지는 예언의 말씀이었으나, 이 말씀이 실제로 어떻게 성취되었는지를 보여 준다.

앗수르의 산헤립이 예루살렘을 포위하자 백성은 두려움에 떨고 있다. 이때 앗수르의 군사령관 랍사게가 큰 소리로 하나님을 조롱한다. 그의 말은 백성의 믿음을 무너뜨리려는 전략이었다.

너희는 히스기야에게 미혹되지 말라 그가 능히 너희를 건지지 못할 것이니라 히스기야가 너희에게 여호와를 신뢰하게 하려는 것을 따르지 말라 그가 말하기를 여호와께서 반드시 우리를 건지시리니 이 성이 앗수르 왕의 손에 넘어가지 아니하리라 할지라도 히스기야의 말을 듣지 말라(사 36:14-16).

이렇게 백성의 신앙을 흔들었지만, 히스기야왕의 명령에 따라 백성은 아무 대답도 하지 않고 침묵으로 맞선다.

그러나 그들이 잠잠하여 한 말도 대답하지 아니하였으니(사 36:21).

히스기야의 기도와 하나님의 구원(37장)

히스기야는 랍사게의 말에 큰 충격을 받는다. 그는 곧바로 하나님께 무릎을 꿇고, 이사야 선지자에게 도움을 요청한다. 왕은 성전으로 가서 앗수르 왕이 보낸 협박 편지를 펴 놓고 간절히 기도한다.

> 히스기야가 … 여호와의 전에 올라가서 그 글을 여호와 앞에 펴 놓고 여호와께 기도하여 이르되 그룹 사이에 계신 이스라엘 하나님 만군의 여호와여 주는 천하 만국에 유일하신 하나님이시라 주께서 천지를 만드셨나이다 여호와여 귀를 기울여 들으시옵소서 여호와여 눈을 뜨고 보시옵소서 산헤립이 사람을 보내어 살아 계시는 하나님을 훼방한 모든 말을 들으시옵소서 여호와여 앗수르 왕들이 과연 열국과 그들의 땅을 황폐하게 하였고 그들의 신들을 불에 던졌사오나 그들은 신이 아니라 사람의 손으로 만든 것일 뿐이요 나무와 돌이라 그러므로 멸망을 당하였나이다 우리 하나님 여호와여 이제 우리를 그의 손에서 구원하사 천하만국이 주만이 여호와이신 줄을 알게 하옵소서(사 37:14-20).

히스기야는 성전에서 하나님을 높이고, 하나님의 이름이 영광 받기를 원하며 진심으로 기도한다. 하나님은 이 기도에 즉시 응답하신다.

> 여호와의 사자가 나가서 앗수르 진중에서 십팔만 오천 인을 쳤으므로(사 37:36).

하나님께서는 말씀 한마디 없이, 칼 한 자루 휘두르지 않고, 성문도 열지 않은 채로 단번에 적군을 무너뜨리신다. 아침에 보니 산헤립 군대가 모두 시체로 누워 있다. 하나님이 히스기야의 기도를 들어주신 것이다. 학자들은 이 사건을 전염병이나 페스트가 돈 것으로 보기도 한다. 이후 앗수르의 산헤롭왕은 아들들의 손에 죽임을 당한다.

15년의 생명을 연장 받은 히스기야(38장)

이후 히스기야가 병에 걸린다. 이사야는 그에게 “삶을 정리하시오. 곧 죽을 것이오”라고 말한다. 그러나 히스기야는 벽을 향해 울며 하나님께 기도한다.

> 여호와여 구하오니 내가 주 앞에서 진실과 전심으로 행하며 주의 목전에서 선하게 행한 것을 기억하옵소서(사 38:3).

이 기도를 들으신 하나님은 히스기야의 생명을 15년 더 연장해 주신다.

교만의 대가(39장)

히스기야에게 덤으로 주어진 15년의 삶은 어떠했을까? 히스기야가 병에서 나은 후 바벨론 사절단이 찾아오자, 그는 흥분해서 왕궁의 보물과 무기 창고를 전부 보여 준다. 이 행동은 ‘하나님께 영광’이 아니라 ‘자기 자랑’이었다.

> 히스기야가 사자들로 말미암아 기뻐하여 그들에게 보물 창고 곧 은금과 향료와 보배로운 기름과 모든 무기고에 있는 것을 다 보여 주었으니(사 39:2).

이때 이사야 선지자는, 히스기야가 보여 준 모든 것이 하나도 남김없이 바벨론으로 옮겨지고, 남유다가 바벨론에 망해 포로로 잡혀갈 것이라고 예언한다.

하나님의 구원과 회복의 약속(40-66장)

이렇게 해서 이사야서의 전반부 39장이 끝난다. 이후 40장부터는 바벨론에 포로로 끌려간 백성을 향한 예언이 시작된다. 39-40장 사이에는 약 100년의 시간 차이가 있다. 39장에서는 아직 앗수르가 망하지 않은 상태였지만, 40장부터는 바벨론이 앗수르를 멸망시키고 전 세계를 제패했으며, 유다가 바벨론에 의해 망한 이후의 이야기가 펼쳐진다.

40-66장까지는 신약성경과 비슷하다. 바벨론 포로에서 해방될 것이라는 복음을 선포하고, 그 사건을 예표로 마지막 날에 이루어질 메시아의 오심과 죽음 그리고 그 결과로 이루어지는 메시아 나라의 완성에 대한 예언이 이어진다.

포로 된 백성을 향한 위로의 음성(40장)

이사야 선지자는 약 100년 뒤 바벨론에 포로로 끌려간 유다 백성을 향해 이렇게 예언한다.

> 너희는 위로하라 내 백성을 위로하라(사 40:1).

바벨론 강가에서 강제 노역을 하는 히브리 노예들을 향한 위로다.

너희는 예루살렘의 마음에 닿도록 말하며 그것에게 외치라 그 노역의 때가 끝났고 그 죄악이 사함을 받았느니라 그의 모든 죄로 말미암아 여호와의 손에서 벌을 배나 받았느니라 할지니라 하시니라(사 40:2).

이제 하나님은 호통치고 협박하는 대신, '마음에 닿도록' 위로하며 포로에서 해방될 것을 선포하라고 하신다.

외치는 자의 소리여 이르되 너희는 광야에서 여호와의 길을 예비하라(사 40:3).

광야는 길이 없는 곳이다. 지금 포로로 잡혀간 이스라엘 백성의 현실이 광야와 같다는 것이다. 그들과 하나님 사이에 길을 만들라는 것이다. 어떻게 만들 수 있을까?

골짜기마다 돋우어지며 산마다, 언덕마다 낮아지며 고르지 아니한 곳이 평탄하게 되며 험한 곳이 평지가 될 것이요(사 40:4).

이렇게 마음의 길을 만드는 것은 곧 회개를 의미한다.

모든 육체는 풀이요 그의 모든 아름다움은 들의 꽃과 같으니(사 40:6).

사람들은 바벨론을 두려워하며 절대로 고국으로 돌아갈 수 없다고 생각하지만, 하나님은 바벨론도 결국 육체에 불과하며 영원하지 않다고 말씀하신다. 바벨론을 두려워하지 말라는 것이다. 그런데 사람들의 반응은 여전히 시큰둥하다.

야곱아 어찌하여 네가 말하며 이스라엘아 네가 이르기를 내 길은 여호와께 숨겨졌으며 내 송사는 내 하나님에게서 벗어난다 하느냐(사 40:27).

하나님은 자신들의 사정을 모르신다고, 자신들이 포로로 살게 내버려 두신다고 원망한다. 그러나 하나님은 언제든, 누구든 도와줄 수 있다고 하신다.

영원하신 하나님 여호와, 땅끝까지 창조하신 이는 피곤하지 않으시며 곤비하지 않으시며 명철이 한이 없으시며(사 40:28).

역사를 주관하시는 하나님(41장)

41장은 세상을 다스리시는 분에 대한 말씀이다. 누가 세상을 다스리시는가?

섬들아 내 앞에 잠잠하라 민족들아 힘을 새롭게 하라 가까이 나아오라 그리고 말하라 우리가 서로 재판 자리에 가까이 나아가자(사 41:1).

하나님은 누가 진짜 신인지 한번 따져 보자고 말씀하신다.

누가 동방에서 사람을 일깨워서 공의로 그를 불러 자기 발 앞에 이르게 하였느냐(사 41:2).

이 사람은 바로 이사야 45장에 나오는 고레스다. 하나님이 고레스를 통해 바벨론 포로에서 유다를 해방시키시겠다는 예언이다. 이사야가 이 예언을 할 당시에는 아직 앗수르가 세계를 다스리고 있었다. 바벨론은 작은 나라에 불과했다. 그런데 하나님은 앞으로 바벨론이 세계 최강의 나라가 되고, 유다가 바벨론에 포로로 끌려갈 것이며, 그 후에 고레스에 의해 해방될 것임을 미리 말씀하신다. 고레스는 아직 태어나지도 않았다.

> 그가 그들을 쫓아가서 그의 발로 가 보지 못한 길을 안전히 지났나니(사 41:3).

바벨론은 난공불락의 성이었지만, 내분이 일어나서 멸망한다. 그래서 고레스는 피 한 방울 흘리지 않고 바벨론을 정복한다.

> 이 일을 누가 행하였느냐 누가 이루었느냐 누가 처음부터 만대를 불러내었느냐 나 여호와라 처음에도 나요 나중 있을 자에게도 내가 곧 그니라(사 41:4).

하나님은 지도자와 나라를 세우기도 하고, 폐하기도 하신다. 하나님이 역사를 다스리신다.

> 내가 한 사람을 일으켜 북방에서 오게 하며 내 이름을 부르는 자를 해 돋는 곳에서 오게 하였나니 그가 이르러 고관들을 석회같이, 토기장이가 진흙을 밟음 같이 하리니(사 41:25).

페르시아는 바벨론의 북동쪽에 있다. 유다 민족이 바벨론 포로에서 돌아올 것이라고는 아무도 생각하지 못했지만, 하나님은 시온에게 그들이 포로에서 돌아오는 것을 볼 것이라고 약속하신다.

사랑으로 정의를 세우시는 메시아(42장)

하나님은 고레스보다 더 먼 미래에 있을 더욱 완전한 구원에 대해 말씀하신다. 더 완전한 구원자, 메시아를 보내서 죄의 포로가 된 모든 인류를 구원하시겠다는 것이다.

> 내가 붙드는 나의 종, 내 마음에 기뻐하는 자 곧 내가 택한 사람을 보라 내가 나의 영을 그에게 주었은즉 그가 이방에 정의를 베풀리라(사 42:1).

하나님은 구원 사역을 완벽하게 이룰 메시아를 보내겠다고 약속하신다. 이 메시아가 정의를 세우는 방식은 다음과 같다.

> 그는 외치지 아니하며 목소리를 높이지 아니하며 그 소리를 거리에 들리게 하지 아니하며(사 42:2).

이는 조용하게 그 일을 이루어 나가신다는 것이다.

> 상한 갈대를 꺾지 아니하며 꺼져 가는 등불을 끄지 아니하고(사 42:3).

또한 아주 부드러운 사랑으로 정의를 세워 나가신다.

> 나 여호와가 의로 너를 불렀은즉 내가 네 손을 잡아 너를 보호하며 너를 세워

백성의 언약과 이방의 빛이 되게 하리니 네가 눈먼 자들의 눈을 밝히며 갇힌 자를 감옥에서 이끌어 내며 흑암에 앉은 자를 감방에서 나오게 하리라(사 42:6-7).

우리의 의가 아니라, 십자가에 달려 죽으신 예수님의 의로 우리의 죄를 덮어 주신다는 것이다.

너는 내 것이라(43장)

야곱아 너를 창조하신 여호와께서 지금 말씀하시느니라 이스라엘아 너를 지으신 이가 말씀하시느니라 너는 두려워하지 말라 내가 너를 구속하였고 내가 너를 지명하여 불렀나니 너는 내 것이라 네가 물 가운데로 지날 때에 내가 너와 함께할 것이라 강을 건널 때에 물이 너를 침몰하지 못할 것이며 네가 불 가운데로 지날 때에 타지도 아니할 것이요 불꽃이 너를 사르지도 못하리니(사 43:1-2).

하나님은 언제나 우리와 함께하신다. 출애굽 때 홍해를 건널 때도, 다니엘의 세 친구가 불 속에 던져졌을 때도 하나님은 그들을 살려 내셨다. 우리는 하나님의 자녀이기에 더럽고 약한 부분들을 때로는 물로 씻고 불로 태워 정금과 같이 다듬어야 한다.

내가 애굽을 너의 속량물로, 구스와 스바를 너를 대신하여 주었노라(사 43:3).

하나님은 이스라엘을 훈련시키기 위해 엄청난 대가를 지불하신다. 애굽, 구스, 스바를 다 합치면 아프리카 대륙의 절반이지만, 이스라엘을 위해서라면 다 내어 줄 수 있다고 하신다. 왜 그렇게 하실까?

네가 내 눈에 보배롭고 존귀하며 내가 너를 사랑하였은즉 내가 네 대신 사람들을 내어 주며 백성들이 네 생명을 대신하리니(사 43:4).

하나님이 사랑하시기 때문이다. 그래서 훈련시키시는 것이다.

네 자손을 동쪽에서부터 오게 하며 서쪽에서부터 너를 모을 것이며 내가 북쪽에게 이르기를 내놓으라 남쪽에게 이르기를 가두어 두지 말라 내 아들들을 먼 곳에서 이끌며 내 딸들을 땅끝에서 오게 하며(사 43:5-6).

포로가 되어서 흩어져 있는 이스라엘을 하나님이 다 불러 모으겠다고 하신다. 그렇다면 그렇게 부름받은 사람들은 어떻게 살아야 할까? 하나님의 증인으로 살아야 한다.

너희는 나의 증인, 나의 종으로 택함을 입었나니 이는 너희가 나를 알고 믿으며 내가 그인 줄 깨닫게 하려 함이라(사 43:10).

증인이란, 그 사건을 직접 경험한 사람이다. 그리고 하나님은 우리를 당신을 찬송하게 하려고 만든 존재라고 말씀하신다.

이 백성은 내가 나를 위하여 지었나니 나를 찬송하게 하려 함이니라(사 43:21).

그러나 이스라엘은 어떤가? 그들은 그렇게 살지 못하고 있다. 하나님을 공경하지 않고, 죄로 인해 하나님을 수고롭게 한다. 그럼에도 하나님은 그들을 버리지 않으신다.

여전히 사랑하시는 하나님(44장)

바벨론에 포로로 끌려간 이스라엘 백성은 자신들의 죄로 인해 엄청난 고난을 겪는다. 그들은 세상을 사랑하고 우상을 숭배했다. 그러나 하나님은 여전히 그들을 사랑하신다.

> 나의 종 야곱, 내가 택한 이스라엘아 이제 들으라 너를 만들고 너를 모태에서부터 지어 낸 너를 도와줄 여호와가 이같이 말하노라 나의 종 야곱, 내가 택한 여수룬아 두려워하지 말라(사 44:1-2).

'야곱'은 변화되기 전의 이름이고, '이스라엘'은 그가 돌아와서 하나님을 붙잡았을 때 주신 이름이다. 하나님은 그들을 '여수룬'이라고도 부르시는데, 이 이름은 이스라엘 백성이 광야 생활을 할 때, 그들이 아주 연약했을 때 불러 주신 이름이다(신 32-33장 참조).

하나님은 목마른 자에게 물을 주시고, 영을 자손에게, 복을 후손에게 주겠다고 약속하신다. 우상을 만드는 자는 수치를 당할 것이고, 그 우상을 만든 대장장이도 결국 사람일 뿐이다. 우상을 만드는 나무는 땔감이나 떡을 구울 때도 쓰이는데, 그것으로 신상을 만들어 엎드리는 것을 하나님은 한탄하신다. 자기가 만든 우상에게 "너는 나의 신이니 나를 구원하라!"라고 하는 것은 어리석은 일이요, 있을 수 없는 일이다.

고레스를 통한 구원(45장)

45장은 하나님이 역사를 어떻게 다스리시는지를 보여 준다.

여호와께서 그의 기름 부음을 받은 고레스에게 이같이 말씀하시되 내가 그의 오른손을 붙들고 그 앞에 열국을 항복하게 하며 내가 왕들의 허리를 풀어 그 앞에 문들을 열고 성문들이 닫히지 못하게 하리라(사 45:1).

고레스는 이방인이지만, 바벨론에 포로로 끌려간 이스라엘 백성을 구원하기 위해 하나님이 택하신 사람이라는 의미에서 기름 부음을 받았다고 말하는 것이다. 하나님이 그의 손을 붙잡고 그 앞에 모든 왕이 항복하게 하며, 그들의 허리를 풀게 하겠다고 하신다. 이는 '무장해제'로, 항복을 의미한다.

이 일은 실제로 역사에서 이루어졌다. 헤로도토스(Herodotus)의 《역사》라는 책을 보면 고레스의 일대기가 나오는데, 그는 페르시아(바사)라는 작은 나라의 왕이었다. 그 당시 바사는 메대의 속국이었는데, 나중에 자기 나라보다 훨씬 큰 메대를 얻고 바벨론을 치러 간다. 당시 바벨론은 최고의 강국이었고, 성벽 둘레가 90킬로미터, 두께가 30미터, 높이가 90미터에 달했다. 유프라테스강이 바벨론성 주위로 흘러서 아무도 성벽에 접근할 수 없었다. 그러나 하나님은 유프라테스강을 마르게 하셔서, 작은 구멍으로 바사 군대가 침입해 하룻밤에 바벨론을 정복하게 하셨다.

바벨론의 신들이 쓰러지다(46장)

46장에서는 바벨론의 신들, 벨과 느보가 쓰러지는 장면이 나온다. 바벨론이 멸망하면서 이방 신들도 함께 무너진다.

내가 지었은즉 내가 업을 것이요 내가 품고 구하여 내리라(사 46:4).

하나님은 창조주이시며, 우리가 힘이 없을 때 우리를 업고 가신다.

나는 하나님이라 나 외에 다른 이가 없느니라(사 46:9).

교만한 바벨론의 멸망(47장)

47장에서는 바벨론 제국이 번영을 누리지만, 하나님은 그들의 교만과 악행으로 인해 반드시 심판받을 것임을 경고하신다.

네 마음에 이르기를 나뿐이라 나 외에 다른 이가 없다 하였으므로 재앙이 네게 임하리라(사 47:10-11).

바벨론의 교만은 하나님의 자리를 스스로 차지하려 한 것이며, 하나님은 그 교만을 반드시 꺾으신다.

완고한 백성을 향한 하나님의 인내(48장)

48장에서는 이스라엘이 완고하고 목이 뻣뻣한 백성이지만, 하나님은 당신의 이름을 위해 끝까지 참았다고 말씀하신다.

내가 너를 연단하였으나 은처럼 하지 아니하고 너를 고난의 풀무 불에서 택하였노라(사 48:10).

하나님의 훈련은 버리기 위한 것이 아니라, 회복시키기 위한 연단이다.

땅끝까지 미칠 구원의 빛 (49장)

49장에서는 바벨론 포로기에 회복되는 이스라엘뿐 아니라, 그 이상의 구속 계획도 예언하신다. 바로 여호와의 종, 곧 메시아를 통해 열방까지 구원하실 하나님의 비전이 선포되는 것이다. 여호와의 종은 태 안에서부터 부르심을 받았고, 이스라엘의 회복뿐 아니라 온 땅의 빛이 되어 하나님의 구원이 땅끝까지 미치게 하신다.

> 너는 나의 종이요 내 영광을 네 속에 나타낼 이스라엘이라(사 49:3).

여기서의 종은 예수 그리스도를 예표하는 메시아적 종이다.

> 네가 나의 종이 되어 야곱의 지파들을 일으키며 … 내가 또 너를 이방의 빛으로 삼아 나의 구원을 베풀어서 땅끝까지 이르게 하리라(사 49:6).

이 구절은 신약에서 바울이 인용한다(행 13:47 참조).

고난받는 종의 순종 (50장)

바벨론 포로로 살아가는 이스라엘 백성의 마음에는 '하나님이 우리를 버리셨어! 이제 우리는 끝이야'라는 깊은 절망이 자리하고 있었다. 그런데 그때 갑자기 하나님의 음성이 들려온다.

> 내가 너희의 어미를 내보낸 이혼 증서가 어디 있느냐 내가 어느 채주에게 너희를 팔았느냐 보라 너희는 너희의 죄악으로 말미암아 팔렸고(사 50:1).

하나님이 이스라엘을 버리신 것이 아니라, 그들의 죄 때문에 이런 일이 일어난 것이었다. 하나님은 그들을 몇 번이고 구하려 하셨지만, 아무도 응답하지 않았다. 그리고 이어지는 말씀에서, 이사야는 빛도 화려함도 없이 조용히 서 계시는 예수님을 예표한다.

> 주 여호와께서 학자들의 혀를 내게 주사 나로 곤고한 자를 말로 어떻게 도와줄 줄을 알게 하시고(사 50:4).

여기서 '학자의 혀'란 하나님의 말씀을 깊이 깨달아 곤고한 사람을 살릴 수 있는 입술을 의미한다.

> 나를 때리는 자들에게 내 등을 맡기며 나의 수염을 뽑는 자들에게 나의 뺨을 맡기며(사 50:6).

십자가에 달리기 전 조롱과 매질을 당하신 예수님의 모습이 떠오른다.

50장의 역사적 배경을 보면 남유다가 아직 멸망하기 전이지만, 하나님은 훗날에 그들이 바벨론의 포로가 될 것을 미리 알려 주신다. 그리고 동시에, 그들을 구원하기 위해 고난의 길을 가실 예수님을 그분이 태어나기 600년 전에 쓰게 하신다.

아브라함을 기억하라 (51장)

51장을 통해 하나님은 고난받는 백성에게 이렇게 말씀하신다.

너희의 조상 아브라함과 너희를 낳은 사라를 생각하여 보라(사 51:2).

아브라함은 아무것도 없는 한 사람이었지만, 하나님은 그 한 사람에게서 큰 민족을 이루셨다. 그러니 너희도 절망 중에 다시 시작할 수 있음을 기억하라는 것이다.

내가 내 공의를 만민의 빛으로 세우리라 … 나의 구원은 영원히 있고 나의 공의는 폐하여지지 아니하리라(사 51:4-6).

좋은 소식을 전하는 자의 아름다운 발걸음(52장)

52장은 포로 된 백성을 다시 회복하시려는 하나님의 모습을 보여 준다.

좋은 소식을 전하며 평화를 공포하며 복된 좋은 소식을 가져오며 구원을 공포하며 … 네 하나님이 통치하신다 하는 자의 산을 넘는 발이 어찌 그리 아름다운가(사 52:7).

바로 복음을 전하는 자의 감격이다. 모든 백성이 "우리 하나님이 통치하신다"라고 외친다.

우리의 죄를 대신 지신 고난받는 종(53장)

53장은 예수님의 십자가 고난을 놀랍도록 정확히 예언한다. 침묵 속에서 희생당하고, 우리를 대신해서 맞고 죽으시는 그분의 모습이다.

예수님의 외모는 연한 순 같고, 고운 모양도 풍채도 없다. 사람들에게 버림받고 멸시를 당하신다. 그런데 우리는 그분이 징벌을 받아 하나님께 맞으며 고난을 당한다고 말한다.

그가 찔림은 우리의 허물 때문이요 그가 상함은 우리의 죄악 때문이라 그가 징계를 받으므로 우리는 평화를 누리고 그가 채찍에 맞으므로 우리는 나음을 받았도다 우리는 다 양 같아서 그릇 행하여 각기 제 길로 갔거늘 여호와께서는 우리 모두의 죄악을 그에게 담당시키셨도다(사 53:5-6).

예수님이 짊어지신 십자가는 원래 우리 각 사람이 져야 할 십자가였다.

다시 안아 주시는 하나님(54장)

하나님은 포로로 끌려가 마음이 무너진 자들에게 말씀하신다.

잉태하지 못하며 출산하지 못한 너는 노래할지어다 산고를 겪지 못한 너는 외쳐 노래할지어다(사 54:1).

그리고 이렇게 약속하신다.

너를 지으신 이가 네 남편이시라 … 내가 잠시 너를 버렸으나 큰 긍휼로 너를 모을 것이요 … 영원한 자비로 너를 긍휼히 여기리라(사 54:5-8).

한때 버려진 것 같아도, 하나님은 반드시 다시 안아 주겠다고 하신다.

값없이 주시는 은혜의 초대(55장)

이제 하나님은 모든 인류에게 은혜의 초대장을 건네신다.

> 오호라 너희 모든 목마른 자들아 물로 나아오라 돈 없는 자도 오라 너희는 와서 사 먹되 돈 없이, 값 없이 와서 포도주와 젖을 사라(사 55:1).

조건은 없다. 마음만 있으면 된다.

> 너희는 여호와를 만날 만한 때에 찾으라 … 그가 너그럽게 용서하시리라(사 55:6-7).

하나님의 집은 만민이 기도하는 집(56장)

학자들은 56장부터 이스라엘이 바벨론 포로 생활을 마치고 돌아온 이후의 유다를 배경으로 한다고 보고 있다.

형식적인 신앙에 머무른 채 사회의 정의가 사라진 시대를 살아가는 불의한 지도자들과 무감각한 백성에게 하나님이 먼저 선언하신다.

> 여호와와 연합하여 그를 섬기며 … 나의 언약을 굳게 지키는 이방인마다 내가 곧 그들을 나의 성산으로 인도하여 기도하는 내 집에서 그들을 기쁘게 할 것이며(사 56:6-7).

하나님은 '내 집은 만민이 기도하는 집'이라고 선언하신다. 누구든지 하나님을 찾는 사람은 환영을 받는다.

욕망에 취한 자들과 겸손히 돌아오는 자들(57장)

57장에는 두 부류의 사람이 등장한다. 하나는 우상을 따르며 욕망에 취한 자들이고, 또 하나는 낮아진 마음으로 하나님께 돌아오는 자들이다.

> 네가 높고 높은 산 위에 네 침상을 베풀었고 네가 또 거기에 올라가서 제사를 드렸으며 … 네가 기름을 가지고 몰렉에게 나아가되 향품을 더하였으며(사 57:7-9).

하나님은 그들의 종교 행위가 모두 자신의 욕망을 위한 것임을 지적하신다. 그러나 그 속에서도 회개하는 자들에게는 다음과 같은 약속을 주신다.

> 내가 … 통회하고 마음이 겸손한 자와 함께 있나니(사 57:15).

그리고 위로해 주신다.

> 내가 그의 길을 보았은즉 그를 고쳐 줄 것이라 그를 인도하며 그와 그를 슬퍼하는 자들에게 위로를 다시 얻게 하리라(사 57:18).

하나님은 고쳐서 쓰겠다고 약속하신다. 이 말이 큰 위로가 된다.

하나님이 기뻐하시는 참된 금식(58장)

백성이 묻는다.

"우리가 금식하고 있는데 왜 기도를 안 들어주십니까?"

하나님이 답하신다.

> 너희가 금식하면서 논쟁하며 다투며 악한 주먹으로 치는도다(사 58:4).

겉으로는 경건한 척하지만, 속으로는 죄악이 가득한 상태다. 이런 이스라엘 백성에게 하나님은 당신이 기뻐하는 금식을 알려 주신다.

> 내가 기뻐하는 금식은 흉악의 결박을 풀어 주며 멍에의 줄을 끌러 주며 … 또 주린 자에게 네 양식을 나누어 주며 … 헐벗은 자를 보면 입히며(사 58:6-7).

하나님이 말씀하시는 진짜 금식은 하나님 앞에서 마음을 낮추고 이웃을 사랑하며 불의를 멈추는 것이다. 이렇게 금식한다면 다음과 같은 일을 경험할 거라고 하신다.

> 네 빛이 새벽같이 비칠 것이며 … 여호와의 영광이 네 뒤에 호위하리니(사 58:8).

죄의 장벽과 구원자의 등장 (59장)

59장에서는 죄의 본질과 구원자의 필요성을 선포한다.

> 여호와의 손이 짧아 구원하지 못하심도 아니요 귀

가 둔하여 듣지 못하심도 아니라(사 59:1).

하나님의 무능이 아니라, 우리의 죄가 하나님과 우리 사이를 가로막고 있다.

오직 너희 죄악이 너희와 너희 하나님 사이를 갈라놓았고(사 59:2).

세상의 모든 공의도 사라지고 하나님의 진리에서 멀어졌다. 그러나 그 속에서 하나님은 친히 구원자로 일어나신다.

공의를 갑옷으로 삼으시며 구원을 자기의 머리에 써서 투구로 삼으시며(사 59:17).

일어나라, 빛을 발하라(60장)

60장에서는 "일어나라, 빛을 발하라!"라고 선포하신다. 캄캄한 세상 속에서 하나님의 백성이 이제 빛을 발할 시간이 온 것이다.

일어나라 빛을 발하라 이는 네 빛이 이르렀고 여호와의 영광이 네 위에 임하였음이니라(사 60:1).

모든 민족이 그 빛을 보고 달려온다. 시온이 회복되고, 모든 눈물의 시대가 지나가며, 새로운 나라가 시작된다.

그 작은 자가 천 명을 이루겠고 그 약한 자가 강국을 이룰 것이라 때가 되면 나 여호와가 속히 이루리라(사 60:22).

아주 보잘것없어 보이는 사람도 하나님의 손에 붙들리면 수천 배의 영향력과 힘을 가질 수 있다는 약속이며, 인간에게는 도저히 불가능한 것을 하나님이 그들의 약함 가운데 역사하여 강력한 영향력을 주신다는 것이다. 느려 보일지라도, 하나님의 때가 되면 순식간에 다 이루실 것이다.

기름 부음 받은 자의 사명(61장)

주 여호와의 영이 내게 내리셨으니 이는 … 가난한 자에게 아름다운 소식을 전하게 하려 하심이라 … 마음이 상한 자를 고치며 포로된 자에게 자유를, 갇힌 자에게 놓임을 선포하며(사 61:1).

이 말씀은 예수님이 누가복음 4장에서 직접 읽으신 성경 구절이다. 이것은 단순히 듣기 좋은 말이 아니라, 하나님의 기름 부음을 받은 예수님의 실제 사역 방향이었다.

시온에서 슬퍼하는 자에게 화관을 주어 그 재를 대신하며 기쁨의 기름으로 그 슬픔을 대신하며 찬송의 옷으로 그 근심을 대신하시고(사 61:3).

애도할 때 머리에 뒤집어쓰던 '재' 대신에 기쁨의 화관을, 슬픔 대신 기쁨을, 근심 대신 찬송을 주시겠다는 약속이다.

결코 잠잠하지 않으시는 하나님(62장)

하나님은 이제 시온을 향해서 결코 잠잠하지 않겠다고 하신다.

> 나는 … 시온을 위하여 잠잠하지 아니하며 예루살렘을 위하여 쉬지 아니할 것인즉(사 62:1).

그리고 새로운 이름을 주신다.

> 다시는 너를 버림받은 자라 부르지 아니하며 다시는 네 땅을 황무지라 부르지 아니하고 오직 너를 헵시바라 하며 네 땅을 쁄라라 하리니(사 62:4).

'헵시바'는 '기쁨이 안에 있다'는 뜻이고, '쁄라'는 '결혼한 자', 곧 하나님과 다시 언약을 맺었다는 의미다. 하나님은 시온을 '왕관'처럼 높이시고, 백성에게 끝없는 보살핌을 약속하신다.

붉은 옷을 입은 심판자(63장)

63장에서는 갑자기 에돔 이야기가 등장한다.

> 에돔에서 오는 이 누구며 붉은 옷을 입고 보스라에서 오는 이 누구냐(사 63:1).

에돔은 하나님의 백성을 대적하고 괴롭힌 대표적인 민족이다. 창세기 25장부터 에서와 야곱의 갈등이 있었고, 민수기, 오바댜, 말라기에서도 에돔은 늘 이스라엘을 조롱하고 침략했다. 보스라는 에돔의 수도로, 그 도시가 언급된 것은 심판이 가장 중심에서 시작된다는 상징이다. 하나님은 악의 뿌리부터 심판하신다는 뜻이다.

왜 60-62장에서 회복과 영광, 축복을 선포하다가 63장에서 붉은 옷을 입은 전사 하나님이 등장하시는 것일까? 회복이 있기 전에 반드시 심판이 있어야 하기 때문이다. 새 하늘과 새 땅이 오기 전에 악과의 단호한 결별이 필요하다. 하나님은 절대로 심판 없이 회복을 말씀하지 않으신다. 63장의 심판자는 재림하실 예수 그리스도의 예표이기도 하다.

하늘을 향한 회개의 부르짖음 (64장)

이제 눈물의 회개와 하나님의 응답, 새 하늘과 새 땅이 이어진다. 죄로 인해 하나님과의 관계가 멀어졌지만, 백성은 다시 돌아가기를 간절히 소망하며 부르짖는다.

> 원하건대 주는 하늘을 가르고 강림하시고 주 앞에서 산들이 진동하기를 불이 섶을 사르며 불이 물을 끓임같게 하사(사 64:1-2).

이것은 단순한 기도가 아니라 울부짖음이다. 하나님의 임재를 간절히 바라는 것이다.

> 우리는 다 부정한 자 같아서 우리의 의는 다 더러운 옷 같으며 … 주는 우리 아버지시니이다 우리는 진흙이요 주는 토기장이시니 우리는 다 주의 손으로 지으신 것이니이다(사 64:6-8).

진정한 회개가 일어나고 있다. 착한 척했지만 결국 부정한 존재임을 깨닫고, 모든 것을 주님의 손에서 다시 빚어야 한다고 고백하는 것이다.

이사야 64장의 역사적 배경을 체크해 보면, 포로기 이후 회복을 기다리는 시기 또는 포로기 중 깊은 절망 속에서 드려진 기도라고 볼 수 있다. 하나님의 임재가 느껴지지 않는 영적 공허 속에서 백성은 "우리와 다시 함께 하소서!"라고 간절히 부르짖는다. 이스라엘이 형식적인 예배와 껍데기 신앙에서 벗어나 진정으로 하나님을 붙들려고 무릎을 꿇는 순간이다.

새 하늘과 새 땅의 약속 (65장)

하나님은 말없이 팔을 벌리고 기다리신다.

"나 여기 있다!"

하지만 백성은 돌아오지 않는다. 그들은 이방의 신을 따르고 금지된 음식을 먹으며 "나는 거룩해" 하고 스스로를 속인다. 이에 하나님은 탄식하신다.

"내가 너희의 죄악을 너희 품에 안겨 주겠다."

그러나 하나님은 모든 것을 불태우지 않으신다.

"포도송이에 즙이 남아 있다면 그것 때문에라도 그 포도송이를 버리지 않듯, 내 종들로 인해 내가 이스라엘을 완전히 멸하지 않겠다."

그래서 하나님을 찾는 자들은 다시 산을 기업으로 얻고, 기쁨과 복을 누릴 것이라고 약속하신다.

> 보라 내가 새 하늘과 새 땅을 창조하나니(사 65:17).

이제 울음도 없고, 아이가 100세를 살며, 자신의 수고가 헛되지 않고, 이리와 어린양이 함께 누워 있는 완전한 평화의 나라를 선포하신다. 하나님은 이 약속을 지친 포로 백성과 무너진 성벽 앞에 선 자들에게 주신다.

하나님이 찾으시는 사람 (66장)

하나님이 물으신다.

> 하늘은 나의 보좌요 땅은 나의 발판이니 너희가 나를 위하여 무슨 집을 지으랴(사 66:1).

하나님이 찾으시는 사람은 겸손하고 통회하며, 말씀 앞에서 떨며 순종하는 사람이다! 겉으로는 예배를 드리지만 속으로는 하나님을 거역하는 자들이 아니다.

예루살렘은 진통 없이 아이를 낳은 여인처럼 회복을 얻는다. 젖을 먹이고 무릎 위에 앉히며, 모든 백성이 기뻐하는 장소가 된다.

> 때가 이르면 뭇 나라와 언어가 다른 민족들을 모으리니 그들이 와서 나의 영광을 볼 것이며(사 66:18).

> 새 하늘과 새 땅이 내 앞에 항상 있는 것같이 너희 자손과 너희 이름이 항상 있으리라(사 66:22).

모든 민족이 와서 한마음으로 예배드릴 것이다. 하지만 끝까지 하나님을 거역한 자들은 꺼지지 않는 불, 죽지 않는 벌레가 있는 곳에서 수치를 당하게 될 것이다.

열왕기하 4

요시야의 종교 개혁(22-23장)

그 후 아몬의 아들 요시야가 8세에 왕위에 오른다. 그는 31년 동안 나라를 다스렸으며, 남유다 역사상 가장 선한 왕으로 꼽힌다. 그는 여호와께서 보시기에 정직하게 행했고, 왕이 된 지 18년째 되던 해, 즉 므낫세 55년, 아몬 2년, 요시야 18년, 무려 75년 동안 먼지에 덮여 방치되어 있던 성전을 수리하게 한다. 성전을 청소하다가 그곳에서 힐기야 대제사장이 율법책을 발견하고 읽었는데, 이를 들은 요시야왕이 옷을 찢는다. 그는 그때 깨닫는다.

"우리가 하나님의 말씀을 모르고 살아왔기에 나라가 이렇게 망가졌구나."

요시야는 온 백성을 불러 모아, 그 앞에서 언약책을 읽어 백성이 듣게 하고, 하나님 앞에서 언약을 세운다. 그리고 바알과 아세라 상을 전부 찾아내어 불사르고 없애 버린다. 여로보암이 벧엘에 세운 제단과 산당도 헐고, 불사르고, 빻아서 가루로 만들어 버린다.

그 후 요시야는 율법책에 기록된 대로 하나님 여호와를 위한 유월절을 지키라 명하고, 요시야 18년째 되는 해, 예루살렘에서 여호와 앞에 온 백성이 함께 유월절을 지킨다.

> 요시야와 같이 마음을 다하며 뜻을 다하며 힘을 다하여 모세의 모든 율법을 따라 여호와께로 돌이킨 왕은 요시야 전에도 없었고 후에도 그와 같은 자가 없었더라(왕하 23:25).

그러나 하나님은 므낫세 때문에 남유다를 망하게 하신다. 이때는 므낫세가 죽은 지 20년이 지난 때였지만, 하나님은 여전히 그 죄를 잊지 않으신다(왕하 23:26 참조).

요시야는 39세에 죽는다. 애굽 왕 바로 느고가 앗수르 왕과 싸우러 유브라데강으로 올라갈 때, 요시야는 애굽을 막으려고 므깃도에 갔다가 전사한다. 백성은 깊이 슬퍼했고, 예레미야 선지자도 애가를 지어 부른다.

요시야가 죽은 뒤 여호아하스가 왕이 되지만 애굽의 바로 느고가 그를 애굽으로 끌고 가고, 자기 말을 잘 듣는 여호야김을 왕으로 세운다.

그 후 남유다 왕은 여호야긴 그리고 시드기야로 이어지지만, 이들은 모두 하나님을 따르지 않는다. 결국 남유다는 바벨론의 느부갓네살왕에 의해 멸망하고, 백성은 포로로 끌려가게 된다.

하박국

하박국(B.C. 610-599) 선지자는 파수꾼적인 역할을 했다. 파수꾼이 나팔을 불었는데 사건이 생겼다면, 그것은 파수꾼의 잘못이 아니다. 그러나 나팔을 불지 않았다면, 그것은 파수꾼의 잘못이 된다.

하박국은 예레미야와 같은 시대에 활동했던 선지자다. 당시의 시대적인 배경을 살펴보면, 여호야김왕이 하나님의 말씀을 무시하고 제멋대로 행동하자 바벨론의 느부갓네살왕이 쳐들어온다. 1차 침공 때 예루살렘이 함락된 후 1차 포로로 끌려가게 되는데, 그때 다니엘도 바벨론으로 끌려간다. 2차 침공이 있기 전까지는 하박국과 스바냐, 예레미야 선지자가 활동한다. 이제 남유다도 급하기 때문에 하나님이 마지막으로 많은 선지자를 보내신다.

하박국의 질문(1장)

남유다 백성은 잘못된 생각을 가지고 있었는데, 하나님은 자기들이 무슨 짓을 하더라도 성전이 있는 예루살렘은 지켜 주신다는 것이었다. 실제로 그런 일은 한 번도 없었는데도 말이다. 결국 바벨론 느부갓네살왕에 의해 남유다는 완전히 망한다. 그런데 그들은 "하나님이 살아 계신데 왜 이렇게 된 거지?"라고 말하며, 자신들의 잘못을 회개하고 뉘우치기보다는 하나님을 원망한다.

그런 상황에서 하박국이 하나님께 부르짖는다.

> 여호와여 내가 부르짖어도 주께서 듣지 아니하시니 어느 때까지리이까 내가 강포로 말미암아 외쳐도 주께서 구원하지 아니하시나이다(합 1:2).

> 이러므로 율법이 해이하고 정의가 전혀 시행되지 못하오니 이는 악인이 의인을 에워쌌으므로 정의가 굽게 행하여짐이니이다(합 1:4).

"바벨론이 쳐들어와 괴롭히는데도 그냥 이렇게 놔두고 보살피지 않으시니, 어떻게 된 것입니까?"

하박국은 이렇게 기도하며 부르짖는다. 그런데 하나님의 대답이 너무도 충격적이다.

> 여호와께서 이르시되 너희는 여러 나라를 보고 또 보고 놀라고 또 놀랄지어다 너희의 생전에 내가 한 가지 일을 행할 것이라 누가 너희에게 말할지라도 너희가 믿지 아니하리라 보라 내가 사납고 성급한 백성 곧 땅이 넓은 곳으로 다니며 자기의 소유가 아닌 거처들을 점령하는 갈대아 사람을 일으켰나니(합 1:5-6).

하나님은 하박국에게 “놀라지 말고 잘 들어라. 내가 갈대아 사람을 일으켰다”라고 말씀하신다. 하나님이 바벨론의 갈대아 사람들을 보내어 예루살렘을 치게 했다고 하신다.

하나님의 응답(2장)

여호와께서 내게 대답하여 이르시되 너는 이 묵시를 기록하여 판에 명백히 새기되 달려가면서도 읽을 수 있게 하라(합 2:2).

이 말씀은, 묵시를 기록하여 달려가면서도 읽을 수 있게 하라는 뜻이다. 고속도로를 달릴 때마다 볼 수 있는, 옆에 세워진 큰 광고판처럼 다 알리라는 것이다.

보라 그의 마음은 교만하며 그 속에서 정직하지 못하나 의인은 그의 믿음으로 말미암아 살리라(합 2:4).

‘오직 의인은 믿음으로 살리라.’

어떤 사람이 의인인가를 생각해 봐야 한다. 누가 의인인가? 하박국 당시는 예수님이 태어나시기 전이다. 구약에서는 율법을 지키고 하나님의 말씀에 순종하며 사는 사람이 의인이다.

복음에는 하나님의 의가 나타나서 믿음으로 믿음에 이르게 하나니 기록된 바 오직 의인은 믿음으로 말미암아 살리라 함과 같으니라(롬 1:17).

또 하나님 앞에서 아무도 율법으로 말미암아 의롭게 되지 못할 것이 분명하니 이는 의인은 믿음으로 살리라 하였음이라(갈 3:11).

나의 의인은 믿음으로 말미암아 살리라 또한 뒤로 물러가면 내 마음이 그를 기뻐하지 아니하리라 하셨느니라(히 10:38).

믿음의 찬양(3장)

하박국은 하나님의 깊은 마음을 깨닫고 시기오놋(악기)에 맞추어 진심으로 기도한다.

여호와여 내가 주께 대한 소문을 듣고 놀랐나이다 여호와여 주는 주의 일을 이 수년 내에 부흥하게 하옵소서 이 수년 내에 나타내시옵소서 진노 중에라도 긍휼을 잊지 마옵소서(합 3:2).

비록 무화과나무가 무성하지 못하며 포도나무에 열매가 없으며 감람나무에 소출이 없으며 밭에 먹을 것이 없으며 우리에 양이 없으며 외양간에 소가 없을지라도 나는 여호와로 말미암아 즐거워하며 나의 구원의 하나님으로 말미암아 기뻐하리로다 주 여호와는 나의 힘이시라 나의 발을 사슴과 같게 하사 나를 나의 높은 곳으로 다니게 하시리로다 이 노래는 지휘하는 사람을 위하여 내 수금에 맞춘 것이니라(합 3:17-19).

먹을 것이 없고 상황이 좋지 않더라도, 여호와 한 분으로 말미암아 기뻐하며 살겠다고 고백한다.

스바냐

스바냐(B.C. 630)는 선지자였지만, 왕족 출신이었다. 1장 1절을 보면 그의 족보가 무려 4대까지 올라간다.

> 스바냐는 히스기야의 현손이요(습 1:1).

그는 궁궐 출신의 선지자였기에, 왕실의 부패를 누구보다도 잘 알고 있었다. 요시야가 개혁을 일으키기 전까지, 나라는 엉망이었다. 그 이전 왕들, 므낫세와 아몬은 우상 숭배의 끝판왕이었다. 성전 안에 우상을 세우고, 자기 아들을 불에 태우기까지 했다.

그렇게 나라 전체가 하나님을 잊고 타락했을 때, 스바냐 선지자는 먼저 이렇게 외쳤다.

"하나님의 심판이 온다!"

폭탄 선언을 한 것이다.

"여호와의 날이 가까웠다! 왕에서 상인, 제사장까지 다 쓸어 버리실 것이다!"

그리고 이어서 이렇게 말했다.

"지금 정신 차리지 않으면 정말 끝이다. 하지만 회개하면, 하나님께서 다시 너희를 새롭게 하실 것이다."

유다의 심판 (1장)

여호와께서 이르시되 내가 땅 위에서 모든 것을 진멸하리라 내가 사람과 짐승을 진멸하고 공중의 새와 바다의 고기와 거치게 하는 것과 악인들을 아울러 진멸할 것이라 내가 사람을 땅 위에서 멸절하리라 나 여호와의 말이니라(습 1:2-3).

스바냐서를 보면 하나님이 '진멸'하고 '멸절', 곧 다 없애 버리겠다고 선포하신다. 하지만 이런 상황에서도 살아날 방법을 알려 주신다.

회개의 촉구와 구원의 길(2장)

수치를 모르는 백성아 모일지어다 모일지어다[회개하라 회개하라] 명령이 시행되어 날이 겨같이 지나가기 전[시간이 많이 없으니], 여호와의 진노가 너희에게 내리기 전, 여호와의 분노의 날이 너희에게 이르기 전에 그리할지어다 여호와의 규례를 지키는 세상의 모든 겸손한 자들아 너희는 여호와를 찾으며 공의와 겸손을 구하라 너희가 혹시 여호와의 분노의 날에 숨김을 얻으리라(습 2:1-3).

하나님은 모이기를 힘쓰고, 여호와의 규례를 지키며, 겸손하여 여호와를 찾는 자를 덮어 주고 숨겨 주신다.

> 너의 하나님 여호와가 너의 가운데에 계시니 그는 구원을 베푸실 전능자이시라 그가 너로 말미암아 기쁨을 이기지 못하시며 너를 잠잠히 사랑하시며 너로 말미암아 즐거이 부르며 기뻐하시리라 하리라(습 3:17).

그렇게 하나님을 의지하며 우리의 삶의 중심에 하나님을 모시고 산다면, 우리를 반드시 구해 내시고, 살려 주시며, 우리로 말미암아 너무도 기뻐하고 사랑하신다.

예레미야

B.C. 627년, 요시야왕 13년. 남유다는 앗수르 제국의 쇠퇴로 안정적이었지만, 속으로는 우상 숭배와 불의가 가득했다. 성전은 있었지만, 형식적인 제사와 거짓 선지자들의 거짓 선포가 가득했다. 이때 하나님은 20대 청년 선지자 예레미야를 부르신다.

부르심과 사명의 시작 (1장)

내가 너를 모태에 짓기 전에 너를 알았고 네가 배에서 나오기 전에 너를 성별하였고 너를 여러 나라의 선지자로 세웠노라(렘 1:5).

예레미야는 자신이 아이라 말할 줄 모른다고 말하지만, 하나님은 그에게 두려워하지 말라고 하며 함께하겠다고 하신다. 무너져 가는 남유다에게 경고와 회복의 말씀을 전하라는 것이다. 하지만 예레미야의 길은 너무도 험난해서, 그는 '눈물의 선지자'라고 불리게 된다.

생수의 근원 되시는 하나님을 버리다(2장)

요시야왕은 종교 개혁을 시도했지만, 백성의 마음은 여전히 바알과 아세라 같은 이방 신들을 의지했다. 특히 애굽과 이방 이웃들의 눈치를 보며 하나님보다 그들을 더 의지하는 모습은 정말 어이가 없다. 하나님은 예레미야를 통해 이스라엘과의 사랑을 기억하며 슬퍼하신다.

> 내가 너를 위하여 네 청년 때의 인애와 네 신혼 때의 사랑을 기억하노니 곧 씨 뿌리지 못하는 땅, 그 광야에서 나를 따랐음이니라(렘 2:2).

하나님은 출애굽 시절, 그 광야의 시간을 그리워하신다.
"그때가 기억나니? 난 그때가 참 좋았다. 너희가 나만 의지하던 그 시절!"
그런데 지금 남유다는 어떤가?

> 내 백성이 두 가지 악을 행하였나니 곧 그들이 생수의 근원 되는 나를 버린 것과 스스로 웅덩이를 판 것인데 그것은 그 물을 가두지 못할 터진 웅덩이들이니라(렘 2:13).

남유다는 생수의 근원 되시는 하나님을 버리고 음녀처럼 우상을 섬기고 있다.

회개를 원하시는 하나님의 사랑 (3장)

앗수르에 의해 북이스라엘이 망하는 것을 보면서도 남유다는 회개하지 않고 오히려 더 깊은 죄로 빠져든다.

> 배역한 이스라엘은 반역한 유다보다 자신이 더 의로움이 나타났나니(렘 3:11).

하지만 하나님은 돌아오라고 하신다. 다시 돌아오면 치유하시고, 다시 목자를 세우겠다고 하신다.

> 내가 또 내 마음에 합한 목자들을 너희에게 주리니 그들이 지식과 명철로 너희를 양육하리라(렘 3:15).

그리고 미래의 비전까지 말씀하신다.

> 너희가 이 땅에서 번성하여 많아질 때에는 사람들이 여호와의 언약궤를 다시는 말하지 아니할 것이요 … 여호와의 보좌라 일컬음이 되며 모든 백성이 그리로 모이리니(렘 3:16-17).

예루살렘에서 앞으로 일어날 구원을 미리 말씀하시며, 모든 나라가 그곳으로 모일 거라고 하신다.

진정한 회개와 다가오는 재앙(4장)

진정한 마음의 회개를 원하시는 하나님은 마지막 기회를 주신다. 예레미야가 하나님의 말씀을 전한다.

> 이스라엘아 네가 돌아오려거든 내게로 돌아오라 네가 만일 나의 목전에서 가증한 것을 버리고 네가 흔들리지 아니하며 진실과 정의와 공의로 여호와의 삶을 두고 맹세하면 나라들이 나로 말미암아 스스로 복을 빌며 나로 말미암아 자랑하리라(렘 4:1-2).

하나님은 겉모습이 아닌 진짜 회개를 원하신다. 우상을 버리고 하나님만이 생명이라는 고백을 하라고 하신다. 그러면 여전히 남유다를 복의 통로로 쓰실 것이다.

> 너희 마음 가죽을 베고 나 여호와께 속하라(렘 4:4).

단순한 제사가 아니라 마음 가죽을 베라 하신다. 죄를 아파하며 찢어진 마음으로 회개하라고 하신다. 그리고 예레미야는 엄청난 환상을 보게 된다.

> 사자가 그 수풀에서 올라왔으며 나라들을 멸하는 자가 나아왔으되 네 땅을 황폐하게 하려고 이미 그의 처소를 떠났은즉 네 성읍들이 황폐하여 주민이 없게 되리니 이로 말미암아 너희는 굵은 베를 두르고 애곡하라(렘 4:7-8).

바벨론 군대가 북쪽에서 남유다를 향해 밀려오고 있다는 것이다. 사자는 바벨론 왕, 느부갓네살의 상징처럼 묘사되고 있다. 이 예언을 하면서 예레미야는 너무도 마음 아파 한다.

슬프고 아프다 내 마음속이 아프고 내 마음이 답답하여 잠잠할 수 없으니 이는 나의 심령이 나팔 소리와 전쟁의 경보를 들음이로다(렘 4:19).

예언자로서 말씀을 전하지만, 그 미래를 보고 너무 마음이 아픈 것이다.

의인 한 명이 없는 예루살렘(5장)

하나님은 예레미야에게 예루살렘을 직접 조사해 보라고 하신다.

너희는 예루살렘 거리로 빨리 다니며 그 넓은 거리에서 찾아보고 알라 너희가 만일 정의를 행하며 진리를 구하는 자를 한 사람이라도 찾으면 내가 이 성읍을 용서하리라(렘 5:1).

의인 한 사람이라도 찾으면 용서하겠다고 하셨지만, 그 한 사람을 찾을 수 없었다. 고통이 있어도 회개하지 않는 것은 모두가 같았다. 하나님은 예레미야에게 이렇게 말씀하신다.

내가 네 입에 있는 나의 말을 불이 되게 하고 이 백성을 나무가 되게 하여 불사르리라(렘 5:14).

하나님의 말씀은 진실을 드러내는 불이 되고, 회개가 없는 백성은 결국 다 타 버리는 존재가 된다는 것이다.

회개를 거부한 자에게 임하는 심판(6장)

바벨론은 점점 세력을 넓혀 가고 있었고, 유다는 죄로 가득했다. 하나님이 외치신다.

> 베냐민 자손들아 예루살렘 가운데로부터 피난하라 드고아에서 나팔을 불고 벧학게렘에서 깃발을 들라 재앙과 큰 파멸이 북방에서 엿보아 옴이니라(렘 6:1).

드고아는 예루살렘 남쪽, 벧학게렘은 예루살렘 인근에 위치한 포도밭 지대다. 즉, 하나님은 지금 바벨론의 공격이 가까이 왔다며 도망치라고 경고하시는 것이다. 그리고 믿기 어렵지만, 하나님은 바벨론 군대를 향해 이렇게 명령하신다.

> 너희는 나무를 베어서 예루살렘을 향하여 목책을 만들라 이는 벌 받을 성이라 그 중에는 오직 포학한 것뿐이니라 … 질병과 살상이 내 앞에 계속하느니라(렘 6:6-7).

예루살렘은 폭력과 거짓, 탐욕이 끊이지 않았고, 하나님은 그 샘을 말려 버리기로 하신다. 예루살렘의 선지자부터 제사장까지 다 거짓을 말하며 평강하다고 외치지만, 전혀 그렇지 않다. 하나님은 깊은 아픔으로 이렇게 말씀하신다.

> 여호와의 말씀을 그들이 자신들에게 욕으로 여기고 이를 즐겨 하지 아니하니(렘 6:10).

말씀이 귀찮아지는 시대! 하나님은 그들의 외면을 슬퍼하며, 그 말씀이 칼이 되어 그들에게 돌아올 것을 선언하신다.

껍데기 신앙을 드러내심(7장)

요시야왕이 성전을 청소하고 율법책을 되찾으며 개혁을 시도했지만, 백성은 마음이 아니라 겉으로만 바뀌었다. 성전에 가면 안전하다는, 이른바 '성전 신앙'이 퍼져 있었다. 그런 그들에게 하나님은 예레미야에게 성전 입구에서 크게 외치라고 하신다.

> 이 문으로 들어가는 유다 사람들아 여호와의 말씀을 들으라 … 이것이 여호와의 성전이라, 여호와의 성전이라, 여호와의 성전이라 하는 거짓말을 믿지 말라(렘 7:2-4).

성전이 있으니 자신들은 안전하다고 생각했지만, 하나님은 그들의 껍데기 신앙과 삶의 실상을 그대로 드러내신다.

> 너희가 만일 길과 행위를 참으로 바르게 하여 이웃들 사이에 정의를 행하며 이방인과 고아와 과부를 압제하지 아니하며 무죄한 자의 피를 이곳에서 흘리지 아니하며 다른 신들 뒤를 따라 화를 자초하지 아니하면 내가 너희를 이곳에 살게 하리니(렘 7:5-7).

하나님은 성전 건물이 아니라, 그들의 정의로운 삶을 원하셨다.

> 너희가 도둑질하며 살인하며 간음하며 거짓 맹세하며 바알에게 분향하며 너희

> 가 알지 못하는 다른 신들을 따르면서 내 이름으로 일컬음을 받는 이 집에 들어와서 내 앞에 서서 말하기를 우리가 구원을 얻었나이다 하느냐 … 이 집이 너희 눈에는 도둑의 소굴로 보이느냐(렘 7:9-11).

예수님도 마태복음 21장 13절에서 "내 집은 기도하는 집이라 일컬음을 받으리라 하였거늘 너희는 강도의 소굴을 만드는도다"라고 하셨는데, 성전은 거룩한 곳이지만 그들은 죄악을 가리는 거짓의 장소로 만들어 버렸다. 하나님은 과거 북이스라엘이 실로에서 악행을 저지르고 하나님이 그들을 떠나셨던 일을 언급하며, 제사보다 사랑과 순종을 원한다고 말씀하신다. 하지만 이런 경고에도 백성은 듣지 않는다.

> 그들이 순종하지 아니하며 귀를 기울이지도 아니하고 자신들의 악한 마음의 꾀와 완악한 대로 행하여 그 등을 내게로 돌리고 그 얼굴을 향하지 아니하였으며(렘 7:24).

하나님은 예레미야에게 그들을 위해 기도하지 말라고 하신다. 듣지 않겠다고 그리고 재앙을 내리겠다고 선언하신다.

진리가 사라진 땅의 절망과 눈물 (8장)

이제 진리는 사라지고 거짓만 남았다. 그래서 8장은 고통과 눈물, 절망이 느껴지는 장이다. 하나님도 우시고, 예레미야도 운다.

먼저 예레미야는 무덤이 파헤쳐지고 시체가 드러나는 끔찍한 환상을 본다.

그때에 사람들이 유다 왕들의 뼈와 그의 지도자들의 뼈와 제사장들의 뼈와 선지자들의 뼈와 예루살렘 주민의 뼈를 그 무덤에서 끌어내어 그들이 사랑하며 섬기며 뒤따르며 구하며 경배하던 해와 달과 하늘의 뭇 별 아래에서 펼쳐지게 하리니(렘 8:1-2).

이 대목은 죽은 자들조차 안식을 얻지 못하는 남유다의 영적 현실을 보여 준다. 그들이 우상으로 섬기던 해와 달과 별 아래에 그들의 뼈가 버려질 것이라고 하신다. 그리고 산 자가 죽은 자를 부러워할 정도로 포로 생활이 힘들 거라고 하신다. 하나님이 그렇게 기회를 주셨는데도 그들은 왜 돌이키지 않았을까?

그들은 전쟁터로 달려가는 말처럼 죄를 향해 달려간다. 자기가 무슨 짓을 저지르고 있는지도 모르면서 말이다. 하나님은 이렇게 말씀하신다.

산비둘기와 제비와 두루미는 그들이 올 때를 지키거늘 내 백성은 여호와의 규례를 알지 못하도다(렘 8:7).

짐승들도 때를 알고 순종하는데, 인간이 짐승보다 못하다는 것이다. 예레미야는 이 비극을 보며 무너진다.

슬프다 나의 근심이여 … 내 마음이 병들었도다 딸 내 백성의 심히 먼 땅에서 부르짖는 소리로다(렘 8:18-19).

민족이 겪을 아픔이 예레미야의 가슴에 그대로 느껴진다. 잠을 자려고 해도 귀에 나팔 소리와 전쟁의 경보가 계속 울린다.

하나님만을 자랑하라(9장)

예레미야는 울부짖고 있다.

어찌하면 내 머리는 물이 되고 내 눈은 눈물 근원이 될꼬 죽임을 당한 딸 내 백성을 위하여 주야로 울리로다(렘 9:1).

눈물의 선지자, 예레미야! 눈물이 마를 날이 없다. 그는 이렇게 백성을 위해 울었다.

지혜로운 자는 그의 지혜를 자랑하지 말라 용사는 그의 용맹을 자랑하지 말라 부자는 그의 부함을 자랑하지 말라 자랑하는 자는 이것으로 자랑할지니 곧 명철하여 나를 아는 것과 나 여호와는 사랑과 정의와 공의를 땅에 행하는 자인 줄 깨닫는 것이라 나는 이 일을 기뻐하노라(렘 9:23-24).

하나님은 오직 당신만을 자랑하라고 하신다. 하나님의 성품은 사랑과 정의와 공의이며, 하나님이 기뻐하시는 것은 백성이 하나님을 올바로 아는 것이라고 하신다. 하나님은 겉으로만 당신의 백성인 척하고 속으로는 이방인인 사람들에게 말씀하신다.

날이 이르면 할례 받은 자와 할례 받지 못한 자를 내가 다 벌하리니 곧 애굽과 유다와 에돔과 암몬 자손과 모압과 및 광야에 살면서 살쩍을 깎은 자들에게라 무릇 모든 민족은 할례를 받지 못하였고 이스라엘은 마음에 할례를 받지 못하였느니라(렘 9:25-26).

여호와만이 참 하나님(10장)

예레미야는 사람들이 나무로 만든 우상을 섬기는 모습을 보고 비판한다.

> 그것이 둥근 기둥 같아서 말도 못 하며 걸어 다니지도 못하므로 … 너희는 두려워하지 말라(렘 10:5).

오직 여호와만 참 하나님이며, 살아 계신 하나님이시다.

언약을 저버린 백성(11장)

하나님은 이스라엘과 맺은 출애굽 때의 언약을 말씀하신다.

> 너희는 내 목소리를 순종하고 나의 모든 명령을 따라 행하라 그리하면 너희는 내 백성이 되겠고 나는 너희의 하나님이 되리라(렘 11:4).

그런데 충격적인 사건이 발생한다. 예레미야의 고향 아나돗 사람들이 예레미야를 죽이려 한다.

> 그들이 네 생명을 빼앗으려고 찾아 이르기를 너는 여호와의 이름으로 예언하지 말라 두렵건대 우리 손에 죽을까 하노라(렘 11:21).

그래서 하나님은 아나돗 사람들에게 재앙을 내리기로 결심하신다.

악인의 형통과 하나님의 대답(12장)

그러자 예레미야가 하나님께 항변한다.

> 여호와여 내가 주와 변론할 때에는 주께서 의로우시니이다 그러나 내가 주께 질문하옵나니 악한 자의 길이 형통하며 반역한 자가 다 평안함은 무슨 까닭이니이까(렘 12:1).

왜 나쁜 사람이 오히려 더 잘되는지를 묻는 것이다. 이에 하나님은 답변하신다.

> 네가 보행자와 함께 달려도 피곤하면 어찌 능히 말과 경주하겠느냐 네가 평안한 땅에서는 무사하려니와 요단강 물이 넘칠 때에는 어찌하겠느냐(렘 12:5).

이는, 지금의 어려움도 감당하지 못하면, 앞으로 맡길 큰일을 어떻게 감당하겠느냐는 말씀이다. 예레미야가 원하는 시원한 대답은 주지 않으시고, 오히려 더 큰 사명을 위해 준비하라는 메시지를 주신다.

허리띠의 비유(13장)

하나님은 예레미야에게 허리띠의 비유를 통해 말씀하신다. 새 허리띠를 유브라데강 바위틈에 숨기고 나중에 꺼내 보라 하셔서 꺼냈더니 썩어 있다.

> 이 악한 백성이 … 다른 신들을 따라 그를 섬기며 그에게 절하니 그들이 이 띠가 쓸 수 없음 같이 되리라 … 띠가 사람의 허리에 속함같이 내가 이스라엘 온 집과 유다 온 집으로 내게 속하게 하여 그들로 내 백성이 되게 하며 내 이름과

명예와 영광이 되게 하려 하였으나(렘 13:10-11).

극심한 가뭄과 거짓 선지자의 예언(14장)

가뭄이 극심하여 백성이 고통받는데, 거짓 선지자들은 "너희가 칼을 보지 아니하겠고 기근은 너희에게 이르지 아니할 것이라"(렘 14:13)라고 외친다. 이에 하나님은 진노하신다.

선지자들이 내 이름으로 거짓 예언을 하도다 나는 그들을 보내지 아니하였고 그들에게 명령하거나 이르지 아니하였거늘 그들이 거짓 계시와 점술과 헛된 것과 자기 마음의 거짓으로 너희에게 예언하는도다(렘 14:14).

회복의 약속을 받다(15장)

그러던 어느 날, 예레미야에게 번 아웃이 왔다. 그는 너무 힘들어서 하나님께 부르짖는다.

나의 고통이 계속하며 상처가 중하여 낫지 아니함은 어찌 됨이니이까(렘 15:18).

그러자 하나님은 회복의 약속을 주신다.

네가 만일 돌아오면 내가 너를 다시 이끌어 내 앞에 세울 것이며 … 내가 너와 함께하여 너를 구하여 건짐이라(렘 15:19-20).

결혼 금지 명령 (16장)

하나님은 이제 예레미야에게 결혼하지 말라고 하신다.

> 너는 이 땅에서 아내를 맞이하지 말며 자녀를 두지 말지니라(렘 16:2).

이는 심판이 곧 닥쳐올 것이기 때문이다.

> 이곳에서 낳은 자녀[는] … 칼과 기근에 망하고 그 시체는 공중의 새와 땅의 짐승의 밥이 되리라(렘 16:3-4).

토기장이 비유 (18장)

하나님은 예레미야를 토기장이의 집으로 보내신다.

> 진흙으로 만든 그릇이 토기장이의 손에서 터지매 그가 그것으로 자기 의견에 좋은 대로 다른 그릇을 만들더라(렘 18:4).

하나님은 토기장이이시며, 마음에 들지 않으면 다른 그릇을 만들 수 있는 분이시다. 예레미야는 하나님의 말씀대로 퍼포먼스를 행한다. 토기 그릇을 사람들 앞에서 깨뜨려, 하나님이 예루살렘과 이스라엘 백성도 그렇게 심판하실 것임을 보여 주기 위해서다.

불타는 사명(20장)

하나님의 메시지를 전하면서 너무 많은 박해를 받은 예레미야는 예언을 그만하고 싶다고 토로한다.

> 내가 다시는 여호와를 선포하지 아니하며 그의 이름으로 말하지 아니하리라 하면 나의 마음이 불붙는 것 같아서 골수에 사무치니 답답하여 견딜 수 없나이다(렘 20:9).

그러나 끝까지 하나님의 말씀을 감당하며 사명을 다한다.

항복, 유일한 생존의 길(21장)

21장의 배경은 바벨론이 예루살렘을 포위한 상황이다. 시드기야왕은 예레미야에게 도움을 요청하며 하나님께 기도해 달라고 하지만, 하나님은 단호하게 말씀하신다.

> 내가 … 남은 자를 바벨론의 느부갓네살왕의 손과 그들의 원수의 손과 그들의 생명을 찾는 자들의 손에 넘기리니 … 이 성읍에 사는 자는 칼과 기근과 전염병에 죽으려니와(렘 21:7-9).

그러면서 유일한 생존의 길을 말씀하신다.

> 너희를 에워싼 갈대아인[바벨론 사람]에게 나가서 항복하는 자는 살 것이나(렘 21:9).

하나님의 명령은 항복이다.

왕들에 대한 경고와 의로운 가지 (22-23장)

하나님은 유다의 왕들(여호야김, 여호아하스, 시드기야)에게 경고하신다. 특히 여호야김에게는 이렇게 말씀하신다.

> 네 두 눈과 마음은 탐욕과 무죄한 피를 흘림과 압박과 포악을 행하려 할 뿐이니라 … 그를 위하여 … 통곡하지도 아니할 것이라(렘 22:17-18).

권력과 교만 위에 세워진 왕권은 하나님의 심판 앞에서 무너진다. 그러나 하나님은 동시에 소망도 주신다.

> 내가 다윗에게 한 의로운 가지를 일으킬 것이라 … 그의 이름은 여호와 우리의 공의라 일컬음을 받으리라(렘 23:5-6).

이 '의로운 가지'는 그리스도를 예표하는 예언이다.

두 광주리의 무화과(24-25장)

하나님은 이제 두 광주리의 무화과 환상을 보여주신다. 좋은 무화과는 바벨론에 포로로 끌려간 사람들이고, 나쁜 무화과는 끝까지 예루살렘에 남아서 고집을 부리는 사람들이다.

> 내가 여호와인 줄 아는 마음을 그들에게 주어서 그들이 전심으로 내게 돌아오게 하리니 그들은 내 백성이 되겠고 나는 그들의 하나님이 되리라(렘 24:7).

포로로 끌려간 자들은 실패자가 아니라, 오히려 하나님의 회복의 대상이었다. 예레미야는 선포한다.

> 이 모든 땅이 폐허가 되어 놀랄 일이 될 것이며 이 민족들은 칠십 년 동안 바벨론의 왕을 섬기리라 … 칠십 년이 끝나면 내가 바벨론의 왕[을] … 벌하여 영원히 폐허가 되게 하되(렘 25:11-12).

70년의 포로 생활이 끝나면 바벨론도 벌하실 것이라고 전한다.

성전에서 죽을 위기에 처하다 (26장)

예레미야가 성전에서 심판을 예언하자, 제사장들과 거짓 선지자들이 격분한다.

> 이 사람은 죽는 것이 합당하니 너희 귀로 들음같이 이 성에 관하여 예언하였음이라(렘 26:11).

아직 예루살렘이 멸망하지 않았기에, 그들은 예레미야가 예루살렘성을 향해 악담을 한다며 죽이자고 한다. 하지만 고관들과 장로들은 예레미야를 감싸면서 말한다.

> 이 사람이 우리 하나님 여호와의 이름으로 우리에게 말하였으니 죽일 만한 이유가 없느니라(렘 26:16).

하나님이 그들을 통해서 예레미야를 보호하신 것이다.

멍에를 멘 예레미야와 거짓 선지자 하나냐(27-28장)

이후 하나님은 예레미야에게 또 하나의 퍼포먼스 예언을 시키신다. 목에 소처럼 '멍에'를 메고 다니면서 외치게 하신다.

> 바벨론 왕의 멍에를 목에 메고 그와 그의 백성을 섬기소서 그리하면 사시리라(렘 27:12).

이때 거짓 선지자 하나냐가 외친다.

> 하나님이 이같이 일러 말씀하시기를 내가 바벨론의 왕의 멍에를 꺾었느니라 … 이 년 안에 다시 이곳으로 되돌려 오리라(렘 28:2-3).

사람들은 좋은 말만 해 주는 거짓 선지자 하나냐에게 박수를 친다. 그러나 예레미야는 단호하게 말한다.

> 여호와께서 너를 보내지 아니하셨거늘 네가 이 백성에게 거짓을 믿게 하는도다(렘 28:15).

결국 하나냐는 그해 7월에 죽는다.

포로지에서의 평안과 소망(29장)

예레미야는 바벨론에 포로로 끌려간 자들에게 편지를 보낸다.

너희는 집을 짓고 거기에 살며 텃밭을 만들고 그 열매를 먹으라 아내를 맞이하여 자녀를 낳으며 … 이는 그 성읍이 평안함으로 너희도 평안할 것임이라(렘 29:5-7).

포로 생활은 금방 끝나지 않으니 희망을 접고, 그곳에 자리를 확실히 잡으라는 것이다.

여호와의 말씀이니라 너희를 향한 나의 생각을 내가 아나니 평안이요 재앙이 아니니라 너희에게 미래와 희망을 주는 것이니라(렘 29:11).

회복의 약속 (30장)

하나님은 이제 회복을 예언하신다.

내가 너의 상처로부터 새 살이 돋아나게 하여 너를 고쳐 주리라 … 내가 야곱 장막의 포로들을 돌아오게 할 것이고 그 거처들에 사랑을 베풀 것이라(렘 30:17-18).

마음판에 새겨질 새 언약(31장)

그리고 이제 본격적인 새 언약과 메시아의 예언들이 펼쳐진다. 포로인 백성을 향한 하나님의 사랑 고백이 시작된다.

여호와께서 이같이 말씀하시니라 칼에서 벗어난 백성이 광야에서 은혜를 입었나니 … 내가 영원한 사랑으로 너를 사랑하기에 인자함으로 너를 이끌었다(렘 31:2-3).

그리고 이어진다.

> 보라 날이 이르리니 내가 이스라엘 집과 유다 집에 새 언약을 맺으리라 이 언약은 내가 그들의 조상들의 손을 잡고 애굽 땅에서 인도하여 내던 날에 맺은 것과 같지 아니할 것은 … 내가 나의 법을 그들의 속에 두며 그들의 마음에 기록하여 나는 그들의 하나님이 되고 그들은 내 백성이 될 것이라(렘 31:31-33).

율법의 돌판이 아닌 '마음판'에 새겨질 언약, 바로 예수 그리스도를 통해 이루어질 새 언약의 예언이다. 이는 우리의 노력이 아닌, 하나님의 전적인 구원의 은혜의 선포다.

밭을 사며 회복을 선언함 (32장)

얼마 후, 예레미야는 하나님의 예언을 한 잘못으로 감옥에 갇힌다. 그때 하나님은 그에게 친척 하나멜의 땅을 사라고 하신다. 예루살렘이 포위되어 망하기 직전에 '미래를 위한 투자'처럼 말이다.

> 너는 이 증서 곧 봉인하고 봉인하지 않은 매매 증서를 가지고 토기에 담아 오랫동안 보존하게 하라 … 사람이 이 땅에서 집과 밭과 포도원을 다시 사게 되리라(렘 32:14-15).

결국 예루살렘을 회복시키실 것이고, 그 땅이 가치 있게 될 것이라는 예언이다. 예레미야의 기도가 시작된다.

> 슬프도소이다 주 여호와여 주께서 큰 능력과 펴신 팔로 천지를 지으셨사오니 주

에게는 할 수 없는 일이 없으시니이다 … 주께서 내게 은으로 밭을 사며 증인을 세우라 하셨으나 이 성은 갈대아인의 손에 넘기신 바 되었나이다(렘 32:17, 25).

부르짖으라, 응답하리라 (33장)

하나님은 반드시 세울 것이라고 약속하신다. 그리고 부르짖으라고 말씀하신다.

너는 내게 부르짖으라 내가 네게 응답하겠고 네가 알지 못하는 크고 은밀한 일을 네게 보이리라(렘 33:3).

절망의 감옥에 갇혀 있는 예레미야에게 하나님은 미래를 열어 주신다. 무너졌던 성전, 사라졌던 찬양이 울려 퍼질 것이라고 선언하신다.

이스라엘 집의 왕위에 앉을 사람이 다윗에게 영원히 끊어지지 아니할 것이며 … 제사장들도 끊어지지 아니하리라(렘 33:17-18).

이는 예수 그리스도를 통한 메시아 왕국의 예언이기도 하다.

형식적인 순종과 목숨을 건 순종 (34-35장)

34장은 시드기야왕 시대의 이야기로, 예루살렘은 바벨론에 의해 완전히 포위되어 있었다. 그때 시드기야는 일시적으로 하나님의 율법을 따라 히브리 종들을 해방시킬 것을 명한다. 그러나 그것은 하나님을 경외함에서 비롯된 순종이 아니었다. 상황이 나아질 기미를 보이자, 그는 약속을 뒤집고 다시 종들을 붙잡는다.

> 너희 형제 히브리 사람이 네게 팔려 왔거든 … 그를 놓아 자유롭게 할지니라 하였으나 … 너희는 이제 돌이켜 내 눈앞에 바른 일을 행하여 각기 이웃에게 자유를 선포하되 … 노비를 끌어다가 다시 너희에게 복종시켜 너희의 노비로 삼았도다(렘 34:14-16).

하나님은 레갑 족속을 예로 들어, 당신을 향한 이스라엘 민족의 불성실함을 한탄하신다. 레갑 족속은 그 조상이 명한 '포도주를 마시지 말고, 집을 짓지 말고 장막에 거주하라'는 말을 목숨을 걸고 지킨다. 하나님은 조상의 말을 목숨을 걸고 지키는 레갑 족속을 칭찬하며 부러워하신다.

불태워진 말씀 (36장)

하나님은 예레미야에게 지금까지 받은 말씀을 두루마리에 적어서 왕에게 전하게 하신다. 바룩이 그것을 받아 적고 여호야김왕에게 전해 읽게 하지만, 왕은 두려워하지도 않고 그 두루마리를 칼로 잘라 불에 던져 버린다(렘 36:23-25 참조). 그러자 하나님은 예레미야에게 다시 기록하라고 하신다.

하나님의 말씀을 묻고도 거부한 시드기야(37-38장)

시간이 흘러, 시드기야가 예레미야에게 묻는다.

> 여호와께로부터 받은 말씀이 있느냐(렘 37:17).

예레미야는 바벨론이 와서 예루살렘을 점령할 것이니 그대로 따르라고 전한다. 그러나 시드기야는 예레미야를 친 바벨론주의자라 하며 감옥에 가두고 하루에 떡 한 개만 주라고 명령한다.

38장에서는 예레미야가 하나님의 말씀을 전하자 백성의 사기를 꺾는다며 그를 궁 안의 깊은 진흙 구덩이에 던진다. 그를 구한 사람은 에디오피아 출신의 내시인 에벳멜렉이었다. 그는 이방인이었지만, 예레미야를 위해 왕에게 간청하여 밧줄로 그를 구덩이에서 끌어 올린다.

시드기야는 다시 한번 예레미야를 몰래 불러 묻고, 예레미야는 변함없이 말한다.

> 네가 만일 바벨론의 왕의 고관들에게 항복하면 네 생명이 살겠고 이 성이 불사름을 당하지 아니하겠고(렘 38:17).

그러나 그는 여전히 듣지 않고 어이없는 대답을 한다.

> 시드기야왕이 예레미야에게 이르되 나는 갈대아인에게 항복한 유다인을 두려워하노라 염려하건대 갈대아인이 나를 그들의 손에 넘기면 그들이 나를 조롱할까 하노라 하는지라(렘 38:19).

시드기야는 자존심과 남들의 시선을 더 중요하게 여겼다. 그것이 두려워서 하나님의 말씀도 어기고 백성도 돌보지 않는 것이다.

예루살렘의 함락과 시드기야의 최후(39장) 드디어 예루살렘이 함락된다. 예레미야의 말은 그대로 이루어지고, 시드기야는 도망치다가 붙잡힌다.

> 시드기야의 눈앞에서 그의 아들들을 죽였고 … 시드기야의 눈을 빼게 하고 바벨론으로 옮기려고 사슬로 결박하였더라(렘 39:6-7).

그가 자신의 눈으로 본 마지막 장면은 아들들이 죽는 모습이었다. 예루살렘은 그렇게 함락되었다.

예레미야의 석방과 미스바의 총독 그다랴(40장) 예루살렘이 함락된 뒤, 바벨론의 사령관 느부사라단은 포로로 끌려가던 예레미야를 풀어 주며 말한다.

> 보라 온 땅이 네 앞에 있나니 네가 좋게 여기는 대로 옳게 여기는 곳으로 갈지니라(렘 40:4).

예레미야는 바벨론으로 가지 않고 남은 백성과 함께하기로 결심한다. 그는 미스바에 세워진 총독 그다랴와 머물게 되는데, 그다랴는 바벨론이 임명한 총독으로 "바벨론을 거스르지 말고 농사지으며 살아가자" 하며 백성을 설득한다.

> 너희는 … 바벨론의 왕을 섬기라 그리하면 너희에게 유익하리라(렘 40:9).

이 말씀은 하나님의 뜻과도 맞닿아 있다. 이스라엘은 70년 포로 생활을 반드시 마쳐야 하기 때문이다.

무너지는 질서
(41-44장)

하지만 쿠데타가 일어난다. 이스마엘이라는 인물이 그다랴도 죽이고, 그들을 조문하러 온 유다 사람 70명도 거짓말로 유인해서 죽인다. 이러한 혼란 속에서 요하난과 남은 백성은 예레미야를 찾아와 하나님의 뜻을 묻는다.

> 당신의 하나님 여호와께서 우리가 마땅히 갈 길과 할 일을 보이시기를 원하나이다 … 우리에게 이르시는 모든 말씀대로 행하리이다(렘 42:3, 5).

예레미야는 10일 동안 기도한 후, 애굽으로 가지 말고 이 땅에 머물라고 전한다. 그러나 그들은 말한다.

> 네가 거짓을 말하는도다 … 우리를 대적하여 갈대아 사람의 손에 넘겨 죽이며 바벨론으로 붙잡아 가게 하려 함이라(렘 43:2-3).

그리고 예레미야와 바룩까지 억지로 끌고 애굽으로 내려간다. 하나님의 말씀을 무시하고 엉뚱한 길을 택한 것이다. 이에 하나님이 말씀하신다.

> 내가 내 종 바벨론의 느부갓네살왕을 불러오리니 … 그가 와서 애굽 땅을 치고(렘 43:10-11).

애굽으로 피신한 유다 백성은 대놓고 우상 숭배를 시작한다.

우리가 … 하늘의 여왕에게 분향하고 그 앞에 전제를 드리리라 그때에는 우리가 먹을 것이 풍부하며 복을 받고 재난을 당하지 아니하였더니(렘 44:17).

이것이 그들의 본심이었다. 하나님보다 물질이 더 중요했던 것이다.

낙심한 바룩에게 주신 위로와 경고(45장)

예레미야의 동역자인 바룩이 말씀을 받아쓰다가 지쳐 낙담하고 있다.

화로다 여호와께서 나의 고통에 슬픔을 더하셨으니 나는 나의 탄식으로 피곤하여 평안을 찾지 못하도다(렘 45:3).

이때 하나님은 예레미야를 통해 바룩에게 말씀하신다.

네가 너를 위하여 큰 일을 찾느냐 그것을 찾지 말라 보라 내가 모든 육체에 재난을 내리리라 그러나 네가 가는 모든 곳에서는 내가 너에게 네 생명을 노략물 주듯 하리라(렘 45:5).

말씀을 따라 사는 사람은 세상에서의 성공이 아니라, 하나님의 보호가 최고의 상급이라는 메시지를 주신 것이다.

열방을 향한 하나님의 심판 선언 (46-51장)

46-51장까지는 열방을 향한 하나님의 심판 선언이다. 하나님은 이스라엘만 심판하지 않으신다. 그들을 괴롭혔던 이방 민족들도 공의로 심판하신다. 애굽은 세상적인 힘과 마병, 병거를 자랑했지만, 하나님은 그 자랑을 꺾으신다. 끝없이 전쟁만 일으키던 블레셋도 심판하겠다고 하면서 말씀하신다.

> 여호와의 칼이여 네가 언제까지 쉬지 않겠느냐(렘 47:6).

모압은 풍요 속에서 가진 영적 교만으로 인해 하나님이 그들을 하나씩 낮추실 것이며, 암몬, 에돔, 다마스쿠스, 게달, 하솔, 엘람까지 이스라엘을 해한 자들에게도 하나님의 공의와 주권이 선포된다. 그리고 유다를 위해 하나님의 도구로 사용되었던 바벨론에게도 하나님의 심판이 선포된다.

> 이는 한 나라가 북쪽에서 나와서 그를 쳐서 그 땅으로 황폐하게 하여 그 가운데에 사는 자가 없게 할 것임이라(렘 50:3).

> 너희는 바벨론 가운데에서 도망하라 … 내가 큰 민족의 무리를 북쪽에서 올라오게 하여 바벨론을 대항하게 하리니 그들이 대열을 벌이고 쳐서 정복할 것이라(렘 50:8-9).

놀라운 것은, 이 예언이 수십 년 후에 페르시아의 고레스왕에 의해 실제로 성취된다. 예레미야는 이 말씀을 두루마리에 적어 바벨론에 끌려간 백성에게 보내고, 읽은 후에는 유브라데강에 던지라고 명령한다.

시드기야의 비참한 최후와 여호야긴의 회복(52장)

예레미야서의 마지막 장에서 시드기야는 눈이 뽑힌 채 포로로 끌려가고, 성전과 궁궐이 불타며 성벽은 무너진다(렘 52:10-14 참조). 또 귀족들과 용사들은 바벨론으로 포로로 끌려간다(렘 52:28-30 참조). 그러나 이렇게 희망이 없는 상황에 예레미야서는 놀라운 반전을 말한다.

> 그가 유다의 여호야긴왕의 머리를 들어 주었고 감옥에서 풀어 주었더라 … 그의 평생 동안 항상 왕의 앞에서 먹게 하였으며 … 죽는 날까지 곧 종신토록 받았더라(렘 52:31-34).

여호야긴은 왕위에 오른 지 3개월 만에 바벨론에 포로로 끌려갔고, 그로 인해 유다 왕국은 곧 멸망했지만, 그의 말년에는 바벨론 왕의 은총을 입고 풀려나 왕의 상에서 대접을 받는다(렘 52장; 대하 36장; 왕하 25장 참조).

왜 이것이 중요할까? 여호야긴은 다윗 왕조의 계보를 잇는 왕이며, 그의 후손을 통해 메시아의 족보가 이어지기 때문이다.

> 바벨론으로 사로잡혀 갈 때에 요시야는 여고냐[여호야긴]와 그의 형제들을 낳으니라 바벨론으로 사로잡혀 간 후에 여고냐[여호야긴]는 스알디엘을 낳고(마 1:11-12).

여호야긴(여고냐)은 예수 그리스도의 족보에 등장한다. 하나님의 메시아 계획은 포로지 한복판에서도 계속 이어지고 있었던 것이다.

예레미야애가

예레미야의 한탄(1장)

예레미야는 망해 버린 예루살렘을 보며 한탄한다. 옛날에는 사람이 많았는데 지금은 거의 없고, 공주처럼 존귀했던 자가 강제 노동을 한다. 하나님의 절기를 지킬 사람도 없고, 그 모습을 본 대적들이 비웃는다. 심지어 대적들이 예루살렘 성소에까지 들어온다. 이것은 하나님이 남유다를 그들의 죄로 말미암아 술틀에 넣고 밟으신 것이다. 심지어 사방에 있는 자들에게 명하여 야곱을 치게 하신 것이다. 그러나 여호와는 의로우시다.

> 여호와는 의로우시도다 그러나 내가 그의 명령을 거역하였도다 너희 모든 백성들아 내 말을 듣고 내 고통을 볼지어다 나의 처녀들과 나의 청년들이 사로잡혀 갔도다(애 1:18).

절망의 절규 (2장)

예레미야는 멸망한 예루살렘의 참혹한 모습을 바라보며 이렇게 말한다.

내 눈이 눈물에 상하며 내 창자가 끊어지며 내 간이 땅에 쏟아졌으니 이는 딸 내 백성이 패망하여 어린 자녀와 젖 먹는 아이들이 성읍 길거리에 기절함이로다(애 2:11).

여호와여 보시옵소서 주께서 누구에게 이같이 행하셨는지요 여인들이 어찌 자기 열매 곧 그들이 낳은 아이들을 먹으오며 제사장들과 선지자들이 어찌 주의 성소에서 죽임을 당하오리이까(애 2:20).

소망을 되찾다 (3장)

예레미야는 하나님이 자신을 치셨다고 말한다. 그는 너무 고통스러워 마치 죽은 지 오래된 자와 같다고 말한다. 그러나 그는 그 절망 속에서 소망을 붙잡는다.

이것을 내가 내 마음에 담아 두었더니 그것이 오히려 나의 소망이 되었사옴은 여호와의 인자와 긍휼이 무궁하시므로 우리가 진멸되지 아니함이니이다(애 3:21-22).

사람이 여호와의 구원을 바라고 잠잠히 기다림이 좋도다(애 3:26).

주께서 인생으로 고생하게 하시며 근심하게 하심은 본심이 아니시로다(애 3:33).

다니엘

'다니엘'(B.C. 606-534)이라는 이름은 '하나님은 나의 심판자'라는 뜻이다. 그는 B.C. 605년, 여호야김 시대에 친구들과 함께 바벨론에 포로로 끌려가 하나님의 사람으로 살아간다.

당시 나이는 대략 15세 정도로 중학교 2학년 정도 되는 어린 소년이다. 그는 나라가 멸망하는 것을 직접 보았고, 부모 없이 홀로 바벨론으로 끌려갔다. 기록에 의하면, 바벨론은 정복한 나라의 왕족과 귀족 출신의 똑똑한 소년들을 데려다가 바벨론식 문화와 언어, 종교, 세계관으로 무장시킨 후 다시 각 나라로 보내서 바벨론화하는 전략을 썼다.

하지만 다니엘은 유대인이었다. 그는 모세오경을 외우고 자란 신앙이 좋은 소년이었을 것이다. 그러나 이제는 바벨론에서 점치는 법을 배우고 우상을 숭배해야 했다. 얼마나 괴로웠을까?

그로부터 몇 년 뒤, 남유다 왕 여호야긴도 포로로 끌려왔고, 예루살렘 성전이 무너졌다는 소식도 바벨론까지 들려왔다.

'다니엘'이라는 이름은 '하나님은 나의 심판자'라는 뜻이었지만, 바벨론에 와서는 '벨드사살'로 바뀌었다. 그 이름은 바벨론 최고의 신인 '벨이 너를 보호한다'는 뜻이다. 그리고 학자들에 의하면 다니엘은 거세를 당했을 가능성이 크다. 신명기 23장 1절에 따르면, 거세된 자는 성전에 들어갈 수 없었다. 다니엘은 페르시아의 유대인 공동체에 가지 못했으며, 부인이나 자녀에 대한 기록이 없다. 늘 혼자 기도했다고 전해진다. 그는 치욕과 괴로움에 힘들었을 것이다.

그렇게 60년이 지난 어느 날, 다니엘이 이스라엘을 위해 기도하고 있을 때, 가브리엘 천사가 나타나 말했다.

> 다니엘아 내가 이제 네게 지혜와 총명을 주려고 왔느니라(단 9:22).

60년 만에 들은 이름이다. 하나님은 그의 이름을 기억하고 계셨다.

다니엘과 세 친구 이야기(1장)

남유다 왕 여호야김 제3년에 바벨론 느부갓네살 왕이 예루살렘을 에워쌌다. 이때 포로로 끌려온 이들 가운데 다니엘과 세 친구가 있었다. 그들은 아직 청소년이었으며, 총명하고, 하나님을 사랑하는 마음이 누구보다 강했다. 그러나 바벨론에 도착한 그들은 모든 것을 바벨론식으로 바꿔야 했다. 가장 먼저 이름이 바뀌었다.

개명

다니엘(하나님은 나의 심판자) → 벨드사살(벨이 나의 보호자)

하나냐(하나님의 은혜) → 사드락(마르둑의 명령)

미사엘(누가 하나님과 같을까) → 메삭(아쿠와 같은 신이 누군가)

아사랴(여호와께서 도우셨다) → 아벳느고(느고의 종)

* 벨, 마르둑, 아쿠, 느고는 모두 바벨론의 신이다.

음식

그들이 권하는 고기와 포도주는 모두 바벨론 신에게 올린 제사 음식들이었다. 다니엘은 도저히 그것들을 먹을 수 없었다.

> 다니엘은 뜻을 정하여 왕의 음식과 그가 마시는 포도주로 자기를 더럽히지 아니하리라 하고 자기를 더럽히지 아니하도록 환관장에게 구하니(단 1:8).

다니엘이 한 것은 오직 하나였다. 할 수 있는 것이 거의 없었기에 단 하나, 자신의 마음을 정했다. 언어도, 문화도, 이름도 바뀌었지만, 마음만은 바벨론에 속하지 않기로 결정한 것이다. 그 나라의 우상과 음란함 등을 따르지 않기로 하고 하나님께 마음을 드린 것이다. 그러자 하나님은 다니엘로 하여금 환관장에게 은혜와 긍휼을 얻게 하셨다(단 1:9 참조). 우리에게 필요한 은혜는 하나님께로부터 온다.

다니엘은 환관장에게 요청한다.

> 청하오니 당신의 종들을 열흘 동안 시험하여 채식을 주어 먹게 하고 물을 주어 마시게 한 후에 당신 앞에서 우리의 얼굴과 왕의 음식을 먹는 소년들의 얼굴을

비교하여 보아서 당신이 보는 대로 종들에게 행하소서 하매(단 1:12-13).

열흘 후, 고기와 포도주를 먹지 않았지만 그들의 얼굴에는 오히려 윤기가 흘렀다. 마음을 지키려는 그들에게 하나님은 감동하셨다.

하나님이 이 네 소년에게 학문을 주시고 모든 서적을 깨닫게 하시고 지혜를 주셨으니 다니엘은 또 모든 환상과 꿈을 깨달아 알더라 … 왕이 그들에게 모든 일을 묻는 중에 그 지혜와 총명이 온 나라 박수와 술객보다 십 배나 나은 줄을 아니라(단 1:17, 20).

교육 기간이 끝난 후, 왕은 그들의 지혜와 총명이 다른 이들보다 열 배나 뛰어나다는 것을 알게 된다.

느부갓네살왕의 꿈과 다니엘의 해석(2장)

느부갓네살왕이 다스린 지 2년째 되던 해, 그는 꿈을 꾸었다. 그러나 아무도 그 꿈을 해석하지 못했다. 화가 난 왕이 "바벨론의 모든 지혜자들을 다 죽이라" 명령하여 다니엘과 세 친구도 죽게 되었다.

이때 다니엘은 근위대장에게 시간을 요청하고, 친구들에게 기도를 부탁한다. 밤에 환상 중에 하나님이 다니엘에게 꿈과 해석을 보여 주시자, 다니엘은 하나님을 찬양한다.

영원부터 영원까지 하나님의 이름을 찬송할 것은 지혜와 능력이 그에게 있음이로다 그는 때와 계절을 바꾸시며 왕들을 폐하시고 왕들을 세우시며 지혜자에게 지혜를 주시고 총명한 자에게 지식을 주시는도다 … 우리가 주께 구한 것을 내게 알게 하셨사오니 내가 주께 감사하고 주를 찬양하나이다(단 2:20-21, 23).

다니엘은 느부갓네살왕 앞에 나아가 말한다.

오직 은밀한 것을 나타내실 이는 하늘에 계신 하나님이시라 그가 느부갓네살왕에게 후일에 될 일을 알게 하셨나이다 왕의 꿈 곧 왕이 침상에서 머릿속으로 받은 환상은 이러하니이다(단 2:28).

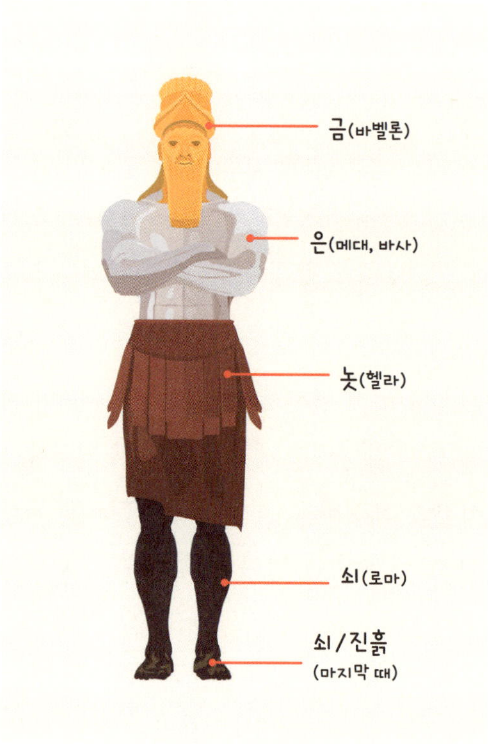

▲ 왕의 꿈에 나타난 신상

손대지 아니한 돌이 산에서 나와서 쇠와 놋과 진흙과 은과 금을 부서뜨린 것을 왕께서 보신 것은 크신 하나님이 장래 일을 왕께 알게 하신 것이라 이 꿈은 참되고 이 해석은 확실하니이다 하니(단 2:45).

하나님은 다니엘을 통해 예수님의 이야기까지 모두 말할 수 있게 하신다. '손대지 아니한 돌'은 바로 예수 그리스도이시며, 세상 모든 나라를 결국 통치하신다는 예언이다.

느부갓네살왕은 너무도 놀라 다니엘에게 엎드려 절하고, 예물과 향품을 준다. 최고의 왕이 무릎을 꿇은 것이다. 왜 그랬을까? 다니엘에게 하나님의 임재가 있다는 것을 느낀 것이다. 다니엘의 신분이 포로로 끌려온 소년에서 한순간에 존귀한 존재로 바뀐다.

> 너희 하나님은 참으로 모든 신들의 신이시요 모든 왕의 주재시로다 왕이 이에 다니엘을 높여 귀한 선물을 많이 주며 그를 세워 바벨론 온 지방을 다스리게 하며 또 바벨론 모든 지혜자의 어른을 삼았으며 왕이 또 다니엘의 요구대로 사드락과 메삭과 아벳느고를 세워 바벨론 지방의 일을 다스리게 하였고 다니엘은 왕궁에 있었더라(단 2:47-49).

풀무 불에서 다니엘의 친구들 구출(3장)

느부갓네살왕이 두라 평지에 엄청 큰 금 신상을 세운다. 2장에서 꿈을 해석해 준 다니엘의 말을 듣고도, 그는 '내가 세상의 주관자다'라고 생각한다. 낙성식 날, 모든 사람이 절을 하지만, 다니엘의 세 친구는 절하지 않는다.

> 그때에 어떤 갈대아 사람들이 나아와 유다 사람들을 참소하니라(단 3:8).

사탄이 하는 일은 참소, 곧 모든 것을 일러바쳐서 일이 어그러지게 하는 것이다. 왕은 세 사람을 불러, 자신에게 절하지 않으면 뜨거운 풀무 불에 던질 거라고 말한다. 하지만 세 친구는 당당하게 대답한다.

왕에게 대답할 필요가 없나이다 왕이여 우리가 섬기는 하나님이 계시다면 우리를 맹렬히 타는 풀무 불 가운데에서 능히 건져 내시겠고 왕의 손에서도 건져 내시리이다 그렇게 하지 아니하실지라도 왕이여 우리가 왕의 신들을 섬기지도 아니하고 왕이 세우신 금 신상에게 절하지도 아니할 줄을 아옵소서(단 3:16-18).

정말 멋지다. 죽음을 앞두고도 끝까지 타협하지 않는 모습! 왕은 더 화가 나서, 풀무 불을 평소보다 일곱 배나 더 뜨겁게 하라고 명령한다. 얼마나 뜨거운지, 그들을 붙든 사람들조차 타 죽는다. 그런데 이게 웬일인가? 그들이 던져진 후에 보니 풀무 안에서 네 명이 걸어 다니고 있다. 그것을 보고 왕이 말한다.

결박되지 아니한 네 사람이 불 가운데로 다니는데 상하지도 아니하였고 그 넷째의 모양은 신들의 아들과 같도다(단 3:25).

그 후 세 친구는 불에서 나왔으나 머리털도 그을리지 않고, 겉옷도 똑같고, 불탄 냄새도 없다. 아니, 삼겹살집에 가서 고기만 구워 먹어도 그렇게 냄새가 나는데 말이다.

느부갓네살왕의 심판(4장)

느부갓네살왕이 다시 또 꿈을 꾼다. 이번에는 다니엘에게 꿈의 내용을 말해 준다.

내가 침상에서 머릿속으로 받은 환상 가운데에 또 본즉 한 순찰자, 한 거룩한 자가 하늘에서 내려왔는데 그가 소리 질러 이처럼 이르기를 그 나무를 베고 그 가지를 자르고 그 잎사귀를 떨고 그 열매를 헤치고 짐승들을 그 아래에서 떠나게 하고 새들을 그 가지에서 쫓아내라 그러나 그 뿌리의 그루터기를 땅에 남겨 두고 쇠와 놋줄로 동이고 그것을 들풀 가운데에 두어라 그것이 하늘 이슬에 젖고 땅의 풀 가운데에서 짐승과 더불어 제 몫을 얻으리라 또 그 마음은 변하여 사람의 마음같지 아니하고 짐승의 마음을 받아 일곱 때를 지내리라(단 4:13-16).

이 말을 들은 다니엘은 한동안 놀라며 번민한다. 그러고는 조심스럽게 꿈을 해석한다.

왕[나무]이 사람에게서 쫓겨나서 들짐승과 함께 살며 소처럼 풀을 먹으며 하늘 이슬에 젖을 것이요 이와 같이 일곱 때를 지낼 것이라 그때에 지극히 높으신 이가 사람의 나라를 다스리시며 자기의 뜻대로 그것을 누구에게든지 주시는 줄을 아시리이다 또 그들이 그 나무뿌리의 그루터기를 남겨 두라 하였은즉 하나님이 다스리시는 줄을 왕이 깨달은 후에야 왕의 나라가 견고하리이다 그런즉 왕이여 내가 아뢰는 것을 받으시고 공의를 행함으로 죄를 사하고 가난한 자를 긍휼히 여김으로 죄악을 사하소서 그리하시면 왕의 평안함이 혹시 장구하리이다 하니라(단 4:25-27).

하지만 1년 뒤, 그래도 깨닫지 못하고 자기를 높이는 느부갓네살왕을 하나님이 치셔서 한순간에 짐승처럼 변해 버린다. 실제로 7년 동안 소처럼 풀을 뜯고, 땅을 기어 다닌다. 그리고 머리와 몸은 하늘에서 내리는 이슬에 젖고, 머리털은 독수리 털처럼, 손톱은 새 발톱처럼 자란다(단 4:33 참조).

세상 부러울 것 없는 권력을 가졌던 왕이 한순간에 완전히 무너진다. 무엇이 그렇게 만들었을까?

> 나 왕이 말하여 이르되 이 큰 바벨론은 내가 능력과 권세로 건설하여 나의 도성으로 삼고 이것으로 내 위엄의 영광을 나타낸 것이 아니냐 하였더니 이 말이 아직도 나 왕의 입에 있을 때에 하늘에서 소리가 내려 이르되 느부갓네살왕아 네게 말하노니 나라의 왕위가 네게서 떠났느니라(단 4:30-31).

"너의 왕위가 네게서 떠났다"라는 하나님의 말씀 한마디로 모든 것이 끝나 버렸다. 누가 진정한 왕이겠는가? 하나님의 말씀 한마디면 끝이다.

하나님이 정하신 기한이 지난 후, 느부갓네살이 하늘을 우러러 보며 하나님을 찬양하고 경배하자 그의 자리는 원래대로 다시 돌아왔다.

벨사살왕의 심판(5장)

벨사살왕이 잔치를 벌이는데, 하나님의 성전에서 가져온 그릇에 술을 따르고, 금, 은, 구리, 쇠, 나무, 돌로 만든 신들을 찬양한다. 바로 그때, 갑자기 사람의 손가락이 나타나 석회벽에 글을 쓴다.

"메네 메네 데겔 우바르신"(왕을 저울에 달아 보니 부족함이 보였다).

그날 밤, 벨사살은 죽임을 당하고, 메대 사람 다리오가 62세에 왕이 된다.

사자 굴에서 다니엘 구출(6장)

다리오가 통치하던 시절, 다니엘을 음해하려는 세력들이 계획을 짠다. 다리오왕을 꼬여서 30일 동안 오직 왕에게만 절해야 하며, 그렇지 않으면 사자 굴에 넣는 법령을 세우게 만든다. 다니엘은 이 법령을 알면서도, 전과 다름없이 하루에 세 번, 예루살렘으로 향한 창문을 열고 기도하며 하나님께 감사한다.

이 모습을 엿본 무리가 왕에게 일러바치자, 다리오왕은 그것이 다니엘을 음해하기 위한 것임을 알면서도 법령을 고칠 수가 없었다. 왕은 매우 근심하며 다니엘을 구하려 했으나 하지 못하고 사자 굴에 들어가는 다니엘에게 말한다.

네가 항상 섬기는 너의 하나님이 너를 구원하시리라(단 6:16).

밤새 금식한 왕은 새벽에 사자 굴에 가서 슬프게 소리 지르며 다니엘을 찾는다.

살아 계시는 하나님의 종 다니엘아 네가 항상 섬기는 네 하나님이 사자들에게서 능히 너를 구원하셨느냐(단 6:20).

그러자 굴 안에서 다니엘의 음성이 들린다.

다니엘이 왕에게 아뢰되 왕이여 원하건대 왕은 만수무강하옵소서 나의 하나님이 이미 그의 천사를 보내어 사자들의 입을 봉하셨으므로 사자들이 나를 상해하지 못하였사오니 이는 나의 무죄함이 그 앞에 명백함이오며 또 왕이여 나는 왕에게도 해를 끼치지 아니하였나이다(단 6:21-22).

왕은 크게 기뻐하며 다니엘을 끌어올리게 하고, 그를 고소했던 사람들을 끌어와 그들의 처자들과 함께 사자 굴에 던지게 한다. 그들이 바닥에 닿기도 전에 사자들이 그들의 뼈까지 부서뜨린다.

이후 왕은 전국에 조서를 내려 선포한다.

> 내가 이제 조서를 내리노라 내 나라 관할 아래에 있는 사람들은 다 다니엘의 하나님 앞에서 떨며 두려워할지니 그는 살아 계시는 하나님이시요 영원히 변하지 않으실 이시며 그의 나라는 멸망하지 아니할 것이요 그의 권세는 무궁할 것이며 그는 구원도 하시며 건져내기도 하시며 하늘에서든지 땅에서든지 이적과 기사를 행하시는 이로서 다니엘을 구원하여 사자의 입에서 벗어나게 하셨음이라 하였더라(단 6:26-27).

결국 하나님은 왕의 입으로 당신을 증명하게 하셨다.

네 짐승의 환상(7장)

벨사살 원년, 하나님이 다니엘에게 꿈으로 환상을 보이신다. 큰 짐승 네 마리가 바다에서 나오는 꿈이었다. 환상을 본 다니엘이 번민하자, 가브리엘이 나타나 해석해 준다(단 7:15-16 참조).

1. 사자(바벨론)
2. 곰(바사·메대)
3. 표범(헬라)
4. 무섭고 놀라운 짐승(로마)

바벨론 이후 메대와 바사가 이어지고, 이후 바사(페르시아)가 통일한 뒤 그 나라는 헬라의 알렉산더 대왕에게 정복당하게 된다.

다니엘의 기도(9장)

나 다니엘이 책을 통해 여호와께서 말씀으로 선지자 예레미야에게 알려 주신 그 연수를 깨달았나니 곧 예루살렘의 황폐함이 칠십 년 만에 그치리라(단 9:2; 렘 25:9-14 참조).

다니엘은 금식하며 베옷을 입은 후 재를 덮어쓰고 회개의 기도를 드린다.

마지막 때(12장)

그때에 네 민족을 호위하는 큰 군주 미가엘이 일어날 것이요 또 환난이 있으리니 이는 개국 이래로 그때까지 없던 환난일 것이며 그때에 네 백성 중 책에 기록된 모든 자가 구원을 받을 것이라 … 영생을 받는 자도 있겠고 수치를 당하여서 영원히 부끄러움을 당할 자도 있을 것이며 지혜 있는 자[하나님을 경외하는 자, 하나님을 중심에 둔 자]는 궁창의 빛과 같이 빛날 것이요 많은 사람을 옳은 데로 돌아오게 한 자는 별과 같이 영원토록 빛나리라(단 12:1-3).

하나님께로 사람들을 돌이키는 사람은 빛날 것이다. 우리가 그런 삶을 살아갈 때, 그 모습을 본 이들이 하나님을 믿게 된다.

다니엘서가 주는 메시지

오직 이스라엘을 위해 기도하며 마음을 쏟은 다니엘에게, 하나님은 200년 뒤에 일어날 일들을 마치 눈앞에 펼친 것처럼 보여 주신다. 우리도 다니엘처럼 순종하는 사람, 하나님의 마음에 합한 사람이 되어야 한다.

에스겔

B.C. 593년. 바벨론 포로로 끌려간 에스겔은 그발 강가에 앉아 있었다. 낯선 땅, 무너진 꿈, 절망의 시간. 그는 그곳에서 갑자기 환상을 보게 된다.

> 서른째 해 넷째 달 초닷새에 … 하늘이 열리며 하나님의 모습이 내게 보이니 (겔 1:1).

갑자기 하늘이 갈라지고, 광풍과 불꽃이 휘몰아치며 하늘에서 무엇인가가 내려오기 시작한다!

외계 생명체 같은 네 생물의 등장(1장)

먼지와 바람 사이로 네 생물이 등장한다. 한 마리도 아니고 넷이다. 얼굴은 사자, 소, 독수리, 사람을 동시에 가지고 있고, 날개는 네 개, 손은 사람 손, 빛나는 불과 번개 속에서 움직인다.

> 그들에게 각각 네 얼굴과 네 날개가 있고 … 그 생물들은 번개 모양같이 왕래하더라(겔 1:6, 14).

그 생물 옆에는 바퀴가 하나씩 있는데, 그 바퀴 안에는 또 다른 바퀴가 들어 있다. 어느 방향으로든 멈추지 않고 돌 수 있다. 이것은 그냥 바퀴가 아니라 하나님의 전차, 즉 천상의 이동 수단이다.

> 그들이 갈 때에는 사방으로 향한 대로 돌이키지 아니하고 가며 그 둘레는 높고 무서우며 그 네 둘레로 돌아가면서 눈이 가득하며(겔 1:17-18).

바퀴 위에는 네 생물, 그 위에는 수정같이 맑은 궁창 그리고 그 위에는 보좌 그리고 그 보좌 위에는 불 같고 빛나는 사람의 형상이 앉아 계신다.

> 그 사방 광채의 모양은 … 여호와의 영광의 형상의 모양이라 내가 보고 엎드려 말씀하시는 이의 음성을 들으니라(겔 1:28).

그분은 바로 여호와 하나님, 말씀이 아니라 빛과 불과 번개로 말씀하시는 하나님이시다.

내가 너를 보내노라(2장)

이제 하나님이 직접 말씀하신다. 에스겔은 '패역한 족속'에게 보냄을 받는다.

그들은 패역한 족속이라 그들이 듣든지 아니 듣든지 그들 가운데에 선지자가 있음을 알지니라(겔 2:5).

그들이 듣든지 아니 듣든지 너는 내 말로 고할지어다(겔 2:7).

하나님은 듣지 않아도 상관없다며 당신의 말씀을 전하라고 하신다. 그분의 사랑은 끝까지 간다.

말씀을 먹다(3장)

하나님은 에스겔에게 두루마리를 먹게 하신다. 쓴 말씀이지만, 입에서는 꿀처럼 달았다. 선지자는 말씀을 '살'이 되도록 먹은 자만이 말할 수 있다.

그것이 내 입에서 달기가 꿀 같더라(겔 3:3).

그리고 에스겔은 말을 못 하는 자로 임시 봉인된다. 이는 하나님의 때에만, 하나님의 말만 전하게 하기 위해서다. 하나님은 말을 한다고 능력이 있는 것이 아니라며, 당신이 시킬 때 그 말만 전하라고 하신다.

누워라, 벽돌을 치라 (4장)

에스겔은 예루살렘의 멸망을 벽돌 모형과 자신의 몸으로 보여 준다.

- 왼쪽으로 390일 동안 누움 → 이스라엘의 죄
- 오른쪽으로 40일 동안 누움 → 유다의 죄
- 불결한 떡을 먹음 → 예루살렘의 고통을 상징

> 너는 또 왼쪽으로 누워 이스라엘 족속의 죄악을 짊어지되 네가 눕는 날수대로 그 죄악을 담당할지니라 내가 그들의 범죄한 햇수대로 네게 날수를 정하였나니 곧 삼백구십 일이니라 너는 이렇게 이스라엘 족속의 죄악을 담당하고(겔 4:4-5).

에스겔은 조용히 눕는다. 가만히, 그대로, 390일을 말도 없이, 설명도 없이 말이다. 그러나 누운 몸이 말하고 있었다.

"이것이 이스라엘의 죄의 무게다."

그 뒤에 또다시 명령이 내려진다. 이번에는 40일이다.

> 그 수가 차거든 너는 오른쪽으로 누워 유다 족속의 죄악을 담당하라 내가 네게 사십 일로 정하였나니 하루가 일 년이니라(겔 4:6).

총 430일, 1년하고도 두 달이 넘는 시간이다. 에스겔은 세상과 단절된 채 말없이 누워 있었다. 사람들은 지나가며 수군댄다.

"미쳤다."

"무슨 종교 광신자야?"

"저게 뭐 하는 짓이야?"

하지만 그는 하나님께 말한다.
"네, 주여. 제가 하겠습니다."
하나님은 또 말씀하신다.

너는 그것을 보리떡처럼 만들어 먹되 그들의 목전에서 인분 불을 피워 구울지니라(겔 4:12).

이때 에스겔은 그 자리에서 벌떡 일어나 외친다.

주 여호와여 나는 … 어려서부터 지금까지 스스로 죽은 것이나 짐승에게 찢긴 것을 먹지 아니하였고 가증한 고기를 입에 넣지 아니하였나이다(겔 4:14).

그러자 하나님은 말씀하신다.

쇠똥으로 인분을 대신하기를 허락하노니(겔 4:15).

소똥 불로 구운 떡. 절제된 유대인의 몸에 부끄러움과 수치가 흐른다. 에스겔은 말없이 그 떡을 먹는다. 백성의 고통, 굶주림, 수치를 대신 삼킨다.

하나님은 왜 이런 퍼포먼스를 하게 하셨을까? 왜 말로 하지 않고 몸으로 보여 주게 하셨을까? 그 이유는 하나다. 말로 하면 듣지 않기 때문이다. 하나님은 그토록 많은 선지자를 보내셨지만, 백성은 듣지 않았다. 그래서 이번에는 한 사람의 몸을 무대로 삼으신 것이다. 그의 등, 팔, 침묵, 음식, 얼굴 등 모든 것이 하나님의 메시지였다.

머리카락 하나까지도 심판 받는다(5장)

거울을 마주한 에스겔의 손에 날 선 칼이 들려 있다.

> 너는 날카로운 칼을 가져다가 삭도로 삼아 네 머리털과 수염을 깎아서(겔 5:1).

이것은 그냥 면도가 아니다. 고대 이스라엘에서 수염은 명예, 머리는 정체성이었다. 하나님은 지금 에스겔에게 '너의 모든 것을 깎아 내라'고 하신 것이다.

에스겔은 스스로를 향해 칼을 든다. 머리카락이 서서히 떨어지고, 수염이 날리며, 침묵 속에서 하나님께서 명하신 작업이 시작된다. 깎은 머리카락과 수염에 대해서는 다음과 같은 명령이 주어진다.

> 터럭 삼분의 일은 성읍 안에서 불사르고 삼분의 일은 성읍 사방에서 칼로 치고 또 삼분의 일은 바람에 흩으라 … 터럭 중에서 조금을 네 옷자락에 싸고 또 그 가운데에서 얼마를 불에 던져 사르라(겔 5:2-4).

이것은 예루살렘의 운명이다. 3분의 1은 굶어 죽고, 3분의 1은 칼에 맞아 죽고, 3분의 1은 포로가 되어 흩어지고, 마지막 남은 자마저 심판을 피하지 못한다.

"너희의 죄는 오래되었다. 나는 오래 참고 또 참았다. 이제는 심판할 수밖에 없다. 그러나 나는 여전히 남은 자를 품는다. 남은 자를 통하여 다시 시작할 것이다."

산을 향한 심판, 산당을 깨뜨리다(6장)

인자야 너는 이스라엘 산을 향하여 그들에게 예언하여 (겔 6:2).

왜 산인가? 이스라엘 백성이 하나님을 떠나 '산당'에서 우상을 섬겼기 때문이다. 높은 산꼭대기에서 바알을 섬기고, 나무 아래에 아세라 목상을 세우며 사람의 눈을 피한 장소에서 하나님의 마음을 짓밟았다.

> 너희 제단들이 황폐하고 분향 제단들이 깨뜨려질 것이며 … 이스라엘 자손의 시체를 그 우상 앞에 두며(겔 6:4-5).

무서운 장면이다. 하나님께 등을 돌리고 우상에게 절하던 백성이 이제는 그 우상 앞에 죽은 채로 쓰러져 있다. 하나님은 복수하는 것이 아니라, 사랑에 찢긴 남편이 배신당하고 절규하는 마음으로 말씀하시는 것이다.

> 내가 너희 중에서 … 살아남은 자가 있게 할지라 … 그들이 … 나를 근심하게 한 것을 기억하고 스스로 한탄하리니(겔 6:8-9).

그러나 하나님은 회개하고 가슴을 찢는 자들을 남겨 두신다. 우상을 향한 심판은 단순한 분노가 아니라, 하나님이 당신의 백성으로 하여금 진짜 생명으로 돌아오게 하시려는 것이다.

에스겔은 고국이 멸망하는 모습을 하나님이 직접 보여 주시는 환상으로 미리 보고 있다. 그리고 아직 모르는 백성에게 외친다.

"회개하라! 하나님이 슬퍼하신다!"

그러나 그 누구도 듣지 않는다.

그들이 듣든지 아니 듣든지 그들 가운데에 선지자가 있음을 알지니라(겔 2:5).

이 배경을 알고 나면 에스겔의 외침 하나하나가 '미래의 뉴스 속보'처럼 들린다. 왜 하나님은 바벨론에 포로로 끌려간 에스겔에게 예루살렘의 심판 메시지를 전하라고 하셨을까? 포로들은 생각했다.

'예루살렘이 아닌 이곳에서, 우리는 끝났다. 성전도 없고, 제사도 못 드리고, 버림받은 인생이다.'

하지만 하나님은 그 땅, 모든 것을 빼앗기고 눈물로 눕는 그발 강가에서 에스겔을 불러 말씀하셨다.

"나는 예루살렘에만 있는 하나님이 아니다. 바벨론에서도 너희와 함께하는 하나님이다."

하나님은 포로지에서도 임재하시고, 말씀하시고, 돌보신다.

하나님의 마지막 경고(7장)

이 장은 마치 한밤중에 심판의 사이렌이 울리는 공습경보 같은 장면이다. 하나님은 매우 단호하고 무섭게 말씀하신다.

끝났도다 이 땅 사방의 일이 끝났도다(겔 7:2).

이것은 단순한 '위기'가 아니다. 하나님이 지금 '종말'이라는 단어를 직접 사용하신 것이다.

"이제는 진짜 마지막이다. 더는 기다리지 않겠다."

그동안 하셨던 모든 경고의 최종 선언이 바로 이 장에서 울려 퍼진다. 하나님은 시간표를 꺼낸 듯이 정확히 단계를 밟아 말씀하신다.

이제는 네게 끝이 이르렀나니 내가 내 진노를 네게 나타내어 네 행위를 심판하고(겔 7:3).

하나님은 폭발 직전의 감정이다. 수백 년을 참으신 분이 이제는 공의로 심판하겠다는 결단을 내리신 것이다.

내가 여호와인 줄을 너희가 알리라(겔 7:4, 9, 27).

"너희가 나를 무시했느냐? 하지만 심판할 때, 너희는 내가 진짜 하나님이라는 것을 깨닫게 될 것이다."

이것은 마지막 경고다.

그들이 그 은을 거리에 던지며 그 금을 오물같이 여기리니(겔 7:19).

심판의 날에는 돈도, 권력도, 자존심도 다 무의미해진다.

왕은 애통하고 고관은 놀람을 옷 입듯 하며 주민의 손은 떨리리라(겔 7:27).

지도자들은 무너지고, 백성은 무기력하게 주저앉고, 제사장은 대답할 말이 없다. 이것은 전 국가적인 마비 상태다. 예루살렘은 더 이상 하나님의 도성이 아니며, 그들은 하나님의 음성을 잊은 백성이다.

하나님은, 그들이 망해서라도 당신이 얼마나 그들을 사랑하셨는지를 깨닫기를 바라신다.

성전 안에서, 그들이 나를 배신했다(8장)

하나님의 손이 에스겔을 들어 올리신다.

주 여호와의 권능이 거기에서 내게 내리기로 … 하나님의 환상 가운데에 나를 이끌어 예루살렘으로 가서(겔 8:1-3).

에스겔은 바벨론에 있었지만, 영으로 예루살렘 성전 안에 실시간으로 전송된다. 하나님은 마치 드론으로 촬영한 듯한 시점으로 '보여 주고 싶은 진실'을 하나씩 열어 보여 주시는 것 같다.

내가 눈을 들어 북쪽을 바라보니 제단문 어귀 북쪽에 그 질투의 우상이 있더라(겔 8:5).

성전 입구에 질투를 불러일으키는 우상이 세워져 있다. 이는 마치 결혼식장 입구에 전 남자 친구의 사진을 붙여 놓은 것과 같다. 하나님은 말씀하신다.

인자야 이스라엘 족속이 행하는 일을 보느냐 … 너는 다시 다른 큰 가증한 일을 보리라(겔 8:6).

이건 시작일 뿐이라는 뜻이다. 하나님은 에스겔에게 말씀하신다.

너는 이 담을 헐라(겔 8:8).

에스겔이 담을 헐자, 그 안에 숨겨진 방이 나온다. 그 안에서 장로들이 몰래 우상을 섬기고 있다.

이스라엘 족속의 모든 우상을 그 사방 벽에 그렸고 이스라엘 족속의 장로 중 칠십 명이 … 각기 손에 향로를 들었는데(겔 8:10-11).

이것은 종교 지도자들의 이중생활 폭로다. 겉으로는 하나님을 섬기는 척하면서, 속으로는 몰래 우상을 숭배하고 있었던 것이다. 그들은 말한다.

여호와께서 우리를 보지 아니하시며 여호와께서 이 땅을 버리셨다(겔 8:12).

무서운 것은, 그들은 하나님을 믿지 않는 것이 아니라, 하나님을 무력한 존재로 생각하고 있다. 하나님은 에스겔에게 또 다른 장면을 보여 주신다.

여인들이 앉아 담무스를 위하여 애곡하더라(겔 8:14).

담무스는 바벨론의 풍요의 신이다. 그 신이 죽었다가 다시 살아난다는 전설을 따라 여자들이 성전 안에서 그 신을 위해 울고 있다. 하나님의 집에서 이방 신의 부활절 같은 제사를 드리고 있는 것이다.

하나님은 에스겔을 성전의 지성소 문 앞, 가장 거룩한 곳으로 데려가신다. 그곳에서 사람들은 하나님을 등지고 동쪽 태양을 향해 절하고 있다.

약 스물다섯 명이 여호와의 성전을 등지고 낯을 동쪽으로 향하여 동쪽 태양에게 예배하더라(겔 8:16).

이것은 하나님을 대놓고 무시하여 의도적으로 다른 신에게 예배하는 것이다. 말 그대로 영적 쿠데타다.

나도 분노로 갚아 불쌍히 여기지 아니하며 긍휼을 베풀지도 아니하리니(겔 8:18).

수백 년을 기다리셨는데, 그토록 사랑한 백성이 하나님의 집에서 그분을 조롱하고 있다. 예루살렘에 성전이 있다고 거룩한 것이 아니다. 하나님이 이 모든 것을 에스겔에게 보여 주신 이유는, 포로 된 백성이 헷갈리지 않게 하시기 위해서다. 예루살렘이 무너지는 것은 단순한 정치적 패배가 아니라, 하나님이 그곳에서 떠나셨기 때문이라는 것을 그들이 분명히 알게 하시려는 것이다.

인자야 이스라엘 족속이 행하는 일을 보느냐 그들이 여기에서 크게 가증한 일을 행하여 나로 내 성소를 멀리 떠나게 하느니라(겔 8:6).

표 있는 자는 살고, 나머지는 죽으리라(9장)

성전의 북문이 열리고 여섯 명의 무장한 자가 들어온다. 그중 한 명은 무기가 아닌 서기관의 먹 그릇을 들고 있다.

여섯 사람이 북향한 윗문 길로부터 오는데 각 사람의 손에 죽이는 무기를 잡았고 그중의 한 사람은 가는 베 옷을 입고 허리에 서기관의 먹 그릇을 찼더라(겔 9:2).

여섯 사람은 천상의 심판자로서, 그중 먹 그릇을 찬 자는 표를 찍는 천사다. 이들은 전쟁터가 아닌 성전 안에서 하나님의 심판 명령을 수행하러 온 것이다. 하나님은 먹 그릇을 찬 천사에게 명령하신다.

너는 예루살렘 성읍 중에 순행하여 그 가운데에서 행하는 모든 가증한 일로 말미암아 탄식하며 우는 자의 이마에 표를 그리라(겔 9:4).

죄를 보고 즐거워하는 자가 아니라, 죄를 보고 마음 아파하며 우는 자만이 살아남을 수 있다. 즉, 이마에 표시가 있는 자만 살고, 표시가 없는 자는 전부 심판을 받게 되는 것이다.

늙은 자와 젊은 자와 처녀와 어린이와 여자를 다 죽이되 이마에 표 있는 자에게는 가까이하지 말라(겔 9:6).

오직 회개하고 마음을 찢는 자만이 하나님의 긍휼을 입는다.

내 성소에서 시작할지니라(겔 9:6).

이것은 정말 무서운 장면이다. 하나님은 바깥 이방 땅이 아니라, 하나님의 집인 성전에서 먼저 심판을 시작하겠다고 하신다. 그 이유는, 종교 지도자들이 겉으로는 거룩했지만, 속으로는 하나님을 배신했기 때문이다. 이에 에스겔은 완전히 무너져서 엎드려 부르짖는다.

주 여호와여 … 이스라엘의 남은 자를 모두 멸하려 하시나이까(겔 9:8).

하나님의 마음을 알았기에, 그 심판의 무게에 눌려 함께 울 수밖에 없었던 것이다. 하나님은 대답하신다.

내가 그들을 불쌍히 여기지 아니하며 긍휼을 베풀지 아니하고 그들의 행위대로 그들의 머리에 갚으리라(겔 9:10).

하나님이 그동안 수많은 경고와 기회를 주셨음에도 그들이 끝까지 돌이키지 않았기에, 이제는 '응답 없는 심판'이 시작된 것이다. 하나님은 '누가 착한 사람인가'가 아니라, '누가 죄 앞에 슬퍼하며 나를 찾는가'를 보고 계신다. 하나님은 그 마음을 가진 자의 이마에 구원의 표시인 표를 찍어 주신다.

당신의 이마에는 무엇이 새겨져 있는가? 하나님은 지금도 우리의 이마를 보고 계신다. 하나님은 세상과 타협하지 않고 슬퍼하는 마음, 영혼을 위해 눈물로 기도하는 마음을 보고 "이는 내 사람이다" 하고 구별하신다.

하나님의 영광이 떠나는 날(10장)

이에 내가 보니 그룹들 머리 … 위에 보좌의 형상이 있는 것 같더라(겔 10:1).

하나님은 여전히 존귀와 위엄으로 가득하시지만, 그분의 얼굴에는 슬픔과 단호함이 함께 있다. 이제는 예루살렘 성전을 떠나셔야 하기 때문이다. 하나님은 베옷 입은 자, 표를 그리던 그에게 다른 명령을 내리신다.

> 너는 그룹 밑에 있는 바퀴 사이로 들어가 그 속에서 숯불을 두 손에 가득히 움켜 가지고 성읍 위에 흩으라(겔 10:2).

이것은 심판의 불로서, 예루살렘이 불타게 될 것에 대한 예언이다. 더 이상 경고가 아닌, 실행의 시간으로 접어든 것이다.

> 여호와의 영광이 성전 문지방을 떠나서 그룹들 위에 머무르니 … 그들이 나갈 때에 바퀴도 그 곁에서 함께하더라(겔 10:18-19).

지성소 한가운데 있던 하나님의 영광이 천천히, 무겁게 성전 문지방까지 나간다. 마치 끝까지 기다리던 남편이 마지막으로 문 앞에 서서 아내를 돌아보며 "정말 나간다" 하고 떠나는 순간 같다. 하나님의 영광은 더 이상 그곳에 머물 수 없다. 그곳은 우상과 배신으로 더럽혀졌기 때문이다. 하나님은 무섭게 떠나시는 것이 아니라, 울면서 떠나시는 것이다.

"내가 떠나는 것은 너희를 포기해서가 아니라, 너희가 나를 거절했기 때문이다."

새 마음, 새 영(11장)

하나님은 에스겔을 성전 뜰 안으로 이끌어, 그곳에서 이스라엘의 방백들, 즉 지도자들을 보게 하신다. 두 사람의 이름이 등장하는데, 야아사냐와 브나야의 아들 블라댜다.

> 그들의 말이 … 이 성읍은 가마가 되고 우리는 고기가 된다 하나니(겔 11:3).

즉, "여기가 제일 안전하다", "예루살렘은 절대 무너지지 않는다"라는 거짓된 평안을 전하는 지도자들이었다. 그들의 말은 이렇게 들렸을 것이다.

"포로로 끌려간 놈들은 저주받은 것이고, 우리는 선택받은 자들이다."

에스겔이 하나님의 말씀을 전하는 순간, 블라댜가 그 자리에서 죽는다.

> 내가 예언할 때에 브나야의 아들 블라댜가 죽기로(겔 11:13).

에스겔은 그 순간 엎드려 울면서 기도한다.

> 주 여호와여 이스라엘의 남은 자를 다 멸절하고자 하시나이까(겔 11:13).

이 울부짖음은 단순한 눈물이 아니라, 백성을 살려 달라는 중보 기도다. 이에 하나님은 심판이 끝이 아니라고 말씀하신다.

> 내가 비록 그들을 … 흩었으나 그들이 도달한 나라들에서 내가 잠깐 그들에게 성소가 되리라(겔 11:16).

참으로 엄청난 말이다. 성전이나 예루살렘이 아닌 바벨론 포로지에서도 하나님이 함께하시겠다는 약속이다. 하나님은 새 언약의 약속을 폭발적으로 선언하신다.

> 내가 그들에게 한 마음을 주고 그 속에 새 영을 주며 그 몸에서 돌 같은 마음을 제거하고 살처럼 부드러운 마음을 주어(겔 11:19).

이것은 예수님이 주신 '성령'의 약속이다. 돌에 새겨진 율법이 아닌, 하나님의 말씀이 우리 마음에 새겨질 것이라는 약속이다!

여호와의 영광이 성읍 가운데에서부터 올라가 성읍 동쪽 산에 머무르고(겔 11:23).

하나님의 영광은 떠나지만, 완전히 사라진 것은 아니다. 다시 돌아올 준비를 하며 '감람산' 위에 멈추신 것이다. 예수님이 오신 자리, 승천하신 자리 그리고 다시 오실 자리에서 기다리신다.

짐 싸는 선지자 (12장)

인자야 너는 포로의 행장을 꾸리고(겔 12:3).

에스겔은 낮에 사람들이 다 보는 앞에서 짐을 싸기 시작한다. 포대 자루, 멜빵, 밥그릇, 외투, 낡은 신발, 마른 빵, 옷 몇 벌 등, 아무말 없이 묵묵히, 포로처럼 짐을 싸서 도시 밖으로 나간다. 그러자 백성이 묻는다.

"당신, 뭐 하는 거요?"

하나님은 말씀하신다.

너는 그들의 목전에서 성벽을 뚫고 그리로 따라 옮기되 … 얼굴을 가리고(겔 12:5-6).

밤이 되자, 에스겔은 자기 집의 벽을 뚫고, 짐을 메고, 얼굴을 가린 채 도망치듯 나간다. 이것은 단순한 퍼포먼스가 아니라, 하나님이 시키신 행동이다.

> 이것은 예루살렘 왕과 그 가운데에 있는 이스라엘 온 족속에 대한 묵시라 … [시드기야]왕은 어두울 때에 어깨에 행장을 메고 나가며 … 갈대아 땅 바벨론에 이르리니 그가 거기에서 죽으려니와 그 땅을 보지 못하리라(겔 12:10, 12-13).

실제로 시드기야왕은 밤에 몰래 성을 빠져나가다 잡히고, 두 눈이 뽑힌 채 바벨론으로 끌려가 거기서 죽는다(왕하 25:6-7 참조).

에스겔 12장의 퍼포먼스는 단순한 연극이 아니라, 미래에 일어날 역사적 사건을 미리 보여 주는 예언 드라마다. 하지만 이것을 본 백성은 이렇게 말한다.

> 그가 보는 묵시는 여러 날 후의 일이라 그가 멀리 있는 때에 대하여 예언하였다(겔 12:27).

하나님의 말씀을 들었지만, 사람들에게는 '아직 아니다' 하며 미루는 마음이 가득하다. 이에 하나님은 단호하게 말씀하신다.

> 나의 말이 하나도 다시 더디지 아니할지니 내가 한 말이 이루어지리라(겔 12:28).

거짓 선지자들아, 너희가 내 이름을 더럽혔다(13장)

> 인자야 너는 이스라엘의 예언하는 선지자들에게 경고하여 예언하되 자기 마음대로 예언하는 자에게 말하기를(겔 13:2).

진짜 예언자는 하나님이 불러 보내시는 사람이다. 하지만 이들은 자기 마음대로, 하나님의 말씀인 척 꾸며낸 말을 전하고 있었다.

> 주 여호와의 말씀에 본 것이 없이 자기 심령을 따라 예언하는 어리석은 선지자에게 화가 있을진저(겔 13:3).

하나님은 거짓 영성을 진짜처럼 포장하는 것을 가장 큰 모욕으로 여기신다.

> 여호와께서 말씀하셨다고 하는 … 그들은 여호와가 보낸 자가 아니라 … 평강이 없으나 평강이 있다 함이라(겔 13:6, 10).

거짓 선지자들은 "잘될 거야", "하나님이 너희를 축복하실 거야", "회개하지 않아도 괜찮아"라고 말했다. 그래서 백성은 죄에서 돌이키지 못했고, 결국 멸망을 맞았다.

> 어떤 사람이 담을 쌓을 때에 그들이 회칠을 하는도다(겔 13:10).

'담'은 죄악으로 무너질 인생, 곧 공동체를 의미하고, '회칠'은 진짜 문제는 가리고 겉만 멀쩡하게 꾸미는 것을 말한다. 거짓 선지자들은 백성이 무너지는 것을 알면서도 "괜찮다"며 위에 페인트칠만 해 준 것이다. 마치 곪은 상처 위에 반창고만 붙인 것처럼 말이다.

> 내 손이 그들을 쳐서 내 백성의 공회에 들어오지 못하게 하며 이스라엘 족속의 호적에도 기록되지 못하게 하며(겔 13:9).

이것은 무서운 심판이다. 하나님의 백성 명단에서 제외되고, 생명책에서 삭제하시겠다는 것이다. 이는 곧 영적 계보에서 지워지는 것을 뜻한다.

> 사람의 영혼을 사냥하려고 손목마다 부적을 꿰어 매고 키가 큰 자나 작은 자의 머리를 위하여 수건을 만드는 여자들에게 화 있을진저(겔 13:18).

여기서는 특별히 여자 거짓 선지자들도 등장한다. 이들은 예언을 빙자해 부적을 만들어 팔고, 점이나 주술로 사람의 영혼을 조작하며, 돈을 받고 '말씀'을 전하여 사람을 미혹한다. 하나님은 이들에게 말씀하신다.

> 너희가 거짓말을 지어내어 죽지 아니할 영혼을 죽이고 살지 못할 영혼을 살리는도다(겔 13:19).

올바른 자는 낙심하게 만들고, 죄인은 회개할 기회를 잃게 만든다는 것이다.

너희 마음속의 우상, 내가 다 보고 있다 (14장)

바벨론 포로지, 에스겔의 집에 장로 몇 명이 조용히 들어와 앉는다. 언뜻 보면 예언을 듣고 싶어서 찾아온 것처럼 정중하고 공손하며, 분위기는 경건하다.

> 이스라엘 장로 두어 사람이 나아와 내 앞에 앉으니(겔 14:1).

하지만 하나님은 에스겔에게 그들의 속마음을 들려주신다.

이 사람들이 자기 우상을 마음에 들이며 죄악의 걸림돌을 자기 앞에 두었으니(겔 14:3).

입으로는 "여호와여" 하지만, 마음으로는 돈, 욕망, 자기 뜻, 명예, 불순종 같은 우상을 껴안고 있다.

그들이 내게 묻기를 내가 조금인들 용납하랴 … 나 여호와가 그 우상의 수효대로 보응하리니(겔 14:3-4).

무슨 말인가? 그들이 하나님의 뜻이 아니라 자기들의 소원을 듣고 싶은 것이라면, 하나님도 "그래, 네 우상에게서 듣고 싶은 말 그대로 듣게 해 줄게"라고 말씀하신다는 것이다. 하나님은 진리를 강제로 들이밀지 않으신다. 그 마음이 준비되어 있지 않으면 그 사람의 우상에 따라 응답하기도 하신다. 하지만 이는 "내 말을 듣지 않으니 내쳐 버려야지!"라는 말씀이 아니다.

내가 그들이 마음먹은 대로 그들을 잡으려 함이라(겔 14:5).

하나님은 우상을 품은 마음조차도 다시 돌아오게 하고 싶으신 것이다. 여기에는 하나님의 회복에 대한 갈망이 담겨 있다.

선지자의 죄악과 그에게 묻는 자의 죄악이 같은즉 각각 자기의 죄악을 담당하리니(겔 14:10).

거짓 선지자도, 그 말을 좋다고 믿고 따르는 자도 모두 똑같은 심판의 대상이라는 것이다. 그들은 진리를 사랑하지 않고 자기 귀에 듣기 좋은 것만 택했기 때문이다.

불에 던져진 포도나무(15장)

인자야 포도나무가 모든 나무보다 나은 것이 무엇이랴 … 불에 던질 땔감이 될 뿐이라(겔 15:2-4).

포도나무는 열매를 맺을 때만 가치가 있다. 열매가 없고 마르거나 휘어진 포도나무는 목재로도 못 쓰고 가구로도 만들 수 없어 그냥 불에 던져질 뿐이다. 이것이 하나님 없는 이스라엘 백성의 모습이다.

불이 그 두 끝을 사르고 그 가운데도 태웠으면 … 어찌 제조에 합당하겠느냐(겔 15:4-5).

이는 이미 한 번 심판당한 백성, 즉 포로로 끌려온 사람들조차 여전히 회개하지 않는 상태를 말한다. 그들은 끝도 타고 중심도 그슬려 볼품없는 재와 껍데기만 남았을 뿐이다.

내가 그들을 대적한즉 그들이 그 불에서 나와도 불이 그들을 사르리니(겔 15:7).

이것은 단순한 경고가 아니다. 하나님이 얼굴을 돌리신다는 것은 관계가 완전히 끊어진다는 뜻이다. 하나님의 임재 없이, 그들은 포도나무의 껍질만 남은 존재일 뿐이다.

"내가 너희를 포도나무로 심었을 때 기대한 것은 열매였는데, 지금은 껍질밖에 남지 않았구나."

하나님은 종교의 형식, 전통의 이름, 과거의 은혜와 같은 것만 붙잡은 채 진짜 열매가 없는 신앙을 불에 던질 수밖에 없는 나무라고 말씀하신다. 그것은 더 이상 '살리는 생명'이 아니기 때문이다.

나는 너를 사랑했다(16장)

> 네가 날 때에 … 아무도 너를 돌보아 … 불쌍히 여긴 자가 없었으므로 … 네가 들에 버려졌느니라(겔 16:4-5).

이는 이스라엘 민족의 출발점을 말하는 것으로, 그들은 아브라함도, 율법도 없었을 뿐 아니라, 누구도 돌보지 않던 민족이었다. 하나님이 아니면 아무 가치도 없었다.

> 내가 네 곁으로 지나갈 때에 네가 피투성이가 되어 발짓하는 것을 보고 네게 이르기를 너는 피투성이라도 살아 있으라 다시 이르기를 너는 피투성이라도 살아 있으라(겔 16:6).

이스라엘은 이 한마디로 존재하게 되었다. 하나님은 그들과 언약을 맺어 당신의 것으로 삼으셨으며, 그들을 씻기고, 옷 입히고, 장식하고, 왕비로 삼아 주셨다(겔 16:8-14 참조). 이는 출애굽과 가나안 정착, 왕국 시대까지의 하나님의 은혜를 말한다. 하지만 이스라엘은 어땠는가?

네가 네 화려함을 믿고 네 명성을 가지고 행음하되 지나가는 모든 자와 더불어 음란을 많이 행하므로(겔 16:15).

그들은 은혜를 자기 자랑으로 바꾸고, 하나님 대신 다른 나라와 다른 신에게 몸과 마음을 다 내어 주었다. 그뿐만이 아니다.

너는 네 모든 정든 자에게 선물을 주며 값을 주어서 사방에서 와서 너와 행음하게 하니 … 네가 값을 받지 아니하고 도리어 값을 줌이라(겔 16:33-34).

이것은 단순한 타락이 아니라, 고의적인 배신이다. 하나님은 "내가 너를 벌하리니, 너의 벌거벗음을 열방 앞에 드러내고, 너를 멸할 것이다"라고 말씀하신다(겔 16:35-43 참조). 하나님은 가장 큰 사랑을 주셨기에, 가장 깊은 분노를 터뜨리신다. 예루살렘의 멸망은 단순한 전쟁이 아니라, 신랑이신 하나님의 절망의 표현이다.

두 마리의 독수리와 의로운 싹(17장)

이 장은 마치 정치 스릴러와 영적 교훈이 결합된 비유 드라마와 같다! 하나님은 두 마리의 독수리와 포도나무 비유를 통해 유다 왕 시드기야의 정치적 배신을 정확하고도 날카롭게 폭로하신다.

하지만 이 이야기는 놀라운 반전으로 끝난다. 바로 '작은 싹 하나에서 자라날 새로운 왕국', 곧 메시아의 나라에 대한 예언이 숨겨져 있다!

큰 독수리가 레바논에 이르러 백향목 높은 가지를 꺾되(겔 17:3).

이 큰 독수리는 바벨론 왕 느부갓네살이다. 레바논의 백향목 꼭대기는 유다 왕 여호야긴과 귀족들을 가리키는데, 바벨론은 B.C. 597년에 이들을 포로로 끌고 간다.

> 그 땅의 종자를 꺾어 … 큰 물가에 심더니 그것이 자라며 퍼져서 … 포도나무가 되어(겔 17:5-6).

이것은 바벨론이 세운 꼭두각시 왕, 시드기야를 의미한다. 그는 바벨론과 언약을 맺어 충성 맹세를 하고 왕이 되었다.

> 또 날개가 크고 털이 많은 큰 독수리 하나가 있었는데 그 포도나무가 … 그를 향하여 뿌리가 뻗고 가지가 퍼졌도다(겔 17:7).

이것은 시드기야가 바벨론을 배신하고 애굽과 손잡으려 한 정치적 외교 행위다. 겉으로는 바벨론의 충신인 척하면서, 속으로는 다른 강대국(애굽)에 의지해 반기를 들었다. 이에 하나님은 "그가 형통하겠느냐? 그렇게 언약을 멸시하고 배신한 자는 피하지 못하리라"라고 말씀하신다(겔 17:15-18 참조).

하나님은 이를 단지 정치적 배신이 아니라, '하나님 앞에서 맺은 언약을 깨뜨린 것'으로 보셨다. 시드기야가 바벨론과 맺은 언약은 하나님의 뜻으로 허락된 징계 속의 관계였기 때문이다. 시드기야의 애굽 의존은 단순한 외교가 아니라, '하나님보다 인간의 힘을 더 의지한 죄'였다.

> [그를] 끌고 바벨론으로 가서 나를 반역한 그 반역을 거기에서 심판할지며(겔 17:20).

실제로 시드기야는 두 눈이 뽑힌 채 바벨론에 포로로 끌려가 그곳에서 죽는다(렘 52:10-11 참조).

> 그가 내 맹세를 업신여기고 내 언약을 배반하였은즉 내가 그 죄를 그 머리에 돌리되 … 내가 백향목 꼭대기에서 … 연한 가지를 꺾어 높고 우뚝 솟은 산에 심되 … 그 가지가 무성하고 열매를 맺어서 … 각종 새가 그 아래에 깃들이며(겔 17:19, 22-23).

이것은 단지 유다의 재건이 아니라, 하나님이 친히 시작하시는 '새 언약의 왕국'을 예언한 것이다.

개인의 책임, 개인의 회개(18장)

> 너희가 이스라엘 땅에 관한 속담에 이르기를 아버지가 신 포도를 먹었으므로 그의 아들의 이가 시다고 함은 어찌 됨이냐(겔 18:2).

이는 당시 사람들이 흔히 하던 말로, 자신들의 잘못이 아니라 조상들 때문에 포로로 잡혀 온 것이라며 억울해하는 것이다. 하지만 하나님은 단호하게 말씀하신다.

> 너희가 이스라엘 가운데에서 다시는 이 속담을 쓰지 못하게 되리라 모든 영혼이 다 내게 속한지라 아버지의 영혼이 내게 속함같이 그의 아들의 영혼도 내게 속하였나니 범죄하는 그 영혼은 죽으리라(겔 18:3-4).

이는 각자의 책임이며, 누구의 죄도, 누구의 의도 물려줄 수 없다는 선언이다.

> 이 사람은 그의 아버지의 죄악으로 죽지 아니하고 반드시 살겠고 … 아들이 정의와 공의를 행하며 내 모든 율례를 지켜 행하였으면 그는 반드시 살려니와(겔 18:17-19).

과거가 아무리 더러워도, 지금부터 돌이키면 된다.

> 내가 어찌 악인이 죽는 것을 조금인들 기뻐하랴 그가 돌이켜 그 길에서 떠나 사는 것을 어찌 기뻐하지 아니하겠느냐(겔 18:23).

이것이 하나님의 진심이다. 그러나 반대의 경우도 말씀하신다.

> 만일 의인이 돌이켜 그 공의에서 떠나 범죄하고 악인이 행하는 모든 가증한 일대로 행하면 … 그가 행한 공의로운 일은 하나도 기억함이 되지 아니하리니 … 그 지은 죄로 죽으리라(겔 18:24).

'회개한 죄인'은 구원받고, '타락한 의인'은 경고를 받는다는 것이다.

> 주 여호와의 말씀이니라 … 너희는 돌이켜 회개하고 모든 죄에서 떠날지어다 … 마음과 영을 새롭게 할지어다 이스라엘 족속아 너희가 어찌하여 죽고자 하느냐 … 너희는 스스로 돌이키고 살지니라(겔 18:30-32).

슬픔의 노래, 애가(19장)

이 장은 전체가 '애가'(슬픔의 노래)로 되어 있다. 무너져 버린 유다 왕조, 사로잡혀 간 왕들, 불타 버린 유다의 희망을 두 마리의 사자와 한 그루의 포도나무로 노래한다. 이스라엘의 무너짐을 보며 가장 가슴 아파한 분은 하나님 당신이었다.

> 네 어머니는 무엇이냐 암사자라 그가 … 사자 중에서 그 새끼를 기르는데(겔 19:2).

어미 사자는 남유다 왕조, 곧 다윗의 왕통을 뜻한다. 그리고 사자 새끼는 요시야의 아들인 여호아하스를 의미한다.

> 젊은 사자가 되어 먹이 물어뜯기를 배워 사람을 삼키매(겔 19:3).

여호아하스는 아버지 요시야가 죽은 뒤 민심을 얻고 왕이 되었지만, 애굽 왕 느고에게 끌려가 감옥에 갇힌다.

> 함정으로 그를 잡아 갈고리로 꿰어 끌고 애굽 땅으로 간지라(겔 19:4).

여호아하스는 젊고 야심이 있었지만, 정치적으로 아무것도 해 보지 못하고 끝났다.

> 암사자가 … 그 새끼 하나를 또 골라 젊은 사자로 키웠더니 … 먹이 물어뜯기를 배워 사람을 삼키며(겔 19:5-6).

두 번째 사자 새끼는 여호야긴으로, 왕위에 오른 지 3개월 만에 바벨론 왕 느부갓네살에게 포로로 끌려간다.

> 우리에 넣고 갈고리를 꿰어 끌고 바벨론 왕에게 이르렀나니 … 그 소리가 다시 이스라엘 산에 들리지 아니하게 하려 함이라(겔 19:9).

다윗 왕조의 사자들은 하나씩 입을 다물고 끌려간다.

> 네 피의 어머니는 물가에 심겨진 포도나무 같아서 … 그 가지들은 강하여 권세 잡은 자의 규가 될 만한데(겔 19:10-11).

이는 시드기야와 유다 왕국 자체를 비유하는 말이다.

> 분노 중에 뽑혀서 땅에 던짐을 당하매 그 열매는 동풍에 마르고 그 강한 가지들은 꺾이고 말라 불에 탔더니(겔 19:12).

여기서 '분노 중에 뽑히는 것'은 하나님의 심판이고, '동풍'은 바벨론의 침략이며, '불에 탔다'는 것은 예루살렘의 멸망과 성전 파괴를 뜻한다.

> 불이 그 가지 중 하나에서부터 나와 그 열매를 태우니(겔 19:14).

유다 왕국은 안에서부터 썩고 타들어 가 스스로 붕괴되었다.

> 이것이 애가라 후에도 애가가 되리라(겔 19:14).

지금도 슬픈 이야기지만, 앞으로도 이 일은 계속 슬픈 역사로 남게 될 것이다.

반역의 역사와 하나님의 인내(20장)

이 장은 마치 법정 드라마 같다. 이스라엘 장로들은 에스겔을 찾아와 하나님께 물으려 한다.

> 일곱째 해 다섯째 달 열째 날에 이스라엘 장로 여러 사람이 여호와께 물으려고 와서 내 앞에 앉으니(겔 20:1).

그러자 하나님은 대답 대신, 이스라엘의 과거 전체를 꺼내어 장로들을 정면으로 마주 보게 하신다.

> 인자야 이스라엘 장로들에게 말하여 이르라 … 너희가 내게 물으려고 왔느냐 … 너희가 내게 묻기를 내가 용납하지 아니하리라(겔 20:3).

하나님은 대답하기 전에, 그들이 어떻게 했는지부터 따져 보자고 하신다.

> 내가 … 그들에게 맹세하기를 애굽 땅에서 인도하여 내어 그들을 … 모든 땅 중의 아름다운 곳에 이르게 하리라 … 하였으나 … 그들의 눈을 끄는바 … 애굽의 우상들을 떠나지 아니하므로(겔 20:6-8).

출애굽은 구원의 시작이었지만, 이미 그때부터 마음은 우상에게 있었다는 충격적인 고백이다. 그래도 하나님은 포기하지 않으신다. 왜 그런가?

내 이름을 그 이방인의 눈앞에서 더럽히지 아니하려고 행하였음이라(겔 20:9).

이는 그들의 행동이 아니라, 하나님의 이름과 성실함 때문에 살려 주신 것이다.

나의 율례를 준행하지 아니하며 … 나의 안식일을 크게 더럽혔으므로 … 내가 내 손을 들어 광야에서 그들에게 맹세하기를 내가 그들에게 허락한 땅[으로] … 그들을 인도하여 들이지 아니하리라(겔 20:13-15).

출애굽 1세대는 모두 믿음 없는 행동으로 광야에서 죽었다. 하지만 하나님은 새로운 세대에게 다시 기회를 주셨다. 그런데 그들도 똑같았다.

"그들의 아들들도 우상을 숭배하며 내 법을 거절했다"(겔 20:18-21 참조).

출애굽도, 광야도, 기적도 그들을 바꾸지 못했다.

그들이 모든 높은 산과 모든 무성한 나무를 보고 거기에서 제사를 드리고 … 거기서 또 분향하고(겔 20:28).

이스라엘은 가나안의 우상을 그대로 받아들이고 신앙을 뒤섞어 버렸다. 그런데 여기서 중요한 표현이 등장한다.

너희 마음에 품은 것을 결코 이루지 못하리라(겔 20:32).

이는 이스라엘 백성을 향한 하나님의 선언이다.

"너는 나의 백성이다. 아무리 날 떠나도, 나는 너를 우상처럼 내버려두지 않을 것이다."

> 너희를 인도하여 여러 나라 광야에 이르러 … 심판하되 내가 애굽 땅 광야에서 너희 조상들을 심판한 것같이 너희를 심판하리라(겔 20:35-36).

하나님은 다시 새로운 '광야의 심판'을 선언하신다. 하지만 이번에는 멸망이 아닌, 정결하게 하시는 과정이다.

> 내가 너희를 막대기 아래로 지나가게 하며 언약의 줄로 매려니와(겔 20:37).

막대기로 양을 세는 목자처럼, 잃은 자를 다시 찾으시는 하나님의 손길이 느껴진다.

> 너희로 말미암아 내 거룩함을 여러 나라의 목전에서 나타낼 것이며 … 너희는 내가 여호와인 줄 알고(겔 20:41-42).

이것은 이스라엘의 행동이 아닌, 하나님의 이름과 언약에 기초해 완성될 것이다.

하나님의 칼이 뽑혔다(21장)

> 인자야 너는 얼굴을 예루살렘으로 향하며 성소를 향하여 소리 내어 … 내가 너를 대적하여 내 칼을 칼집에서 빼어 의인과 악인을 네게서 끊을지라(겔 21:2-3).

이제 칼이 뽑혔다. 말로 경고하시던 하나님이 드디어 행동에 들어가신 것이다. 그리고 이렇게 말씀하신다.

> 각 마음이 녹으며 모든 손이 약하여지며 각 영이 쇠하며 모든 무릎이 물과 같이 약해지리라(겔 21:7).

이 심판 앞에서는 그 누구도 버틸 수 없다. 하나님은 에스겔에게 말씀하신다.

> 인자야 탄식하되 너는 허리가 끊어지듯 탄식하라(겔 21:6).

왜냐하면 에스겔의 몸짓 하나하나가 곧 하나님의 마음이기 때문이다. 말하지 않아도 보여야 한다. 하나님의 고통, 백성의 멸망, 그 모든 것을 몸으로 전하게 하신 것이다.

> 칼이여 날카롭고도 빛나도다 … 죽이는 자의 손에 넘기기 위하여 날카롭고도 빛나게 하였도다(겔 21:9-11).

하나님은 칼을 세 번 반복해서 강조하신다. '날카로운 칼(연마된 칼), 죽이려는 칼, 마구 휘둘러지는 칼(춤추는 칼처럼 방향 없이 휘둘러지는 피할 수 없는 칼)'이 그것이다.

> 칼아 모이라 오른쪽을 치라 대열을 맞추라 왼쪽을 치라 향한 대로 가라(겔 21:16).

방향이 없다는 것은 예루살렘이든 바벨론이든, 누구든 맞는다는 것이다.

> 바벨론 왕이 갈랫길 곧 두 길 어귀에 서서 점을 치되 화살들을 흔들어 … 예루살렘으로 갈 점괘를 얻었으므로(겔 21:21-22).

바벨론 왕이 두 도시 중 어디부터 칠지 점을 쳤는데, 하나님은 그가 예루살렘을 먼저 치도록 역사하신다. 즉, 바벨론의 공격은 우연도, 정치적 판단도 아니었다. 하나님의 심판 도구였다.

> 전에 그들에게 맹약한 자들은 그것을 거짓 점괘로 여길 것이나(겔 21:23).

백성이 "우리에게는 다윗 언약도 있고 성전도 있으니 하나님이 우리를 지켜 주시겠지" 하며 자신의 죄는 보지 못한 채 언약을 방패처럼 이용하고 있었기 때문이다.

> 관을 제거하며 왕관을 벗길지라 … 이것도 다시 있지 못하리라 마땅히 얻을 자가 이르면 그에게 주리라(겔 21:26-27).

하나님은 유다의 왕관을 벗기고, '아직 오지 않은 자'에게 주겠다고 하신다. 이는 명백한 메시아 예언이다! 지금의 왕은 무너질 것이다. 그러나 때가 되면 진짜 왕에게 왕관을 씌우겠다고 하신다. 그가 올 때까지, 이 나라는 아무것도 아니다.

예루살렘아, 너는 죄의 도가니로 끓고 있다(22장)

> 자기 가운데에 피를 흘려 벌 받을 때가 이르게 하며 우상을 만들어 스스로 더럽히는 성아(겔 22:3).

예루살렘은 성스러워야 할 도시였지만, 이제는 피가 묻고 우상이 세워진 거리가 되었다.

> 네가 흘린 피로 말미암아 죄가 있고 네가 만든 우상으로 말미암아 스스로 더럽혔으니 네 날이 가까웠고 네 연한이 찼도다(겔 22:4).

이것은 '우연한 타락'이 아니라, 고의적이고 계획된 배신이라는 뜻이다.

이 장은 마치 법정에서 하나님이 죄명을 하나하나 낭독하며 판결을 선고하시는 장면 같다. 하나님이 고발하신 죄목은 이렇다.

- 가난한 자, 고아, 과부를 학대함
- 거룩한 것을 업신여김
- 아버지의 벌거벗음을 드러내고 부정한 여인과 동침함
- 이웃의 아내와 간음하고, 며느리와 동침하며, 자기 자매와 음행함
- 뇌물, 이자, 착취, 이익을 위해 무죄한 자의 피를 흘림

이것은 단순히 나쁜 짓이 아니라, '율법의 기본 정신'을 모조리 짓밟은 것이다.

> 네가 불의를 행하여 이익을 얻은 일과 네 가운데에 피 흘린 일로 말미암아 내가 손뼉을 쳤나니(겔 22:13).

하나님은 '회복 불가 상태'임을 선언하며, 심판 외에는 길이 없다고 말씀하신다.

내가 너를 뭇 나라 가운데에 흩으며 각 나라에 헤치고(겔 22:15).

이 말씀은 후에 바벨론 포로로 성취된다.

예루살렘은 원래 정금처럼 정결한 '정금 도가니'가 되어야 했는데, 지금은 불순물이 가득한 '불순물 도가니'일 뿐이다(겔 22:17-22 참조).

인자야 이스라엘 족속이 내게 … 놋이나 주석이나 쇠나 납이며 은의 찌꺼기로다 … 내가 너희를 … 풀무 불 속에 넣고 … 녹이리라(겔 22:18-20).

그래서 하나님은 '풀무에 집어넣고 불로 녹이겠다'고 하신다. 이는 심판인 동시에 정결하게 하기 위한 과정이다. 하지만 온 사회, 곧 영적 지도자부터 백성까지 모두가 썩었다. 마치 죄가 끓고 있는 도가니 같다.

오홀라와 오홀리바의 부패한 사랑(23장)

하나님은 북이스라엘과 남유다를 두 여인으로 비유하며 가슴 아파하신다. 오홀라와 오홀리바다. 오홀라, 곧 북이스라엘은 앗수르 사람을 사모하며 우상을 숭배하다 심판을 받았다. 그런데 그것을 본 동생, 곧 남유다는 반성은커녕 오히려 더 부패해 더러워졌다. 앗수르뿐 아니라 갈대아 사람, 곧 바벨론까지 사모하며 더러움에 빠졌다. 심지어 젊었을 때는 애굽 사람하고도 그렇게 했었다. 그래서 하나님은 그들을 치겠다고 하신다. 주변 나라 모두를 사용하여 에워싸게 해서 재판할 것이라고 하신다.

타오르는 가마솥(24장)

예루살렘이 실제로 포위되던 날, 하나님은 에스겔에게 두 가지 강력한 예언을 주신다.

아홉째 해 열째 달 열째 날에(겔 24:1).

B.C. 588년 1월 15일, 바벨론 왕 느부갓네살이 예루살렘을 포위한 날이다. 하나님은 예루살렘을 가마솥에 비유하신다. 그 안에 좋은 고기, 뼈, 물을 넣고 끓이지만, 결국 다 타고 썩어 버린 고기와 녹슬어 더러워진 솥만 남는다. 그만큼 예루살렘은 죄로 가득 차고 부패했으며, 하나님은 그들을 심판의 불로 끓여 내신다는 상징이다.

하나님은 가마솥을 불에 태워 녹과 더러움을 제거하려고 하신다. 그런데 그 속에 부패가 가득하고 깊게 배어 있어서 아무리 해도 깨끗해지지 않는다.

너의 더러운 것들 중에 음란이 그 하나이니라 내가 너를 깨끗하게 하나 네가 깨끗하여지지 아니하니 내가 네게 향한 분노를 풀기 전에는 네 더러움이 다시 깨끗하여지지 아니하리라(겔 24:13).

이제 심판 외에는 회복의 길이 없다. 하나님은 에스겔에게 말씀하신다.

인자야 내가 네 눈에 기뻐하는 것을 한 번 쳐서 빼앗으리니 너는 슬퍼하거나 울거나 눈물을 흘리거나 하지 말며(겔 24:16).

하나님은 에스겔의 사랑하는 아내를 죽게 하고 애도하지 말라고 명하신다. 아내는 예루살렘을 상징하는데, 예루살렘이 무너질 때 백성도 충격이 너무 커서 울 힘조차 없을 것이기 때문이다. 그리고 약속하신다.

그날에 네 입이 열려서 도피한 자에게 말하고 다시는 잠잠하지 아니하리라 이같이 너는 그들에게 표징이 되고 그들은 내가 여호와인 줄 알리라(겔 24:27).

그날 백성은 비로소 "아, 여호와께서 진짜 말씀하신 대로 이루셨구나" 하고 알게 된다.

주변 나라들에 대한 심판 선언(25장)

24장에서 예루살렘에 대한 심판 예언이 끝나고, 25장부터는 주변 나라들(암몬, 모압, 에돔, 블레셋)에 대한 심판 선언이 이어진다. 그들이 망하게 된 가장 큰 이유는, 예루살렘이 망할 때 기뻐하고 조롱했기 때문이다.

하나님은 암몬 땅을 동방 사람들에게 넘기고 폐허로 만들겠다고 하신다. 하나님의 백성의 아픔을 조롱하는 것은 하나님을 조롱하는 것과 같다. 모압과 세일(에돔) 사람들은 "유다는 다른 민족들과 다를 게 없다" 하며 조롱했다. 이에 하나님은 이렇게 심판하신다.

내가 내 손을 에돔 위에 펴서 사람과 짐승을 그 가운데에서 끊어 데만에서부터 황폐하게 하리니 드단까지 칼에 엎드러지리라(겔 25:13).

에돔은 형제 민족임에도 이스라엘을 증오하고 해쳤다. 그래서 하나님은 철저하게 심판하겠다고 하신다.

두로와 시돈을 향한 심판과 교만한 자의 몰락(26-28장)

26-28장은 두로라는 도시 국가에 대한 심판 예언이다. 두로는 오늘날 레바논 지역에 위치했던, 지중해 연안의 상업 중심지이자 거대한 항구 도시였다. 그런데 하나님은 왜 두로를 심판하실까? 그들은 교만했으며, 예루살렘이 무너질 때 기뻐했기 때문이다. '이제 내가 더 부자가 되겠구나' 하며 기회를 노린 것이다.

하나님은 여러 나라를 동원해서 두로를 칠 거라고 하신다. 성벽이 무너지고, 성이 바다에 잠길 것이며, 육지의 두로는 폐허가 되어 어부들이 그 위에 그물을 칠 뿐이라고 말씀하신다. 실제로 느부갓네살이 두로를 13년간 포위했고, 나중에 알렉산더 대왕이 등장해 바다를 메워 육지에서 섬까지 길을 만들고 군대를 보내 두로섬을 함락시킨다. 그는 성벽의 돌들을 바다에 던져 섬으로 가는 길을 만들었고, 결국 두로는 완전히 무너져 바다로 가라앉아 버렸다. 지금은 그저 레바논의 작은 도시로 남아 있을 뿐이다. 결국 두로는 하나님의 심판 앞에서 사라지고 만다.

두로 왕에게 이르기를 … 네 마음이 교만하여 말하기를 나는 신이라 내가 하나님의 자리 곧 바다 가운데에 앉아 있다 하도다 네 마음이 하나님의 마음 같은 체할지라도 너는 사람이요 신이 아니거늘(겔 28:2).

두로 왕은 스스로를 신이라 여겼다. 하나님은 그의 교만을 꺾기 위해 강한 이방 군대를 보낼 것이며, 결국 그는 부끄러움과 죽음으로 끝난다고 선언하신다.

에스겔 28장 12-17절은 두로 왕을 넘어서는 더 높은 존재의 교만을 말한다.

> 네가 옛적에 하나님의 동산 에덴에 있어서 각종 보석 곧 홍보석과 황보석과 금강석과 황옥과 홍마노와 창옥과 청보석과 남보석과 홍옥과 황금으로 단장하였음이여 네가 지음을 받던 날에 너를 위하여 소고와 비파가 준비되었도다(겔 28:13).

이는 단순한 인간 왕이 아니라, 바로 사탄의 타락 이전 상태와 닮아 있다.

> 너는 기름 부음을 받고 지키는 그룹임이여 내가 너를 세우매 네가 하나님의 성산에 있어서 불타는 돌들 사이에 왕래하였도다(겔 28:14).

그룹은 하나님의 보좌를 가까이서 섬기던 천사 중의 천사다. 사탄은 본래 아름답고 지혜로운 존재였다. 그런데 그에게 불의가 드러났다. 영광과 아름다움을 통해 자신의 이익을 탐하다가 결국 타락하게 된 것이다.

> 네 무역이 많으므로 네 가운데에 강포가 가득하여 네가 범죄하였도다 너 지키는 그룹아 그러므로 내가 너를 더럽게 여겨 하나님의 산에서 쫓아냈고 불타는 돌들 사이에서 멸하였도다(겔 28:16).

사탄의 타락처럼, 무역 중심 도시였던 두로 역시 이익과 물질을 탐하다가 결국 교만해졌다. 이 구절은 이사야 14장의 '하늘에서 떨어진 새벽별'(루시퍼)

이야기와도 연결된다.

교만한 애굽, 하나님의 갈고리에 꿰이다(29장)

이제 애굽에 대한 하나님의 심판 예언이 이어진다. 애굽은 교만했고, 이스라엘을 돕는 척하면서 결국 이용만 하는 죄를 지었다.

하나님은 애굽 왕 바로를 '큰 악어'에 비유하신다. 그는 나일강을 자신의 것이라 말하며, 자신이 그 강을 만들었다고 주장했다. 이에 하나님은 갈고리로 바로의 아가미를 꿰어 끌어낼 거라고 하신다. 마치 사냥꾼이 악어를 잡듯이 말이다.

이스라엘은 어려울 때마다 애굽을 붙잡았으나, 애굽은 도와주기는커녕 늘 상처만 입히는 존재였다. 하나님은 이렇게 말씀하신다.

> 애굽은 본래 이스라엘 족속에게 갈대 지팡이라(겔 29:6).

그러면서 애굽은 영원히 예전처럼 강대국이 되지 못할 것이며, 바벨론 왕 느부갓네살에게 두로를 친 보상으로 애굽을 주겠다고 하신다.

> 인자야 바벨론의 느부갓네살왕이 그의 군대로 두로를 치게 할 때에 크게 수고하여 모든 머리털이 무지러졌고 모든 어깨가 벗어졌으나 그와 군대가 그 수고한 대가를 두로에서 얻지 못하였느니라 그러므로 주 여호와께서 이같이 말씀하셨느니라 내가 애굽 땅을 바벨론의 느부갓네살왕에게 넘기리니 그가 그 무리를 잡아가며 물건을 노략하며 빼앗아 갈 것이라 이것이 그 군대의 보상이 되리라(겔 29:18-19).

바벨론은 하나님의 심판 도구였고, 하나님은 그 도구에게 애굽의 재산과 영광을 넘기신다.

애굽과 그 동맹들의 몰락(30장)

29장이 애굽에 대한 심판이었다면, 30장은 범위를 더 확대하여 애굽과 동맹을 맺은 주변 민족들까지도 함께 무너질 것임을 예언하신다. 구스, 붓, 룻, 아라비아, 리비아, 바벨의 자손들 등이다. 하나님은 이날을 '주의 날'이라 부르신다. 심판의 날, 하나님의 거룩한 분노가 임하는 날이다. 결국 하나님은 누구를 의지했는가에 따라 심판하신다. 하나님이 아닌 세력에 기대면 함께 무너지는 것이다.

레바논 백향목도 쓰러진다(31장)

이때는 남유다의 멸망 직전, 예루살렘 함락 1-2년 전쯤으로 본다. 애굽은 겉으로는 강해 보였지만, 하나님은 애굽도 심판하겠다고 경고하신다. 하나님은 자신을 대단하다고 생각하는 애굽 왕 바로에 대한 경고를 비유로 말씀하신다.

> 인자야 너는 애굽의 바로왕과 그 무리에게 이르기를 네 큰 위엄을 누구에게 비하랴 볼지어다 앗수르 사람은 가지가 아름답고 그늘은 숲의 그늘 같으며 키가 크고 꼭대기가 구름에 닿은 레바논 백향목이었느니라(겔 31:2-3).

한때 앗수르는 대제국이었다. 그 모습은 마치 '레바논 백향목'처럼 크고 아름다웠으며, 많은 나라가 그 그늘에서 살았다. 그러나 교만해지자 하나님은 앗수르를 다른 나라에 넘기셨다. 결국 망하게 하신 것이다.

> 여러 나라의 포악한 다른 민족이 그를 찍어 버렸으므로 그 가는 가지가 산과 모든 골짜기에 떨어졌고 그 굵은 가지가 그 땅 모든 물가에 꺾어졌으며 세상 모든 백성이 그를 버리고 그 그늘 아래에서 떠나매(겔 31:12).

나무가 잘려서 땅바닥에 쓰러졌다. 곧 앗수르 제국이 몰락하는 것을 그림으로 보여 주신 것이다. 하나님은 앗수르의 위대함을 먼저 보여 주신 후에 "그 위대함도 결국 쓰러졌다"고 말씀하신다. 이는 애굽도 예외가 아님을 경고하시는 것이다.

> 네가 에덴의 나무들과 함께 지하에 내려갈 것이요 거기에서 … 칼에 죽임을 당한 자 가운데에 누우리라(겔 31:18).

바로도, 교만한 제국도 똑같다. 결국 무덤에서 함께 썩는다.

스올로 내려가는 강대국들(32장)

애굽은 여전히 자신이 강하다고 착각하고 있다. 이에 하나님은 아예 '장례식의 애가'를 부르신다.

> 너를 여러 나라에서 사자로 생각하였더니 실상은 바다 가운데의 큰 악어라(겔 32:2).

겉으로는 맹수처럼 보이지만, 실상은 쓸려 나가는 악어 같은 괴물에 불과하다는 것이다.

이 장에는 '스올'(죽은 자들의 세계)이 등장한다. 그곳에는 앗수르, 엘람, 메섹, 두발 등의 민족이 하나님께 심판을 받고 이미 내려가 있다.

> 그들이 … 스올에 내려가서 … 칼에 죽임을 당한 자와 함께 누우리로다(겔 32:27-28).

결국 애굽도 그들과 함께 묻히게 될 것이다. 아무리 크고 강해도, 하나님의 칼은 막을 수 없다.

회복을 향한 문이 열리다(33장)

드디어 에스겔의 새로운 전환점이 시작된다. 예루살렘의 멸망 소식이 도착하고, 드디어 그의 입이 열려 '회복의 예언'이 시작된다. 지금까지는 '심판과 경고'가 중심이었다면, 이제부터는 '회복과 희망'의 문이 열리는 것이다.

> 내가 너를 이스라엘 족속의 파수꾼으로 삼음이 이와 같으니라 그런즉 너는 내 입의 말을 듣고 나를 대신하여 그들에게 경고할지어다(겔 33:7).

파수꾼의 역할은 이제 '회개를 부르는 자'로 바뀐다.

> 주 여호와의 말씀이니라 … 나는 악인이 죽는 것을 기뻐하지 아니하고 악인이 그의 길에서 돌이켜 떠나 사는 것을 기뻐하노라(겔 33:11).

하나님의 본심은 심판이 아니라 회개와 회복임을 확실히 선언하신다. 그리고 드디어 예루살렘의 멸망 소식이 도착한다.

열두째 해 열째 달 다섯째 날에 예루살렘에서부터 도망하여 온 자가 내게 나아와 말하기를 그 성이 함락되었다 하였는데(겔 33:21).

B.C. 586년, 예루살렘이 함락되었다. 포로로 끌려온 지 12년 만에 에스겔은 눈으로 보지 못한 그 '비극의 끝'을 귀로 듣게 된다.

그 도망한 자가 내게 나아오기 전날 저녁에 여호와의 손이 내게 임하여 내 입을 여시더니 … 내가 다시는 잠잠하지 아니하였노라(겔 33:22).

침묵하던 에스겔 선지자의 입이 열린다. 이제는 회복을 선포할 시간이다. 그러나 이스라엘의 남은 자들은 착각하고 있었다.

아브라함은 오직 한 사람이라도 이 땅을 기업으로 얻었나니 우리가 많은즉 더욱 이 땅을 우리에게 기업으로 주신 것이 되느니라(겔 33:24).

예루살렘이 무너졌는데도 남은 자들은 회개하지 않고 오히려 교만했다. 자신들은 살아남았으니까 그 땅은 자신들의 것이라고 착각하고 있다. 하나님은 그런 그들을 책망하신다.

내가 그들이 행한 모든 가증한 일로 말미암아 그 땅을 황무지와 공포의 대상이 되게 하면 그때에 내가 여호와인 줄을 그들이 알리라 하라(겔 33:29).

오히려 그들의 교만 때문에 남은 땅까지 다 황폐하게 된다는 것이다.

> 백성이 … 네 앞에 앉아서 네 말을 들으나 그대로 행하지 아니하니 이는 그 입으로는 사랑을 나타내어도 마음으로는 이익을 따름이라 그들은 네가 고운 음성으로 사랑의 노래를 하며 음악을 잘하는 자같이 여겼나니 네 말을 듣고도 행하지 아니하거니와(겔 33:31-32).

하나님의 말씀을 '좋은 설교'로는 듣지만, 삶으로는 전혀 반응하지 않는다. 하나님은 이것을 '진짜 불순종'이라고 말씀하신다. 결국, 하나님의 말씀이 다 이루어진 후에야 깨닫게 될 것이다.

참 목자와 거짓 목자 (34장)

이스라엘의 정치 지도자들은 백성을 제대로 돌보지 못했다. 그래서 하나님은 에스겔을 통해 '거짓 목자들'을 꾸짖으시고, 당신이 직접 좋은 목자가 되어 주겠다고 약속하신다.

> 자기만 먹는 이스라엘 목자들은 화 있을진저 목자들이 양 떼를 먹이는 것이 마땅하지 아니하냐 너희가 살진 양을 잡아 그 기름을 먹으며 그 털을 입되 양 떼는 먹이지 아니하는도다(겔 34:2-3).

하나님은 지도자들이 양 떼(백성)는 돌보지 않고 권력과 부귀영화만 챙긴 것을 폭로하신다.

너희가 … 병든 자를 고치지 아니하며 … 잃어버린 자를 찾지 아니하고 다만 포악으로 그것들을 다스렸도다(겔 34:4).

하나님은 이스라엘의 지도자들을 목자로 부르셨는데, 그들이 양을 잡아먹은 것이다. 그 결과, 양들은 흩어지고 들짐승의 밥이 되어 버렸다.

목자가 없으므로 그것들이 흩어지고 흩어져서 모든 들짐승의 밥이 되었도다(겔 34:5).

바벨론의 침공과 전쟁, 그 모든 참사 속에 백성은 버려진 양이 되었다.

내가 내 양을 찾고 찾되 목자가 … 양이 흩어졌으면 그 떼를 찾는 것같이 … 그 흩어진 모든 곳에서 그것들을 건져 낼지라(겔 34:11-12).

하나님은 흩어진 양들을 어디에 있든 찾아내어 다시 모으겠다고 하신다.

그 잃어버린 자를 내가 찾으며 쫓기는 자를 내가 돌아오게 하며 상한 자를 내가 싸매 주며 병든 자를 내가 강하게 하려니와(겔 34:16).

그러나 지도자만의 문제가 아니었다.

내가 살진 양과 파리한 양 사이에서 심판하리라 너희가 옆구리와 어깨로 밀어뜨리고 모든 병든 자를 뿔로 받아 무리를 밖으로 흩어지게 하는도다(겔 34:20-21).

양들끼리도 갑질하고, 착취하며, 무관심했다. 이것도 하나님께서 책망하신다. 그래서 하나님은 이렇게 말씀하신다.

> 내가 한 목자를 그들 위에 세워 먹이게 하리니 그는 내 종 다윗이라 그가 그들을 먹이고 그들의 목자가 될지라(겔 34:23).

다윗은 이미 죽은 지 오래다. 그렇다면 이 말씀은 분명 앞으로 오실 메시아, 다윗의 혈통에서 나올 참 목자, 예수 그리스도를 예언하신 것이다.

> 내가 또 그들과 화평의 언약을 맺고 … 때를 따라 소낙비를 내리되 복된 소낙비를 내리리라(겔 34:25-26).

하나님은 이스라엘과 평화의 언약을 맺겠다고 하신다. 안전과 평안을 주시겠다는 약속이다.

> 내 양 곧 내 초장의 양 너희는 사람이요 나는 너희 하나님이라(겔 34:31).

에돔을 향한 심판 선언 (35장)

이 장은 에돔, 곧 세일산을 향한 심판 예언이다. 에돔은 에서의 후손들이 세운 나라로, 이스라엘이 멸망했을 때 기뻐하며 오히려 침략까지 했다. 그래서 하나님은 에돔도 심판하겠다고 선언하신다.

> 인자야 네 얼굴을 세일산으로 향하고 그에게 예언하여 이르기를 … 세일산아

내가 너를 대적하여 내 손을 네 위에 펴서 네가 황무지와 공포의 대상이 되게 할지라(겔 35:2-3).

하나님이 세일산을 대적하시는 이유는 다음과 같다.

네가 옛날부터 한을 품고 이스라엘 족속의 환난 때 곧 죄악의 마지막 때에 칼의 위력에 그들을 넘겼도다(겔 35:5).

에돔은 오랫동안 이스라엘을 증오했고, 이스라엘이 약해졌을 때 그 틈에 그들을 공격하고 죽였다.

네가 말하기를 이 두 민족과 두 땅은 다 내 것이며 내 기업이 되리라 하였도다 그러나 여호와께서 거기에 계셨느니라(겔 35:10).

에돔은 이스라엘과 유다가 망한 것을 보고, '이제 저 땅은 다 우리가 차지할 것이다!' 하며 욕심을 부렸다. 그러나 하나님은 여전히 그 땅을 지키고 계셨다. 하나님은 에돔을 완전히 황폐하게 하겠다고 선언하시며, 모든 사람이 '진짜 여호와 하나님이 계셨구나' 하고 깨닫게 될 거라고 하신다.

이스라엘의 회복과 새 마음의 약속 (36장)

이스라엘은 지금 나라가 완전히 망한 상태다. 주변 민족들은 이스라엘 땅을 빼앗으려고 호시탐탐 노리고 있다. 그러나 하나님은 이스라엘을 회복시키겠다고 약속하신다. 새 마음과 새 영을 주겠다는 놀라운 예언도 하신다. 비록 지금은 주변 국가들이 조롱하며 노리고 있지만, 하나님은 이렇게 말씀하신다.

> 그러나 너희 이스라엘 산들아 너희는 가지를 내고 내 백성 이스라엘을 위하여 열매를 맺으리니 그들이 올 때가 가까이 이르렀음이라(겔 36:8).

하나님이 백성을 다시 데려올 준비를 하고 계신다.

> 내가 너희 위에 사람과 짐승을 많게 하되 그들의 수가 많고 번성하게 할 것이라 너희 전 지위대로 사람이 거주하게 하여 너희를 처음보다 낫게 대우하리니 내가 여호와인 줄을 너희가 알리라(겔 36:11).

하나님은 이스라엘을 예전보다 더 번성하게 하겠다고 약속하신다.

> 인자야 이스라엘 족속이 그들의 고국 땅에 거주할 때에 그들의 행위로 그 땅을 더럽혔나니 나 보기에 그 행위가 월경 중에 있는 여인의 부정함과 같았느니라(겔 36:17).

하지만 이스라엘 백성이 죄를 너무 많이 지어 그 땅이 더럽혀졌다. 그래서 하나님은 그들을 심판하고 세계 곳곳으로 흩으셨다. 하지만 회복시키신다. 왜 그런가?

> 이스라엘 족속이 들어간 그 여러 나라에서 더럽힌 내 거룩한 이름을 내가 아꼈노라(겔 36:21).

하나님은 당신의 이름을 아끼기 때문에 그들의 죄를 깨끗이 씻어 주겠다고 말씀하신다.

> 또 새 영을 너희 속에 두고 새 마음을 너희에게 주되 너희 육신에서 굳은 마음을 제거하고 부드러운 마음을 줄 것이며 또 내 영을 너희 속에 두어 너희로 내 율례를 행하게 하리니 너희가 내 규례를 지켜 행할지라(겔 36:26-27).

이렇게 하나님의 성령이 우리 안에 들어오셔서 우리가 말씀을 지킬 수 있도록 도와주신다.

> 이 땅이 황폐하더니 이제는 에덴동산같이 되었고 황량하고 적막하고 무너진 성읍들에 성벽과 주민이 있다 하리니(겔 36:35).

그리고 망했던 땅은 에덴동산처럼 아름답게 회복될 것이다. 주변 나라들도 그것을 보며 '이것은 하나님이 하셨구나' 하고 인정하게 될 것이다.

마른 뼈와 두 막개기 환상(37장)

이제 이스라엘은 완전히 망하고 백성은 뿔뿔이 흩어져 절망에 빠져 있다. 이때 하나님은 에스겔에게 마른 뼈 환상을 보여 주면서 이스라엘이 다시 살아날 것을 약속하신다.

> 여호와께서 권능으로 내게 임재하시고 그의 영으로 나를 데리고 가서 골짜기 가운데 두셨는데 거기 뼈가 가득하더라(겔 37:1).

그 뼈들은 이스라엘 백성의 상태를 이야기한다. 나라는 망하고, 성전은 무너지고, 백성은 포로로 끌려가 아무 소망도 남지 않은 상태다. 하나님이 물으신다.

인자야 이 뼈들이 능히 살 수 있겠느냐 하시기로 내가 대답하되 주 여호와여 주께서 아시나이다(겔 37:3).

하나님이 이 뼈들이 다시 살 수 있는지를 물으셨을 때, 에스겔은 하나님의 전능하심을 믿고 그분의 뜻에 자신을 맡긴다. 하나님은 에스겔에게 마른 뼈들이 살아날 거라고 선포하게 하신다. 그런데 아직 생명은 없다.

이에 내가 명령을 따라 대언하니 대언할 때에 소리가 나고 움직이며 이 뼈, 저 뼈가 들어맞아 뼈들이 서로 연결되더라(겔 37:7).

잠시 후, 하나님이 에스겔에게 명하여 생기를 불어넣게 하시자, 마른 뼈들이 살아나 거룩한 군대를 이룬다.

이 뼈들은 이스라엘 온 족속이라 그들이 이르기를 우리의 뼈들이 말랐고 우리의 소망이 없어졌으니 우리는 다 멸절되었다 하느니라(겔 37:11).

이 마른 뼈들은 바로 이스라엘 백성을 상징한다. 그들은 스스로를 소망도 없고 완전히 끝났다고 여긴다. 하지만 하나님은 말씀하신다.

내가 또 내 영을 너희 속에 두어 너희가 살아나게 하고 내가 또 너희를 너희 고국 땅에 두리니 나 여호와가 이 일을 말하고 이룬 줄을 너희가 알리라(겔 37:14).

하나님은 당신의 영을 주어 그들을 살리고, 다시 이스라엘 땅으로 돌아가게 할 것이라고 말씀하신다. 그리고 두 개의 막대기를 보여 주며 유다와 에브라임이 합쳐질 것이라고 하신다. 그것이 언제인가?

내 종 다윗이 그들의 왕이 되리니 그들 모두에게 한 목자가 있을 것이라 그들이 내 규례를 준수하고 내 율례를 지켜 행하며(겔 37:24).

다윗과 같은 목자, 바로 메시아가 오실 것을 예언하신 것이다.

곡의 침략과 하나님의 준비된 심판(38장)

이 장은 이스라엘의 회복 이후에 벌어질 큰 전쟁, 곧 '곡과 마곡'의 전쟁을 예고한다. 이는 단순한 과거의 전쟁이 아니라, 미래에 있을 큰 영적 전쟁을 보여 주는 것이다. 하나님은 에스겔에게 곡을 직접 끌어내겠다고 선언하게 하신다. 마치 물고기 입에 갈고리를 꿰듯, 곡을 전쟁터로 끌어내겠다고 하신다.

여러 날 후 곧 말년에 네가 명령을 받고 그 땅 곧 오래 황폐하였던 이스라엘 산에 이르리니 그 땅 백성은 칼을 벗어나서 여러 나라에서 모여 들어오며 이방에서 나와 다 평안히 거주하는 중이라(겔 38:8).

이 전쟁은 이스라엘이 회복되고 평안할 때, 곡이 악한 마음을 품고 침략하면서 일어난다. 곡은 어느 한 나라가 아니라, 모든 시대의 하나님을 대적하는 세력을 상징한다고 볼 수 있다. 하지만 하나님은 오히려 곡을 통해 '내가 여호와다'라는 것을 온 세상에 알리겠다고 하신다.

> 그날에 곡이 이스라엘 땅을 치러 오면 내 노여움이 내 얼굴에 나타나리라 주 여호와의 말씀이니라 내가 질투와 맹렬한 노여움으로 말하였거니와 그날에 큰 지진이 이스라엘 땅에 일어나서(겔 38:18-19).

하나님은 곡이 이스라엘을 치러 올라올 때 맹렬한 분노를 드러내며, 이스라엘 땅에 큰 지진이 일어나게 하실 것이다. 그리고 재앙을 퍼부어 곡과 그의 군대를 무너뜨리실 것이다.

곡의 멸망과 이스라엘의 회복 (39장)

곡이 쳐들어왔을 때, 하나님은 그들을 끌어내어 이스라엘 산 위에서 무너뜨리겠다고 하신다.

> 네 활을 쳐서 네 왼손에서 떨어뜨리고 네 화살을 네 오른손에서 떨어뜨리리니(겔 39:3).

곡이 이스라엘을 치려고 준비하지만, 그들은 전쟁을 시작하지도 못하고 무너진다.

> 이스라엘 성읍들에 거주하는 자가 나가서 그들의 무기를 불태워 사르되 큰 방패와 작은 방패와 활과 화살과 몽둥이와 창을 가지고 일곱 해 동안 불태우리라(겔 39:9).

곡의 군대가 버리고 간 무기가 얼마나 많은지, 이스라엘 백성이 7년 동안이나 그 무기를 태워서 불을 땔 정도라고 말씀하신다. 또한 이스라엘 백성은 7개월 동안 죽은 자들을 매장할 것이라고 하신다.

> 이스라엘 족속이 일곱 달 동안에 그들을 매장하여 그 땅을 정결하게 할 것이라(겔 39:12).

이 전쟁은 아직 미래에 있을 일이다. 곡과의 전쟁은 마지막 시대, 사탄이 최후의 발악을 하는 때에 벌어질 거대한 전쟁으로 보는 해석이 가장 성경적이다.

새 성전의 구조(40-42장)

1-39장까지는 주로 심판과 회복에 대한 예언이었다면, 40장부터는 새로운 시대, 회복된 이스라엘에 어떻게 새 성전이 세워질지를 보여 주는 환상 이야기가 시작된다. 때는 바벨론 포로 25년째, 즉 예루살렘이 함락된 지 14년 후다.

에스겔은 환상 중에 하나님의 영에 이끌려 이스라엘 땅으로 가게 된다. 거기서 그는 아직 세워지지 않은 미래의 성읍과 성전을 보게 된다.

> 나를 데리시고 거기에 이르시니 모양이 놋같이 빛난 사람 하나가 손에 삼줄과 측량하는 장대를 가지고 문에 서 있더니(겔 40:3).

그 사람, 즉 천사는 손에 측량줄을 들고 성전의 구석구석을 재기 시작한다. 성문, 뜰, 방, 벽 두께 등 성전 전체의 치수를 측량하고 상세히 기록하기 시작한다. 이것은 하나님이 새롭게 세우실 거룩한 성전의 청사진이다.

그는 성전 본체, 성소와 지성소 안으로 들어가 구조와 장식을 세밀하게 살핀다. 성전 벽에는 그룹과 종려나무 문양이 새겨져 있다. 그룹은 하나님의 보좌 주변을 지키는 천사들로, 이 성전이 단순한 건물이 아니라 하나님의 거룩하심을 상징하는 것임을 보여 준다.

성전 주위에 있는 제사장들이 거할 방들에 관한 설명도 나온다. 이 방들은 거룩하게 구별된 구역이며, 일반인은 출입이 금지된다. 제사장들은 이 방에 제물(소제물, 속죄 제물, 속건 제물)을 보관하고, 그곳에서 성소에서 입었던 거룩한 옷을 갈아입는다. 제사장들은 성소에서 입은 옷을 밖으로 가지고 나가서는 안 되었다. 반드시 방에 벗어 두고, 일반 옷으로 갈아입은 후에 밖으로 나가야 했다. 이는 거룩과 일상을 철저히 구별하기 위해서였다.

여기서 말하는 성전은 단순히 과거 솔로몬 성전을 복구하는 것이 아니다. 이것은 '미래의 완전한 하나님의 임재'를 상징하는 성전이다. 이 성전은 역사 속에서 아직 세워진 적이 없다. 이는 단순한 건물 이야기가 아니라, 하나님 나라의 완전한 회복과 메시아 시대를 보여 주는 모형이기 때문이다. 바벨론 포로 귀환 후에 세운 스룹바벨 성전이나 헤롯 성전과도 그 설계가 다르다. 그래서 많은 신학자는 이것을 천년왕국, 혹은 새 하늘과 새 땅에서 이루어질 성전 모형이라고 해석한다.

하나님의 영광이 다시 성전에 임하시다(43장)

40-42장에서 성전 구조와 제사장 구역에 대한 설명이 끝나고, 43장에서는 마침내 하나님의 영광이 다시 새 성전에 돌아오신다. 예전에 성전을 떠났던(겔 10장 참조) 여호와의 영광이 다시 임하시는

것이다.

> 이스라엘 하나님의 영광이 동쪽에서부터 오는데 하나님의 음성이 많은 물 소리 같고 땅은 그 영광으로 말미암아 빛나니(겔 43:2).

하나님의 영광이 동쪽에서부터 다가오자 온 땅이 환하게 빛난다.

> 여호와의 영광이 동문을 통하여 성전으로 들어가고(겔 43:4).

동문은 이스라엘이 하나님의 임재를 맞이하는 특별한 문이다. 에스겔이 성전 안뜰로 들어가 보니, 하나님의 영광이 성전 안에 가득 차 있다. 하나님은 이제 이스라엘 가운데 영원히 거하겠다고 약속하신다.

성소의 거룩함과 제사장의 규례 (44장)

이제 하나님은 이 성전을 어떻게 거룩하게 관리할 것인지, 특히 누가 하나님을 섬길 수 있는지에 대한 규례를 주신다. 거룩하지 않은 자는 하나님께로 나아갈 수 없다.

> 그가 나를 데리고 성소의 동쪽을 향한 바깥 문에 돌아오시니 그 문이 닫혔더라(겔 44:1).

성전의 동문은 여호와의 영광이 들어오셨기에 닫힌다. 하나님이 직접 지나가신 문이기에, 그 문은 더 이상 사람의 출입을 허락하지 않고 하나님의 권위와 영광을 상징한다.

> 왕은 왕인 까닭에 안길로 이 문 현관으로 들어와서 거기에 앉아서 나 여호와 앞에서 음식을 먹고 그 길로 나갈 것이니라(겔 44:3).

이스라엘의 통치자는 특별히 동문 현관에 앉아 하나님 앞에서 음식을 먹을 수 있다. 그러나 문 안쪽까지는 들어갈 수 없다. 문 앞에 머물러야 한다. 여기서 음식을 먹는다는 것은 하나님과 친밀히 교제하며 예배하는 것을 뜻한다. 왕이어도 안뜰(성소)까지는 함부로 들어갈 수 없다. 그리고 레위인 중에서도 오직 사독의 자손만이 제사장 직분을 맡는다. 불순종했던 제사장들은 제쳐 두고, 하나님께 순종한 사독 계열만이 섬길 수 있다. 이 말씀은, 하나님을 섬기는 것은 아무나 할 수 있는 일이 아니며, 순결과 충성과 거룩을 가진 자만이 그분 앞에 설 수 있음을 보여 준다.

공의로운 통치와 거룩한 분배 (45장)

이 장은 이스라엘 땅의 새 분배 방식과 새 시대에 왕이 어떻게 공의롭게 다스릴 것인지에 대한 규례다. 새로운 시대에는 모든 땅과 제도가 하나님의 거룩함과 공의를 반영해야 한다.

먼저 전체 땅 가운데 일부를 여호와께 드리는 거룩한 구역으로 지정하고, 성소(성전), 제사장 구역, 레위인 구역, 일반적으로 거룩히 구별된 땅이 마련된다. 즉, 성전 주변도 완전히 거룩한 구역으로 보호하는 것이다. 왕에게도 땅을 주지만, 성전 옆쪽으로 정해진 구역만 허락된다. 이는 왕도 하나님의 법 아래 겸손히 다스려야 함을 의미한다.

> 이 땅을 왕에게 돌려 이스라엘 가운데에 기업으로 삼게 하면 나의 왕들이 다시는 내 백성을 압제하지 아니하리라 그 나머지 땅은 이스라엘 족속에게 그 지파대로 줄지니라(겔 45:8).

과거의 왕들은 백성의 땅을 빼앗고 억압했다. 그러나 새 시대에는 왕도 정의와 공의로 다스려야 하며, 절대로 백성을 억눌러서는 안 된다.

> 군주의 본분은 번제와 소제와 전제를 명절과 초하루와 안식일과 이스라엘 족속의 모든 정한 명절에 갖추는 것이니 이스라엘 족속을 속죄하기 위하여 이 속죄제와 소제와 번제와 감사 제물을 갖출지니라(겔 45:17).

왕은 백성을 대표해서 절기마다 번제, 소제, 전제를 드려야 한다. 왕이 먼저 앞장서서 하나님께 제사를 드려야 한다. 여기에서 절기와 제사는 무엇을 의미할까? 하나님의 구원과 은혜를 기억하게 하는 것이다. 특히 유월절과 초막절을 지키라는 명령은, 이스라엘이 애굽에서 구원받은 사건을 잊지 말고 감사하며 살라는 것이다.

안식일과 절기의 제사 규례(46장)

> 안뜰 동쪽을 향한 문은 일하는 엿새 동안에는 닫되 안식일에는 열며 초하루에도 열고(겔 46:1).

평일에는 성전 동문을 닫아 둬야 한다. 하지만 안식일과 초하루에는 동문을 열어 특별 예배를 드려야 한다. 하나님의 거룩한 날은 특별히 구별해야 한다는 뜻이다. 통치자는 안으로 들어가 문 곁에

서서 하나님께 경배한다. 그리고 성전 주변에는 구별된 땅을 배치한다.

성전에서 흘러나오는 생명의 강(47장)

에스겔이 성전 문지방 앞에 서 있다. 그런데 성전 문지방 아래에서 물이 흘러나오기 시작한다.

> 그가 나를 데리고 성전 문에 이르시니 성전의 앞면이 동쪽을 향하였는데 그 문지방 밑에서 물이 나와 동쪽으로 흐르다가 성전 오른쪽 제단 남쪽으로 흘러내리더라(겔 47:1).

이 물은 점점 깊어져서 처음에는 발목, 그다음은 무릎, 허리, 그러다가 사람이 건너지 못할 큰 강이 된다. 강 좌우편에는 나무가 많다.

> 그가 내게 이르시되 이 물이 동쪽으로 향하여 흘러 아라바로 내려가서 바다에 이르리니 이 흘러내리는 물로 그 바다의 물이 되살아나리라(겔 47:8).

이 강물은 사해(죽음의 바다, 염분이 엄청 높은 바다)로 흘러간다. 그런데 이 생명의 물이 닿으면 죽어 있던 바다조차 살아난다. 물고기, 나무, 생명체들이 다시 살아나고 번성한다. 하나님의 생명력은 죽은 것도 다시 살릴 수 있다.

> 강 좌우 가에는 각종 먹을 과실나무가 자라서 그 잎이 시들지 아니하며 열매가 끊이지 아니하고 달마다 새 열매를 맺으리니 그 물이 성소를 통하여 나옴이라 그 열매는 먹을 만하고 그 잎사귀는 약 재료가 되리라(겔 47:12).

강 양쪽에는 나무가 가득한데, 그 나무들은 절대 시들지 않고 달마다 새로운 열매를 맺는다.

여호와 삼마 (48장)

48장은 회복된 이스라엘 땅이 열두 지파에게 어떻게 나누어질지 그리고 새로운 성읍(거룩한 도성)이 어떻게 세워질지를 구체적으로 보여 준다.

열두 지파가 공평하게 땅을 분배받는다. 성전과 제사장들의 땅, 레위인의 땅, 새 도성(거룩한 성읍)이 배치되어 있고, 그 중심에는 항상 하나님을 섬기는 장소가 있다. 정치나 경제가 아닌 예배가 중심이다. 성읍은 정사각형 모양으로 지어지고, 사방에 각각 세 개씩 총 열두 문이 설치된다. 각각의 문에는 이스라엘 열두 지파의 이름이 새겨진다. 그 중심에는 성전과 '여호와의 성읍'이 세워지는데, 그 성읍의 이름은 '여호와 삼마', 곧 '여호와께서 거기 계시다'라는 뜻이다. 이스라엘은 이제 영원히 하나님의 임재 아래 거하게 될 것이다.

에스라 1

바벨론 포로 생활이 끝나고, 남유다 백성이 예루살렘으로 돌아오기 시작한다. 1차 귀환은 B.C. 537년, 스룹바벨 총독과 제사장 여호수아를 중심으로 이루어진다. 그들은 돌아와 하나님의 성전을 짓기 시작한다. 2차 귀환은 B.C. 456년, 에스라가 하나님의 말씀을 세우기 위해 돌아온다. 3차 귀환은 B.C. 444년, 느헤미야가 돌아와 예루살렘 성벽을 재건한다.

이제 1차로 돌아오는 포로 귀환 공동체가 어떻게 모였는지 에스라서를 통해 살펴보자.

"얘들아, 내일은 우리 가족이 먼 길을 가야 하니 일찍 자라."

"여보, 우리의 예루살렘은 어떻게 변했을까요?"

나라가 망한 후 바벨론으로 끌려와 70년이 지났다. 그런데 내일이면 고향으로 돌아갈 수 있다. 바사 왕 고레스가 그렇게 허락해 준 것이다.

> 바사 왕 고레스 원년에 여호와께서 예레미야의 입을 통하여 하신 말씀을 이루게 하시려고 바사 왕 고레스의 마음을 감동시키시매 그가 온 나라에 공포도 하고 조서도 내려 이르되 … 하늘의 하나님 여호와께서 세상 모든 나라를 내게 주셨고 나에게 명령하사 유다 예루살렘에 성전을 건축하라 하셨나니 … 백성된 자는 다 유다 예루살렘으로 올라가서 이스라엘의 하나님 여호와의 성전을 건축하라 … 예물을 기쁘게 드릴지니라(스 1:1-4).

하나님은 바사, 곧 페르시아 왕 고레스의 마음에 감동을 주셨다. 고레스는 메대를 정복하고 바벨론을 무너뜨리며 대제국을 세운 인물이다. 그는 그곳의 포로인 유다 사람들에게 고향으로 돌아갈 자유를 주고, 성전 재건축을 위한 재정 후원까지 약속한다.

이렇게 인류의 역사가 흘러가도록 주관하는 분이 바로 하나님이시다. 이사야 44-45장은 고레스가 태어나기 훨씬 전에 기록된 것이다.

> 고레스에 대하여는 이르기를 내 목자라 그가 나의 모든 기쁨을 성취하리라 하며 예루살렘에 대하여는 이르기를 중건되리라(사 44:28).

> 내가 공의로 그[고레스]를 일으킨지라 그의 모든 길을 곧게 하리니 그가 나의 성읍을 건축할 것이며 사로잡힌 내 백성을 값이나 갚음이 없이 놓으리라(사 45:13).

포로 귀환 시작(1장)

에스라 1장 1절에는 "바사 왕 고레스 원년에"라고 쓰여 있지만, 히브리어 원문을 보면 '그리고'로 시작된다. 이것은 앞선 이야기와 이어진다는 것인데, 그 책이 '역대기'다.

> 바사의 고레스왕 원년에 여호와께서 예레미야의 입으로 하신 말씀을 이루시려고 여호와께서 바사의 고레스왕의 마음을 감동시키시매 그가 온 나라에 공포도 하고 조서도 내려 이르되 바사 왕 고레스가 이같이 말하노니 하늘의 신 여호와께서 세상 만국을 내게 주셨고 나에게 명령하여 유다 예루살렘에 성전을 건축하라 하셨나니 너희 중에 그의 백성 된 자는 다 올라갈지어다 너희 하나님 여호와께서 함께하시기를 원하노라 하였더라(대하 36:22-23).

예레미야 선지자도 이미 예언했다.

"너희는 70년 동안 바벨론을 섬기다, 그 기간이 다 차면 예루살렘으로 돌아올 것이다."

이 예언이 하나님의 섭리로 고레스왕을 통해 현실이 된 것이다.

고레스는 '하늘의 하나님 여호와'라는 표현을 사용했다. 그렇다고 그가 이스라엘의 하나님이신 여호와를 섬겼던 것은 아니다. 이것은 오랫동안 포로 되었던 포로민들에 대한 배려였다. 그는 돌아가는 유다 백성을 힘껏 돕도록 지시한다.

> 그곳 사람들이 마땅히 은과 금과 그 밖의 물건과 짐승으로 도와주고(스 1:4).

이는 고대 근동의 관습으로, 당시 상대의 물건을 억지로 가졌을 때 속건

제물처럼 피해자에게 돌려주는 제도와 같다. 타국 백성이었던 이스라엘 사람들을 억지로 끌고 와 자신들의 땅에서 오랫동안 포로로 살게 한 것에 대한 보상이었다.

고레스는 빼앗아 왔던 여호와의 성전 기구들도 모두 찾아서 유다 총독 세스바살에게 돌려준다. 이 기구들은 바벨론 느부갓네살왕이 예루살렘을 함락시키며 신당에 가져다 두었던 것이다.

"자, 이제 본국으로 돌아갈 사람들은 지파별, 가문별로 명단을 내 주세요."

나라가 망하기 전에 남왕국 유다를 이룬 두 지파, 곧 유다 지파와 베냐민 지파 소속의 우두머리들과 제사장들, 레위인들은 하나님의 영에 감동을 받아 부푼 가슴을 안고 본국으로 돌아갈 길을 서두른다.

"저기, 나는 그냥 남아 있어야겠어. 폐허가 된 유다에 가려니 엄두가 안 나네. 나 대신 조국 땅을 잘 일구어 주게."

그랬다. 유다 백성 중에는 모든 것을 정리하고 돌아가려는 사람도 있었고, 각자 사정이 달라서 바사 땅에 남으려는 사람도 있었다. 이제 겨우 정착해서 살고 있는데 1,400킬로미터나 되는 먼 거리를 가는 것도 두려웠을 것이다.

이제, 그들이 출발한다. 약 5만 명이 총독 세스바살의 인솔 아래 본국으로 향한다. 출애굽이 있었다면, 지금은 '출바벨론'이다.

그들이 바벨론에 끌려간 것은 단지 강대국의 침략 때문만은 아니었다. 그것은 하나님의 심판이었다. 이사야를 비롯한 많은 선지자가 경고했으나, 그들은 하나님의 언약을 무시하고 우상을 숭배했다. 하나님은 이 기간에 이스라엘을 연단시키셨다. 그들은 먼 이방 땅에서 70년 동안 포로 생활을 하며 다시는 우상을 섬기지 않게 되었고, 회당을 세워 하나님의 율법을 공부했다. 그러면서 자신들이 하나님의 법을 어겼기 때문에 이렇게 고통받는다는 것을 뼈저리게 느끼게 되었다.

돌아온 자들의 명단(2장)

"드디어 고향으로 간다!"

70년 동안 바벨론에서 포로로 살던 유대인들. 그들의 고향 예루살렘은 폐허가 되었고, 성전은 불타 없어졌으며, 많은 사람은 그곳에서 태어나 고향을 단 한 번도 본 적이 없었다.

그런데 바사 왕 고레스가 칙령을 내린다.

"하나님이 내게 명령하셨다. 유다 사람들아, 고향으로 돌아가라"(스 1:2-4 참조).

에스라 2장에는 이스라엘 1차 귀환자의 명단이 기록되어 있다. 한마디로 말하자면, '고향으로 돌아가겠다고 손 든 사람들의 명단'이다. 그 명단을 유형별로 정리하면 다음과 같다.

가문별/성읍별 사람들

바로스 자손, 베들레헴 사람, 느도바 사람 등 사람들은 각자 자신이 어디 출신인지, 어떤 가문에서 왔는지를 기억하며 등록했다.

"나는 베들레헴 출신이야!"

"우리 가문은 벧엘에서 왔어!"

제사장들

예루살렘 성전 회복에는 제사장이 꼭 필요했다. 성전 봉사는 오직 아론의 후손만이 할 수 있기 때문이다. 이들은 고향보다 먼저 성전이 재건되기를 간절히 소망했다.

레위인, 성가대, 문지기들

레위인은 제사장의 보조 역할을 맡았다. 노래하는 자들은 포로 시절 눈물로 노래했지만, 이제는 예루살렘에서 드릴 예배를 준비한다. 문지기들은 성전 출입 통제 및 정결 관리를 담당했다.

느디님 사람들과 솔로몬 신하의 후손들

성전에서 실무와 허드렛일을 담당하던 사람들이다. 소외된 계층처럼 보이지만, 성전 회복에 없어서는 안 될 중요한 존재들이다.

족보가 불확실한 사람들

어떤 이들은 "우리가 제사장 후손이야!"라고 주장했지만, 족보가 분명하지 않아서 제사장 직무가 잠시 정지된다. 혈통보다 더 중요한 것은 하나님 앞에서의 정직함이라는 메시지가 담겨 있다.

백성의 헌금

그들이 예루살렘에 돌아오자마자 한 일은, 성전 재건을 위한 자발적인 헌금이었다. 가진 것은 많지 않았지만, 그들은 정성껏 금과 은을 드렸다.

이처럼 에스라 2장은 하나님과 함께 새로운 출발을 결심한 믿음의 사람들의 이름으로 가득 차 있다.

예루살렘에서 다시 시작하다 (3장)

돌아온 사람 중 일부는 예루살렘 성전 터를 먼저 찾아간다. 하나님의 성전은 바벨론에 의해 예루살렘이 함락될 때 파괴되고 불살라졌다. 지금 50년이 지났는데 아직도 흔적이 남아 있다. 그들은 그 모습을 보고 눈물을 흘렸을 것이다.

"자, 가장 먼저 해야 할 일은 성전을 다시 건축하는 거예요. 건축할 예물을 드립시다!"

다들 힘닿는 대로 예물을 모은다. 금, 은을 모으고, 제사장의 옷도 100벌을 꺼내 놓는다.

"몇 년 만에 밟는 내 나라의 땅인가!"

돌아온 사람들은 벅찬 감격에 눈물을 흘린다.

"이제 어느 정도 자리를 잡았으면 모두 예루살렘으로 모입시다."

사람들은 각자 자신의 고향으로 돌아가 정착하고, 7개월 뒤에 예루살렘에 모인다. 대제사장 예수아와 그의 형제 제사장들과 유다 총독 스룹바벨이 일어나 하나님의 제단을 만들고 모세의 율법에 기록한 대로 번제를 드리려 한다. 이스라엘 백성은 그곳에 사는 이방 민족이 두려웠지만, 용기를 내어 제단을 세우고 아침저녁으로 여호와께 번제를 드린다.

이제 초막절이 다가왔다. 돌아온 그해 7월 15일부터 일주일 동안, 백성은 모세의 율법에 기록된 대로 절기를 지킨다. 유월절, 오순절, 초막절은 이스라엘이 반드시 지켜야 할 3대 절기이며, 그중 초막절은 땅에서 나는 모든 곡식과 포도주, 올리브유를 풍성히 주신 하나님께 감사하는 추수감사절의 성격을 지닌다. 절기는 7월 15일부터 일주일간 이어지고, 여덟째 날에는 대성회가 열린다. 그러나 성전은 아직 제단만 덩그러니 놓여 있고, 성전 재건을 위한 주춧돌도 아직 놓이지 않은 상태다. 그럼에도 백성은 매일 정성스럽게 번제를 드린다.

“자, 이제 우리가 힘을 합쳐 하나님의 성전을 재건합시다.”

제단을 쌓고 제사를 드린 지 5개월 정도 지났을 때, 이스라엘 백성은 시돈과 두로 사람들을 목수로 고용하여 백향목을 뱃길로 운송해 온다. 성전의 기초를 놓는 날, 제사장들은 예복을 입고 나팔을 들고 서며, 아삽 자손인 레위 사람들은 제금을 들고 다윗의 규례대로 여호와를 찬송한다.

주는 지극히 선하시므로 그의 인자하심이 이스라엘에게 영원하시도다(스 3:11).

악기를 든 제사장들과 레위 사람들이 주님을 향해 감사의 찬양을 드리자, 온 백성도 함께 큰 소리로 노래하며 주님을 찬양한다.

드디어 성전의 기초가 완성되자, 모두 기뻐서 환호성을 지른다. 그때였다. “엉엉! 아이고 주님!” 하며 나이 지긋한 제사장들, 레위 사람들, 가문의 어른들이 갑자기 대성통곡을 하기 시작했다. 그들은 옛날 솔로몬왕이 지은 화려한 성전을 직접 본 사람들이었다.

“이렇게 초라하다니! 그 옛날 화려하고 장엄한 성전은 다 어디로 갔단 말이냐. 다 우리의 죄 때문이다. 흑!”

그들의 눈물에는 기쁨과 감격도 있었겠지만, 자신들의 죄악 때문에 일어난 지난날의 아픈 상처들이 떠올랐기 때문이었을 것이다. 그렇게 본국으로 돌아와 성전의 기초가 놓이는 것을 본 이스라엘 백성은 앞으로 세워질 성전을 기대하며 의미 깊은 하루를 보낸다.

교묘한 방해와 성전 건축의 중단(4장)

그런데 성전 건축이 시작되자 주변의 대적들이 다가온다. 이들은 누구일까? 바로 사마리아인들이다. 사마리아인들은 총독 스룹바벨과 족장들에게 나아와 "우리도 너희와 함께 건축하게 하라. 우리도 너희처럼 너희 하나님을 찾노라. 앗수르 왕 에살핫돈이 우리를 이리로 오게 한 날부터 우리가 하나님께 제사를 드리노라" 하고 말한다. 하지만 스룹바벨과 제사장 예수아 그리고 족장들은 사마리아인들의 제안을 단번에 거절한다.

"우리 하나님의 성전을 짓는 일에 너희는 상관이 없다. 바사 왕 고레스의 명령대로, 우리가 이스라엘의 하나님 여호와를 위해 홀로 건축하겠다."

그때부터 사마리아인들의 성전 건축 방해가 시작된다. 관리들에게 뇌물을 주어 공사를 막고, 아닥사스다왕에게 보고할 때 성전에 관한 이야기는 하지 않고, 예루살렘이 성읍을 건축하고 성곽이 완공되면 이스라엘이 조공, 관세, 통행세를 안 내니 바사에 손해가 될 거라고 모함한다. 이로 인해 14년 동안 성전 건축이 중단된다.

학개

학개(B.C. 520)는 스가랴 선지자와 총독 스룹바벨과 동시대를 살았다. 다리오왕 2년인 B.C. 520년을 의미한다. 이때는 고레스가 스룹바벨을 총독으로 세워 포로였던 유대인들을 예루살렘으로 돌려보낸 지 약 18년이 지난 시점이다. 그 기간 동안 성전 건축은 완공되지 못한 채 중단되어 있었다. 그것을 지적하기 위하여 하나님은 학개 선지자를 보내신 것이다.

중단된 성전 건축의 촉구(1장)

만군의 여호와가 이같이 말하여 이르노라 이 백성이 말하기를 여호와의 전을 건축할 시기가 이르지 아니하였다 하느니라(학 1:2).

'만군의 여호와'에서 '만군'에 해당하는 히브리어 '체바오트'는 군대를 의미하며, 하나님께서 전능하신 분임을 말한다. 학개가 예언할 당시에는 바사(페르시아)가 전 세계를 지배하고 있었고, 포로 생활에서 돌아온 유다는 정말 작은 민족에 불과했다. 그러나 하나님은 당신 자신이 바사와는 비교할 수 없는 전능하신 하나님임을 알리신다. 하지만 그 유다 백성은 18년이 지나도록 성전을 완공하지 못하고, 아직 시기가 아니라며 변명한다.

> 여호와의 말씀이 선지자 학개에게 임하여 이르시되 이 성전이 황폐하였거늘 너희가 이때에 판벽한 집에 거주하는 것이 옳으냐(학 1:3-4).

하나님은 그들의 변명에 분명하게 답하신다. 유다 백성이 성전을 건축하지 못한 것은 결코 경제적인 어려움이나, 때가 이르지 않았거나, 심지어 주변의 방해 때문도 아니었다. 정작 자신들의 집은 호화롭게 치장하고 꾸미면서, 하나님의 파괴된 성전은 신경도 쓰지 않았다는 것이다. 성전은 엉망진창인데, 예루살렘에 돌아와서 본인들의 집은 튼튼하게 짓고 있다고 학개는 비꼬아 말한다. 그렇게 포로 생활을 하고 돌아왔는데도 여전히 정신을 못 차리는 것이다. 학개가 이야기한다.

> 만군의 여호와가 말하노니 너희는 자기의 행위를 살필지니라 너희는 산에 올라가서 나무를 가져다가 성전을 건축하라 그리하면 내가 그것으로 말미암아 기뻐하고 또 영광을 얻으리라 여호와가 말하였느니라(학 1:7-8).

하나님은 백성에게 자신들의 말이 얼마나 가증스러운 변명인지 스스로 돌아보아 깨달으라고 하신다. 그리고 산에 올라가 성전을 건축할 자재부터 마련하여 성전을 짓기 시작하라고 명하신다. 하나님은 화려한 건물이 아니라, 그들의 마음이 하나님께로 돌아오기를 바라신다.

> 여호와께서 스알디엘의 아들 유다 총독 스룹바벨의 마음과 여호사닥의 아들 대제사장 여호수아의 마음과 남은 모든 백성의 마음을 감동시키시매 그들이 와서 만군의 여호와 그들의 하나님의 전 공사를 하였으니(학 1:14).

하나님은 백성의 영혼을 감동시켜 당신의 음성을 듣고 순종하도록 이끄신다. 백성은 학개를 통해 선포된 하나님의 말씀을 듣고 순종하여 마침내 성전 건축을 다시 시작하게 된다. 그리고 드디어 스룹바벨 성전이 완성된다. 선포하고 3주 만에 성전 건축을 시작했다고 볼 수 있다.

이전 영광과 미래 영광(2장)

> 너희 가운데에 남아 있는 자 중에서 이 성전의 이전 영광을 본 자가 누구냐 이제 이것이 너희에게 어떻게 보이느냐 이것이 너희 눈에 보잘것없지 아니하냐(학 2:3).

70년 포로 생활 이전, 솔로몬 성전을 본 사람들은 스룹바벨 성전이 규모도 작고 초라하게 보였을 것이다. 그래서 나이 많은 족장들은 성전을 짓고 나서 대성통곡을 한다. 그러나 바벨론에서 태어나 처음으로 성전을 본 젊은 세대는 큰 기쁨에 함성을 지르며 좋아한다. 그렇게 우는 소리와 웃는 소리가 뒤섞여 들린다(스 3:12-13 참조).

> 이 성전의 나중 영광이 이전 영광보다 크리라 만군의 여호와의 말이니라 내가

이곳에 평강을 주리라 만군의 여호와의 말이니라(학 2:9).

'이곳'은 성전을 의미한다. 성전에 임할 '평강'은 단순한 평화가 아니라, 종말에 임할 평강의 왕, 곧 메시아의 통치하심을 뜻한다. 하나님은 이곳에서 그전보다 더 큰 영광을 약속하신다. 바로 예수님의 이야기다. 예수님은 스룹바벨 성전처럼 볼품없게 보일지 모르지만, 그분은 영원한 평강을 주러 오신다.

스가랴

'스가랴'(B.C. 520-518)라는 이름은 '여호와를 기억함'이라는 뜻이다. 그는 베레갸의 아들이며, 레위인을 이끄는 제사장 잇도의 손자다. 학개와 같은 시대를 살았으며, 성전을 짓다가 손을 멈춘 유다 백성에게 다시 사기를 북돋아 주기 위해 하나님께서 세우신 선지자다.

평안해 보이는 세상과 황폐한 예루살렘(1장)

하나님은 스가랴에게 환상을 보여 주신다. 붉은 말을 탄 사람이 화석류 나무 사이에 서 있다. 곧 여호와의 사자다. 그들이 다녀 보니 온 땅이 평온하고 조용하다고 한다. 그러나 예루살렘은 성전 건축이 중단된 채로 주위의 여러 민족에게 조롱과 멸시를 받는 절망적인 상황이다.

> 여호와의 천사가 대답하여 이르되 만군의 여호와여 여호와께서 언제까지 예루살렘과 유다 성읍들을 불쌍히 여기지 아니하시려 하나이까 이를 노하신 지 칠십 년이 되었나이다 하매 여호와께서 내게 말하는 천사에게 선한 말씀, 위로하는 말씀으로 대답하시더라(슥 1:12-13).

여호와의 천사가 유다 백성을 위해 하나님 앞에 나선다. 앞에서 보고한 말 탄 자들은 온 땅이 평온하다고 했지만, 예루살렘과 시온은 아직 불안정하다. 그리고 그들을 괴롭혔던 나라들에 대해 하나님은 진노하신다. 그들은 자신들이 하나님의 도구임을 잊고 교만하게 행동했기 때문이다(사 10:5-7 참조).

대제사장 여호수아 환상(3장)

하나님께서 스가랴에게 보여 주신 또 다른 환상에서는 대제사장 여호수아가 천사 앞에 서 있고, 사탄이 그의 옆에서 그를 고발하고 있다. 여호수아는 더러운 옷을 입고 있다.

> 여호와께서 자기 앞에 선 자들에게 명령하사 그 더러운 옷을 벗기라 하시고 또 여호수아에게 이르시되 내가 네 죄악을 제거하여 버렸으니 네게 아름다운 옷을 입히리라 하시기로 내가 말하되 정결한 관을 그의 머리에 씌우소서 하매 곧 정결한 관을 그 머리에 씌우며 옷을 입히고 여호와의 천사는 곁에 섰더라(슥 3:4-5).

스가랴는 여호수아에게 깨끗한 옷을 입히시는 것을 보고 그의 머리에 정결한 관을 씌워 달라고 하나님께 부탁한다. 이에 하나님이 허락해 주신다.

형식만 남은 금식과 참된 경건(7장)

벧엘에서 온 사신들이 여호와께 묻는다.

> 내가 여러 해 동안 행한 대로 오 월 중에 울며 근신하리이까 하매(슥 7:3).

금식했지만 시간이 지나자 형식만 남아 있다. 이에 하나님이 반문하신다.

> 너희가 칠십 년 동안 다섯째 달과 일곱째 달에 금식하고 애통하였거니와 그 금식이 나를 위하여, 나를 위하여 한 것이냐 너희가 먹고 마실 때에 그것은 너희를 위하여 먹고 너희를 위하여 마시는 것이 아니냐(슥 7:5-6).

그 금식이 진정으로 하나님을 향한 것이었는지를 물으시는 것이다.

> 너희는 진실한 재판을 행하며 서로 인애와 긍휼을 베풀며 과부와 고아와 나그네와 궁핍한 자를 압제하지 말며 서로 해하려고 마음에 도모하지 말라 하였으나(슥 7:9-10).

그러면서 진정한 금식의 의미를 말씀하신다. 형식만 지키는 것은 올바른 금식이 아니며, 자신만을 위해 기도하고 믿음을 가지는 것도 올바르지 않다고 말씀하신다.

슬픔의 금식이 기쁨의 절기로(8장)

포로 시대의 금식은 더 이상 슬픔이 아닌, 기쁨과 즐거움과 희락의 절기가 될 것이다.

> 만군의 여호와가 이같이 말하노라 넷째 달의 금식과 다섯째 달의 금식과 일곱째 달의 금식과 열째 달의 금식이 변하여 유다 족속에게 기쁨과 즐거움과 희락의 절기들이 되리니 오직 너희는 진리와 화평을 사랑할지니라(슥 8:19).

여기서 넷째 달은 성벽이 파괴된 달이고, 다섯째 달은 성이 함락된 달이며, 일곱째 달은 그다랴 총독이 암살된 달이고, 열째 달은 성에 대한 포위와 공격이 처음 시작된 달이다.

> 이 성읍 주민이 저 성읍에 가서 이르기를 우리가 속히 가서 만군의 여호와를 찾고 여호와께 은혜를 구하자 하면 나도 가겠노라 하겠으며 많은 백성과 강대한 나라들이 예루살렘으로 와서 만군의 여호와를 찾고 여호와께 은혜를 구하리라(슥 8:21-22).

> 만군의 여호와가 이와 같이 말하노라 그날에는 말이 다른 이방 백성 열 명이 유다 사람 하나의 옷자락을 잡을 것이라 곧 잡고 말하기를 하나님이 너희와 함께하심을 들었나니 우리가 너희와 함께 가려 하노라 하리라 하시니라(슥 8:23).

다른 이방인들이 하나님이 함께하시는 백성을 보고 "나도 함께 데려가 줘" 하고 부탁한다. 지금도 우리의 모습을 보고 주위에서 예수를 믿는 기적이 일어나야 한다.

겸손한 왕, 예루살렘에 임하시다(9-10장)

스가랴는 장차 오실 왕에 대해 예언한다. 그분은 나귀 새끼를 타고 예루살렘에 들어오신다.

> 시온의 딸아 크게 기뻐할지어다 예루살렘의 딸아 즐거이 부를지어다 보라 네 왕이 네게 임하시나니 그는 공의로우시며 구원을 베푸시며 겸손하여서 나귀를 타시나니 나귀의 작은 것 곧 나귀 새끼니라(슥 9:9).

이는 장차 예수님이 예루살렘에 들어오실 때 성취된다. 그분은 겸손하게 나귀를 타고 들어오신다. 그것을 스가랴서에서 예언해 놓았다.

에스라 2

다시 시작된 성전 재건(5장)

스룹바벨 성전을 짓다가 중단된 지 14년이 지났다. 그때 학개와 스가랴 선지자가 나타나 하나님의 말씀을 전하자 이스라엘 백성의 마음이 감동되어 성전 건축을 다시 시작한다. 하지만 유브라데강 건너편 총독 닷드내와 스달보스내 그리고 그들의 동료들이 와서 누가 다시 성전을 건축하게 했느냐고 따진다. 백성은 고레스왕이 재건하게 했다고 했지만, 그들은 믿지 않고 바사 왕 다리오에게 편지를 보낸다.

이제 왕께서 좋게 여기시거든 바벨론에서 왕의 보물전각에서 조사하사 과연 고레스왕이 조서를 내려 하나님의 이 성전을 예루살렘에 다시 건축하라 하셨는지 보시고 왕은 이 일에 대하여 왕의 기쁘신 뜻을 우리에게 보이소서 하였더라(스 5:17).

다리오왕은 그 편지를 받고 메대 지방의 악메다 궁성 창고를 샅샅이 뒤지게 한다. 그리고 마침내 고레스왕의 조서가 담긴 한 두루마리를 찾아낸다. 과연 편지에는 하나님의 성전을 짓게 하며, 경비는 왕실에서 내고, 성전 기구들도 다 돌려주라고 쓰여 있었다. 다리오왕은 유브라데강 건너편 총독들에게 편지를 쓴다.

"성전 공사를 막지 말고 건축하게 해라. 그리고 너희들이 거둔 세금을 이스라엘 백성에게 주어서 경비로 쓰게 하고, 필요한 것들을 공급해 주어라. 만일 누구든지 이 명령을 어기면 집에서 들보를 빼내어 매달 것이며, 집을 거름더미로 만들 것이다. 신속하게 행해라!"

이 무시무시한 명령을 누가 거역할 수 있겠는가! 보고를 올렸던 자들은 덜덜 떨면서 이스라엘의 성전 공사를 방해하지 않았다.

그리하여 성전 공사는 순조롭게 진행되어 다리오왕 6년(B.C. 516년), 즉 B.C. 586년에서 정확히 70년 지나 성전 재건 사역이 끝나게 된다. 이스라엘은 재건된 성전에서 봉헌식을 드리고, 속죄제를 드리며, 유월절을 지킨다. 여호와께서 백성을 즐겁게 하셨고, 고레스왕에게 마음을 주셨듯이 다리오왕에게도 마음을 주셔서 성전 건축하는 손을 힘 있게 하도록 하셨다.

에스라의 등장과 2차 귀환(7장)

성전이 재건되고 유월절을 지킨 지 57년 후, 이제 학자 에스라가 등장한다. 아닥사스다가 통치하던 시기에 2차 포로 교환이 이루어지는데, 그 인도자가 바로 에스라다. 에스라는 자신을 소개할 때 "스라야의 아들이요, 아사랴의 손자요, 힐기야의 증손이요, 살룸의 현손이요, 거슬러 올라가서 이스라엘의 초대 대제사장인 아론의 16대손"이라고 밝힌다. 이렇게 밝힌 이유는, 이스라엘 공동체에서의 역할과 관련해 자신이 어떠한 사람인가를 분명히 할 필요가 있었기 때문이다. 즉 에스라는 자신이 대제사장 가문의 정통적 후손임을 보여 줌으로써 자신이 이스라엘 백성을 인도할 수 있는 자임을 밝힌다. 그는 세 가지를 결심한다.

1. 율법을 연구하리라
2. 율법을 준행하리라
3. 율례와 규례를 이스라엘 백성에게 가르치리라

바벨론에서 살면서 그는 자신의 민족이 왜 남의 땅에서 포로로 사는지 의문을 가졌을 것이고, 그 이유를 '신명기'와 '예레미야' 등 구약을 연구하며 깨달았을 것이다. 그래서 민족을 다시 일으켜 세우겠다는 마음으로 편하게 살 수 있는 삶을 버리고 본국으로 돌아온다.

과연 이스라엘 역사에서 모세의 율법을 학문화하고 생활화하고 체계를 잡은 사람은 '에스라'다. 오늘날 유대인들이 연구하고 보존하고 지키는 수많은 율법 항목들은 에스라가 체계화했다고 볼 수 있다. 그래서 지금도 유대인들은 에스라를 모세와 비등한 위치에 두고 존경하는 인물로 꼽는다.

사실 그는 바사 왕실에서 중요한 직책을 맡고 있었다. 어느 날, 에스라가 아닥사스다왕에게 말한다.

"왕이시여, 제가 본국에 돌아가서 우리 민족을 위해 일할 수 있도록 허락해 주십시오."

에스라를 아끼던 왕은 떠나보내는 것이 아쉬웠지만, 에스라의 그 뜻을 높이 생각해서 허락한다.

"에스라여, 평안하라. 너와 함께 돌아가고 싶은 자가 있다면 함께 가라. 나 아닥사스다와 일곱 참모가 에스라를 보내는 이유는 하나님의 율법에 따라 예루살렘과 유다의 형편이 어떤지 살펴보라는 데 있다. 은금과 성전에 드릴 예물과 짐승들을 가지고 가서 성전 제단 위에 드리고, 필요한 것이 있으면 더 가져가라. 세금도 받지 마라. 그리고 사람을 잘 뽑아 세워서 그들을 가르치게 하고, 하나님의 율법과 명령을 따르지 않으면 엄히 대해라."

얼마나 든든한 응원의 메시지인가? 에스라에게 아닥사스다왕이 하는 말은 하나님이 그에게 주신 마음 같다. 이 말을 들은 에스라는 하나님께 너무 감사해 기도드린다.

"여호와를 송축할지로다. 그가 아닥사스다왕의 마음에 예루살렘 여호와의 성전을 아름답게 할 뜻을 두고 은혜를 주셨다. 하나님 여호와의 손이 내 위에 있으니 우두머리들과 돌아가게 했다."

에스라는 B.C. 458년에 2천 세대, 장정만 1,773명으로 대략 9천 명 정도를 인솔해서 예루살렘으로 돌아온다. 에스라가 사람들을 모집했지만, 예루살렘으로 돌아가고자 하는 사람들은 그야말로 자발적이었다. 에스라는 아하와 강가에 머물며 최종 점검을 한다. 살펴보니 그곳에 모인 백성과 제사장들 가운데 레위인이 한 명도 없었다. 레위인들은 본국 귀환을 의도적으로 피한 것이었다. 타락한 이스라엘 백성이 성전 예배를 무시하고 멸시하니 성전의 봉사자인 레위인들은 먹고살기가 너무 힘들어 본국으로 돌아가려 하지 않았던 것이다.

에스라는 지도자들을 레위인들이 살고 있는 가시뱌 마을 족장 잇도에게 보내어 간곡히 부탁한다. 이에 말리 가문의 레위인 18명과 므라리 자손 20명, 성전에서 막일을 하는 느디님 사람 220명이 동참한다.

"고맙소. 이렇게 함께해 주니 힘이 되오."

에스라는 동참한 레위인들에게 고마움을 표하면서 그들 모두를 귀환자의 명단에 올리고 아하와 강가에서 금식을 선포한다. 많은 가축과 재물을 가지고 먼 길을 가야 하는데, 도둑이나 적의 위협이 염려되었기 때문이다. 사실 바사 왕에게 군사를 요청할 수도 있었으나, 이전에 에스라가 이렇게 말한 적이 있기에 부끄러워서 그러지 못한다.

"우리 하나님은 당신에게 순종하는 자들에게는 큰 은혜의 손길을 주시고, 당신을 버리고 떠나는 자들에게는 무서운 진노를 내리십니다."

그리하여 철저하게 하나님만 의지하며 금식하고 기도하자 하나님이 보호하여 주셔서, 모든 대적과 강도의 손에서 벗어나 4개월 만에 무사히 예루살렘에 도착한다.

혼합 결혼에 대한 회개와 개혁(9장)

"에스라 제사장님, 드릴 말씀이 있습니다. 지금 이스라엘 백성이 이 땅의 딸들을 아내와 며느리로 받아들여 살고 있습니다."

더 놀라운 이야기는, 그중에 하나님의 성전 일을 하는 제사장, 레위인들도 포함되었다는 것이다. 에스라는 속옷과 겉옷을 찢고 머리털과 수염을 뜯으며 주저앉는다. 이 소식을 들은 사람들은 걱정하며 모여든다. 에스라는 저녁 제사 시간까지 계속 앉아 있다가, 무릎을 꿇고 손을 들고 하나님께 회개 기도를 드린다.

"나의 하나님이여, 내가 부끄러워서 얼굴을 들 수 없습니다. 조상 때부터 지금까지 우리의 죄악이 너무 큽니다. 나라를 잃고 포로로 살았던 것도 우리의 죄악 때문입니다. 하나님께서 은혜를 베풀어 우리에게 주의 성소에서 다시 살아갈 터전을 마련해 주셨습니다. 그런데 주의 계명을 어기고 또 죄를 지으니 어떻게 해야 합니까? 하나님이 우리에게 선지자들을 보내어 가나안 족속들이 섬기는 우상을 섬기지 말고, 그들과 혼합 결혼하지 말며, 그들과 어떤 평화 조약도 맺지 말라고 하셨습니다. 누구도 감히 주님 앞에 설 자가 없습니다. 우리를 불쌍히 여겨 주옵소서."

에스라가 울면서 기도하자 많은 백성도 함께 통곡한다. 그러자 엘람 가문의 스가냐가 이렇게 말한다.

"우리가 하나님께 범죄해서 이 땅의 이방 여인을 아내로 맞아 살았으나, 하나님의 율법에 따라 모든 아내와 아이들을 다 내보내겠습니다. 당신이 앞장서 주십시오. 우리가 돕겠습니다."

이렇게 맹세하니 희망이 없어 울던 에스라가 일어난다.

"진짜 그렇게 할 수 있겠소?"

"네, 맹세합니다!"

에스라는 성전 앞에서 일어나 여호하난이 쓰던 성전 옆방으로 가서 음식도 먹지 않고 물도 마시지 않으며 밤새 백성의 죄에 대한 중보 기도를 드린다. 그리고 다음 날 이렇게 말한다.

"바사에서 돌아온 백성은 다 모이시오. 누구든지 3일 안에 예루살렘에 모이지 않으면 공동체에서 쫓아내고 모든 재산을 빼앗을 것이오."

모두가 모였다. 때는 B.C. 458년 9월 20일, 하나님의 성전 앞 광장에 모인 무리는 이방 민족과의 결혼 문제와 그날따라 억수같이 쏟아진 비로 인해 몸을 부들부들 떨었다. 에스라가 말한다.

"너희가 범죄하여 이방 여자를 아내로 삼아 이스라엘의 죄를 더하게 했으니, 이제 너희 조상들의 하나님 앞에서 죄를 회개하고 그 여자들과 관계를 끊어라."

> 또 그들과 혼인하지도 말지니 네 딸을 그들의 아들에게 주지 말 것이요 그들의 딸도 네 며느리로 삼지 말 것은 그가 네 아들을 유혹하여 그가 여호와를 떠나고 다른 신들을 섬기게 하므로 여호와께서 너희에게 진노하사 갑자기 너희를 멸하실 것임이니라(신 7:3-4).

하나님은 이방 여인과의 결혼을 명확히 금하고 계셨다. 하지만 돌아온 사람들은 그 심각성을 모르고 있었던 것이다.

"당신의 말씀대로 맹세합니다. 그러나 백성이 너무 많고 비도 내리니, 시간을 주셔서 철저히 조사하여 다 처리할 수 있게 해 주십시오."

반대하는 자들도 있었으나, 일은 빠르게 처리되어 10월 1일에 조사를 시작해서 3개월 뒤에 마무리된다. 이방 여인과 결혼한 사람은 제사장 무리를 포함해서 110명이었고, 대제사장 가문이 가장 먼저 발표된다. 이는 제사장마저 잘못하면 율법을 어겨 망가질 수 있다는 것을 보여 주기 위함이다.

그들은 속건제를 드린다. 이것은 오랜 포로 생활을 통해 율법의 정신을 잊고 혼합 결혼에 대한 심각성을 느끼지 못한 채 저지른 죄에 대한 제사다.

에스더

바벨론 포로 생활이 시작된 지 100년 후, 느헤미야와 에스라서에서 말한 것처럼 일부 유대인은 예루살렘으로 돌아갔지만, 다수는 페르시아에 남아 있었다. 에스더서는 페르시아의 수도인 수사에서 일어난 일이다. 이 책의 특이한 점은 단 한 번도 하나님을 언급하지 않는다는 것이다. 그러나 기자가 누구인지 밝혀지지 않았지만, 수많은 우연과 반전으로 처음부터 끝까지 하나님께서 일하심을 발견할 수 있다.

와스디의 폐위와 왕후 자리에 오르는 에스더(1-2장)

페르시아의 아하수에로왕은 180일 동안 나라의 부함과 위엄을 나타내는 잔치를 열고, 이어서 7일 동안 온 백성을 위한 잔치를 베푼다. 7일째 되는 날, 왕이 술에 취해서 왕후 와스디를 부른다. 와스디의 미모가 아름다워서 사람들에게 자랑하고 싶었던 것이다. 하지만 와스디는 왕의 부름을 거절한다. 신하들은 왕후 와스디의 행동이 다른 부인들에게도 나쁜 영향을 끼쳐 남편을 무시하게 될 거라며 왕후의 자리에서 폐위시켜야 한다고 주장하고, 왕은 그 말을 받아들인다.

시간이 지나 아하수에로왕의 분노가 살짝 누그러질 무렵, 신하들이 새로운 왕후를 뽑자고 제안한다. 이때 도성 수산에는 베냐민 지파 출신 유다인 모르드개가 살고 있었다. 그는 삼촌의 딸 에스더를 자기 딸처럼 양육하고 있었다.

왕후 선발 대회가 펼쳐지자 전국에서 아름다운 여인들이 몰려온다. 에스더도 그 대회에 나가기 위해 몸단장을 예쁘게 하기 시작했다. 모르드개는 에스더에게 민족을 밝히지 말라고 당부한다. 그 당시 페르시아 제국에는 반유다적 감정이 있었기 때문이다. 에스더는 1년 동안 몸을 가꾸며 기다리던 중 드디어 왕의 눈에 들게 된다. 왕은 누구보다 에스더를 사랑하여 그녀를 왕후로 삼는다. 이날을 기념하여 왕은 세금을 면제하고, 가난한 사람들에게 선물을 베푼다.

그 무렵, 모르드개는 왕의 내시들이 왕을 암살하려는 음모를 알게 되고, 에스더는 이를 모르드개의 이름으로 왕에게 알린다. 두 사람은 처형당하고, 이 일은 궁중 일기에 기록된다.

하만의 등장
(3장)

아하수에로왕은 아말렉 족속 출신 아각 사람 하만의 지위를 높이고 모든 백성에게 그에게 절하라고 명한다. 하지만 모르드개만은 절하지 않는다. 그러면서 자신은 여호와만 섬기는 유다인이기 때문에 하만에게 신적 경배를 드릴 수 없다고 밝힌다. 이 말을 들은 하만은 분노하며 모르드개와 그 민족까지 멸하려 계획한다.

에스더가 왕후가 된 지 5년 후, 하만이 왕에게 보고한다.

"왕이여! 어떤 한 민족이 페르시아에 흩어져 사는데, 그 사람들 법률이 너무도 특이해서 왕의 법률을 지키지 않는 것도 있으니 그들을 진멸하소서! 제가 은 1만 달란트(34킬로그램)를 드리겠습니다."

그러자 왕은 자신의 인장 반지를 빼서 하만에게 주며 허락한다. 이에 하만은 열두째 달 13일 하루에 모든 유다인을 죽이고 재산을 빼앗으라는 조서를 작성하여 각 지방에 보낸다.

에스더의 결단
(4장)

그 일에 대해 들은 모르드개는 옷을 찢고, 베옷을 입고, 재를 뒤집어쓴 채 통곡한다. 유다인들도 함께 통곡한다. 모르드개는 에스더에게 하만의 계략을 알리며 왕에게 나아가 자기 민족을 위해 간절히 구할 것을 요청한다. 그러나 에스더는 왕이 부르지 않은 지 30일이 되었고, 왕의 부름 없이 나아갔다가는 죽을 수도 있다고 말한다. 이에 모르드개는 말한다.

"너는 왕궁에 있으니 모든 유다인 중에 홀로 목숨을 건지리라 생각하지 마라. 네가 말이 없으면 유다인은 어떻게든 구원을 받겠지만, 너와 네 아버지 집은 멸망할 것이다. 네가 왕후의 자리에 있는 것이 이때를 위함이 아닌지 누가 알겠느냐."

이에 에스더가 결심하고 말한다.

"유다인들에게 3일 동안 금식하며 중보 기도하게 해 주세요. 저도 그리하고 왕 앞에 나아가리니, 죽으면 죽을 것입니다."

왕 앞에 선 에스더(5장)

3일 후, 에스더는 예복을 차려입고 왕궁 안뜰, 곧 어전 맞은편에 선다. 그 모습을 발견한 왕이 그녀의 아름다움에 금 규를 내민다. 그것은 왕과의 만남을 허락한다는 뜻이다. 그리고 그녀의 소원을 물으며 나라의 절반이라도 주겠다고 말한다. 에스더는 왕에게 하만과 함께 잔치에 와 달라고 요청한다. 잔치 자리에서도 왕이 소원을 묻자, 에스더는 내일 한 번 더 와 달라고 말한다.

왕후에게 초대를 받은 하만이 기뻐하며 대궐 문을 나오는데 재수 없는 모르드개가 보인다. 그는 꾹 참고 집으로 돌아가 왕후에게 초대받은 것을 자랑하다가 대궐 문 앞에서 모르드개가 절하지 않아 기분이 나빴다는 이야기를 그의 아내와 친구들에게 전한다. 그러자 그들이 의견을 내기를, 나무를 세우고 왕에게 모르드개를 매달도록 허락을 받아서 그를 나무에 매달아 죽이라고 한다. 하만은 그 말을 받아들여 나무를 세운다.

반전의 시작 (6장)

그날 밤, 왕이 잠이 오지 않아 역대일기를 읽다가 모르드개라는 사람이 암살 계획을 알려서 자신을 살리게 한 것을 알게 된다. 왕이 모르드개에게 대가를 주었는지를 묻자 신하들은 아무것도 베풀지 않았다고 한다. 그는 하만을 불러 묻는다.

"왕이 존귀하게 하기를 원하는 자에게 어떻게 하여야 하느냐?"

모르드개를 죽이려고 나무를 세우던 하만은 왕이 존귀하게 하려는 자가 자신인 줄 알고 "그에게 왕복을 입히고 왕관을 가져와 씌운 후 말에 태워 성중을 돌며, 왕이 존귀하게 하기를 원하시는 사람에게는 이같이 할 것이라 하소서" 하고 말한다. 이에 왕은 "모르드개에게 그렇게 하라"고 명한다.

하만의 몰락과 유다인의 구원 (7-10장)

에스더가 연 두 번째 잔치에서 왕은 다시 에스더에게 소원을 묻고, 에스더는 폭탄 발언을 한다.

"저와 제 민족이 팔려서 죽임을 당하게 되었으니 살려 주십시오."

왕이 깜짝 놀라 누가 그렇게 했느냐고 묻자, 하만이 그랬다고 답한다. 에스더의 대답에 하만은 두려워 떤다. 왕이 잠시 자리를 비운 사이에 하만이 에스더가 앉은 걸상에 엎드렸는데, 그 모습을 본 왕은 하만이 왕후를 강간하려 하는 줄 알고 그를 모르드개를 달려고 한 나무에 매달게 한다.

왕은 하만의 집을 에스더에게 주고, 하만에게서 거둔 반지를 모르드개에게 준다. 에스더는 왕에게 유다인을 진멸하려 쓴 조서를 철회해 달라고 한다. 모르드개는 왕의 명령에 따라 새로운 조서를 써서 전국에 반포하게 한다.

유다인이 진멸될 뻔했던 열두째 달 13일, 이날은 도리어 대적자를 죽이고 승리한 날이 된다. 이후 이스라엘은 부림절을 기념하며 가난한 자를 구제하는 날로 지키게 되었다.

느헤미야

느헤미야와 예루살렘 성벽 재건(1-2장)

에스라가 이끈 2차 포로 귀환으로부터 15년이 지난 B.C. 444년경, 1차 귀환 이후로는 100년이 흐른 시점이다. 바사 제국의 아닥사스다왕 12년, 느헤미야가 바사 수산궁에 있는데 친동생 하나니가 예루살렘에서 돌아와 소식을 전한다.

"예루살렘이 주위 이방 사람들에게 공격을 받아 너무 힘든 상황이에요. 예루살렘 성벽은 허물어지고, 성문은 불타고 있어요."

방어벽이 없는 예루살렘이 적들의 대상이 된 것이다. 이 말을 들은 느헤미야는 울고 며칠을 슬퍼하며 금식하고 기도한다.

"주님! 구하오니 귀를 기울이시고, 종의 기도와 주의 이름을 경외하기를 기뻐하는 종들의 기도를 들으시고, 오늘 종이 형통하여 이 사람들 앞에서 은혜를 입게 하옵소서."

그때 느헤미야는 아닥사스다왕의 술 관원장이 되어 왕의 술에 독이 있는지 살피는 중책을 맡게 된다. 4개월 후, 느헤미야가 왕에게 포도주를 드리는데 표정이 좋지 않자 왕이 묻는다.

"네가 병이 없거늘 왜 얼굴빛이 좋지 않으냐? 무슨 걱정이 있느냐?"

왕 앞에서 그런 모습을 보이는 것은 위험한 일이라 느헤미야는 두려워하면서도 지혜롭게 대답한다.

"제 조상들의 묘실이 있는 성읍이 황폐하고 성문이 불탔다는 소식을 들어서입니다."

이렇게 말한 이유는, 페르시아는 조상들의 묘실을 소중히 여겼기 때문이었다. 왕이 무엇을 원하느냐고 묻자 느헤미야는 잠시 기도한다.

내가 곧 하늘의 하나님께 묵도하고(느 2:4).

이 짧은 시간에도 느헤미야는 기도로 하나님께 지혜를 구한 후에 말한다.

"유다 땅에 저를 보내어 예루살렘성을 건축하게 해 주십시오."

왕은 기한을 묻고, 느헤미야는 귀환 일정을 정한다. 그리고 유다 땅까지 무사히 갈 수 있는 조서와 재목을 요청한다. 하나님의 선한 손이 느헤미야를 도우시므로 왕이 허락한다.

예루살렘에 도착한 느헤미야는 3일을 쉰 후 밤중에 성을 돌아본다. 성은 심각한 상태였다. 느헤미야는 백성을 격려하며 성벽을 다시 제대로 건축하자고 한다. 이때 암몬 사람 도비야, 산발랏, 아라비아 사람 게셈이 비웃으며 방해한다.

"너희 뭐 하는 거야? 왕을 배반하려는 거야?"

느헤미야는 담대하게 말한다.

"하나님이 우리를 형통하게 하시니 우리가 건축할 것이다. 그러니 얼씬도 하지 마라."

성벽 재건과 대적들의 방해 (3-6장)

백성은 모두 마음을 모아 성벽 재건 공사를 시작한다. 먼저 대제사장 엘리아십을 중심으로 북쪽의 '양의 문'을 다시 세운다. 서, 남, 동 순으로 75명의 리더가 조직을 짜서 이어 간다. 이를 본 산발랏과 도비야는 분노하고 비웃으며 심기를 건드린다.

"이 돌 성벽은 여우가 올라가도 무너지겠다."

느헤미야는 그런 그들을 보며 하나님께 기도한다.

> 우리 하나님이여 들으시옵소서 우리가 업신여김을 당하나이다 원하건대 그들이 욕하는 것을 자기들의 머리에 돌리사 노략거리가 되어 이방에 사로잡히게 하시고 주 앞에서 그들의 악을 덮어 두지 마시며 그들의 죄를 도말하지 마옵소서 그들이 건축하는 자 앞에서 주를 노하시게 하였음이니이다(느 4:4-5).

성이 연결되고 높이가 절반쯤 이르자 대적들이 또 분노하여 치러 가자고 한다. 느헤미야와 백성은 기도하며 파수꾼을 두어 주야로 방비하고, 칼, 창, 활을 든 채 반은 일하고 반은 지킨다. 엎친 데 덮쳐서 흉년까지 찾아온다. 가난한 백성은 높은 이자 때문에 논밭을 빼앗기거나 자녀를 종으로 팔 수밖에 없다. 이 이야기를 들은 느헤미야는 귀족들을 꾸짖으며, 같은 동족에게는 이자를 받지 말고, 어려운 이웃은 도우라고 말한다.

느헤미야는 아닥사스다왕 20년부터 32년까지 총독의 월급을 받지 않는다. 이전 총독들은 빼앗았으나, 느헤미야는 하나님을 경외하며 오로지 예루살렘 성벽을 쌓는 일에 매진한다. 그리고 이렇게 기도한다.

"하나님, 이 종을 기억하옵소서! 동족을 위해 한 선한 일을 기억하고 내게 은혜를 베푸소서."

다른 누구를 의지하거나 바라는 것이 아닌, 오직 하나님께 복 받기를 원하는 느헤미야다.

이제 적들이 느헤미야를 본격적으로 공격한다. 성문 문짝만 달면 성벽 공사가 끝나기 때문이다. 살해 음모도 꾸미고 헛소문도 퍼뜨린다.

"느헤미야가 왕이 되려고 저렇게 한다!"

그때도 느헤미야는 하나님께 기도한다.

"주여, 내 손을 힘 있게 하옵소서."

마침내, 성벽 공사는 52일 만에 마무리된다.

율법 낭독과 회개의 부흥

(8-10장)

에스라 성경 통독이 시작된다. 모든 백성이 일곱째 달 초하루, 수문 앞 광장에 모여 학사 에스라에게 모세의 율법책을 가져오라고 부탁해 새벽부터 정오까지 그 낭독하는 것을 듣는다. 에스라는 특별히 지은 나무 강단 위에 서고, 양쪽 옆으로는 열세 명의 레위 지파가 선다. 책을 펼 때 모든 백성이 일어선다. 에스라가 하나님을 송축하자, 백성이 "아멘! 아멘!" 하며 얼굴을 땅에 대고 경배한다. 율법책을 낭독하고 레위 지파가 해석해 주자 백성이 말씀을 깨닫고 눈물을 흘린다. 총독 느헤미야와 제사장 겸 학사 에스라와 백성을 가르치는 레위 사람들이 말한다.

"오늘은 너희 하나님의 성일이니 슬퍼하지 말며 울지 말라."

느헤미야와 에스라가 한 자리에 서 있다. 포로로 끌려갔던 그들을 다시 예루살렘으로 이끌어 성전을 짓고 성벽을 세우고 백성에게 율법을 가르치는 역사적인 시간이다. 다음 날, 사람들이 에스라에게 와서 말한다.

"율법을 보니 일곱째 달 절기에 초막에 거하라고 했습니다."

이제 백성이 먼저 깨닫고 자발적으로 절기를 지키자고 한다. 얼마나 감동적인가. 이에 백성은 각종 나무를 가져와 초막을 짓고 이레 동안 절기를 지킨다. 8일째에는 규례에 따라 성회를 연다. 유대력 7월 29일에는 모두 금식하며 굵은 베옷을 입고 티끌을 무릅쓰며 이방 사람과 절교하고 자신의 죄와 조상들의 허물을 자복한다. 그날 낮의 4분의 1은 율법책을 낭독하고, 나머지 4분의 1은 회개한다. 그야말로 부흥회다.

백성은 견고한 언약을 세우고 기록하여 인봉한다. 인봉한 자들의 명단이 10장에 나온다. 총독 느헤미야, 시드기야, 제사장들, 레위 사람들, 문지기들, 노래하는 자들, 느디님 사람들까지 기록되어 있다. 그리고 예배를 회복한다. 그들은 앞으로의 삶을 결단하며 약정서를 쓴다. 첫 번째는 이방인과 결혼하지 않겠다는 것, 두 번째는 안식일을 지키겠다는 것, 세 번째는 성전을 방치하지 않겠다는 것이다.

다시 하는 신앙 개혁 (13장)

성벽 재건 후, 느헤미야는 페르시아에 다녀온다(B.C. 433년). 그런데 돌아와 보니 예루살렘은 또다시 엉망진창이다. 백성이 십일조를 내지 않자 먹고살기 힘들어진 레위인들이 성전을 떠나 다 자기

밭으로 돌아가 하나님의 일을 할 사람이 없다. 게다가 안식일에는 사람들이 물건을 팔고 있었고, 유다 사람들은 이방 여인들과 결혼하여 자녀들이 유다 말을 전혀 하지 못했다. 느헤미야는 솔로몬이 이 일로 범죄한 것을 알면서도 또 그 일을 행하느냐며 꾸짖는다. 그는 무너진 신앙의 질서를 다시 세우기 위해 개혁을 단행한다.

말라기

'말라기'(B.C. 453-422년)라는 이름은 '나의 사자'라는 뜻이며, 이 책의 기록 시기는 B.C. 430년경이다. 에스라와 느헤미야 이후 다시 이스라엘이 부패하기 시작한다. 우상 숭배는 하지 않지만, 제사를 드려도 진심이 없고 습관적인 형식만 남아 있다. 그러다 보니 하나님도 괴로우시다.

시내산 언약 이후로 약 1천 년, 해 볼 거 다 해 봤다. 포로로 끌려갔다가 돌아왔고, 성전과 성벽도 재건했고, 성경 통독도 했는데 희미하다. 이것을 조정하기 위해 하나님은 말라기라는 변호사를 보내신다. 마치 권태기가 찾아온 부부, 하나님과 이스라엘이 이혼 직전에 대화하는 것 같다.

죄와 사랑(1-2장)

남편(하나님): "나는 너를 정말 사랑했다."
아내(이스라엘): "당신이 나를 어떻게 사랑했는데요?"
남편(하나님): "야곱을 사랑했고, 에서는 미워했다."

내 이름을 멸시하는 제사장들아 나 만군의 여호와가 너희에게 이르기를 아들은 그 아버지를, 종은 그 주인을 공경하나니 내가 아버지일진대 나를 공경함이 어디 있느냐 내가 주인일진대 나를 두려워함이 어디 있느냐 하나 너희는 이르기를 우리가 어떻게 주의 이름을 멸시하였나이까 하는도다(말 1:6).

하나님: "너희는 나를 무시했다!"
백성: "우리가 어떻게 주의 이름을 멸시했는데요?"

너희가 더러운 떡을 나의 제단에 드리고도 말하기를 우리가 어떻게 주를 더럽게 하였나이까 하는도다 이는 너희가 여호와의 식탁은 경멸히 여길 것이라 말하기 때문이라 만군의 여호와가 이르노라 너희가 눈먼 희생 제물을 바치는 것이 어찌 악하지 아니하며 저는 것, 병든 것을 드리는 것이 어찌 악하지 아니하냐 이제 그것을 너희 총독에게 드려 보라 그가 너를 기뻐하겠으며 너를 받아 주겠느냐(말 1:7-8).

하나님: "더러운 떡을 제단에 올리고 눈먼 것, 저는 것, 병든 것을 주면서 뭐가 문제냐 하지 않느냐. 그것을 총독에게 줘 봐라. 그 사람이 받겠느냐? 너희는 나에게 은혜를 구하면서 우리를 불쌍히 여기소서 하는데, 내가 받겠느냐?"

하나님은 탄식하신다.

만군의 여호와가 이르노라 너희가 내 제단 위에 헛되이 불사르지 못하게 하기 위하여 너희 중에 성전 문을 닫을 자가 있었으면 좋겠도다 내가 너희를 기뻐하지 아니하며 너희가 손으로 드리는 것을 받지도 아니하리라(말 1:10).

하나님은 진정성 없는 이스라엘의 모습을 보며 제사도 필요 없고, 그렇게 믿을 바에는 성전 문을 닫아 버리는 것이 낫겠다고 말씀하신다. 바벨론 포로 생활 70년을 마치고 예루살렘으로 돌아온 백성은 이제 더 이상 우상을 섬기지는 않지만, 하나님을 사랑하는 뜨거운 마음은 식어 버리고 형식만 남아 있다. 하나님께서 할 수 있는 모든 것을 다 해 보셨지만 답이 없다.

보라 여호와의 크고 두려운 날이 이르기 전에 내가 선지자 엘리야를 너희에게 보내리니 그가 아버지의 마음을 자녀에게로 돌이키게 하고 자녀들의 마음을 그들의 아버지에게로 돌이키게 하리라 돌이키지 아니하면 두렵건대 내가 와서 저주로 그 땅을 칠까 하노라 하시니라(말 4:5-6).

이 말씀을 끝으로 하나님은 입을 닫으신다. 그리고 400년 동안 침묵하신다. 그러나 세례 요한이 나타나 다시 외치기 시작한다.

"하나님이 어떻게 우리를 사랑하셨나요?"라고 묻는 이스라엘 백성에게 주신 하나님의 응답이 바로 요한복음 3장 16절이다.

하나님이 세상을 이처럼 사랑하사 독생자를 주셨으니 이는 그를 믿는 자마다 멸망하지 않고 영생을 얻게 하려 하심이라.

역대상

성경을 읽다 보면 사무엘서와 열왕기서 뒤에 나오는 역대기의 내용이 겹치는 것처럼 보인다. 그런데 유대인의 성경에서는 역대기가 구약의 가장 마지막 책이다. 그 이유는, 역대기가 구약 전체의 이야기를 요약하고 있기 때문이다. 마지막 장면은 포로 된 이스라엘의 귀환으로 끝난다.

히브리어로 '역대기'는 '그날들의 사건들'이라는 뜻이고, 칠십인성경이 붙인 제목은 '빠진 것들'이라고 한다. 이는 사무엘상·하와 열왕기상·하에서 다루지 못한 내용들을 다루고 있다는 의미다. 기자는 에스라가 아닐까 추측한다. 그렇다면 읽는 대상은 누구일까? 바벨론 포로기 이후 100년이 지난 후의 백성에게 쓴 것이라고 한다. 역대상 36장에 바사 왕 고레스 이야기가 나오므로 이 책은 그 이후에 쓰였으며, 포로에서 돌아온 이스라엘 백성이 자신들이 여전히 언약의 백성인지, 어떻게 회복할 수 있는지 궁금해할 때, 그들에게 방향을 제시하기 위해 기록된 책이다.

역대기는 포로기 이후의 백성이 나라를 재건하고자 할 때, 새로운 나라의 이상적인 롤 모델이 필요했던 상황에서 목적을 가지고 기록되었다. 가장 이상적인 시기가 언제인가? 다윗왕 때다. 그들의 마음에는 '우리가 그때로 돌아가자'는 소망이 있었다.

열왕기와 비교하면, 역대기에서는 다윗과 솔로몬의 이야기가 더 길게 다루어진다. 또 열왕기는 숨기지 않고 사실 그대로 기록했지만, 역대기는 '우리가 잘 살려고 하는데 허물은 덮자'고 한다. 솔로몬의 타락도 많이 덮었다. 나라 재건의 관점이라 나쁜 것은 많이 덮었다.

역대상은 1장부터 9장까지 족보가 기록되어 있다. 성경을 읽다가 여기서 다 나가떨어지지만, 사실은 너무도 중요하다.

창조와 언약의 계보(1-9장)

역대상 1장 1절은 "아담, 셋, 에노스"로 시작한다. 아담부터 쓴 것은, 기자가 자신의 시대를 하나님의 인간 창조부터 시작된다고 믿고 풀어 간다는 의미다. 그다음에 셋을 쓴 것은, 가인이 아벨을 죽여 얻은 셋으로 그 맥이 이어져 가고, 또 그 아들 에노스로 이어져 간다는 의미다. 창세기 4장에 보면 "셋도 아들을 낳고 그의 이름을 에노스라 하였으며 그때에 사람들이 비로소 여호와의 이름을 불렀더라"(창 4:26)라고 한다. 이들은 여호와께 예배드린 자들이다.

1장에는 아담에서 야곱까지의 족보가 나온다. 아담에서 노아, 아브라함, 이삭을 나열하면서 노아의 아들 야벳, 함 그리고 언약의 자손인 셈을 마지막에 쓴다. 아브라함도 이스마엘, 그두라의 아들들 그리고 언약의 자손 이삭을 나열한다. 이삭의 자손 중에서도 언약의 자손 이스라엘을 강조한다. 특이한 점은, 역대기는 야곱이 아니라 이스라엘이라고 부른다는 것이다. 이는 당신의 택한 백성에 대한 것을 특별히 강조한다고 볼 수 있다.

2장에서 4장까지는 유다 자손에 대해 소개한다. 유다는 장남도 아니고 네 번째 아들인데도 이렇게 강조해서 쓰는 이유는, 유다로부터 이어진 자손이 다윗의 계보로 이어지기 때문이다. 다윗 한 인물에 집중하는 것이다.

4장에는 '야베스의 기도'가 나온다. 이름만 소개되는 역대기에 갑자기 이 기도가 등장하는 이유는, 4장 9절에서 야베스가 그의 형제보다 귀중한 자라고 소개하기 때문이다. 어머니가 그 이름을 야베스라고 한 것은 '내가 수고로이 낳았다'는 뜻임을 밝힌다. 그런데 '수고로이'라는 단어는 창세기에서 하나님이 하와에게 출산의 고통을 말씀하실 때의 단어와 같다.

야베스는 고통 속에 '흙수저'로 태어났다. 그는 절박한 상황 속에서 그것을 극복하기 위해 이스라엘의 하나님께 기도한다.

> 주께서 내게 복을 주시려거든 나의 지역을 넓히시고 주의 손으로 나를 도우사 나로 환난을 벗어나 내게 근심이 없게 하옵소서(대상 4:10).

하나님은 그가 구하는 것을 허락하셨다고 기록한다.

5장은 르우벤, 갓, 므낫세 반 지파의 족보를 소개한다. 요단 동쪽에 자리 잡았던 그들은 그때 하나님께 부르짖었고, 하나님이 그들에게 응답하셨다고 기록한다. 하지만 그들이 하나님께 범죄하였기에 앗수르 왕을 통해 포로로 끌려갔다고 설명한다. 그들은 요단 동쪽 땅에서 하나님을 잊어버리고 우상들을 섬겼던 것이다.

6장은 레위 지파를 소개한다. 81구절이라는 긴 분량을 할애해 성전을 중심으로 설명한다. 이스라엘이 진정으로 회복되기 위해서는 하나님이 계신 성전이 회복되어야 하기 때문이다.

7장은 요단 서쪽의 지파 족보를 소개한다. 베냐민 지파를 빼고는 전부 북이스라엘을 다룬다. 남유다가 아닌 북이스라엘을 소개하는 이유는, 바벨론에 포로로 끌려갔다가 돌아온 이들이 북이스라엘과 남유다로 나뉜 것이 아니라, 이스라엘 한 공동체임을 보여 주기 위해서다.

8장에는 베냐민 지파가 나온다. 족보 소개는 유다 지파로 시작해서 요단 동쪽 르우벤, 갓, 므낫세 반 지파 그리고 레위 지파, 그다음으로 요단 서쪽 지파를 소개한 다음 맨 마지막에 베냐민을 소개한다. 시작은 유다로 하고 끝을 베냐민으로 해서, 남유다에 속한 지파를 중심으로 회복을 이루신다는 것을 의도적으로 보여 준다.

9장에는 포로에서 돌아온 자들의 명단이 나온다. 느헤미야서에서 소개된 자들과 비슷하다. 당시 허물어진 예루살렘으로 돌아와 산다는 것은 쉽지 않은 일이었다. 언약을 붙들고 돌아온 그들을 희망과 소망의 상징으로 소개한다.

사울의 죽음과 다윗의 왕위 (10-12장)

10-12장은 사무엘서에 쓰인 내용은 다 생략하고, 사울왕이 죽는 이야기부터 시작한다. 사울은 자신의 칼에 엎드러진다. 한 나라의 왕이 자살을 한 것은 너무도 마음 아픈 일이다. 이후 블레셋 사람들은 사울의 머리를 다곤 신전에 매단다. "사울이 죽은 것은 여호와께 범죄하였기 때문이라 그가 여호와의 말씀을 지키지 아니하고 … 여호와께 묻지 아

니하였으므로"(대상 10:13-14)라고 쓴 것은 이스라엘 백성이 포로로 끌려간 이유와 같다는 것을 강조하기 위함이다. 이어서 "여호와께서 그를 죽이시고 그 나라를 이새의 아들 다윗에게 넘겨주셨더라"라고 쓴다.

11장에서 드디어 다윗이 왕이 된다. 다윗이 왕이 된 것은 사람의 손이 아니라 하나님에 의해 된 것임을 강조한다. 또 여호와께서 함께 계시니 다윗이 점점 강성해진다.

11장 10절부터 다윗을 도운 자들에 대해 나오는데, 사무엘하 23장에도 나오지만 역대기가 훨씬 자세히 설명한다. 다윗을 도운 용사들은 모든 지파에서 나온다. 이 사람들이 온 이스라엘과 더불어 다윗을 힘껏 도와 나라를 얻게 하고, 그를 세워 왕으로 삼았으니 하나가 되었다.

다윗을 돕는 자들 위에 이제 성령이 임하신다.

> 그때에 성령이 삼십 명의 우두머리 아마새를 감싸시니 이르되 다윗이여 우리가 당신에게 속하겠고 이새의 아들이여 우리가 당신과 함께 있으리니 원하건대 평안하소서 당신도 평안하고 당신을 돕는 자에게도 평안이 있을지니 이는 당신의 하나님이 당신을 도우심이니이다 한지라(대상 12:18).

하나님이 감동시키셔서 성령으로 충만하게 하신다. 이들에게 분별력이 생기며, 모두가 하나님이 다윗과 함께하신다는 것을 느껴 날마다 다윗을 도우려고 모여든다. 한마음이 되어 다윗을 왕으로 삼으려 한다.

언약궤를 옮겨 오는 다윗(13-16장)

역대상에는 언약궤에 대한 이야기가 아주 자세하게 기록되어 있다. 사무엘상에서는 언약궤를 옮기려는 이유를 한 장에 담았지만, 역대상에서는 네 장이나 할애해 설명한다. 다윗이 왕이 된 후, 백성에게 가장 먼저 선포한 것은 하나님의 언약궤를 모셔 오는 일이었다. 다윗의 언약궤에 대한 열정은 시편에도 잘 드러난다.

> 내가 내 장막 집에 들어가지 아니하며 내 침상에 오르지 아니하고 내 눈으로 잠들게 하지 아니하며 내 눈꺼풀로 졸게 하지 아니하기를 여호와의 처소 곧 야곱의 전능자의 성막을 발견하기까지 하리라(시 132:3-5).

그러나 기럇여아림에서 다윗성으로 옮기는 도중에 사건이 발생한다. 원래는 레위 지파 사람들이 어깨에 메어 옮겨야 했는데, 사전 조사가 부족해 새 수레에 싣고 가게 된다. 가다가 소가 뛰어 수레가 흔들리자 웃사가 언약궤를 잡았다가 그 자리에서 죽고 만다. 이 사건으로 다윗은 크게 두려워하며, "내가 어떻게 하나님의 궤를 내 곳으로 오게 하리요" 하고 고민한다. 결국 다윗은 언약궤를 가드 사람 오벧에돔의 집으로 보낸다.

오벧에돔은 3개월 동안 언약궤를 극진히 섬긴다. 그 결과 하나님이 그의 집에 복을 주신다. 이제 다윗은 하나님의 궤를 둘 곳을 마련하고 장막을 친다. 웃사 사건을 통해 다윗은 율법을 다시 공부하고, 운반 방식을 바꾸어 고핫 자손을 준비시킨다. 이 모든 과정을 다윗이 지휘한다.

다윗은 레위 지파의 지도자들에게 "너희와 너희 형제는 몸을 성결하게 하고 내가 마련한 곳으로 이스라엘의 하나님 여호와의 궤를 메어 올리라 전에는 너희가 메지 아니하였으므로 우리 하나님 여호와께서 우리를 찢으셨으니 이는 우리가 규례대로 그에게 구하지 아니하였음이라"(대상 15:12-13)라고 말한다. 그리고 비파와 수금과 제금을 타는 자들도 준비해, 고핫 자손이 언약궤를 메어 옮기게 한다. 한 걸음, 한 걸음 옮겼는데 아무 일이 없다. 다윗은 너무도 기뻐 춤을 추며 행복해한다. 그러나 그 모습을 본 한 여인, 바로 다윗의 아내 미갈이 업신여기며 비웃는다.

이제 다윗은 번제와 화목제를 드린다. 모두에게 먹을 것을 나누어 주며 하나님을 찬양하고 섬긴다. 하나님은 언약의 하나님이며, 그 언약을 반드시 이루신다. 아담부터 아브라함, 이삭, 이스라엘, 모세, 다윗을 이어서 약속하신 언약이다. 시편 105편이 이 언약에 대해 이야기한다.

> 그의 종 아브라함의 후손 곧 택하신 야곱의 자손 너희는 그가 행하신 기적과 그의 이적과 그의 입의 판단을 기억할지어다 그는 여호와 우리 하나님이시라 그의 판단이 온 땅에 있도다 그는 그의 언약 곧 천 대에 걸쳐 명령하신 말씀을 영원히 기억하셨으니(시 105:5-8).

기브온 산당에는 번제단을 두어 사독과 그의 형제 제사장들이 항상 아침저녁으로 제사를 드리고, 예루살렘 다윗성에는 언약궤를 두었다.

다윗의 성전 건축 소망과 하나님의 약속(17장)

다윗은, 자신은 백향목으로 지은 궁궐에 사는데 하나님의 언약궤는 초라한 천막 안에 있어 마음이 아프다며 나단 선지자에게 고백한다. 그러나 하나님은 다윗에게 당신의 집을 건축하지 말라고 하신다. 어디서든지 함께하니 집이 필요 없다고 말씀하신다. 다른 우상들은 화려한 집을 짓지만, 하나님은 이 모든 세상을 창조하셨기에 집이 필요 없으시다는 뜻이다. 또한 다윗이 전쟁 중에 피를 많이 흘렸기에 성전을 건축하지 못하게 하신다. 하지만 하나님은 그 마음을 받으시고, 또 다른 '다윗의 언약'을 주신다. 하나님은 다윗이 목동일 때 이미 그를 은혜로 택하셨고, 그와 늘 함께하면서 대적을 물리쳐 주었다고 하신다. 그러면서 아브라함에게 약속하신 것을 다윗에게도 주신다. 다윗의 사후 약속도 주시는데, 다윗에게 한 왕조를 약속하신다. 이는 솔로몬을 통해 성전이 건축되고, 그 왕조가 영원히 이어지는 것을 말하며, 이는 곧 예수님으로 연결된다(대상 17:4-10 참조).

이후 다윗은 여호와 앞에 나아가 기도한다.

> 여호와 하나님이여 나는 누구이오며 내 집은 무엇이기에 나에게 이에 이르게 하셨나이까 하나님이여 주께서 이것을 오히려 작게 여기시고 또 종의 집에 대하여 먼 장래까지 말씀하셨사오니 여호와 하나님이여 나를 존귀한 자들같이 여기셨나이다 … 왕조를 세우실 것을 이미 듣게 하셨으므로 주의 종이 주 앞에서 이 기도로 간구할 마음이 생겼나이다 … 주께서 복을 주셨사오니 이 복을 영원히 누리리이다(대상 17:16-17, 25-27).

18장에서는 다윗이 블레셋, 에돔, 모압, 암몬 등을 다 물리치고 차지한다.

다윗의 전쟁 (20장)

> 해가 바뀌어 왕들이 출전할 때가 되매 요압이 그 군대를 거느리고 나가서 암몬 자손의 땅을 격파하고 들어가 랍바를 에워싸고 다윗은 예루살렘에 그대로 있더니(대상 20:1).

이 시기, 다윗은 예루살렘에 있으면서 밧세바를 범하지만, 역대기 기자는 이런 부정적인 이야기를 아예 다루지 않는다. 이는 책을 읽는 사람들의 사기를 올리기 위해 의도적으로 뺀 것이다.

다윗의 인구 조사 (21장)

사탄이 일어나 이스라엘을 대적하고 다윗을 충동하여 이스라엘을 계수하게 하니라(대상 21:1).

승승장구하던 다윗에게 사탄이 교만한 마음을 주어, 마치 이 모든 성공을 자신이 이루어 낸 것으로 착각하게 만든다. 그래서 요압을 통해 인구수를 조사하게 한다.

그런데 인구 조사가 왜 잘못인가? 사실 모든 싸움은 하나님이 하신 것인데, 군대의 숫자와 인구의 수가 중요하다고 생각한 것이 문제였다. 하지만 선견자 갓이 다윗의 잘못을 지적하자, 다윗은 곧바로 회개한다. 이 자세는 사울과 다르다.

그러나 하나님은 공의로우시기에, 그 죄에 대해 심판하신다. 하나님은 다윗에게 3년 기근과 3개월을 적군에게 쫓기는 일, 3일 전염병 중 하나를 선택하라고 하신다. 이에 다윗은 하나님 손에 맡기는 것을 선택한다. 곧 3일 동안의 전염병을 선택한 것이다. 이 일로 7만 명의 백성이 죽게 되자, 하나님은 재앙을 내린 것을 뉘우치신다. 전지전능한 분이 사람의 언어로 뉘우친다고 표현하며 죄를 사해 주신다. 그래서 오르난의 타작 마당에서 제사를 드리고 죄 사함을 받게 된다.

다윗의 인구 조사는 하나님 앞에 죄를 지은 것이다. 하지만 다윗이 회개하고 제사를 드리자, 그곳은 나중에 솔로몬의 성전을 짓는 자리가 된다. 죄를 지은 자리에서 회개하자 하나님이 계시는 성전을 짓게 하시고, 하나님이 임재하는 곳으로 만드는 역사를 이루신다.

다윗의 설계도와 솔로몬에 대한 당부(22-28장)

다윗은 드디어 성전을 짓기 위한 모든 준비를 마친다. 그 후에 아들 솔로몬을 준비한다. 아들에게 율법을 지키며 하나님의 말씀에 순종하기를 당부한다. 그리고 레위 사람 3만 8천 명에게 임무를 나누어 준다. 2만 4천 명은 여호와의 성전의 일을 보살피게 하고, 6천 명은 관원과 재판장, 4천 명은 문지기, 4천 명은 악기로 찬송하는 자들을 삼는다. 아침과 저녁으로 하나님을 찬양하고 감사하게 한다.

다윗은 모든 사람을 예루살렘에 초청해서 하나님의 언약에 대해 브리핑한다. 자신은 전쟁에서 피를 많이 흘렸으므로 성전을 건축하지 못하게 하셨음을 밝히며 이렇게 말한다.

> 내게 이르시기를 네 아들 솔로몬 그가 내 성전을 건축하고 내 여러 뜰을 만들리니 이는 내가 그를 택하여 내 아들로 삼고 나는 그의 아버지가 될 것임이라(대상 28:6).

하나님은 솔로몬을 당신의 아들로 삼아서 그에게 큰 힘을 줄 거라고 말씀하신다. 다윗은 마치 모세가 하나님에게 설계도를 받듯이 모든 설계도를 받아서 솔로몬에게 그대로 전달하고, 성전에 필요한 모든 금과 은과 도구들을 준비한다. 그리고 솔로몬을 영적으로 무장시킨다.

> 너는 강하고 담대하게 이 일을 행하라 두려워하지 말며 놀라지 말라 네가 여호와의 성전 공사의 모든 일을 마치기까지 여호와 하나님 나의 하나님이 너와 함께 계시사 네게서 떠나지 아니하시고 너를 버리지 아니하시리라(대상 28:20).

다윗의 마지막 기도와 솔로몬의 왕위 계승 (29장)

이제 다윗이 하나님께 기도한다.

> 여호와여 위대하심과 권능과 영광과 승리와 위엄이 다 주께 속하였사오니 천지에 있는 것이 다 주의 것이로소이다 여호와여 주권도 주께 속하였사오니 주는 높으사 만물의 머리이심이니이다 부와 귀가 주께로 말미암고 또 주는 만물의 주재가 되사 손에 권세와 능력이 있사오니 모든 사람을 크게 하심과 강하게 하심이 주의 손에 있나이다(대상 29:11-12).

하나님의 절대 주권에 대한 다윗의 평생을 통한 고백이다. 또 백성이 솔로몬이 하나님을 잘 섬길 수 있도록 기도한다. 제사를 드린 후 사독에게 기름을 부어 제사장이 되게 하고, 솔로몬에게 기름을 부어 왕이 되게 한다.

역대하

역대하는 남유다 왕국의 이야기만을 기록한다. 다윗의 아들 솔로몬이 왕이 되어 성전을 건축하지만, 결국 그 성전은 파괴되고 만다. 이 책에는 솔로몬의 영광의 날들과 왕국이 북이스라엘과 남유다로 분열되는 과정 그리고 아사, 여호사밧, 요아스, 히스기야, 요시야왕의 개혁과 유다의 멸망까지 다 기록되어 있다.

솔로몬의 통치와 성전 봉헌(1-9장)

솔로몬이 왕이 되자, 그는 하나님께 일천 번제를 드리며 지혜를 달라고 기도한다. 하나님은 그의 기도를 듣고 지혜와 함께 부귀와 영광도 더하여 주신다.

그가 성전을 건축하고 하나님께 기도를 마쳤을 때, 불이 하늘에서 내려와 그 번제물과 희생 제물을 살랐으며, 여호와의 영이 그 성전에 가득했다. 그 영광으로 인해 제사장들은 감히 성전에 들어가지 못했다. 마치 출애굽기와 레위기에서 하나님의 영광으로 모세가 성막에 들어가지 못했던 것과 같다. 이 광경을 보고 이스라엘 백성은 엎드려 여호와께 감사 기도를 드린다.

> 선하시도다 그의 인자하심이 영원하도다(대하 7:3).

하나님은 솔로몬에게, 다윗처럼 순종하여 법도와 율례를 지키면 왕위를 견고하게 하겠지만, 그렇지 않으면 끊어 버릴 거라고 하신다(대하 7:18 참조). 그러나 솔로몬 이후에 나라는 북이스라엘과 남유다로 나뉘게 된다. 이 중 역대하는 남유다의 이야기만을 기록한다. 이스라엘 전역에 있던 제사장들과 레위 사람들은 북이스라엘의 우상 숭배를 피해 남유다 르호보암에게로 온다. 북이스라엘이 부패하면서 여로보암왕이 마음대로 제사장을 세워서 숫염소와 송아지를 섬기게 했기 때문이다. 그들은 여호와 하나님께 제사드리기 위해 예루살렘으로 온 것이다(대하 11:13-16 참조).

아비야와 여로보암의 전쟁 (13장)

르호보암의 아들 아비야가 남유다의 왕이 되었을 때, 북이스라엘 여로보암과 전쟁이 일어난다. 아비야는 40만 명, 여로보암은 80만 명을 이끌고 나간다. 아비야가 말한다.

“여로보암이 르호보암을 대적하여 나라를 세우고 금송아지를 섬기면서 제사장들, 레위인들을 다 쫓아내더니, 송아지와 숫양을 끌고 오면 제사장을 시켜 준다 했다며? 그러나 우리는 여호와 하나님께 제사장과 레위인들이 아침저녁으로 번제를 드리며 진설병을 놓고 금등잔대에 불을 켠다. 하나님이 우리의 머리가 되신다. 그러니 우리와 싸우지 마라"(대하 13:4-12 참조).

아비야는 그동안 북이스라엘이 행한 온갖 악행을 하나하나 지적하며 외친다. 그가 하나님을 의지하자 여호와께서 남유다를 도와 북이스라엘을 치시니 50만 명이 죽는다. 아비야 때 여로보암왕이 죽는다.

아사의 신앙과 실수 (14-16장)

아비야의 아들 아사가 왕이 된다. 그는 이방 제단과 산당을 제거하고 아세라 상을 찍어 버리며, 온 백성이 하나님의 율법과 명령을 따르도록 한다.

하나님이 아사 시대에 평안을 주셨기에 누구도 싸움을 걸어오지 못한다. 아사는 성읍을 견고하게 세우기 위해 성곽과 망대를 건축한다. 이때 구스 사람 세라가 백만 명을 이끌고 공격해 오자, 아사는 하나님께 기도한다.

"우리가 주의 이름을 의지합니다. 사람이 주를 이기지 못하게 하옵소서."

그러자 하나님이 구스 군대를 치시고, 유다는 수많은 전리품을 얻는다(대하 14장 참조). 아사는 많은 전리품 중 소 700마리, 양 7천 마리로 제사를 드리고, 마음을 다하고 목숨을 다해 조상들의 하나님 여호와를 찾기로 언약한다(대하 15:11-12 참조).

한편, 어머니 마아가가 아세라의 목상을 만든 것을 보고 그녀를 태후의 자리에서 내려오게 한 후, 그 목상을 찍고 빻아서 불사른다(대하 15:16 참조). 그러나 아사 36년에 이스라엘 왕 바아사가 쳐들어오자 그는 하나님을 의지하지 않고 성전의 은금을 아람 왕 벤하닷에게 보내며 도움을 청한다. 이때 선견자 하나니가 책망하자, 아사는 그를 옥에 가두어 버린다. 말년에 아사는 발에 병이 들었으나, 그때도 하나님을 의지하지 않고 의사들을 의지한다(대하 16장 참조).

여호사밧의 경건과 실수 (17-19장)

아사의 아들 여호사밧은 하나님을 섬기는 선한 왕이었다. 그는 레위 사람들을 전국에 보내어 하나님의 말씀을 가르치게 했다(대하 17:9 참조). 하나님은 여호사밧과 유다를 지켜 주셨다.

그런데 여호사밧은 북이스라엘의 악한 왕 아합과 사돈을 맺는다. 그의 아들 여호람과 아합의 딸 아달랴가 결혼하게 된 것이다. 이는 큰 실수였다.

아합이 여호사밧에게 힘을 합쳐 길르앗 라못을 빼앗으러 가자고 요청한다. 이 전쟁에서 아합은 죽고, 여호사밧은 살아남는다. 하나님이 여호사밧을 살려 주신 것이다. 아합은 왕의 옷을 벗고 변장한 후 전쟁터에 나갔고, 여호사밧은 왕의 옷을 입고 나갔을 때 적군은 여호사밧을 아합으로 착각하고 죽이려 했지만, 하나님의 도우심으로 아합이 아닌 것을 군인들이 알아차린다. 한 군인이 우연히 쏜 화살이 변장한 아합의 가슴에 꽂혀, 결국 그가 전쟁터에서 죽게 된다.

하나님께 맡긴 전쟁(20장)

모압, 암몬, 마온이 여호사밧을 치러 올라왔을 때, 그는 백성에게 금식을 선포하고 여호와께 간절히 기도한다. 이에 하나님은 "이 전쟁에는 너희가 싸울 것이 없나니 대열을 이루고 서서 너희와 함께한 여호와가 구원하는 것을 보라"(대하 20:17)고 말씀하신다. 백성은 드고아 들에서 "여호와께 감사하세 그의 인자하심이 영원하도다"(대하 20:21)라고 찬양한다. 그때 하나님이 적들을 치신다. 여호사밧은 하나님의 도우심으로 전쟁터에서 칼이 아닌 찬양으로 승리를 거둔다.

아달랴의 악한 영향(21장)

여호사밧의 아들 여호람이 왕이 된다. 그는 북이스라엘 아합과 이세벨의 딸 아달랴를 아내로 맞이했는데, 그녀는 온갖 우상을 들고 들어와 여호람과 남유다에 좋지 않은 영향을 끼친다.

> 여호람이 또 유다 여러 산에 산당을 세워 예루살렘 주민으로 음행하게 하고 또 유다를 미혹하게 하였으므로(대하 21:11).

이때 선지자 엘리야가 편지를 보내어 여호람에게 경고한다.

"왕이여, 당신이 여호사밧의 길을 행하지 않고 아합의 집이 음행하듯 하니, 당신은 창자에 중병이 들어 창자가 빠져나올 것이오."

왕조를 향한 하나님의 신실하심 (22-23장)

여호람이 죽고 아달랴의 아들 아하시야가 왕이 되었으나 그도 금방 죽는다. 이에 화가 난 아달랴가 다윗의 후손들을 다 죽이고 본인이 여왕이 되어 6년을 다스린다. 그러나 하나님이 다윗에게 주신 '한 왕조로 영원하리라'라는 약속은 지켜져서, 어린 왕자 요아스는 하나님의 성전에서 보호를 받는다. 그리고 때가 되자 제사장 여호야다가 사람들을 모아서 아달랴를 없애고 요아스를 왕으로 세운다.

어린 왕의 배신(24장)

요아스는 7세에 왕이 되었고, 제사장 여호야다가 살아 있을 때는 하나님 보시기에 정직하게 행했다. 하나님의 성전도 보수하며 정성을 들였다. 그러나 여호야다가 죽자 곧 아세라 목상과 우상을 섬기고 만다(대하 24:18 참조). 하나님이 그를 어떻게 보호하셨는데, 참으로 기가 막힐 노릇이다. 이에 여호야다의 아들 스가랴가 백성에게 하나님의 말씀을 전한다.

> 너희가 어찌하여 여호와의 명령을 거역하여 스스로 형통하지 못하게 하느냐 하셨나니 너희가 여호와를 버렸으므로 여호와께서도 너희를 버리셨느니라(대하 24:20).

그러나 요아스는 이 말을 듣고 스가랴를 돌로 쳐 죽인다(대하 24:20-21 참조). 스가랴는 죽으면서 "여호와는 감찰하시고 신원하여 주옵소서"(대하 24:22)라고 외친다. 요아스 이후 아마샤, 웃시야, 요담을 거쳐서 아하스가 왕이 된다.

남유다의 추락과 히스기야의 등장(28장)

아하스는 또다시 나라를 망가뜨린다. 바알들의 우상을 부어 만들고, 자녀들을 불사르는 짓을 저지른다. 이때 아람과 북이스라엘이 힘을 합쳐 남유다를 공격하는데, 하루 동안에 12만 명을 죽인다(대하 28:6 참조). 북이스라엘은 이와 더불어 20만 명을 포로로 잡아 사마리아로 끌고 간다(대하 28:8 참조). 이때 오뎃 선지자가 나타나, 남유다와 싸우고 포로들을 끌고 오는 군대를 꾸짖는다.

"하나님이 유다에게 진노하신 것은 맞다. 그러나 너희가 그 틈을 타서 그들을 노예로 삼으려는 것도 큰 죄다. 너희는 잘못한 것이 없다고 생각하느냐? 포로들을 돌려보내라."

몇몇 의식 있는 사람들이 하나님을 두려워하며 나서서 포로를 돌려보내자고 주장한다. 그러고는 노략한 물건 중에서 옷을 가져다가 입히고 신을 신기며 먹을 것을 주고, 나귀에 태워 여리고까지 데려다 준 후에 사마리아로 돌아간다(대하 28:9-15 참조).

아하스는 북이스라엘과 아람이 일으킨 전쟁에 대해 하나님이 아닌 앗수르 왕에게 의지한다. 그러고는 다메섹에 올라가 그곳의 신전을 본 후 그것을 가져다가 예루살렘 성전에 놓고 다른 신에게 분향하여 하나님을 더욱 화나시게 만든다(대하 28:25 참조).

그러나 그의 아들 히스기야는 아버지가 망쳐 놓은 유다를 다시 일으킨다. 신앙을 굳게 하고, 여호와의 성전을 정리하고 제사를 드리며, 레위 지파에게 찬양하게 한다. 또한 온 이스라엘과 유다에 사람을 보내어 유월절을 지키라고 선포한다(대하 30:1 참조). 그동안 제사를 드릴 제사장도 부족하고 상황도 여의치 않아 유월절을 지키지 못한 것이다. 각 성읍에 유월절을 지킬 것을 알리자 어떤 사람들은 조롱하며 비웃는다(대하 30:10 참조). 그러나 깨어 있는 사람들은 겸손한 마음으로 예루살렘에 유월절을 지키러 온다(대하 30:11 참조).

그 무렵, 앗수르 왕이 북이스라엘을 쳐서 점령하고 남유다마저 넘보며 쳐들어온다. 이때 하나님은 이사야 선지자를 통해 히스기야에게 두려워하지 말라 하시며, 하룻밤 만에 앗수르 군대 18만 5천 명을 죽이신다. 하나님이시기에 가능한 일이다.

히스기야는 병이 들었지만 더 살기를 기도하여 15년의 생명을 연장받고, 그 기간에 므낫세를 낳는다(대하 32:21-24 참조).

므낫세와 아몬의 패역(33장)

그러나 므낫세는 55년간 남유다를 통치하며 나라를 다시 망가뜨린다. 하나님이 남유다를 용서하지 않고 바벨론 포로로 잡혀 가게 하시는 가장 결정적인 계기가 된다. 그는 아버지 히스기야가 무너뜨린 산당을 다시 세우고, 일월성신을 섬겼으며, 신접한 자와 박수를 옆에 두고, 아이들을 불 가운데로 지나게 해서 죽였다. 하나님이 경고하셨음에도 듣지 않자, 그를 바벨론으로 끌고 가신다(대하 33:11 참조). 그곳에서 므낫세는 회개하며 하나님께 기도하고, 하나님은 그의 기도를 듣고 돌아오게 하신다. 그제야 그는 여호와께서 하나님이신 줄을 알게 된다(대하 33:13 참조).

이후 므낫세의 아들 아몬도 다시 2년 동안 나라를 망가뜨린다. 그렇게 므낫세 55년, 아몬 2년 동안 남유다는 하나님의 말씀도, 율법도 어디에 두었는지 다 사라져 버린다.

율법책을 찾은 요시야(34-35장)

이제 드디어 아몬의 아들 요시야가 등장한다. 그는 하나님을 사랑한 선한 왕이다. 8세에 왕이 되어 31년간 다스리며, 스무 살이 되었을 때는 아버지와 할아버지가 망쳐 놓은 나라를 다시 회복시킨다.

성전을 정결히 수리할 때 대제사장 힐기야가 율법책을 발견하여 왕에게 읽혀 주었고, 이를 들은 요시야는 자기 옷을 찢는다(대하 34:19 참조). 하나님의 말씀을 듣지 않고 율법을 제대로 지키지 않아서 나라가 망했다는 것을 깨닫고, 그는 모든 백성에게 유월절을 지키라고 명한다(대하 35:1 참조). 이때 활동하던 선지자는 예레미야였다.

요시야의 개혁으로 나라가 안정되고 백성도 하나님을 믿고 의지하게 되었으나, 다시 변수가 생긴다. 애굽 왕 느고가 앗수르와 싸우러 올라가려는 것을 요시야가 막으려다 그곳에서 죽고 만다(대하 35:20 참조).

포로로 가는 길 (36장)

그 후 남유다는 추락하게 되고, 여호아하스, 여호야김, 여호야긴, 시드기야로 이어지며 결국 바벨론에 포로로 끌려가고 예루살렘은 함락된다. 그러나 북이스라엘처럼 나라가 완전히 사라진 것이 아니라, 하나님은 남유다를 70년이 차기까지 바벨론에서 연단하신다.

훗날, 페르시아 왕 고레스에게 하나님이 감동을 주시어 이렇게 말하게 하신다.

> 유다 예루살렘에 성전을 건축하라 … 너희 중에 그의 백성 된 자는 다 올라갈지어다 너희 하나님 여호와께서 함께하시기를 원하노라(대하 36:23).

욥기

욥의 고난이 시작되다(1-2장)

하나님의 자녀가 왜 고난을 받아야 하는가? 그런데 고난이 아예 없는 것이 좋은 것인지도 생각해 보아야 한다.

우스 땅에 욥이라는 사람이 살고 있었다. 그에게는 아들 일곱과 딸 셋이 있으며, 하나님이 큰 복을 주셔서 엄청난 부자였다. 또 그는 흠이 없고 정직하며, 하나님을 경외하고 악을 멀리하는 사람이었다. 얼마나 정결한가 하면, 자식들이 생일잔치를 마치면 혹시나 죄를 지었을까 싶어 자식의 수대로 번제를 드렸다.

어느 날, 사탄이 하나님 앞에 나타난다.

하나님: "사탄아, 어디 갔다 오느냐?"
사탄: "이리저리 돌아다녔습니다."

사탄은 오라는 데는 없어도 갈 데는 많다. 구석구석 돌아다니며 괴롭히는 재미로 산다.

하나님: "그럼 욥은 보았으냐? 흠 없고 정직하며, 나를 경외하고 악을 멀리하는 사람이다. 정말 최고다!"
사탄: "욥이 바라는 것도 없이 하나님을 경외할까요? 다 주시니까 그러는 거지요. 싹 가져가 보십시오. 틀림없이 주님을 저주할 것입니다."
하나님: "그래? 그럼 그가 가진 모든 것을 너에게 맡긴다. 다만 그의 몸에는 손대지 마라."

어느 날 욥의 종들이 와서 보고하기를, 욥의 재산은 물론 아이들도 다 죽었다고 전한다. 폭삭 망한 것이다. 이렇게 첫 번째 시험이 닥친다. 그러자 욥은 겉옷을 찢고, 머리털을 밀고, 땅에 엎드려 예배한다.

> 모태에서 빈손으로 태어났으니, 죽을 때에도 빈손으로 돌아갈 것입니다. 주신 분도 주님이시요, 가져가신 분도 주님이시니, 주님의 이름을 찬양할 뿐입니다(욥 1:21, 새번역).

1라운드는 욥의 승리다. 그런데 하나님 앞에 사탄이 다시 나타난다.

하나님: "봐라. 네가 그렇게 부추겼지만, 욥은 여전히 자기의 온전함을

지킨다."

사탄: "그의 몸을 쳐 보십시오. 뼈와 살을 치면 분명 하나님을 저주할 것입니다."

하나님: "좋다. 대신 그의 생명은 건드리지 마라!"

이번에는 욥의 온몸에 악성 종기가 돋기 시작한다. 그는 옹기 조각으로 몸을 벅벅 긁고 있다. 온몸에 피가 나는데도 하나님을 찬양하는 모습을 보고 화가 난 부인이 소리친다.

아내: "이래도 여전히 당신의 신실함을 지키려고요? 차라리 하나님을 저주하고 죽어요!"

욥: "당신, 참 어리석은 여자처럼 말하는군. 하나님이 우리가 누리는 복을 주시면 고난도 주시겠지."

이렇게 하여, 욥은 이 모든 어려움을 당하고서도, 말로 죄를 짓지 않았다(욥 2:10, 새번역).

2라운드도 욥이 시험을 통과해서 승리한다.

욥이 힘들다는 소식을 듣고 세 친구 엘리바스, 빌닷, 소발이 찾아온다. 욥의 상태가 너무 심하여 친구들은 겉옷을 찢고 티끌을 날리며 슬피 운다. 그들은 7일 동안 아무 말없이 가만히 앉아 있는다. 그렇게 잘나가던 친구가 괴물처럼 변해 고통을 겪고 있으니 무슨 말을 할 수 있었겠는가. 오히려 아무 말도 하지 않고 지켜봐 주는 친구들의 모습에서 욥은 위로를 받았을 것이다.

하지만 친구들이 입을 열면서 갈등이 시작된다.

태어난 날을 저주하는 욥(3장)

욥은 자신이 너무 힘드니, 태어난 날을 저주한다.

> 내가 난 날이 멸망하였더라면, 사내아이를 배었다 하던 그 밤도 그러하였더라면(욥 3:3).

너무도 괴로운 욥은 이렇게 탄식한다.

> 나는 음식 앞에서도 탄식이 나며 내가 앓는 소리는 물이 쏟아지는 소리 같구나 내가 두려워하는 그것이 내게 임하고 내가 무서워하는 그것이 내 몸에 미쳤구나 나에게는 평온도 없고 안일도 없고 휴식도 없고 다만 불안만이 있구나(욥 3:24-26).

그러나 욥은 그 모든 고난 중에도 하나님을 욕하지 않는다.

친구들과의 논쟁(4-31장)

4장에서부터 31장까지, 욥은 세 친구와 세 차례에 걸쳐 논쟁을 벌인다. 처음에는 아픈 욥을 위로하려는 마음으로 이야기를 시작하지만, 결국은 정죄하며 공격하게 된다. 특히 엘리바스는 욥에게 "죄 없이 망한 자가 누구인가?"라며 인과응보에 대해 이야기한다. 욥과 그의 자녀가 죄를 지었기 때문에 이런 고난을 당하는 것이라고 몰아붙인다. 너무도 힘든 상황에서, 친구들마저 자신을 정죄하며 공격해 오자 욥은 더욱 괴로워진다. 그래서 제발 그 입을 다물라고 말한다. 욥은 하나님을 욕하거나 원망하지는 않지만, 자신의 신세를 한탄하며 깊은 자기 연민에 빠진다.

욥의 친구 엘리바스, 빌닷, 소발은 욥의 고난을 이해한다고 말한다. 그러면서 욥이 왜 이런 고난을 당하는지 그 이유를 말하고, 해결 방법을 자신들이 보고, 듣고, 경험한 것들을 바탕으로 쏟아 낸다.

하지만 욥도 만만치 않다. 그들이 하는 말을 다 막아 낸다. 엘리바스가 말하면 욥이 받아치고, 빌닷이 말하면 욥이 반박하고, 소발이 공격하면 욥이 맞서 쏟아 낸다. 그렇게 세 번의 사이클이 돌아간다.

그들은 죽음과 생명, 고난에 대해 토론한다. 마치 자신들이 모든 것을 다 아는 것처럼, 모든 문제를 스스로 해결할 수 있는 것처럼 말이다.

욥은 이렇게 묻는다.

그러나 지혜는 어디서 얻으며 명철이 있는 곳은 어디인고(욥 28:12).

이 지혜는 어디에 있는 것인가?

그 길을 사람이 알지 못하나니 사람 사는 땅에서는 찾을 수 없구나(욥 28:13).

고대 근동에서는 깊은 바다, 깊은 강, 높은 산을 신의 영역이라 여겼다. 그러나 그 바다, 강, 산이 말한다.

"우리도 몰라!"

욥은 이 지혜의 가치를 이렇게 말한다.

순금으로도 바꿀 수 없고 은을 달아도 그 값을 당하지 못하리니 오빌의 금이나 귀한 청옥수나 남보석으로도 그 값을 당하지 못하겠고 황금이나 수정이라도 비교할 수 없고 정금 장식품으로도 바꿀 수 없으며 진주와 벽옥으로도 비길 수 없나니 지혜의 값은 산호보다 귀하구나 구스의 황옥으로도 비교할 수 없고 순금으로도 그 값을 헤아리지 못하리라(욥 28:15-19).

그러면서 다시 묻는다.

그런즉 지혜는 어디서 오며 명철이 머무는 곳은 어디인고 모든 생물의 눈에 숨겨졌고 공중의 새에게 가려졌으며(욥 28:20-21).

멸망과 사망도 말한다. 여기서 사망은 고대 근동에서 가장 강력한 신의 영역을 뜻한다.

우리가 귀로 그 소문은 들었다(욥 28:22).

있다고 듣기는 했지만, 그 지혜가 어디에 있는지 모른다는 것이다. 그러나 단 한 분은 아신다.

하나님이 그 길을 아시며 있는 곳을 아시나니(욥 28:23).

모든 생물의 눈에도 가려지고, 가장 강력한 신의 영역에서도 찾지 못하는 그 지혜가 어디에 있는지 하나님은 아신다. 그렇다면 우리는 어떻게 살아야 하는가? 세상 사람들은 지혜가 세상에 있고 사람 안에 있다고 주장한다. 그러나 성경은 다르다. 지혜는 사람 안에 있는 것이 아니라, 사람 밖에 있다. 지혜는 곧 하나님 당신이시다. 지혜는 하나님을 경외하는 데서 시작한다.

> 주를 경외함이 지혜요 악을 떠남이 명철이니라(욥 28:28).

욥은 이렇게 말한다.

> 오늘도 내게 반항하는 마음과 근심이 있나니 … 내가 앞으로 가도 그가 아니 계시고 뒤로 가도 보이지 아니하며(욥 23:2, 8).

> 그러나 내가 가는 길을 그가 아시나니 그가 나를 단련하신 후에는 내가 순금같이 되어 나오리라 … 내가 그의 입술의 명령을 어기지 아니하고 정한 음식보다 그의 입의 말씀을 귀히 여겼도다(욥 23:10, 12).

엘리후의 등장 (32-37장)

욥이 자신을 의롭다 여기자, 세 친구는 입을 다문다. 그때 엘리후가 화를 낸다. 욥이 하나님보다 자신이 더 의롭다고 주장했기 때문이다. 또한 세 친구에게도 화를 낸다. 욥의 말에 제대로 대답도 하지 못하면서 욥을 정죄하려 했기 때문이다.

엘리후는 자신이 그들보다 어리기에 처음에는 말없이 참아 왔다. 하지만 더는 가만히 있을 수 없었다. 세 친구가 욥의 주장에 반박하지 못하고 결국 욥의 완고함을 핑계 삼아 모든 것을 하나님의 심판에 맡기려는 모습을 보며 엘리후는 입을 연다.

> 그가 내게 자기 이론을 제기하지 아니하였으니(욥 32:14).

이 말은 곧, 욥이 엘리후에게 직접적으로 대항하거나 논쟁을 하지 않았다는 뜻이다. 그래서 엘리후는 보다 객관적인 입장에서 욥의 고난에 대해 말할 수 있게 되었다.

> 그의 눈을 의인에게서 떼지 아니하시고 그를 왕들과 함께 왕좌에 앉히사 영원토록 존귀하게 하시며(욥 36:7).

> 그러므로 사람이 하나님을 경외해야 하는 것은 당연합니다. 하나님은 스스로 지혜롭다고 하는 사람을 무시하십니다(욥 37:24, 새번역).

엘리후는 하나님의 전능하심과 절대 주권을 강조한다. 그리고 욥이 끝까지 시험받기를 원한다고 말하며, 욥이 자신의 고통과 고난의 의미를 깨닫게 하려 한다.

하나님의 등장 (38:1-42:9)

그때에 여호와께서 폭풍우 가운데서 욥에게 말씀하신다.

> 무지한 말로 생각을 어둡게 하는 자가 누구냐 너는 대장부처럼 허리를 묶고 내가 네게 묻는 것을 대답할지니라(욥 38:2-3).

하나님은 욥에게 많은 질문을 던지신다.

1. 내가 땅의 기초를 놓을 때, 네가 거기에 있기라도 하였느냐?

2. 누가 문을 닫아 바다를 가두었느냐?
3. 네가 지금까지 살아오면서 아침에게 명령하여 동이 트게 한 적이 있느냐?
4. 바닷속 깊은 곳에 있는 물 근원에까지 들어가 보았느냐?
5. 죽은 자가 들어가는 문을 들여다본 적이 있느냐? 그 죽음의 그늘이 드리운 문을 본 일이 있느냐?
6. 빛이 어디에서 오는지 아느냐?
7. 파도가 더 이상 넘어오지 못하도록 제어하는 것을 아느냐?
8. 우박 창고를 본 적이 있느냐?

하나님의 수많은 질문 앞에, 욥은 결국 입을 연다.

보소서 나는 비천하오니 무엇이라 주께 대답하리이까 손으로 내 입을 가릴 뿐이로소이다(욥 40:4).

주께서는 못 하실 일이 없사오며 무슨 계획이든지 못 이루실 것이 없는 줄 아오니 무지한 말로 이치를 가리는 자가 누구니이까 나는 깨닫지도 못한 일을 말하였고 스스로 알 수도 없고 헤아리기도 어려운 일을 말하였나이다 … 내가 주께 대하여 귀로 듣기만 하였사오나 이제는 눈으로 주를 뵈옵나이다 그러므로 내가 스스로 거두어들이고 티끌과 재 가운데에서 회개하나이다(욥 42:2-6).

하나님은 욥의 고백을 들으신 후, 엘리바스와 그의 친구들에게 말씀하신다. 그들이 욥을 정죄한 것은 옳지 않다고 하시며, 수송아지 일곱 마리와 숫양 일곱 마리를 마련해 욥 앞에서 번제를 드리라고 하신다.

욥의 회복
(42:10-17)

그 후 하나님은 욥의 잃어버린 것들을 전보다 갑절로 회복시켜 주신다. 그는 모든 것을 갑절로 받고, 아들 일곱과 딸 셋을 다시 낳는다. 욥은 140년을 더 살며, 아들과 손자 사 대를 보며 장수하다가 세상을 떠난다.